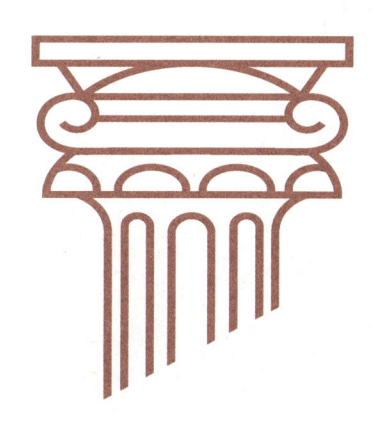

法律文书教程

刘金华 主编

国家开放大学出版社·北京

图书在版编目（CIP）数据

法律文书教程/刘金华主编.—北京：国家开放大学出版社，2021.7（2023.11 重印）

ISBN 978-7-304-10910-3

Ⅰ.①法… Ⅱ.①刘… Ⅲ.①法律文书-写作-中国-开放教育-教材 Ⅳ.①D926.13

中国版本图书馆 CIP 数据核字（2021）第 139725 号

版权所有，翻印必究。

法律文书教程
FALÜ WENSHU JIAOCHENG

刘金华　主编

出版·发行：国家开放大学出版社
电话：营销中心 010-68180820　　　总编室 010-68182524
网址：http://www.crtvup.com.cn
地址：北京市海淀区西四环中路 45 号　　邮编：100039
经销：新华书店北京发行所

策划编辑：赵文静	**责任校对**：吕昀豀
责任编辑：刘玉静	**责任印制**：武 鹏 马 严

印刷：三河市长城印刷有限公司
版本：2021 年 7 月第 1 版　　　2023 年 11 月第 6 次印刷
开本：787mm×1092mm　1/16　　印张：20.5　　字数：386 千字
书号：ISBN 978-7-304-10910-3
定价：42.00 元

（如有缺页或倒装，本社负责退换）
意见及建议：OUCP_KFJY@ouchn.edu.cn

前　言 Preface

《法律文书教程》是国家开放大学法学专业本科教育中统设必修的专业基础课——法律文书课的文字教材，是本课程各类教学媒体中最基本、最重要的学习依据。

本教材的撰写，按照国家开放大学培养目标的要求，以新修改的法律制度为依托，根据文书格式规范的要求，呈现最新的法律文书写作知识，供学生学习使用。

本教材采取"合一式"的编写方式，不仅全面系统地讲授了法律文书写作的基本原理和各种常用法律文书的写作知识，而且在每一章都设立了学习目标、本章小结和思考题，以对学生学习予以引导和提示，方便学生自学。

本教材由国家开放大学法律文书课程组编写。根据国家开放大学课程建设要求，在撰写本教材之前，课程组先进行了有关本课程的"教学大纲"和"多种媒体教材一体化设计方案"的研讨、审定工作。北京政法职业学院葛燕青教授、中国政法大学陈天恩教授、中国政法大学杨育棠教授也参与审定了"教学大纲"和"多种媒体教材一体化设计方案"，在此深表感谢！

本教材由中国政法大学刘金华教授担任主编，国家开放大学课程主持教师杨毅负责总体设计及组织工作。各撰稿人具体分工如下：

刘金华（中国政法大学教授）：第一章、第四章、第五章、第六章

唐玉富（浙江工商大学副教授）：第二章

程　滔（中国政法大学教授）：第三章、第九章、第十章

王小明（北京联合大学副教授）：第七章、第八章、第十一章

本教材整体内容由北京政法职业学院葛燕青教授、中国政法大学陈天恩教授、中国政法大学杨育棠教授共同审定，在此深表谢意！

伴随国家法制的不断发展和完善，各项法律制度发展变化较快，法律文书写作的相关内容也会不断增补和更新，本教材难免会出现某些与实践中的法律文书不完全一致之处。因此，敬请广大读者在使用中提出宝贵意见，以期在日后修订教材时予以完善。

法律文书课程组

2021 年 4 月

目 录 Contents

第一章 绪论 ... 1

第一节 法律文书的概念和特点 ... 1
第二节 法律文书的作用和种类 ... 7
第三节 法律文书的历史沿革 ... 11
第四节 法律文书写作的基本要求 ... 19

第二章 公安机关刑事法律文书 ... 28

第一节 公安机关刑事法律文书概述 ... 28
第二节 立案、破案文书 ... 30
第三节 强制措施文书 ... 37
第四节 侦查终结文书 ... 52
第五节 补充侦查和复议、复核文书 ... 57

第三章 人民检察院法律文书 ... 66

第一节 人民检察院法律文书概述 ... 66
第二节 立案、侦查法律文书 ... 67
第三节 公诉法律文书 ... 76
第四节 其他检察法律文书 ... 92

第四章 人民法院刑事裁判文书 ... 101

第一节 人民法院刑事裁判文书概述 ... 101
第二节 刑事判决书 ... 103
第三节 刑事裁定书 ... 123

第五章 人民法院民事、行政裁判文书 ... 132

第一节 人民法院民事、行政裁判文书概述 ... 132

第二节　民事裁判文书 …………………………………………… 135
　　第三节　行政裁判文书 …………………………………………… 165

第六章　监狱法律文书 ……………………………………………… 181
　　第一节　监狱法律文书概述 ……………………………………… 181
　　第二节　监狱常用法律文书 ……………………………………… 182

第七章　行政执法法律文书 ………………………………………… 200
　　第一节　行政执法法律文书概述 ………………………………… 200
　　第二节　行政处罚法律文书 ……………………………………… 202
　　第三节　行政复议法律文书 ……………………………………… 209

第八章　律师实务文书 ……………………………………………… 218
　　第一节　律师实务文书概述 ……………………………………… 218
　　第二节　诉状类文书 ……………………………………………… 221
　　第三节　律师涉诉申请书 ………………………………………… 235
　　第四节　律师非诉事务文书 ……………………………………… 245

第九章　仲裁、公证法律文书 ……………………………………… 254
　　第一节　仲裁法律文书 …………………………………………… 254
　　第二节　公证法律文书 …………………………………………… 268

第十章　笔录 ………………………………………………………… 283
　　第一节　笔录概述 ………………………………………………… 283
　　第二节　常用笔录 ………………………………………………… 284

第十一章　法庭发言词 ……………………………………………… 303
　　第一节　法庭发言词概述 ………………………………………… 303
　　第二节　辩护词 …………………………………………………… 307
　　第三节　代理词 …………………………………………………… 312

参考文献 ……………………………………………………………… 318

第一章 绪 论

学习目标

通过本章内容的学习，学生要全面了解法律文书写作的基本内容，包括基本概念、特点、种类、作用、历史沿革、文书写作需要注意的问题等，为后续各种具体法律文书写作知识的学习和运用奠定基础。

第一节 法律文书的概念和特点

一、法律文书的概念

法律文书有广义和狭义之分。广义的法律文书，是指一切涉及法律内容的文书，包括规范性法律文书和非规范性法律文书。其中，规范性法律文书，是指国家有关机关颁布的具有普遍约束力的规范性法律文件。例如，法律、行政法规、地方性法规及规章等。非规范性法律文书，是指公安机关（含国家安全机关）、检察机关、人民法院、监狱、行政机关、仲裁组织、公证机构等依法制作的处理各类诉讼案件和非诉讼案件的法律文书，以及案件当事人、律师和律师事务所等自书或者代书的具有法律效力或法律意义的非规范性文件的总称。狭义的法律文书仅指非规范性法律文书。

非规范性法律文书只适用于特定的案件和特定的人。这些法律文书的制作主体不尽相同，有的是国家司法机关、行政机关，有的是法定组织，有的是案件当事人、律师或律师事务所，等等；作用也有较大区别，有的具有法律效力和强制性，有的具有法律意义而不具有强制性。但需要注意的是，无论哪种法律文书，都应当依法制作。

在司法实践中，与法律文书相关的概念还有诉讼文书和司法文书，这两个概念极易与法律文书的概念相混淆。实际上，法律文书、诉讼文书、司法文书三者之间是有区别的。严格意义上的司法文书，是指司法机关在办理各类诉讼案件时制作和使用的法律文书。诉讼文书，是指涉及诉讼活动时制作和使用的文书。诉讼文书不仅包括司法机关办理各类诉讼案件时制作和使用的文书，也包括案件当事人、诉讼代理人等为了保证诉讼的顺利进行，依据法定的诉讼程序，向司法机关提交的各种涉及诉讼活动的文书。例如，起诉状、答辩状等。非规范性法律文书包含诉讼文书和司法文书，但不限于此，同时还包含各种非诉讼法律文书。从上述阐述可以看出，法律文书、诉讼文书、司法文书三者之间是包含与被包含的关系。

综上所述，非规范性法律文书涵盖的内容大体包括以下几部分：①公安机关（含国家安全机关）、检察机关、人民法院、监狱等处理案件制作和使用的文书；②国家行政机关依法履行法定职责、行使行政权力制作和使用的文书；③国家授权的法定机构和组织依法制作和使用的公证文书和仲裁文书；④案件当事人、律师或律师事务所等制作和使用的文书。

需要注意的是，2018年3月20日，中华人民共和国第十三届全国人民代表大会第一次会议通过并于当日施行了《中华人民共和国监察法》。根据法律规定，各级监察委员会是行使国家监察职能的专责机关，依法对所有行使公权力的公职人员进行监察，调查职务违法和职务犯罪，开展廉政建设和反腐败工作，维护宪法和法律尊严。监察委员会履行法定职责制作和使用的文书，也属于非规范性法律文书。本教材主要介绍常用的非规范性法律文书的主要内容，所称法律文书皆指非规范性法律文书。

二、法律文书的特点

法律文书是具体实施法律的重要工具，是司法公正的载体。从制作和使用过程来看，法律文书主要具有以下几个方面的特点。

（一）主旨的鲜明性

主旨，是指制作某种法律文书的目的和文书的中心意思。法律文书是为了解决具体法律问题制作的，因此具有主旨鲜明、突出的特点。

根据《现代汉语词典》的解释，"目的"是指想要达到的地点或境地；想要得到的结果。法律文书是为了解决某一具体法律问题制作的、具体实施法律的重要工具，文书制作和使用都必须具有明确的目的。例如，公安机关对案件侦查终结后，认为犯罪事实清楚，证据确实、充分，依法应当追究犯罪嫌疑人的刑事责任，依法制作起诉意见书，目的是将案件移送同级人民检察院审查起诉。又如，检察机关制作起诉书，目的是指控被告人实施的行为构成犯罪，将案件移交人民法院，由人民法院依法作出裁决，追究被告人的刑事责任。再如，人民法院依法对案件进行审理后，依法制作刑事判决书，目的是明确罪与非罪、是非责任，通过裁判惩罚犯罪，明确权利、义务和责任，以达到维护当事人合法权益的目的。只有首先明确法律文书的制作目的，才能为法律文书制作确定明确的方向和目标。

中心意思，是指法律文书通过对具体案件内容的叙述、说明，需要阐明的中心议题。法律文书的制作既然有明确具体的目的，那么要求中心意思明确自然是不言而喻的。在具体文书制作过程中，只有明确文书的制作目的，才能明确文书制作的中心意思。例如，检察机关制作起诉书的目的是指控被告人的行为构成犯罪，追究被告人的刑事责任，那么文书的写作就应当围绕这一目的，着重叙写被告人实施犯罪行为的事实，并列举相关证据，阐明被告人的行为构成犯罪的理由和法律依据，申明对被告人提起公诉、交付审判的意见。再如，既然人民法院制作刑事判决书的目的是认定被告人有罪，追究被告人的刑事责任，那么判决书内容的写作就应当围绕这一目的进行。

总之，法律文书内容的写作，只有紧紧围绕文书制作的目的和中心意思进行，才能做到目的明确，中心思想突出，才能使文书更好地发挥应有的法律效用。

（二）内容的法定性

法律文书为具体实施法律而制作，因此要求必须依法制作，目的主要是保证法律文书的规范性和权威性，以保证案件审理的公正性。法律文书内容的法定性特点主要体现在以下几个方面。

（1）制作法律文书应当符合程序法的要求。为了保证法律文书内容符合法定性的要求，我国相关的程序法对法律文书的内容规范大都作出了比较明确具体的规定。例如，《中华人民共和国民事诉讼法》（简称《民事诉讼法》）第121条规定："起诉状应当记明下列事项：（一）原告的姓名、性别、年龄、民族、职业、工作单位、住所、联系方式，法人或者其他组织的名称、住所和法定代表人或者主要负责人的姓名、职务、联系方式；（二）被告的姓名、性别、工作单位、住所等信息，法人或者其他组织的名称、住所等信息；（三）诉讼请求和所根据的事实与理由；（四）证据和证据来源，证人姓名和住所。"第152条规定："判决书应当写明判决结果和作出该判决的理由。判决书内容包括：（一）案由、诉讼请求、争议的事实和理由；（二）判决认定的事实和理由、适用的法律和理由；（三）判决结果和诉讼费用的负担；（四）上诉期间和上诉的法院。判决书由审判人员、书记员署名，加盖人民法院印章。"我国相关的程序法对法律文书的写作内容大都作出了明确具体的规定，文书制作者应当依照程序法的规定制作法律文书。

（2）制作法律文书应当符合实体法的要求。实体法，是指规定具体权利义务内容或者法律保护的具体情况的法律。例如，民法典、刑法等。法律文书大都是为了解决具体的实体问题制作的，因此应当严格按照实体法的规定认定案件事实，作出处理决定。例如，《中华人民共和国刑法》（简称《刑法》）第13条规定："一切危害国家主权、领土完整和安全，分裂国家、颠覆人民民主专政的政权和推翻社会主义制度，破坏社会秩序和经济秩序，侵犯国有财产或者劳动群众集体所有的财产，侵犯公民私人所有的财产，侵犯公民的人身权利、民主权利和其他权利，以及其他危害社会的行为，依照法律应当受刑罚处罚的，都是犯罪，但是情节显著轻微危害不大的，不认为是犯罪。"据此，制作刑事判决书，确定被告人的行为是否构成犯罪、是否应当受到刑罚处罚以及如何量刑，就应当以刑法的规定作为处理依据。

（3）制作法律文书应当符合文书格式的要求。为了使制作的法律文书符合规范性的要求，除法律规定外，我国公安机关、检察机关、人民法院、仲裁组织、公证机构等都依法对文书格式作出了严格、规范的规定，文书制作者在制作和使用法律文书时，应当严格按照文书格式的要求制作文书。例如，公安部对公安机关在诉讼过程中制作和使用的文书格式作出了具体的规定，最高人民检察院对检察机关在诉讼过程中制作和使用的文书格式作出了详细的规定，最高人民法院亦对刑事诉讼文书、民事诉讼文书和行政诉讼的文书格式作出了明确具体的规定，等等。并且，随着法律的不断发展变化，相应的机关和组织还会对文书格式不断地进行修改和完善，以使文书格式符合法律规范的要求，更具有实用性。

（三）形式的程式性

法律文书形式的程式性特点非常明显。所谓程式，是指一定的格式。正是文书程式性的要求，使得具体制作出来的法律文书更具规范性。法律文书形式的程式性特点具体体现在以下两个方面。

（1）结构固定化。根据法律文书格式的要求，法律文书大都具有固定的结构，包括首部、正文和尾部三部分。首部一般包括文书制作机关的名称、文种名称、文书编号，当事人的基本情况，案由、案件来源和审理经过等。正文一般包括案件事实、处理理由、处理结果或处理意见等。尾部一般包括交代有关事项，署名、日期、用印，附注事项等。以上是对绝大多数法律文书结构程式的概括，而有些报告类、表格类文书的程式结构可能稍有不同。

（2）用语成文化。用语成文化是法律文书形式的程式性的又一体现。在法律文书制作中，有的文书根据格式要求，有些文字已经统一印制在格式中，文书制作者只需要将适当的文字填入格式即可。

例如，在民事诉讼中，通知当事人交纳诉讼费用通知书的格式，正文部分的内容具体表述如下：

"……（写明当事人及案由）一案，你向本院提起诉讼/反诉/上诉/申请。依照《中华人民共和国民事诉讼法》第一百一十八条、《诉讼费用交纳办法》规定，你应当交纳案件受理费××元、申请费××元、其他诉讼费××元，合计××元。限你于收到本通知书次日起七日内向本院预交。期满仍未预交的，按撤回起诉/反诉/上诉/申请处理。

本院诉讼费专户名称：××××人民法院（财政汇缴专户）；开户银行：××××银行；账号：××××。"

上述文书，根据文书格式内容的要求，只需填写出当事人及案由，具体费用金额，法院的开户银行、账号即可。

再如，公安机关的《提请批准逮捕书》中，最后有一段成文化的用语，即"综上所述，犯罪嫌疑人×××……（根据犯罪构成简要说明罪状），其行为已触犯《中华人民共和国刑法》第_____条之规定，涉嫌_____罪，可能判处徒刑以上刑罚。现有_____等证据证明，其_____或者_____（在空白处说明犯罪嫌疑人符合逮捕条件的内容）。依照《中华人民共和国刑事诉讼法》第_____条、第_____条之规定，犯罪嫌疑人×××符合逮捕条件，特提请批准逮捕。"在上述文字叙写中，只需要按照文书格式的要求，填写出犯罪嫌疑人的姓名、罪状、触犯我国刑法的条款、涉嫌的罪名，以及提请批准逮捕的刑事诉讼法律依据即可。

另外，还有些法律文书，在行文上有统一的要求。例如，第一审民事判决书的尾部，交代上诉权的内容，虽然没有事先印制好，但是根据法律规定，要求按照统一规定的文字书写。具体内容如下："如不服本判决，可以在判决书送达之日起十五日内，向本院递交上诉状，并按照对方当事人或者代表人的人数提出副本，上诉于×××人民法院。"

法律文书用语成文化的特点，使文书制作既经济，又不会出现遗漏和差错，有利于文书的制作。

（四）语言的准确性

法律文书的思想内容需要通过语言这一特定的形式来表达。语言准确是对法律文书写作的基本要求。所谓语言准确，是指所使用的概念和词语能正确反映事物的本质。由于法律文书的内容与当事人的生命、自由、财产密切相关，同时也涉及法律的正确实施，因此在文书制作时，无论是对当事人基本情况的说明、对案件事实的叙述，还是对处理理由的阐述等，都应当做到语言准确，避免含糊其词、似是而非、语意两歧的情形出现，更应当注意法言法语的使用。因为在法律文书的写作中，有些法言法语如果用其他的词语来代替，就难以准确地表达其内涵。

例如，涉及当事人身份和地位的确定，根据我国相关法律规定，在刑事诉讼中，当事人分别称为犯罪嫌疑人、被告人、自诉人、被害人等。在民事诉讼中，当事人分别称为原告、被告、上诉人、被上诉人、有独立请求权的第三人、无独立请求权的第三人等。当事人的称谓是法律统一规定的，在文书中不能随意书写。

又如，涉及案件事实的叙述，有关"抢劫"和"抢夺"、"询问"和"讯问"等词语的使用，这些词语由于是不同的法律概念，各有不同的内涵，在任何情况下都不能互相替代、混淆使用。

（五）使用的实效性

法律文书是为具体实施法律制作的，因此具有使用的实效性特点，没有实效的法律文书没有存在的意义。法律文书使用的实效性，是靠国家强制力保障的。所谓实效性，是指法律文书具有的法律效力或法律意义。法律文书要解决的问题是明确的、具体的，是具有针对性的。

在司法实践中，有一部分法律文书依法具有法律效力，需要执行，其法律实施的实效性非常明显。例如，公安机关依法制作的拘留证、逮捕证等。又如，人民法院制作的民事判决书，一旦发生法律效力，义务人不履行义务的，权利人依法可以向人民法院申请强制执行。为了保证生效判决、裁定的执行，我国《刑法》还规定了拒不履行判决裁定罪。

另一部分法律文书，虽然不具有明显的法律效力，不需要执行，但是在处理各类诉讼和非诉讼案件中同样不可或缺，具有一定法律意义。例如，在法庭辩论过程中，出席法庭的公诉人发表的公诉意见、辩护人发表的辩护词、诉讼代理人发表的代理词等，虽然不需要执行，但是对人民法院公正裁判案件具有较大的参考价值。又如，在案件审理中制作的各类笔录，虽然不需要执行，但是仍具有一定法律意义，有的可以作为证据使用，有的可以表明诉讼程序的合法性，有的可以作为检查执法情况的依据。

总之，法律文书的制作必须注意文书的实效性，以保证文书充分发挥其应有的作用。

第二节 法律文书的作用和种类

一、法律文书的作用

法律文书是进行各种诉讼活动和非诉讼活动的产物，客观地记载了法律活动的整个过程，在法律施行中具有重要的意义，起着重要的作用。法律文书的作用主要包括以下几个方面。

（一）实施法律的重要手段

国家制定和颁布法律，目的是付诸实施，以发挥法律应有的效用。从法律具体施行情况来看，法律规范的作用主要体现在以下几个方面：①指引作用，即法作为一种行为规范，为人们提供某种行为模式，指引人们可以这样行为、必须这样行为或不得这样行为，从而对行为者本人的行为产生影响。②评价作用，即法作为一种社会规范具有判断、衡量他人行为是否合法或有效的作用。③教育作用，即通过法的实施，法律规范对人们今后的行为发生直接或间接的诱导影响。④预测作用，即人们可以根据法律规范的规定，事先估计到当事人双方将如何行为及行为的法律后果。⑤强制作用，即法为保障自己得以充分实现，运用国家强制力制裁、惩罚违法行为。法的强制作用是法的其他作用的保证。

法律文书是一个国家法律规范和法律职能的具体体现。根据我国法律的规定，不同的权力机构承担的职责不同。《刑事诉讼法》第 3 条规定："对刑事案件的侦查、拘留、执行逮捕、预审，由公安机关负责。检察、批准逮捕、检察机关直接受理的案件的侦查、提起公诉，由人民检察院负责。审判由人民法院负责。除法律特别规定的以外，其他任何机关、团体和个人都无权行使这些权力。人民法院、人民检察院和公安机关进行刑事诉讼，必须严格遵守本法和其他法律的有关规定。"根据上述法律规定，侦查、拘留、执行逮捕和预审是公安机关的职责；行使检察监督权和公诉权是检察机关的职责；行使审判权是法院的职责等。不同的机关在履行法定职责时，都需要制作相应的法律文书。以刑事诉讼为例，根据我国《刑事诉讼法》的规定，公安机关拘留犯罪嫌疑人的时候，必须出示拘留证；公安机关要求逮捕犯罪嫌疑人的时候，应当制作提请批准逮捕书，连同案卷材料、证据，一并移送同级人民检察院审查批准；公安机关逮捕犯罪嫌疑人的时候，必须出示逮捕证；公诉人依法出庭支持公诉，在法庭上需要宣读起诉书；判决书应当由审判人员和书记员署名，并且写明上诉的期限和上诉的法院等。

上述法律规定说明，在法律实施过程中，法律文书具有重要的地位和作用，是法定的机关或组织依法履行职责的书面凭证。可以说，法律文书是各种法律活动的忠实记录，是实施法律的重要手段。

（二）法律活动的忠实记录

对于法定机关和组织应当履行的职责，法律作出了明确的规定。对法定机关和组织依法履行职责的活动，法律文书都做了忠实的记录。在法律文书的制作和使用过程中，有的法律文书是启动诉讼程序的凭证，如民事起诉状、刑事自诉状等；有的法律文书是依法实施的各种诉讼活动的忠实记录，如调查笔录、讯问笔录、询问笔录等；有的法律文书是引起后续诉讼活动的凭证，如起诉意见书、起诉书等；有的法律文书是对诉讼活动依法作出的结论，如判决书、裁定书、调解书等。

以刑事诉讼为例，整个诉讼过程都离不开法律文书：公安机关立案，需要制作立案决定书；对案件进行侦破，需要制作侦查计划；破案，需要制作破案报告；预审，需要制作预审终结报告；认为犯罪嫌疑人实施的行为构成犯罪，应当依法追究刑事责任，需要制作起诉意见书，将案件移送检察机关审查起诉。检察机关提起公诉，需要制作起诉书，将案件交付人民法院审判。人民法院对案件进行审理后，需要制作刑事判决书，以结束案件的审判。在整个案件审理过程中，还需要制作大量的调查笔录、询问笔录、讯问笔录等。

以民事诉讼为例，民事诉讼遵循不告不理原则，诉讼活动由当事人向法院提起诉讼开始。原告向人民法院提起诉讼，需要递交民事起诉状，并按照被告人数提出副本；书写起诉状确有困难的，可以口头起诉，由人民法院记入笔录，并告知对方当事人。被告答辩，需要向人民法院递交民事答辩状。法庭对案件进行审理，需要制作庭审笔录。代理人发表代理意见，需要制作代理词。合议庭评议案件需要制作合议庭评议笔录。案件审理完毕，需要制作民事判决书送达当事人等。

总之，各种法律活动的进行，都需要有一定的文字记载，这些文字记载就是法律文书。法律文书对各项法律活动的忠实记录，不仅有利于保障法律活动严格按照法定程序进行，保证办案质量，而且为法定机关和组织总结办案经验、进行执法检查提供了依据。

(三) 法制宣传的生动教材

从司法实践活动来看，凡属对外公开的法律文书，都有明显的法制宣传教育作用。例如，公诉人在法庭上宣读的起诉书，代理人、辩护人在法庭上发表的代理意见、辩护意见，以及人民法院对案件审理后制作的判决书等，对社会公众均具有法制宣传教育的作用。这些法律文书，通过以案说法，告知人们何为罪与非罪，触犯刑律依法应当受到何种处罚；何为合法与违法，实施了违约、侵权等行为，应当承担何种法律责任等。

随着互联网时代的到来，大数据技术呈现蓬勃发展的态势，在司法领域得到广泛的应用。司法大数据技术的运用，为裁判文书公开创造了条件。裁判文书公开最早出现在 20 世纪 90 年代，在司法改革过程中，部分法院尝试将裁判文书公开供社会公众查阅，在社会上引起了较好的反响。2013 年 7 月 1 日，全国统一的裁判文书公开平台——中国裁判文书网第一次在公众面前亮相，同日，《最高人民法院裁判文书上网公布暂行办法》生效实施。2014 年 10 月 20 日—23 日，中国共产党第十八届中央委员会第四次全体会议（简称十八届四中全会）在北京召开，会议审议通过了《中共中央关于全面推进依法治国若干重大问题的决定》，该决定指出："构建开放、动态、透明、便民的阳光司法机制，推进审判公开、检务公开、警务公开、狱务公开，依法及时公开执法司法依据、程序、流程、结果和生效法律文书，杜绝暗箱操作。加强法律文书释法说理，建立生效法律文书统一上网和公开查询制度。"2015 年 12 月 15 日，中国裁判文书网全新改版上线，新版中国裁判文书网坚持需求和问题导向，为社会各界带来了更加人性化、智能化的用户体验，内容也进一步覆盖到民族语言裁判文书，更好地满足了人民群众和专业用户对裁判文书的多样化需求。2016 年 7 月 25 日，最高人民法院审判委员会第 1 689 次会议通过了《最高人民法院关于人民法院在互联网公布裁判文书的规定》，自 2016 年 10 月 1 日起施行，该规定进一步扩大了裁判文书上网公布的范围、明确了不予公布的例外情形等。

上述规范性文件的发布，加快推进了司法公开，增加了司法的透明度，强化了司法的公信力。其中，裁判文书公开是司法公开的重要内容。总之，法律文书的宣传教育作用不容忽视，法律文书是法制宣传的生动教材。

(四) 考核司法人员的重要尺度

法律文书是实施法律的重要工具，法律文书质量的高低与司法人员的办案水平密切相关，因为要制作出高质量的法律文书，不仅需要文书制作者具有法学理论基础、法律专业知识、文书写作能力，还需要文书制作者具有严谨的逻辑思维与推理能力，以及丰富的工作经验。因此，法律文书是综合考核司法人员的重要尺度。

在司法实践中，涉及文字叙述类文书的制作，更具考核司法人员办案能力和水平的适用性。例如，公安机关制作的起诉意见书等；检察机关制作的起诉书、公诉意见书、抗诉书等；人民法院制作的判决书、裁定书、调解书等。这些文字叙述类法律文书，是对文书制作者工作能力、工作作风、工作责任心、文字写作能力等的综合检验，因此是考核司法人员的重要尺度。

实际上，早在1986年9月，最高人民检察院办公厅就在下达的《印发全国刑事检察文书座谈会两个文件的通知书》中明确指出：今后，要把刑检文书制作质量列为考核、任命、提升法律职称应具备的基本条件之一。考核检查的重点是起诉书、不起诉决定书、抗诉书、公诉意见书等。总之，作为国家法律工作者，应该充分认识法律文书的重要作用，认真对待法律文书的制作，不断提高业务素质，增强工作的责任心，以切实提高法律文书的制作质量，充分发挥法律文书的职能作用。

二、法律文书的种类

法律文书依据不同的标准，可以划分为不同的种类：

（1）依据文书制作主体的不同，法律文书可以分为公安机关的法律文书、检察机关的法律文书、人民法院的法律文书、监狱的法律文书、行政执法法律文书、公证文书、仲裁文书、律师和律师事务所文书等。

（2）依据文种的不同，法律文书可以分为判决类文书、裁定类文书、决定类文书、报告类文书、通知类文书。

（3）依据写作和表达方式的不同，法律文书可以分为叙述式文书、表格式文书、填空式文书、笔录式文书。

（4）依据行文体式的不同，法律文书可以分为致送式文书、宣告式文书、信函式文书。

本教材主要以文书制作主体的不同为划分标准，分章介绍法律实践中常用的法律文书，按此体例介绍相关法律文书的制作，既能够明确各种不同文书制作主体的职能，又能够系统了解各种法律文书的功用和写作要求，也符合一般法律程序发展的进程。对于某些不同制作主体共同使用的文书，本教材将集中在一章予以介绍，以避免内容重复。例如，笔录类文书，本教材会将其作为单章内容进行阐述。

第三节 法律文书的历史沿革

我国是一个具有悠久历史的文明古国，有着深远的历史渊源和丰厚的文化遗产。法律文书的发展也不例外，历史悠久、源远流长。法律文书随着阶级、国家、法律的出现而产生，随着国家政治经济的发展而发展，至今为止，主要经历了古代、近代和现代的发展历程。

一、我国古代的法律文书

法律文书属于上层建筑中的一种文化现象，其产生和发展经历了较为漫长的历史时期，并且随着社会政治和经济的发展变化，法律文书也必将会不断发展变化。法律文书的产生需要具备两个条件：①法律必须达到相当完备的程度，因为法律文书是伴随着法律的产生而产生的，是实施法律的工具。②必须具有较为完善、系统的文字，因为法律文书是用文字书写的。

（一）先秦时期的法律文书

文字作为记录语言的符号，在我国形成体系的时间较早，可引以为证的是殷商时期的甲骨文，距今已有三千多年的历史。西周时期，随着青铜铸造技术的娴熟，又出现了浇铸在青铜器皿上的钟鼎文，钟鼎文也称铭文。法律是在我国进入阶级社会并建立国家之后出现的。我国历史上建立的第一个奴隶制国家是夏朝，法律的表现形式是"诰""训""誓"等。据考证，我国夏朝时期，刑罚已经比较齐备，据说禹刑有三千条，见《周礼·秋官·司刑》郑玄注。《左传·昭公十四年》："《夏书》曰：'昏、墨、贼，杀。'皋陶之刑也。"夏朝制定法律的目的主要是镇压人民的反抗，维护自己的统治秩序。至西周时期，法律思想更趋成熟，法律制度也更加完备，有了较为系统的法律，并且已经有了成文法。

早在殷商的甲骨文和西周的钟鼎文中，就有一些记载奴隶主对奴隶的惩罚和王室贵族之间争讼的裁决。可以说，这是我国最早的法律文书。1975年，陕西省岐山县董家村出土了一件青铜器——匜（古代洗涤用具），上面铸有157个文字，被称为《倗匜铭文》。该铭文内容中记载了在一起诉讼案件中，一位名叫伯扬父的法官，因某人指控一个叫牧牛的人抢走其奴隶，对牧牛处以鞭刑和罚金的裁决。该判词转译成现代汉语大意如下：

你的师父打官司。你违背了先前的誓言。现在你立下誓言，到啻去见倁，交还五个奴隶。既然已经立下誓言，你也应遵守誓词。最初的责罚，我本应鞭你一千，并黥劓；现在我赦免你，鞭你五百，罚铜三百锾。

需要注意的是，此铭文并不是裁判文本，而是语判的记录。上述裁判包括了案件事实、量刑情节、法律责任等，事实清楚、责任明确、语言简洁、含义明确，近似于后来的判决书。

相传，西周中叶的诉讼程序和法律文书已经相对齐备。对于重要的刑事案件，须向官府呈递"剂"（书状）；审讯要听"两辞"（双方供词），并记录在案，叫作"供"（法庭笔录）；裁判要有"鞫"（判决书），并当庭宣布，叫作"读鞫"（宣判）；执行判决叫作"用法"（执行）；等等。整个诉讼过程均有相应的法律文书。

先秦时期，比较成熟的法律文书的代表，是《国语·晋语》中记载的晋惠公处理部下庆郑的一份类似判决书的文字。具体内容如下：

君（指晋惠公）令司马说刑之。司马说进三军之士而数庆郑曰："夫韩之誓曰：失次犯令，死；将止不面夷，死；伪言误众，死。今庆郑失次犯令，而罪一也；郑擅进退，而罪二也；女（汝）误梁由靡，使失秦公，而罪三也；君亲止，女（汝）不面夷，而罪四也。郑也就刑！"

上述法律文书的叙写，先引用韩之誓词中明确规定的三条军法，然后对照庆郑的罪行，依法作出裁决，文书叙写有理有据，具有较强的说服力。

春秋时期已经有了比较完备的诉讼、审理制度。当时的法律规定，除轻微的案件可以口头陈述，一般应当具状告官，所具之"状"，指的就是书状。

（二）秦汉时期的法律文书

早在秦始皇统一六国前，秦孝公任用商鞅变法，对法律进行了重大的变革，改"法"为"律"，为秦代的法律发展奠定了基础。秦始皇统一六国后，为巩固专制的中央集权制度，厉行法制，在政治、经济、生活等方面都有法律规定。据史料记载，秦始皇嬴政"昼断狱，夜理书"，每天要处理相当数量的公文简牍。这里所谓的"书"，并非一般书籍，而是具有特定用途的公文文书，其中主要是法律文书。

1975年12月，湖北云梦县睡虎地发掘了一组墓葬，在墓葬主人的随葬品中，有大量记载秦法律令的竹简，内容极其丰富，被称为《睡虎地秦墓竹简》。墓葬的主人公名叫"喜"，是当地的一名地方法官（官名"令史"），其死后，其常用的竹简被随葬在棺木中。其中，与法律文书直接相关的是《封诊式》竹简，有不少内容为各种笔录的模式。"封"，是指查封。"诊"，是指诊察、勘验、检验。"式"，是指格式和程式。诸如，查封笔录（"封守"）、勘验笔录（"经死""贼死""穴盗"）。以下为一篇文字实物的译文：

经死（吊死）

如实记录。某里的里典甲说："本里人士伍丙在家中吊死，不知什么缘故，前来报告。"当即命令令史（负责勘验和拘捕的下级官吏）前往检验。某令史如实记录：本人和狱卒某随甲、丙的妻女对丙进行了检验。丙的尸体悬挂在他家中东侧卧室靠近北墙的房椽子上，面向南，用拇指粗的麻绳做套，束在颈上。绳套的系束处在颈后部。绳索上面系在椽子上，绕椽子两周后打成死结，留下绳头有二尺长。尸体的头部上距房椽子二尺，脚离地面二寸，头和背贴近墙，舌吐出与嘴唇齐，流有便溺，沾污了双脚。解开绳索时，尸体的口鼻中排出气体，像叹息的声音。绳索与身体接触处留下了淤血的痕迹，只差颈后二寸不到一周。其他部位经检验没有发现兵刃、木棒、绳索的痕迹。椽子粗一围，长三尺。西边地面上有土坎高二尺，在土坎上可以系挂绳索。地面坚硬，不能查知人们的足迹。绳长一丈，死者身穿络制（丝制）的短衣和裙（裤）各一件，赤脚。（令史）当即命甲和丙的女儿把丙的尸体运送到县府。

上述文字是一份虚拟的笔录实例，并非实际的案件笔录，因为下面还有勘验和制作笔录的一些注意事项。例如，勘验时要认真检查绳索，看头部是否能脱出，还要观察死者的舌头是否吐出，头脚距离上下的尺寸等，并应详细记清。由此可见，这是以列举实例的形式规定的勘验和制作笔录的一种模式，近似现在的文书格式。

总体来看，《封诊式》是关于查封、检验的程式的汇集，是我国最早的法律文书样式的汇编，共98枚，经专家整理后，分为25篇独立的文字，每篇简首写有小标题，除置于卷首的"治狱"和"讯狱"是官吏审理案件的原则和要求外，其余各节"爰书"，均为"封守""覆""有鞫"等方面的法律文书程式，还有案发现场的勘验和法医的检验报告。竹简中包括了各类案例，但所述案例皆不是用真名，而是用"甲、乙、丙、丁"代替，这表明其选用的是极为典型的案例，是供官吏学习和具体处理案件时参考使用的。从程式要求来看，《封诊式》中的文书样式严谨规范，内容细致，语言通俗易懂，揭示了法律文书作为一种处理法律事务的公文文书，在当时已经取得了相当的地位。

汉代时期，儒家思想逐渐渗透至法律领域，一种以儒家经义为指导思想的审判方式也在汉中期产生，这就是董仲舒等人倡导的《春秋决狱》。《春秋决狱》从法律实践方面，为封建正统法律思想的建立创造了条件，裁判文书开始了"引礼为律"的做法，把儒家思想渗透至法律实践活动中，使封建法律儒家化。

《春秋决狱》一书所收的判词，应当是现存最早的拟判。所谓拟判，是指虚构或模拟的判词，并无实际的法律效力，但是会对实判的制作产生影响或为实判所效仿。同时，在汉代时期，亦出现了自言文书。所谓"自言"，是指原告向官府提起诉讼。其不是一种口诉行为，必须提交文书。自言文书有着明确的程式要求，据《居延汉简》推断，大约需写明自言者的身份、籍贯、爵位、姓名、年龄，之后还需写明对方当事人的身份、姓名、发生争议时的标的和价值，以及对方当事人现任的职务等。此外，汉代时期，还有"诏所名捕"，即下诏书指明追捕者，类似于现代的通缉令。总之，汉代的法律文书种类齐全，用语通俗易懂，并形成了相对固定的模式，为后来法律文书的发展奠定了基础。

（三）唐宋时期的法律文书

隋唐时期处于封建社会的鼎盛阶段。当时大兴科举，特别是唐代的科举取士中，增添了"试判"的内容。据《新唐书》中《选举志》载："凡择人之法有四：一曰身，体貌丰伟；二曰言，言辞辩证；三曰书，楷法遒美；四曰判，文理优长。"并且唐代科举在授官考试中还专门设有"拔萃"一科，规定"试判三则"，提高了最具代表性的法律文书——"判"的地位。许多文人举子为了考取功名，应试之前都要做好写"判"的准备，甚至事先写好许多虚拟案情的"判"，这也就是后人所说的"拟判"。直至今日，我们还能看到许多当时文人流传下来的拟判。例如，保留了 102 篇判决书的白居易的《甲乙判》。这些拟判，文辞典雅庄重，表达准确清晰，说理充分有力，且多为骈体，使唐朝判词的制作水平有了较大的提高。

《唐律》对案件的起诉与受理也作出了明确的规定，当事人产生纠纷向官府告诉，应当向官府呈交"辞牒"，也就是现今的诉状。起诉或控告他人，必须注明具体的时间，所指陈的事实也必须真实，否则就要被笞五十。若对第一审衙门的判决不服，当事人应当向原衙门申请发给"不理状"，并以此为凭，由下至上逐级上诉。根据当时的律法，当事人的口供是最重要的证据，为了取得证词，允许拷讯，并且规定了法定的拷讯程序。由此可知，当时刑讯笔录的制作应当是相当完备的。

宋代保留下来的判词，大多是实判，即依据案情作出裁判。经过唐中后期的散文化运动，宋代的实判已经由骈体判变为散体判。较为著名的实判专著是《名公书判清明集》，多出自名家之手，且皆为散体判，每一判词均有具体的时间、地点、当事人姓氏、双方当事人争议的事实、官府查证认定的事实，以及斟酌本案和情理后官府援引法律作出的判决。同时，宋代对诉状的格式和内容也进行了严格的限定。

《宋刑统》卷二十四《斗讼》规定，诉状须注明年月，指陈事实，不得称疑，且要写明告诉人的姓名，不能投匿名状。制作诉状，须使用官府颁发的印子。当事人的诉状稍有不合则不予受理。总之，宋代以判为主要表现形式的法律文书，不仅保持了唐代判词重说理、表述准确精练的特点，而且其实判性质使判词的语言更加平实流畅，更加注重事实和情理的分析，进而确定了散体判词的主体地位，为日后明清散体判的逐渐盛行奠定了基础。

（四）明清时期的法律文书

明代时期，中国古代的判词已经确立了自己独特的风格和地位，流传下来的主要有：李清的《折狱新语》、祁彪佳的《莆阳谳牍》、张肯堂的《莹辞》等。其中，李清的《折狱新语》，收录了判词230篇，是现存的一部有名的明朝判词专集，是作者在宁波府推官任内审理各类民刑案件的结案判词，是当时的地方司法实录。

从程序上来看，判词已有审语与看语之分：对自己有权处理的案件，裁判者拟具判词后即可宣告，称为审语；对自己无权判决的案件，则拟具判词后还需转呈上级审核批准，称为看语。从内容上来看，判词中案件事实、判决理由、裁判根据和结果一应俱全，并且形成了有机整体。

从历史发展来看，中国长期的封建社会里，涉及诸多案件，案件当事人或者利害关系人递交诉状，政府机关才会受理。因此，诉状的撰写十分重要。在这种情况下，涉及诉状的写法，也有了专门的研究著述。例如，明代的《肖曹遗笔》中就有对诉状写作的基本要求，即诉状应包括以下几部分：①砅书（案由）；②缘由（由来）；③期由（时间）；④计由（案件发端）；⑤成败（构成犯罪的条件）；⑥得失（讲究计谋）；⑦证由（证据）；⑧截语（断语）；⑨结尾（要求）；⑩事释（目的）。除此之外，《肖曹遗笔》中还要求书状撰写应该达到"字字超群，句句脱俗，款款合律，言语紧切，事理贯串"的标准。

清代时期，保留至今的判词卷帙浩繁，显示出了极高的水平，堪称我国古代判词的最高峰。判词专集主要有《樊山判牍》《陆稼书判牍》《于成龙判牍菁华》《张船山判牍》《清朝名吏判牍选》等。判词虽无固定格式，但叙述案情事实简赅明晰，列举证据确凿无疑，分析说理精当透辟，引证法律准确无误，诸多优点，至今值得我们学习借鉴。以下是张船山写的刑事判决：

拒奸杀人之判

清·张船山

审得陶丁氏戳死陶文凤一案，确系因抗拒强奸，情急自救，遂致出此。又验得陶文凤赤身露体，死在丁氏床上，衣服乱堆床侧，袜未脱，双鞋并不整齐，搁在床前的脚踏板上。身中三刀，一刀在左肩部，一刀在右臂上，一刀在胸。委系重伤毙命。本县细加检验，左肩上一刀最为猛烈，当系丁氏情急自卫时，第一刀砍下者，故刃痕深而斜。右臂上一刀，当系陶文凤被刃后，思夺刀还砍，不料刀未夺下，又被一刀，故刃痕斜而浅。胸部一刀，想系文凤臂上被刃后，无力撑持，即行倒下，丁氏恐彼复起，索性一不做二不休，再猛力在胸横戳一刀，故刃痕深而正。又相验凶器，为一劈柴作刀，正与刃痕相符。而此作刀，为死者文凤之物。窗前台上，又有银锭两只，各方推勘，委系陶文凤乘其弟文麟外出时，思奸其弟媳丁氏，又恐丁氏不从，故一手握银锭两只，以为利诱；一手执凶刀一把，以为威胁。其持刀入门之际，志在奸而不在杀也。丁氏见持凶器，知难幸免，因设计以诱之。待其刀已离手，安然登榻，遂出其不意，急忙下床，夺刀即砍。此证诸死者伤情及生者供词均不谬也。按律因奸杀死门载，妇女遭强暴而杀死人者，杖五十，准听钱赎。如凶器为男子者免杖。本案凶器，既为陶文凤持之入内，为助成强奸之用，则丁氏于此千钧一发之际，夺刀将文凤杀死，正合律文所载。应免于杖责。且也，强暴横来，智全贞操，夺刀还杀，勇气加人，不为利诱，不为威胁，苟非毅力坚强，何能出此？方敬之不暇，何有于杖。此则又敢布诸彤管而载于方册者也。此判。

此文叙述案件事实清晰，分析证据精辟，引证法律严谨，而且注重法制宣传，是一篇优秀的"散判"。

从史料来看，清代的档案材料中，也收录了大量的判词。清朝的判词多为实判，语言表述有的用骈体，有的用散体。由于个案的不同，有的判词重在认定事实和分析、说明；有的判词重在分析和评价，对争议事件根据法理、法律进行条分缕析的剖析，并据以裁判。这一时期的判词讲究用词，注重援引律例分析案情，达到了相对完善的境地。

此外，明清时期，不但保留了大量的实判，还总结出一套写作法律文书的理论和写作要领，既适用于"判"的写作，也适用于书状的写作。例如，清代王又槐著的《办案要领》中，对反映案情事实的法律文书，在写作上提出了"八不可"的要求，即供不可文（不通俗），供不可野（粗俗），供不可混（模棱不清），供不可多（不精要），供不可偏（偏颇），供不可奇（玄虚），供不可假（虚假），供不可忽（疏漏）；此外，还要求文书写作言辞缜密，值得借鉴。

二、我国近代和现代的法律文书

（一）我国近代的法律文书

清朝中后期，封建专制社会最终走向衰亡。加之西方列强的坚船利炮，延续几千年的中华法系受到了猛烈的冲击。1840年，西方法律思想和法律制度逐步传入中国，清政府借鉴外国经验，开始变法修律。在法律文书方面，清末宣统年间，由奕励、沈家本编纂了《考试法官必要》，吸收了国外法律文书的经验，对刑事、民事判决书的结构、内容作了统一的规定。其中，刑事判决书须载明：①罪犯之姓名、籍贯、年龄、住所、职业；②犯罪之事实；③证明犯罪之理由；④援引法律某条；⑤援引法律之理由。民事判决书须载明：①诉讼人之姓名、籍贯、年龄、住所、职业；②呈诉事项；③证明理由之缘由；④判之理由。上述规定，确定了结构统一、内容特定、语言朴实的程式化法律文书，开启了中国近代法律文书的先河。

民国时期的判决书，基本上沿用了上述文书格式，只是增加了有关审判庭之名称、推事姓名和制判年月日等内容。

关于法律文书写作，1942年《陕甘宁边区刑事诉讼条例草案》第44条规定：判词文字须力求通俗。《陕甘宁边区民事诉讼条例草案》第28条规定：判决书分主文、事实、理由各项，用通俗文字记明之。1944年7月，陕甘宁边区编录了《陕甘宁边区判例汇编》，其中，判词是其主要内容。

上述文书制作要求，对中华人民共和国成立后法律文书的制作，产生了较大的影响。

（二）我国现代的法律文书

中华人民共和国成立初期，基本上沿用了革命根据地时期的文书格式。1951年，中央人民政府司法部借鉴苏联、东欧等社会主义国家的文书格式，制定了一套《诉讼用纸格式》，这是我国历史上第一次对法律文书格式进行系统的规范。1956年，司法部又制定了一套《公证文书格式》。上述文书格式，一直沿用到"文化大革命"。

"文化大革命"结束后，随着法制建设的不断恢复和发展，我国开始逐渐健全和规范法律文书的制作和使用。1982年，为了配合《中华人民共和国民事诉讼法（试行）》的施行，最高人民法院制定了《民事诉讼文书样式》，共计70种。《民事诉讼法》和《中华人民共和国行政诉讼法》（简称《行政诉讼法》）施行后，1992年，最高人民法院印发了《法院诉讼文书样式（试行）》，共计14类314种，于1993年1月1日开始施行。1983年，最高人民检察院制定了《刑事检察文书格式（样本）》。1991年，最高人民检察院颁布了《人民检察院制作刑事检察文书的规定》，并重新修订了《刑事检察文书格式（样本）》。1989年，公安部制定了《预审文书格式》，共计48种。1981年，司法部制定了《公证书试行格式》，共计24种。1992年司法部对公证书格式进行了修订，共计59式106种。至此，各类法律文书的规范基本确立。

在法制改革进程中，法律文书规范的改革也日益开展。为了适应司法实践的需要，有关机关和部委陆续颁发了许多新的文书格式样式。例如，2003年，《最高人民法院关于民事诉讼证据的若干规定》施行后，最高人民法院印发了《〈关于民事诉讼证据的若干规定〉文书样式（试行）》，共计31种；为了配合《中华人民共和国海事诉讼特别程序法》的施行，最高人民法院印发了《海事诉讼文书样式（试行）》，共计9类87种；为了配合《关于适用简易程序审理民事案件的若干规定》的施行，最高人民法院印发了《民事简易程序诉讼文书样式（试行）》，其中包括新的文书样式16种等。

近年来，我国立法机关对诸多法律制度进行了修改和完善，包括《刑事诉讼法》《民事诉讼法》《行政诉讼法》等。随着各项法律制度的不断健全、发展和完善，有关机关对各类法律文书的规范也相应地进行了修改和完善。

例如，2005年8月28日，第十届全国人民代表大会常务委员会第十七次会议通过了《中华人民共和国公证法》（简称《公证法》），该法已于2006年3月1日起施行。为了贯彻落实《公证法》，2011年司法部对以往的公证文书格式进行了全面的清理和修订，颁布了《定式公证书格式（2011版）》，将原来14类59种定式公证文书格式，调整为3类35式，并发布了《关于推行新的定式公证书格式的通知》，使该文书格式在全国范围内施行。

又如，2012年3月14日，第十一届全国人民代表大会第五次会议通过了《关于修改〈中华人民共和国刑事诉讼法〉的决定》，对《刑事诉讼法》进行了较为广泛的修改，修改后的《刑事诉讼法》已于2013年1月1日起开始施行。为了配合《刑事诉讼法》的施行，最高人民检察院出台了《人民检察院法律文书格式样本（2012版）》，公安部也对2002年12月18日印发的《公安机关刑事法律文书格式（2002版）》进行了修改，印发了《公安机关刑事法律文书式样（2012版）》。

再如，2012年8月31日，第十一届全国人民代表大会常务委员会第二十八次会议通过了《关于修改〈中华人民共和国民事诉讼法〉的决定》，对《民事诉讼法》进行了修改，修改后的《民事诉讼法》已于2013年1月1日起开始施行。为了配合《民事诉讼法》的施行，2015年2月4日，最高人民法院发布了《关于适用〈中华人民共和国民事诉讼法〉的解释》，2016年2月22日，最高人民法院审判委员会第1 679次会议审议通过了《人民法院民事裁判文书制作规范》和《民事诉讼文书样式》，总计诉讼文书样式568个，其中人民法院用文书样式463个，当事人参考文书样式105个。该文书格式样式和规范已于2016年7月5日发布，并于2016年8月1日起开始施行。

总之，法律文书是具体实施法律的工具，随着法律不断的修改和完善，法律文书的格式和内容规范也会发生相应的变化，文书的制作和使用者需注意法律和文书格式修改动向，适用新的文书格式要求和规范，制作出符合法律规定的文书，使法律文书真正发挥作用。

第四节　法律文书写作的基本要求

一、遵循格式

格式虽然是文书的外在表现形式，但是不可忽视，因为格式规范的文书，形式和内容才符合法律规定，才具有规范性和权威性。因此，制作法律文书，不可忽略文书制作格式的要求。一旦确定制作某种法律文书，就必须选择相应的文书格式，按格式的规范要求制作文书。

近年来，随着法制的不断健全和发展，新的法律不断颁布，已有的法律制度不断修改和完善，为了配合法律的施行，各司法机关、法定组织等也对各类法律文书的格式进行了修改和补充。目前在我国，各种不同类型的法律文书大都有可以遵循的格式和写作规范要求。为了有效地发挥法律文书的效能，有关机关和组织在具体施行法律过程中，应当严格按照文书格式和写作规范的要求，制作符合法律规定的法律文书。

遵循格式制作法律文书，不仅要求文书制作者写明文书格式要求写明的各项事项，而且要求文书制作者在行款方面应当注意：文书体例不同，制作的文书是有区别的。要求法律文书的制作遵循格式，主要有以下几个方面的益处：①使文书制作者有章可循，便于制作文书；②有助于法律实施的统一性和规范性；③有助于日后归档和查验。

总之，规范的法律文书既能够体现出法律的权威性和严肃性，也能够为文书制作者制作文书提供便利，更有利于保护当事人的合法权益，因此应当按照规范的文书格式制作文书。

二、写清事实

事实是案件的基础，大多数法律文书的制作都涉及案件事实的叙写。特别是涉及诉讼的法律文书，更需要写清案件事实。为了写清各类法律文书的案件事实，需要注意以下几点具体要求。

（1）选择真实的案件材料。制作法律文书要想写明案件事实，必然涉及选材问题。因此，法律文书写作的首要要求，应当是选材要真实。法律文书的内容，通常与当事人的切身利益密切相关。因此，文书制作中所选用的案件事实材料应当是真实可靠的，不能有半点虚假。尤其是司法文书的制作，案件事实的认定，理由的阐述，以及裁决结果的确定，都是依据所掌握的案件材料。如果选择的案件事实材料有误，或者事实材料被人歪曲，依据这样的案件事实材料得出的结论，就难以保证执法的公正性，就会影响到案件的公正处理。因此，法律文书写作的真实性至关重要。同时，在选择案件事实材料时，应当注意主旨与材料的辩证关系。在选择案件事实材料时，材料是第一位的，主旨是第二位的，文书制作者应当依据所选择的案件材料确定文书制作的主旨；而当主旨确定以后，文书制作者就应当依据确定的主旨进行选材，这时，主旨又变成了第一位的，选材又变成了第二位的。在文书制作中，首先遇到的问题就是选材问题，文书制作者应当按照前述选材的要求，认真选材，为制作合格的文书做好准备。

需要注意的是，运用材料表达主旨时，必须对材料加以选择，即围绕主旨选择材料，不能有材必用，事无巨细，现象罗列。否则，会漫无中心，冲淡主旨，不能发挥文书的实际效能，这是文书在表达主旨方面的大忌。

（2）写清当事人的基本情况。在叙写案件事实时，从广义上讲，应当写明当事人的基本情况，即写清、写全涉及当事人身份的有关具体事项，因为当事人的基本情况要素叙写确切，才能具体确定案件当事人是具备了必备要素的特定的人。

例如，根据文书格式的要求，公安机关的提请批准逮捕书，涉及犯罪嫌疑人的基本情况需要写明以下事项："犯罪嫌疑人×××……〔犯罪嫌疑人姓名（别名、曾用名、绰号等）、性别、出生年月日、出生地、身份证件种类及号码、民族、文化程度、职业或工作单位及职务、居住地（包括户籍所在地、经常居住地、暂住地）、政治面貌（如是人大代表、政协委员，一并写明具体级、届代表、委员）、违法犯罪经历，以及因本案被采取强制措施的情况（时间、种类及执行场所）。案件有多名犯罪嫌疑人的，应逐一写明。〕"

又如，根据文书格式的要求，人民法院的第一审刑事判决书，涉及被告人的基本情况需要写明以下事项，即"被告人……（写明姓名、性别、出生年月日、民族、出生地、文化程度、职业或工作单位和职务、住址和因本案所受强制措施情况等，现羁押处所）。"

如果不能提供齐全、准确涉及当事人身份的有关具体事项，就有可能错误的确定当事人。因为当事人基本情况中的某些事项，在一些人中间可能是完全相同的。

在现实生活中，涉及同名同姓、同性别、同年龄甚至同籍贯的人并不少见。但是，在众多人群中，涉及基本情况要素完全相同的人是不多见的。因此，将当事人基本情况中的事项要素提供齐全，对于避免出现差错，说明涉案的当事人是具备特定事项要素的特定的人具有重要意义。

（3）写清事实基本要素。叙写法律文书，要想把事实写清，就需要写清涉及案件事实的基本要素，包括案件事实涉及的当事人、违法行为等，具体包括当事人实施违法行为的时间、地点、涉及的人物、做出这一行为的原因（包括目的、动机）、具体的行为过程（包括情节、手段）、造成的某种后果、当事人的态度、证据等。上述各种要素应当在文书事实叙写中一一写清，事实要素叙写清楚了，案件事实就基本上呈现在文者面前了。

例如，有关刑事案件事实的叙写，应当写明犯罪嫌疑人（被告人）作案的时间、地点、涉及的人物（作案人和被害人）；作案的原因（目的、动机）；作案的过程（情节、手段）和造成的后果；案犯的认罪态度以及证据。

又如，有关民事案件事实的叙写，应当写明纠纷发生的时间、地点、涉及的各方当事人（原告、被告、第三人等）；纠纷的起因、发展过程、结局；各方当事人争执的意见和理由，以及有关的证据。

目前，在法律文书制作中存在的主要问题是，涉及案件事实要素的叙写过于简单。当然，具体到某一个案件事实的叙写，还需要根据各类案件的不同特点，在诸多事实要素中有所侧重。例如，在涉及刑事案件的事实叙写时，有的案件行为目的非常清楚，不言自明，自然无须多写；有的案件事实要素与行为性质有关，则必须详写。总之，法律文书各类案件事实部分的叙写，既要抓住属于核心内容的诸多要素，又要因案而异，不能千篇一律。

（4）详细叙述关键性情节。所谓关键性情节，是指决定或者影响定性的情节，涉及当事人法律责任的情节，以及影响问题严重程度的情节。决定或影响定性的情节之所以必须写清，是因为只有写清这些情节，才能判明当事人的行为是否属于违法、犯罪或者是侵权。

例如，涉及刑事案件，对于某人实施的不法侵害行为，被侵害人的反抗是否超过了必要的限度，就属于案件的关键性情节，必须叙写清楚，包括侵害人所持的凶器、打击被侵害人的具体强度、被侵害人持有的工具、具体反抗的行为，以及造成的结果等。只有把关键性情节叙写清楚，才能够依法确定被侵害人实施的行为是属于正当防卫，还是防卫过当。如果被侵害人实施的行为属于正当防卫，则不构成犯罪；如果被侵害人实施的行为属于防卫过当，则构成犯罪。

又如，涉及民事案件。在合同纠纷中，涉及案情事实，必须具体写明合同规定的内容，在合同执行过程中，一方当事人是否存在违约行为、是否给对方当事人造成了经济损失，抑或是否双方当事人均存在违约行为等，这些属于涉及当事人法律责任的关键情节，必须叙写清楚。只有如此，才能判定哪一方当事人应当承担法律责任、哪一方当事人不应当承担法律责任，抑或双方均应当承担相应的法律责任，以及责任大小、轻重。

关键性的情节叙写清楚了，涉及法律责任的案件事实才能展现出来，依据这样的案件事实阐述理由，作出处理决定，才不会影响案件的定性，才能分清是非责任，令当事人心服口服。

（5）写清事实争执焦点。在各类案件中，都可能存在分歧和争执。凡是涉及文书制作过程中争执焦点的问题，文书制作者都应当抓住双方争议的意见和理由，把双方当事人争议的焦点准确地予以反映。因为在具体案件的解决中，必须有针对性地查明案件事实，阐述理由，在双方当事人有争议的问题上，只有明辨是非，分清正误，才能作出明确的决定。

例如，某一离婚财产纠纷案件的一审民事判决书，涉及当事人争执焦点的案件事实叙写如下：

原告金莉莉诉称，原告、被告双方于2015年11月15日协议离婚，在民政局的离婚协议中约定："离婚后，男方于2019年10月1日之前，补偿女方人民币肆万元整（支付方式：分四年付清，在每年的10月1日前支付）。"到期后，原告多次催收无果，故诉至法院，请求法院依法确认《离婚协议》有效，并判令被告给付补偿费40 000元。

被告张金泉辩称，对原告诉称的事实无异议。但是，自己现在经济困难，需待婚生子张晓文3年后毕业，才有能力开始给付补偿费40 000元。

上述案件中，关于双方当事人争执的案件事实和焦点阐述得清楚、明晰，令人信服。

此外，叙写案件事实，还应当明确案件事实的因果关系。法律事实的叙写，应当说明事实的因果关系。因为任何行为的目的、行为本身和产生的后果之间，都存在必然的联系，这些必然的联系常常是判断问题性质的重要依据。因此，在叙述案件事实时，必须把这三者之间的关系叙写清楚，有联系的，要写清楚他们之间的因果关系；无联系的，也要具体说明他们之间不存在因果关系。只有这样，才能为确定问题的性质提供客观的事实依据。

三、阐明理由

理由是法律文书的灵魂,理由之前是案件事实,理由之后是作出的结论,理由起着承上启下的作用。因此,制作法律文书应当注意文书理由的阐述。在法律文书制作中,阐述文书理由主要需要注意以下几点。

(1) 运用证据认定案件事实。法律文书中有关事实的叙述,都应当以确凿的证据为依托,特别是诉讼类的文书,更应当写明认定案件事实的证据。因为有证据证明的事实,才最有说服力。以有证据证明的案件事实为基础,依据相关法律规定得出的结论,才更能令人信服。

以往在法律文书写作中,涉及证据的叙写是存在缺陷的。例如,涉及裁判文书的写作,文书制作者通常习惯把认定案件事实的理由和事实中列举的证据合二为一进行叙写,即通常在叙写完事实后,用"上述犯罪事实,有……为证,证据确凿、充分,足以认定"这样的表述方式予以表达。涉及"证据确凿、充分,足以认定"此类词语的表述,实际上是认定案件事实理由的结论,是列举证据与认定案件事实理由相结合的部分,并没有具体体现出相关证据的内容。因此,不能把这段文字看成证据部分叙写的内容。随着司法改革的不断深入,目前法院裁判文书的叙写,要求把庭审中的举证、质证和法庭认证的过程在文书中予以体现,这是文书证据内容叙写的一大进步。叙写清楚案件事实,列举相应的证据印证案件事实,然后阐述判决的理由,这样叙写的法律文书,最后得出的结论才有说服力,才令人信服。

从目前的实际情况来看,有的法律文书中不叙写证据,有的法律文书中叙写的证据非常简单。因此,文书制作中,应当加强证据内容的叙写,以增强文书的说服力。从文书格式规定看,有些涉及诉讼类的文书,已经加强了证据叙写的要求。例如,对民事、行政起诉状的写作,在文书格式中专门增加了证据叙写的要求,即在阐述清楚提起诉讼的事实与理由后,需要写清证据、证据的来源,证人的姓名和住址。上述规定,对完善文书证据部分的写作内容,提高文书的制作质量,具有较为重要的意义。

(2) 依据法律分析事理。法律文书通常涉及对当事人行为合法与违法、罪与非罪的判断。尤其是涉及诉讼的文书,依据法律分析事理,区分合法与违法、罪与非罪更显得至关重要。制作法律文书阐述理由应当以法为据,既注重分析事理,也注重分析法理。同时,由于法律与情理从本质上说应当是一致的,因此,文书写作也不应当忽视情理的阐述。涉及裁决类的法律文书,应当围绕合法与违法、罪与非罪等关键性情节展开说理。总之,制作法律文书,应当在理由阐述中贯彻"以事实为根据，以法律为准绳"的原则，明确问题性质，区分合法与违法、罪与非罪，以法为据，以理服人，为最后得出的法律结论奠定基础。

法律文书需要依法制作，因此适用法律的理由离不开相关的法律依据。目前，有的法律文书引用法律依据存在不规范、简单、缺乏针对性等问题。为了达到规范性的要求，法律文书引用法律依据应当注意以下几点：①引用法律要具有针对性，应当针对案件的具体情况，尽量引用外延比较小，符合案件内容的法律条文作为依据。②引用法律条文，应当尽量做到具体明确。涉及法律条文具有条、款、项的，应当具体引用到条、款、项。③在不影响文字表述的情况下，应当尽可能引出法律条文，并注意法律条文的完整性。④在法律条文的引用中，应当先引用法律规定，后引用行政规章。总之，法律条文应当紧扣案情，具有较强的针对性。

（3）事实理由协调一致。在法律文书写作中，有些文书的写作内容需要做到前后一致、互相照应。以刑事判决书为例，对于某一犯罪行为，人民法院要依法追究被告人的刑事责任，叙写案件事实时就应当围绕被告人实施的犯罪行为叙写，阐述理由也应当以案件事实为基础，依事论理，引用相关法律作为依据。然后，依法作出被告人有罪的判决。案件事实、阐述的理由与判决结果应当相互对应。不能后文中的判决结果很重，而前文中没有与之相对应的应当受到处罚的案件事实，导致文书内容前后脱节。法律文书的写作，应当把理由作为一个中间环节，前面是事实，后面是处理决定，全文连贯一致，首尾相顾，环环相扣，任何前后矛盾的现象都是文书写作的大忌。

四、注重语言

为了实现法律文书的特定功能，文书制作者在制作法律文书时，应当选择和使用确切的语言和严谨的表述方式，传播特定的法律信息。法律文书属于公文语体，语言准确性要求很高，应当引起重视。在文书制作中，涉及语言的运用，主要应当注意以下几点。

（1）语句简练规范。法律文书的语言文字属于规范性的书面语，句子成分要求叙写齐全。例如，文书中涉及当事人基本情况的叙写时，既要明确他们的法律地位、法律称谓，又要写明其姓名全称。特别是涉及多人的案件，在文书中必须将每个当事人的基本情况叙写清楚，不能随意省略。法律文书中的各个主体，在民事案件中，要么是实体权利的享有者，要么是实体义务的承担者；在刑事案件中，往往是需要依法承担刑事责任者，因此，必须把他们的法律称谓和姓名叙写清楚，防止混淆法律责任承担者和受损害一方的地位。在文书制作过程中，应当尽量避免使用人称代词，防止发生指代不明的情况。

（2）使用术语恰当。制作法律文书经常会涉及一些法律术语的使用。例如，原告、被告、犯罪嫌疑人、申请人等，事实清楚、证据确凿、移送审查、审理查明等。法律术语一般比较简练，而且语意确切，解释单一，通常不会发生争议。因此，制作法律文书应当尽量使用法言法语。法律文书的制作，不同于文学作品和日常生活中语言的运用。文学作品在写作中，可以采用比喻、拟人、夸张等写作方法；而法律文书的写作，应当尽量做到文风朴实、语言平实，应当多运用法言法语。但制作法律文书使用法言法语并不意味着文书语言干瘪，枯燥乏味。社会生活的复杂性、多样性决定了出现的法律问题是形形色色的。因此，法律文书中所反映出来的案件事实也千变万化，法律文书的内容也复杂丰富。在法律文书制作中，应当尽量避免"千案一面"的做法。需要注意的是，要求多运用法言法语并不等于文书通篇都使用法言法语，使阅读文书的人难以理解；也不能在必须使用法律术语时别出心裁，随意提出缺乏科学根据的概念，甚至生造词语，影响法律行为或处理理由的准确说明。

（3）记叙方法明确。制作法律文书，通常涉及叙写方法的选择，尤其是涉及事实内容写作时，更应当注意记叙方法的选择。如前文所述，法律文书的语言属于公文语体，具体运用要求做到文风朴实、语言平实，应当多运用法言法语。文字力求朴实无华，力戒夸饰渲染，排斥夸张、比喻的修辞手法。在记叙方法上，一般不采取文学作品中常用的倒叙、补叙、插叙等叙事方式，而多采用"顺叙"的叙写方式，即按照时间的先后和事情发展的自然顺序记叙案件事实，使人看过后，能够清晰地了解案件的来龙去脉和发展过程。总体来说，案件事实的记叙，应当以直叙为主，不用曲笔，更不宜刻意追求文艺作品的表达效果。

（4）文书语言文明。法律文书的内容大都与处理具体案件有关，因而对是非、正误应当有鲜明的褒贬态度。对于肯定什么、否定什么、支持什么、批驳什么都应当有毫不含混的褒贬和爱憎感情。同时，文书应当作到语言文明，通常需要注意以下两点：①忌用方言土语。如果法律文书是为具体实施法律制作的，则必须使用普通话的词语书写，因为其不仅是处理具体案件的工具，而且具有一定的法制宣传教育作用。如果文书制作中，过多的使用方言土语，就会使不懂方言土语的人看后不知所云，不解其意。但是，在少数民族居住的地区，根据国家法律规定，依法可以使用少数民族语言制作法律文书的除外。②忌用脏话。法律文书具有严肃性和权威性，在文书中不能有脏话。司法实践中，有些司法人员在执法过程中遇到阻力，甚至暴力抗法的情形，个别当事人对司法人员随意漫骂、殴打，对于这些漫骂的语言，不能全文不动地叙写在法律文书中。但是，也不能在文书中不反映这样的情节，因为这样的情节与处罚结果的轻重程度密切相关，叙写时可以采用概括的写法，写明当事人在执法过程中暴力抗拒执法，对司法人员进行侮辱和漫骂，性质极其恶劣等即可。

五、注意行文章法

法律文书大都有统一规定的文书格式，对于没有统一格式规定的文书，大都有约定俗成的固定结构。但是，涉及具体文书写作时，行文章法却各有不同，尤其是以说理为主的法律文书写作，如辩护词、代理词等，行文章法更是复杂多样。

（1）章法多样。法律文书写作，除采用前述"顺叙"的写作方法外，涉及不同案件事实的文书，在行文章法上通常采用多种不同的形式。例如，涉及一人多次一罪和一人多次多罪的案件，在叙写案件事实时，通常采用突出主罪的叙写方法，即将主罪提前叙写，次罪移后叙写，主罪详细叙写，次罪简略叙写。涉及多人一次一罪、多人多次一罪、多人一次多罪和多人多次多罪的，在叙写案件事实时，通常采用突出主犯的叙写方法，即围绕主犯的犯罪事实叙写，涉及从犯参加的犯罪事实，将从犯的犯罪事实结合记叙。如果除了共同犯罪外，还有单独犯罪的，应当先写明共同犯罪的事实，然后写明单独犯罪的事实。涉及同类性质犯罪事实的叙写，通常采用综合归纳的叙写方法，即对主罪采取具体记叙的方法，对其同类的次要罪行，可以采用综合归纳的方法予以记叙。

此外，需要注意的是，涉及侧重说理的法律文书的叙写，在行文章法上大都侧重申辩说理，富有辩驳性。例如，检察机关的公诉意见书，其是对起诉书内容的补充和发挥，在行文章法上多采用具体细致地揭露被告人罪行危害的写法，有的则以对比或衬托的方法来突出被告人罪行，以此强调被告人所犯罪行的严重性和危害性。又如，辩护词和代理词，在写作的行文章法上也各有不同，有的采取"欲进先退"的章法，有的则采用"针锋相对"的章法。

（2）重点突出。法律文书的写作，应当注重采用把握焦点、明辨是非，突出重点、兼顾一般的写作方法。

如前文所述，对于案件的事实叙写，一般需要先把原告、被告之间争议的事实，或者指控方和被告人控诉和辩解的事实内容写清，以揭示矛盾、明确焦点，为后续法庭有针对性地查明案件事实和明辨是非正误、分清违法合法奠定基础，以利于阐述清楚处理理由，依法对案件作出正确的处理决定。所以，在法律文书写作中，要力求准确如实地反映当事人间的诉讼要求和争执焦点。

而某些法律文书案件事实的写作，可以采用突出重点、兼顾一般的行文章法，即如前文所述，如果属于一人多次作案的刑事案件，实施犯罪时采用的手段、作案的具体情节、造成的后果又基本相同，犯罪嫌疑人或者被告人供认不讳，各方均无异议的，可以采用具体记述最具典型意义或最为严重的一两起作案的具体情节的写作方法，对其他相类似的案件，可以采取综合概叙的写作方法阐述案件事实。

（3）褒贬恰当。法律文书的内容涉及是非曲直、合法与违法、罪与非罪的确定，在行文章法和语言运用上具有明显的感情色彩。因此，在文书具体制作时，应当做到褒贬恰切、爱憎分明。例如，对于犯罪嫌疑人、被告人、罪犯等涉及犯罪事实的阐述，常用互相勾结、阴谋策划、为非作歹、到处流窜等词语形容。而对于案件中的被害人，文书事实叙述中，则寄予同情，如用被害人无辜受害、含冤死去等词语阐述。目前，法律文书写作还存在褒贬词语误用的情形，需要引起文书制作者的注意。

本章小结

本章主要是关于法律文书基本理论和基本知识的概述，共分四节，分别介绍了法律文书的概念、特点、作用、种类、历史沿革和写作的基本要求，从总体上对法律文书写作知识进行了宏观概括，对学习和掌握各种具体法律文书写作知识和要领具有重要的指导意义。本章学习的重点是法律文书的特点、法律文书写作的基本要求。通过本章内容的学习，学生应当从总体上理解和领会法律文书的概念和作用；了解法律文书的种类及历史沿革；从宏观上理解并掌握法律文书写作的基本要求，为学习各种具体法律文书的写作知识和要领打下基础。

思考题

1. 什么是规范性法律文书？什么是非规范性法律文书？
2. 依据写作和表达方式的不同，法律文书可以分为哪几类？
3. 简述法律文书的特点和作用。
4. 法律文书写作的基本要求有哪些？
5. 法律文书叙写事实的具体要求有哪些？
6. 法律文书阐述理由应当注意哪些问题？
7. 法律文书引用法律作为依据应当注意哪些问题？
8. 法律文书在语言的具体运用上应当注意哪些问题？
9. 法律文书在行文章法上应当注意哪些问题？

第二章 公安机关刑事法律文书

学习目标

通过本章内容的学习，学生要全面了解公安机关刑事法律文书的概念、特点、功能和分类，掌握教材中介绍的常用的公安机关刑事法律文书的概念、功能、结构、内容和写作方法，并达到能用、会写的要求。

第一节 公安机关刑事法律文书概述

一、公安机关刑事法律文书的概念、特点和功能

公安机关刑事法律文书，是指公安机关在办理刑事案件过程中，依法制作并使用的具有法律效力或者法律意义的法律文书。

公安机关刑事法律文书主要具有以下特点：①主体的特定性。根据我国法律规定，公安机关刑事法律文书的制作主体只能是具有法定权限的公安机关，其他任何机关、单位、团体和个人都无权制作公安机关刑事法律文书。②内容的合法性。公安机关制作刑事法律文书不仅要遵循程序法的规定，而且要严格、正确适用实体法的规定，以确保文书内容真实、合法。③使用的时效性。公安机关在办案过程中遇有特定案情，应当及时制作刑事法律文书，适时满足案情发展的需要。④格式的规范性。公安机关在长期办案的过程中，对刑事法律文书的记载内容、使用语言和写作顺序等已经形成固定的文体结构，并规定有规范的文书格式，文书制作者制作文书，应当符合法定格式的规范要求。

公安机关刑事法律文书的功能主要体现在以下几个方面：①公安机关刑事法律文书是公安机关依法行使刑事侦查权，真实记录刑事案件处理过程和处理结论的文字凭证。②公安机关刑事法律文书是公安机关严格依法办案，正确适用刑事法律，严厉惩罚犯罪分子，保障无罪的人免受刑事追究和实现刑事程序正义的法律形式。③公安机关刑事法律文书是保障公民正当权益，教育公民全面知法和主动守法的生动教材。

二、公安机关刑事法律文书的分类

公安机关刑事法律文书种类繁多，依据不同的标准可以进行不同的分类。具体分类如下：

（1）根据组成联数的不同，可以分为单联式文书与多联式文书。①单联式文书，是指在整体结构上只有一联组成的法律文书。这类法律文书一般制作多份，可以对其复印，但有关单位印章或者特定对象的签名不得复印。笔录类文书、清单类文书、审批类文书多为单联式文书。②多联式文书，是指由存根和正副本各联组成并且各联之间有骑缝线的法律文书。公安机关制作多联式文书时，应当保证存根和正副本各联之间的内容一致，骑缝线上须填写文书字号，并加盖公安机关印章。决定类文书和通知类文书多为多联式文书。

（2）根据制作和表达方式的不同，可以分为填充型文书、填表型文书和叙述型文书。①填充型文书，是指内容框架事先已经印刷完毕，制作时只需在空白处依照要求准确填写有关内容的法律文书。通知类文书多为填充型文书。②填表型文书，是指事先印制好表格，制作时只需在空白处依照要求准确填写有关内容的法律文书。例如，清单类文书就是填表型文书。填充型文书多为有存根的文书，而填表型文书多为无存根的文书，两者之间有所不同。③叙述型文书，是指没有固定内容，需要根据不同事由和制作目标，组成不同内容的法律文书。这类法律文书一般只印制作机关、文书名称、文书字号等开头内容，具体内容根据不同需要予以制作。各种笔录和决定书均属叙述型文书。

（3）根据文书内容和文书作用的不同，可以分为决定类文书、通知类文书、笔录类文书与清单类文书。①决定类文书，是指公安机关对刑事案件有关事项或者当事人的有关权利义务予以决定处分所制作的法律文书。决定类文书一般由存根和正本组成，存根内容相对简化，正本一般由首部、正文和尾部三部分构成。②通知类文书，是指公安机关在办理刑事案件过程中或其他执法活动中，就有关决定和一些事务性问题通知有关单位和当事人所制作的文书。通知对象只有一个的，应当附卷留存通知书。其他通知书应当分为正本和副本。公安机关应当依据具体情形准确填写通知类文书，涉及同一事项或者要素的，应当保持内容一致。③笔录类文书，是指公安机关在调查取证过程中，对有关行为和结果予以记录和固定的法律文书。笔录类文书一般是叙述型文书，只制作一份，并应当存卷。④清单类文书，是指记录公安机关办案过程中扣押、保全、收缴有关物品、文件及其流转过程情况的单据。清单类文书是有关物品转移情况的证明，至关重要，应当存卷。

（4）根据侦查办案程序的不同，可以分为立案、破案文书，强制措施文书，侦查终结文书，补充侦查和复议、复核文书。①立案、破案文书包括受案登记表、立案决定书、呈请立案报告书和呈请破案报告书等法律文书。②强制措施文书包括取保候审决定书、取保候审执行通知书、监视居住决定书、执行通知书、呈请拘留报告书、提请批准逮捕书、提请批准延长侦查羁押期限意见书和通缉令等法律文书。③侦查终结文书包括起诉意见书和撤销案件决定书等法律文书。④补充侦查和复议、复核文书包括补充侦查报告书、要求复议意见书和提请复核意见书等法律文书。

第二节　立案、破案文书

一、受案登记表

（一）概念和功能

受案登记表，是指公安机关接受案件时所制作的法律文书。

我国《刑事诉讼法》第 110 条第 3 款规定，公安机关、人民检察院或者人民法院对于报案、控告、举报，都应当接受。对于不属于自己管辖的，应当移送主管机关处理，并且通知报案人、控告人、举报人；对于不属于自己管辖而又必须采取紧急措施的，应当先采取紧急措施，然后移送主管机关。第 4 款规定，犯罪人向公安机关、人民检察院或者人民法院自首的，适用第 3 款规定。《公安机关办理刑事案件程序规定》第 169 条规定，公安机关对于公民扭送、报案、控告、举报或者犯罪嫌疑人自动投案的，都应当立即接受，问明情况，并制作笔录，经核对无误后，由扭送人、报案人、控告人、举报人、投案人签名、捺指印。必要时，应当对接受过程录音录像。第 170 条规定，公安机关对扭送人、报案人、控告人、举报人、投案人提供的有关证据材料等应当登记，制作接受证据材料清单，由扭送人、报案人、控告人、举报人、投案人签名，并妥善保管。必要时，应当拍照或者录音、录像。第171条规定，公安机关接受案件时，应当制作受案登记表和受案回执，并将受案回执交扭送人、报案人、控告人、举报人。扭送人、报案人、控告人、举报人无法取得联系或者拒绝接受回执的，应当在回执中注明。

依据上述规定，受案登记表主要适用以下几种情形：①公民扭送、报案、控告、举报的；②犯罪嫌疑人或者违法行为人自动投案的；③其他单位扭送的；④公安机关现场抓获的。

受案登记表是公安机关受理案件的重要凭证，也是公安机关开展相应行为的法律凭证。

（二）结构、内容和写作方法

受案登记表由首部、正文和尾部三部分组成。制作受案登记表，应当一式两份，一份留存，一份附卷。

1. 首部

首部包括文书名称、受案单位名称和印章、文书字号、案件来源、报案人基本情况、移送单位基本情况、接报情况等内容。

（1）文书名称。应当居中写明"受案登记表"。

（2）受案单位名称和印章。应当在文书左上角写明受案单位名称，并加盖印章。

（3）文书字号。文书字号由制作机关简称、受案单位简称、文书性质、受案年度和案件序号组成，即应写为"×公（ ）受案字〔××××〕××号"。

叙写文书字号需要注意以下几个问题：①制作机关简称。应当与所在城市简称一致。如果是公安分局受理案件，则应同时写明公安分局简称。②受案单位简称。应当写明具体受案单位的简称。③文书性质。用"受案字"表示。④受案年度。应当用公元纪年全称，用阿拉伯数字叙写。⑤案件序号。按照当年受理的所有案件编写序号，而非受案当天受理的案件顺序号。文书字号应当写在文书名称下一行的右端，其最末一字应与下面正文右端各行看齐。

综上所述，以杭州市公安局钱塘新区公安分局白杨派出所2020年受理的第128号刑事案件为例，文书字号应当写为"杭钱塘公（白）受案字〔2020〕128号"。

（4）案件来源。案件来源有110指令、工作中发现、报案投案、移送、扭送和其他，共6种途径。"案件来源"栏由受案民警在相应的"□"中打钩选定。

（5）报案人基本情况。在"报案人"栏，应当依次填写报案人、举报人、控告人、投案人、扭送人的姓名、性别、出生日期、身份证件种类及号码、工作单位、联系方式和现住址。报案人不愿公开自己的姓名和报案行为的，在此栏中注明"匿名"，但应当写明联系方式。

（6）移送单位基本情况。在"移送单位"栏，应当填写移送案件的单位名称。根据案件来源栏的内容，如果是单位移送的，填写"移送单位"栏，涉及"报案人"栏，用斜线划掉；反之亦然。

（7）接报情况。接报情况栏，应当填写接报民警、接报时间和接报地点。

2. 正文

正文包括简要案情或者报案记录，以及是否接受证据。

（1）简要案情或者报案记录。应当写明简要案情或者报案人报称的基本情况，主要包括发案时间、地点、简要过程、涉案人基本情况和受害情况等内容。涉案人基本情况包括违法犯罪嫌疑人的姓名、性别、出生日期、现住址和工作单位等基本情况以及到案经过等内容。违法犯罪嫌疑人是单位的，应当写明单位名称、地址和法定代表人。有被害人的，应当写明被害人的人身损害、财物损失以及损失数量等情况。

（2）是否接受证据。应当写明是否接受报案人、举报人、控告人、投案人、扭送人等提供的各种证据。受案单位接受证据的，应当按照要求制作《接受证据清单》，并在此栏注明"接受证据情况见所附《接受证据清单》"。

3. 尾部

尾部包括受案意见和受案审批两项内容。

（1）受案意见。受案意见是接报民警在初步判定案件性质、管辖权限以及是否追究法律责任等情况后作出的处理建议。受案意见主要包括以下几种情形：①属本单位管辖的行政案件，建议及时调查处理；②属本单位管辖的刑事案件，建议及时立案侦查；③不属于本单位管辖，建议移送有关机关处理；④不属于公安机关职责范围，不予调查处理并当场书面告知当事人；⑤其他。受案民警根据具体案情在相应的"□"内打钩选定。选择"其他"情形的，受案民警应当在后面横线处注明具体情况。选定受案意见之后，应当填写受案民警的姓名，注明日期。

（2）受案审批。受案审批是由受案部门负责人对受案意见签署的审批意见。受案部门负责人根据具体情况填写"同意"或者其他处理意见，并签名、注明日期。

二、立案决定书

（一）概念和功能

立案决定书，是指公安机关发现犯罪事实或者犯罪嫌疑人，在管辖范围审查后决定立案侦查所制作的法律文书。

我国《刑事诉讼法》第109条规定，公安机关或者人民检察院发现犯罪事实或者犯罪嫌疑人，应当按照管辖范围，立案侦查。第110条第3款规定，公安机关、人民检察院或者人民法院对于报案、控告、举报，都应当接受。对于不属于自己管辖的，应当移送主管机关处理，并且通知报案人、控告人、举报人。《公安机关办理刑事案件程序规定》第178条第1款规定：公安机关接受案件后，经审查，认为有犯罪事实需要追究刑事责任，且属于自己管辖的，经县级以上公安机关负责人批准，予以立案；认为没有犯罪事实，或者犯罪事实显著轻微不需要追究刑事责任，或者具有其他依法不追究刑事责任情形的，经县级以上公安机关负责人批准，不予立案。

立案决定书是公安机关确认刑事案件成立，正式开展刑事侦查活动的法律凭证。立案决定书的制作标志着刑事案件已经立案，进入侦查程序。公安机关据此可以调查收集证据，有权对犯罪嫌疑人采取适当的强制措施。

（二）结构、内容和写作方法

立案决定书为两联式填充型文书，第一联为存根，统一保存；第二联为正本，附卷。存根由首部和正文两部分组成，正本由首部、正文和尾部三部分组成。

1. 首部

首部包括制作机关名称、文书名称和文书字号。

（1）制作机关名称。写明作出立案决定书的公安机关名称，例如，"×××公安局"或者"×××公安分局"。

（2）文书名称。在制作机关名称下一行居中写明"立案决定书"。

（3）文书字号。文书字号由制作机关简称、办案部门简称、文书性质、立案年度和案件序号组成，即应写为"×公（ ）立字〔××××〕××号"。

叙写文书字号需要注意以下几个问题：①制作机关简称。应当与所在城市简称一致。②办案部门简称。刑事犯罪侦查部门制作的文书，填写"刑"字；经济犯罪侦查部门制作的文书，填写"经"字。③文书性质。用"立字"表示。④立案年度。应当用公元纪年全称，用阿拉伯数字叙写。⑤案件序号。按照当年所有立案案件编写序号。文书字号应当写在文书名称下一行的右端，其最末一字应与下面正文右端各行看齐。

2. 正文

第二联（正本联）正文部分需要填写公安机关立案的法律依据和拟展开侦查活

动的案件名称。

（1）法律依据。立案决定书将法律依据设置为可选择项。公安机关在工作中发现犯罪事实或者犯罪嫌疑人的，选择的法律依据是《刑事诉讼法》第 109 条。公民报案、控告、举报、扭送或者是犯罪嫌疑人自首的，选择的法律依据是《刑事诉讼法》第 110 条。

（2）案件名称。根据不同的案件情况，采取不同的写作方法。对于有明确的犯罪嫌疑人和涉嫌犯罪情节清楚的案件，采取"人名 + 涉嫌罪名"的命名方法，如"决定对张××故意伤害案立案侦查"。对于犯罪嫌疑人不明而被害人和被害情况清楚的案件，可采取"被害人 + 被侵害情况"的命名方法，如"决定对刘××被抢劫案立案侦查"。对于犯罪嫌疑人和被害人不明或者犯罪嫌疑人、被害人人数众多不便概括以及需要保密等案件，可采取以案件发生时间、立案时间或者地名来进行命名，如"5·16 案""×××（地名）抢劫案"。

第一联（存根联）的正文部分应当依次填写案件名称，案件编号，犯罪嫌疑人姓名和性别、出生日期、住址、单位及职业，批准人，批准时间，办案人，办案单位，填发时间和填发人。

3. 尾部

正本联的尾部应当写明制作立案决定书的公安机关名称、制作日期，并加盖公安机关印章。

三、呈请立案报告书

（一）概念和功能

呈请立案报告书，是指公安机关侦查人员审查受理的刑事案件材料后，认为符合立案条件，并属于公安机关管辖的案件，呈报领导审查批准是否立案所制作的法律文书。

我国《刑事诉讼法》第 112 条规定，人民法院、人民检察院或者公安机关对于报案、控告、举报和自首的材料，应当按照管辖范围，迅速进行审查，认为有犯罪事实需要追究刑事责任的时候，应当立案；认为没有犯罪事实，或者犯罪事实显著轻微，不需要追究刑事责任的时候，不予立案，并且将不立案的原因通知控告人。控告人如果不服，可以申请复议。《公安机关办理刑事案件程序规定》第 178 条第 1 款规定，公安机关接受案件后，经审查，认为有犯罪事实需要追究刑事责任，且属于自己管辖的，经县级以上公安机关负责人批准，予以立案；认为没有犯罪事实，或者犯罪事实显著轻微不需要追究刑事责任，或者具有其他依法不追究刑事责任情形的，经县级以上公安机关负责人批准，不予立案。

呈请立案报告书的功能主要体现在以下两个方面：①呈请立案报告书是公安机关呈请确认刑事案件成立，正式开展刑事侦查活动的法律依据。②呈请立案报告书是指导公安机关侦查人员顺利开展侦查活动的重要依据。

（二）结构、内容和写作方法

呈请立案报告书为叙述型文书，由审批栏、首部、正文和尾部四部分组成。

1. 审批栏

审批栏包括领导批示栏、审核意见栏和办案单位意见栏三部分。

（1）领导批示栏。该栏由公安机关主管领导签署审批意见。

（2）审核意见栏。该栏一般由审核部门或者审核人签署审核意见，不需要审核部门或者审核人签署审核意见的，可以不填写此栏。

（3）办案单位意见栏。此栏包括办案单位意见、办案民警署名和制作时间三部分内容。办案单位意见应当写明立案意见、案件名称和请示意见。例如，"拟立孙××抢劫案，妥否，请批示"。

2. 首部

首部包括标题和犯罪嫌疑人的基本情况。

（1）标题。应当居中写明文书名称"呈请立案报告书"。

（2）犯罪嫌疑人的基本情况。写明犯罪嫌疑人的姓名、性别、出生日期、出生地、身份证件号码、民族、文化程度、职业或工作单位及职务、政治面貌（如是人大代表、政协委员，一并写明具体级、届代表、委员）、采取强制措施情况、简历等。

3. 正文

正文包括呈请事项、事实依据和法律依据。

（1）呈请事项。呈请事项是呈请领导批示的内容，应当简明扼要、清晰具体。应当先简述案件名称，再写明立案侦查意见。例如，"经侦查，孙××抢劫的犯罪事实已经发生，应当立案侦查"。

（2）事实依据。应当写明发案报案经过、现场勘查情况和案情分析。发案报案经过应当写明案件来源，犯罪嫌疑人的基本情况，受害人的基本情况，犯罪的时间、地点、动机、目的、手段、情节和后果等重要内容。案件事实经过应当主次分明、条理清晰，无关紧要的事实可以忽略。现场勘查情况写明侦查人员对犯罪现场进行勘查的具体情况。案情分析应当结合案件的证据情况进行适当的推断分析。

（3）法律依据。应当写明案件达到立案标准、管辖权和法条依据。例如，可以写为：

"综上所述，我们认为孙××抢劫的犯罪事实已经发生，应当追究孙××的刑事责任，且案件发生地属我刑侦大队管辖。为此，根据《中华人民共和国刑事诉讼法》第一百零九条之规定，拟对孙××抢劫案立案侦查。"

4. 尾部

尾部交代请示意见、办案单位、办案民警和制作日期。请示意见另起一行，开头缩进两格写明"妥否，请批示"。

四、呈请破案报告书

（一）概念和功能

呈请破案报告书，是指公安机关侦查人员经过侦查，发现主要犯罪事实和犯罪嫌疑人已经查清，不必继续侦查而宣布破案，呈报领导审查批准是否破案所制作的法律文书。

根据法律规定，刑事案件破案的条件包括：①有证据证明有犯罪事实。②有证据证明犯罪行为是犯罪嫌疑人实施的；③犯罪嫌疑人或者主要犯罪嫌疑人已经归案。《公安机关办理刑事案件程序规定》第283条规定："侦查终结的案件，应当同时符合以下条件：（一）案件事实清楚；（二）证据确实、充分；（三）犯罪性质和罪名认定正确；（四）法律手续完备；（五）依法应当追究刑事责任。第285条规定：侦查终结的案件，侦查人员应当制作结案报告。结案报告应当包括以下内容：（一）犯罪嫌疑人的基本情况；（二）是否采取了强制措施及其理由；（三）案件的事实和证据；（四）法律依据和处理意见。"第286条规定："侦查终结案件的处理，由县级以上公安机关负责人批准；重大、复杂、疑难的案件应当经过集体讨论。"

呈请破案报告书的功能主要体现在以下几个方面：①呈请破案报告书是公安机关制作结案报告的重要依据。②呈请破案报告书是公安机关制作起诉意见书的主要依据。③呈请破案报告书是公安机关总结破案经验和指导刑事侦查活动的指导文件。

（二）结构、内容和写作方法

呈请破案报告书为叙述型文书，由审批栏、首部、正文和尾部四部分组成。

1. 审批栏

审批栏包括领导指示栏、审核意见栏和办案单位意见栏三部分。

（1）领导批示栏。该栏由公安机关主管领导签署审批意见。

（2）审核意见栏。该栏一般由审核部门或者审核人签署审核意见，不需要审核部门或者审核人签署审核意见的，可以不填写此栏。

（3）办案单位意见栏。此栏包括办案单位意见、办案民警署名和制作时间三部分内容。办案单位意见应当写明破案意见、案件名称和请示意见。例如，"拟对孙××抢劫案破案，妥否，请批示"。

2. 首部

首部包括标题和犯罪嫌疑人的基本情况。

（1）标题。居中写明文书名称"呈请破案报告书"。

（2）犯罪嫌疑人的基本情况。应当写明犯罪嫌疑人的姓名、性别、出生日期、出生地、身份证件号码、民族、文化程度、职业或工作单位及职务、政治面貌（如是人大代表、政协委员，一并写明具体级、届代表、委员）、采取强制措施情况、简历等。

3. 正文

正文包括呈请事项、事实依据和法律依据。

（1）呈请事项。呈请事项是呈请领导批示的内容，应当简明扼要地写明需要领导对破案情况进行批示。

（2）事实依据。应当写明案件来源，受害人的基本情况，犯罪的时间、地点、动机、目的、手段、情节和后果等重要内容，还应对案件中的证据予以分析。案件事实经过应当主次分明、条理清晰，无关紧要的事实可以忽略。

（3）法律依据。应当写明案件依据的法律条文和涉嫌罪名。例如，可以写为："综上所述，我们认为孙××的行为，触犯了《中华人民共和国刑法》第二百六十三条之规定，已涉嫌构成抢劫罪，应当依法追究孙××的刑事责任。"

4. 尾部

尾部交代请示意见、办案单位、办案民警和制作日期。请示意见另起一行，开头缩进两格写明"妥否，请批示"。

第三节 强制措施文书

一、取保候审决定书、取保候审执行通知书

（一）概念和功能

取保候审决定书，是指公安机关认为犯罪嫌疑人符合刑事诉讼法定情形，决定

对犯罪嫌疑人采取取保候审措施所制作的法律文书。取保候审执行通知书，是指公安机关作出取保候审决定后，要求执行机关、机构对犯罪嫌疑人执行相应的保证方式，监督犯罪嫌疑人随传随到所制作的法律文书。为确保取保候审措施合法、合理执行，承办案件的公安机关制作取保候审决定书时，应当一并制作执行通知书。

取保候审决定书写明的被取保候审人，包括未被拘留、逮捕的犯罪嫌疑人，已被拘留、逮捕但羁押期限届满、案件尚未办结的犯罪嫌疑人。我国《刑事诉讼法》第 67 条规定："人民法院、人民检察院和公安机关对有下列情形之一的犯罪嫌疑人、被告人，可以取保候审：（一）可能判处管制、拘役或者独立适用附加刑的；（二）可能判处有期徒刑以上刑罚，采取取保候审不致发生社会危险性的；（三）患有严重疾病、生活不能自理，怀孕或者正在哺乳自己婴儿的妇女，采取取保候审不致发生社会危险性的；（四）羁押期限届满，案件尚未办结，需要采取取保候审的。取保候审由公安机关执行。"《公安机关办理刑事案件程序规定》第 81 条第 2 款规定："对拘留的犯罪嫌疑人，证据不符合逮捕条件，以及提请逮捕后，人民检察院不批准逮捕，需要继续侦查，并且符合取保候审条件的，可以依法取保候审。"

取保候审决定书、取保候审执行通知书均属于多联式填充型文书，二者的功能主要体现在以下两个方面：①取保候审决定书、取保候审执行通知书能够保障犯罪嫌疑人的基本权利，避免恣意侦查，确保法律正确实施；②取保候审决定书、取保候审执行通知书能够证明侦查行为合法、合理，是公安机关与执行机关、机构对犯罪嫌疑人采取取保候审措施的法律凭证。

（二）结构、内容和写作方法

取保候审决定书、取保候审执行通知书包括附卷联、交被取保候审人联、交执行单位联和存根。取保候审决定书、取保候审执行通知书的内容由首部、正文和尾部三部分组成。

1. 首部

取保候审决定书的首部包括制作机关名称、文书名称和文书字号。取保候审执行通知书的首部包括制作机关名称、文书名称、文书字号和执行机关名称。

（1）制作机关名称。居中写明作出取保候审决定书、取保候审执行通知书的公安机关名称，例如，"×××公安局"或者"×××公安分局"。

（2）文书名称。在制作机关名称下一行居中写明"取保候审决定书"或者"取保候审执行通知书"。

（3）文书字号。文书字号由制作机关简称、文书性质、年度和案件序号组成，即应写为"×公（刑）取保字〔××××〕××号"。

叙写文书字号需要注意以下几个问题：①制作机关简称。应当与所在城市简称一致。②文书性质。用"取保字"表示。③年度。应当用公元纪年全称，用阿拉伯数字叙写。④案件序号。按照当年所有取保候审案件编写序号。文书字号应当写在文书名称下一行的右端，其最末一字应与下面正文右端各行看齐。

（4）执行机关的名称。取保候审执行通知书顶格标注执行机关的名称。

2. 正文

（1）取保候审决定书的正本、副本的正文。正本是公安机关告知犯罪嫌疑人对其采取取保候审措施并责令其接受保证人监督或者交纳保证金的依据。副本是公安机关采取取保候审措施的法律凭证。正本、副本的正文包括犯罪嫌疑人的基本情况、案件名称、取保候审原因、法律依据、取保候审起算时间和取保候审保证方式。具体制作需要注意以下几点：

①犯罪嫌疑人的基本情况。取保候审决定书应当根据法律规定和文书格式要求写明犯罪嫌疑人的姓名、性别、出生日期、住址、工作单位及职业、联系方式。

②案件名称。根据不同的案件情况，采取不同的命名方法。既可以采取"人名+涉嫌罪名"或者"被害人+被侵害情况"的命名方法，也可以以案件发生时间、立案时间或者地名来命名。

③取保候审原因。写明符合《刑事诉讼法》第67条取保候审的具体原因。

④法律依据。填写《刑事诉讼法》第67条。

⑤取保候审起算时间。依据《刑事诉讼法》的相关规定，取保候审期限应从决定采取取保候审措施的次日起算。

⑥取保候审保证方式。只能在保证人姓名和保证金额中选择其一，划去未做选择的内容。选择保证金额作为保证方式，应当采取大写方式，避免被擅自改动。

例如，取保候审决定书的正文内容和格式可以写为：

"我局正在侦查＿韩××盗窃＿案，因犯罪嫌疑人＿韩××患乙型肝炎＿，根据《中华人民共和国刑事诉讼法》第＿六十七＿条之规定，决定对其取保候审，期限从＿＿＿＿年＿＿＿＿月＿＿＿＿日起算。犯罪嫌疑人应当接受保证人＿郑××＿的监督/交纳保证金（大写）＿＿＿/＿＿＿元。"

（2）取保候审执行通知书的正文。应当依次填写取保候审原因、案件名称、被取保候审人的姓名、性别、出生日期、住址、单位及职业、联系方式、取保候审起算时间和保证方式。

具体制作需要注意以下两点：①只需要说明取保候审理由，写明犯罪嫌疑人可能符合取保候审情形的事实，无须罗列法律依据。②叙述取保候审执行通知书的保证方式，应当另起一段。

例如，取保候审执行通知书的正文内容和格式可以写为：

"因___韩××患乙型肝炎___，我局正在侦查___韩××盗窃___案，决定对犯罪嫌疑人___韩××___（性别_____，出生日期_____，住址_____，单位及职业_____，联系方式_____）取保候审，交由你单位执行，取保候审期限从_____年_____月_____日起算。

被取保候审人接受保证人___郑××___的监督/交纳保证金（大写）___/___元。"

（3）取保候审决定书、取保候审执行通知书的存根。存根的正文应当依次填写案件名称，案件编号，被取保候审人的姓名、性别、出生日期，取保原因，起算时间，保证人，保证金，办案单位，执行机关，批准人，批准时间，填发时间和填发人。

3. 尾部

取保候审决定书的正本、副本和取保候审执行通知书的尾部包括决定取保候审的公安机关名称、制作日期，并加盖公安机关印章。副本联在公安机关送达后应由被取保候审人在左下方填写"本决定书已收到"，签名捺指印，注明收到时间。

二、监视居住决定书、执行通知书

（一）概念和功能

监视居住决定书，是指公安机关认为犯罪嫌疑人符合刑事诉讼法定情形，决定对犯罪嫌疑人采取监视居住措施所制作的法律文书。执行通知书分为监视居住执行通知书和指定居所监视居住通知书，是指作出监视居住决定的公安机关向执行机关、机构发出的要求其对犯罪嫌疑人进行监视居住、监督犯罪嫌疑人遵守决定书规定所制作的法律文书。为确保监视居住措施合法、合理执行，承办案件的公安机关制作监视居住决定书时，应当一并制作执行通知书。公安机关决定对犯罪嫌疑人指定居所监视居住的，在制作、发送监视居住执行通知书的同时，还应制作、发送指定居所监视居住通知书。

监视居住决定书写明的犯罪嫌疑人，是符合逮捕条件但不宜被逮捕的犯罪嫌疑人。我国《刑事诉讼法》第71条第3款规定，被取保候审的犯罪嫌疑人、被告人违反前两款规定，已交纳保证金的，没收部分或者全部保证金，并且区别情形，责令犯罪嫌疑人、被告人具结悔过、重新交纳保证金、提出保证人，或者监视居住、予以逮捕。第74条规定："人民法院、人民检察院和公安机关对符合逮捕条件，有下列情形之一的犯罪嫌疑人、被告人，可以监视居住：（一）患有严重疾病、生活不能自理的；（二）怀孕或者正在哺乳自己婴儿的妇女；（三）系生活不能自理的人的唯一扶养人；（四）因为案件的特殊情况或者办理案件的需要，采取监视居住措施更为适宜的；（五）羁押期限届满，案件尚未办结，需要采取监视居住措施的。对符合取保候审条件，但犯罪嫌疑人、被告人不能提出保证人，也不交纳保证金的，可以监视居住。监视居住由公安机关执行。"第 75 条规定，监视居住应当在犯罪嫌疑人、被告人的住处执行；无固定住处的，可以在指定的居所执行。对于涉嫌危害国家安全犯罪、恐怖活动犯罪，在住处执行可能有碍侦查的，经上一级公安机关批准，也可以在指定的居所执行。但是，不得在羁押场所、专门的办案场所执行。第 91 条第 3 款规定，人民检察院应当自接到公安机关提请批准逮捕书后的七日以内，作出批准逮捕或者不批准逮捕的决定。人民检察院不批准逮捕的，公安机关应当在接到通知后立即释放，并且将执行情况及时通知人民检察院。对于需要继续侦查，并且符合取保候审、监视居住条件的，依法取保候审或者监视居住。《公安机关办理刑事案件程序规定》第 109 条第 2 款至第 4 款进一步规定："对人民检察院决定不批准逮捕的犯罪嫌疑人，需要继续侦查，并且符合监视居住条件的，可以监视居住。对于符合取保候审条件，但犯罪嫌疑人不能提出保证人，也不交纳保证金的，可以监视居住。对于被取保候审人违反本规定第八十九条、第九十条规定的，可以监视居住。"

监视居住决定书、执行通知书均属于多联式填充型文书，二者的功能与取保候审决定书、执行通知书的功能相同。对犯罪嫌疑人采取监视居住措施，在一定程度上限制了犯罪嫌疑人的人身自由和隐私权。就犯罪嫌疑人的权利保障而言，制作监视居住决定书、执行通知书，有助于抑制公安机关的恣意侦查行为。就侦查行为合法性与合理性而言，监视居住决定书、执行通知书也是对承办人员的履职保障，是证明承办人员合法、合理履行侦查职责的证据。

（二）结构、内容和写作方法

监视居住决定书、执行通知书包括附卷联、交被监视居住人联、交执行单位联和存根。监视居住决定书、执行通知书的内容由首部、正文和尾部三部分组成。

1. 首部

监视居住决定书的首部包括制作机关名称、文书名称和文书字号。执行通知书的首部包括制作机关名称、文书名称、文书字号和执行机关名称。

（1）制作机关名称。居中写明作出监视居住决定书、执行通知书的公安机关名称，例如，"×××公安局"或者"×××公安分局"。

（2）文书名称。在制作机关名称下一行居中写明"监视居住决定书"或者"执行通知书"。

（3）文书字号。文书字号由制作机关简称、文书性质、年度和案件序号组成，即应写为"×公（刑）监居字〔××××〕××号"。

叙写文书字号需要注意以下几个问题：①制作机关简称。应当与所在城市简称一致。②文书性质。用"监居字"表示。③年度。应当用公元纪年全称，用阿拉伯数字叙写。④案件序号。按照当年所有监视居住案件编写序号。文书字号应当写在文书名称下一行的右端，其最末一字应与下面正文右端各行看齐。

（4）执行机关的名称。执行通知书顶格标注执行机关的名称。

2. 正文

（1）监视居住决定书的正本、副本的正文。正本是公安机关告知犯罪嫌疑人对其采取监视居住措施并要求其遵守相关规定的依据。副本是公安机关采取监视居住措施的法律凭证。正本、副本的正文包括犯罪嫌疑人的基本情况、案件名称、监视居住原因和法律依据、监视居住地点、监视居住类型、执行机关和监视居住起算时间。具体制作需要注意以下几点：

①犯罪嫌疑人的基本情况。监视居住决定书应当根据法律规定和文书格式要求写明犯罪嫌疑人的姓名、性别、出生日期、住址。

②案件名称。根据不同的案件情况，采取不同的命名方法。既可以采取"人名＋涉嫌罪名"或者"被害人＋被侵害情况"的命名方法，也可以以案件发生时间、立案时间或者地名来命名。

③监视居住原因和法律依据。应当填写符合刑事诉讼法的监视居住的具体原因，写明法律依据。根据不同情形，可以填写《刑事诉讼法》第71条、第74条、第91条等。如果是指定居所监视居住的，还需同时引用《刑事诉讼法》第75条。

④监视居住地点。依照《刑事诉讼法》规定，监视居住应当在犯罪嫌疑人、被告人的住处执行；无固定住处的，可以在指定的居所执行。对于涉嫌危害国家安全犯罪、恐怖活动犯罪，在住处执行可能有碍侦查的，经上一级公安机关批准，也可以在指定的居所执行。但是，不得在羁押场所、专门的办案场所执行。

⑤监视居住类型。应当在"监视居住"和"指定居所监视居住"之间选择其一。

⑥执行机关。应当填写实际执行的派出所名称或者办案部门名称。

⑦监视居住起算时间。依据《刑事诉讼法》的相关规定，监视居住期间应从决定采取监视居住措施的次日起算。

⑧被监视居住人应当遵守的规定及相应的法律责任，已印刷在法律文书上。

例如，监视居住决定书的正文内容和格式可以写为：

"我局正在侦查___陈××盗窃___案,因___陈××怀孕___,根据《中华人民共和国刑事诉讼法》第___七十四___条之规定,决定在___××宾馆506房___对犯罪嫌疑人___监视居住/指定居所监视居住___,由___×××派出所___负责执行,监视居住期限从_____年_____月_____日起算。"

(2)执行通知书的正文。应当依次填写监视居住原因,监视居住地点,涉嫌罪名,被监视居住人的姓名、性别、出生日期、住址,监视居住类型,监视居住起算日期和监视居住应当遵守的规定。

例如,执行通知书的正文内容和格式可以写为:

"因___陈××怀孕___,我局决定在___××宾馆506房___对涉嫌___盗窃___罪的犯罪嫌疑人___陈××___(性别___女___,出生日期_____,住址_____)___监视居住/指定居所监视居住___,交由你单位执行,监视居住期限从_____年_____月_____日起算。"

(3)监视居住决定书、执行通知书的存根。存根的正文应当依次填写案件名称,案件编号,被监视居住人的姓名、性别、出生日期、住址,监视居住原因,监视居住地点,指定居所,起算时间,执行机关,批准人,批准时间,办案人,办案单位,填发时间和填发人。

3. 尾部

监视居住决定书的正本、副本和执行通知书的尾部应写明决定监视居住的公安机关名称、制作日期,并加盖公安机关印章。副本联在公安机关送达后应由被监视居住人在左下方填写"本决定书已收到",签名捺指印,并注明收到时间。

三、呈请拘留报告书

(一)概念和功能

呈请拘留报告书,是指公安机关认为需要对现行犯或重大嫌疑分子采取拘留措施,依法制作的报请公安机关负责人审批同意的法律文书。

呈请拘留报告书是公安机关内部的具有报告性质的文书,是制作拘留证的依据。我国《刑事诉讼法》第82条规定:"公安机关对于现行犯或者重大嫌疑分子,如果有下列情形之一的,可以先行拘留:(一)正在预备犯罪、实行犯罪或者在犯罪后即时被发觉的;(二)被害人或者在场亲眼看见的人指认他犯罪的;(三)在身边或者住处发现有犯罪证据的;(四)犯罪后企图自杀、逃跑或者在逃的;(五)有毁灭、伪造证据或者串供可能的;(六)不讲真实姓名、住址,身份不明的;(七)有流窜作案、多次作案、结伙作案重大嫌疑的。"《公安机关办理刑事案件程序规定》第125条第1款规定，拘留犯罪嫌疑人，应当填写呈请拘留报告书，经县级以上公安机关负责人批准，制作拘留证。执行拘留时，必须出示拘留证，并责令被拘留人在拘留证上签名、捺指印，拒绝签名、捺指印的，侦查人员应当注明。

呈请拘留报告书属于叙述型文书。呈请拘留报告书的功能主要体现在以下两个方面：①呈请拘留报告书让县级以上公安机关负责人审核把关办案质量，抑制恣意侦查，减少错拘误拘的情形发生；②呈请拘留报告书保障犯罪嫌疑人的人身自由，防止侦查人员以拘留形式变相惩罚犯罪嫌疑人，以刑讯逼供等非法方式获取犯罪嫌疑人的有罪供述。

（二）结构、内容和写作方法

呈请拘留报告书由首部、正文和尾部三部分组成。

1. 首部

首部包括文书名称和犯罪嫌疑人的基本情况。

（1）文书名称。居中写为"呈请拘留报告书"。

（2）犯罪嫌疑人的基本情况。主要应当写明犯罪嫌疑人的姓名、性别、出生日期、出生地、身份证件号码、民族、文化程度、职业或工作单位及职务、政治面貌（如是人大代表、政协委员，一并写明具体级、届代表、委员）、采取强制措施情况、简历等。

2. 正文

正文包括呈请事项、事实依据和法律依据三部分内容。

（1）呈请事项。呈请事项是呈请领导批示的内容，应当简明扼要、清晰具体地写明呈请对犯罪嫌疑人予以拘留。

（2）事实依据。呈请拘留报告书应当写明已侦查发现的犯罪事实，并结合刑事实体法规范和刑事程序法规范，按图索骥地说明拘留必要性。

拘留必要性的论证，可以从被拘留人具有重大作案嫌疑、不采取拘留措施将妨碍侦查、被拘留人具有社会危险性等三方面入手。具体需要注意以下几点：

①被拘留人具有重大作案嫌疑的情形，包括犯罪嫌疑人正在预备犯罪、实行犯罪或者在犯罪后即时被发觉，被害人或者在场亲眼看见的人指认，在犯罪嫌疑人身边或者住处发现犯罪证据，犯罪嫌疑人自行供认等。

②不采取拘留措施将妨碍侦查的情形，体现为犯罪嫌疑人犯罪后企图自杀、逃跑或者在逃，存在毁灭、伪造证据或者串供的可能，不讲真实姓名、住址，身份不

明等。

③被拘留人具有社会危险性的情形，包括犯罪嫌疑人有流窜作案、多次作案、结伙作案等重大嫌疑。

简言之，事实依据部分应当重点突出情况紧急，如果不拘留犯罪嫌疑人，就可能会发生新的犯罪或者妨碍侦查工作的顺利进行。

（3）法律依据。应当写明犯罪嫌疑人触犯的刑事实体法和刑事程序法，指出涉嫌罪名和法律依据。例如，可以写为：

"犯罪嫌疑人×××的行为触犯了《中华人民共和国刑法》第_____条，涉嫌盗窃罪。根据《中华人民共和国刑事诉讼法》第八十二条第×项之规定，特呈请对犯罪嫌疑人×××刑事拘留。"

3. 尾部

尾部交代请示意见、办案单位、办案民警和制作日期。请示意见另起一行，开头缩进两格，写明"妥否，请批示"。

四、提请批准逮捕书

（一）概念和功能

提请批准逮捕书，是指公安机关认为犯罪嫌疑人符合刑事诉讼法定情形，提请同级人民检察院批准逮捕犯罪嫌疑人所制作的法律文书。提请批准逮捕书不同于内部报告性质的呈请拘留报告书，其提交对象是作为外部监督主体的检察机关。公安机关提交提请批准逮捕书，应当一并移送案卷材料、证据。

我国《刑事诉讼法》第81条规定："对有证据证明有犯罪事实，可能判处徒刑以上刑罚的犯罪嫌疑人、被告人，采取取保候审尚不足以防止发生下列社会危险性的，应当予以逮捕：（一）可能实施新的犯罪的；（二）有危害国家安全、公共安全或者社会秩序的现实危险的；（三）可能毁灭、伪造证据，干扰证人作证或者串供的；（四）可能对被害人、举报人、控告人实施打击报复的；（五）企图自杀或者逃跑的。批准或者决定逮捕，应当将犯罪嫌疑人、被告人涉嫌犯罪的性质、情节，认罪认罚等情况，作为是否可能发生社会危险性的考虑因素。对有证据证明有犯罪事实，可能判处十年有期徒刑以上刑罚的，或者有证据证明有犯罪事实，可能判处徒刑以上刑罚，曾经故意犯罪或者身份不明的，应当予以逮捕。被取保候审、监视居住的犯罪嫌疑人、被告人违反取保候审、监视居住规定，情节严重的，可以予以逮捕。"《公安机关办理刑事案件程序规定》第134条规定，有证据证明有犯罪事实，是指同时具备下列情形："（一）有证据证明发生了犯罪事实；（二）有证据证明该犯罪事实是犯罪嫌疑人实施的；（三）证明犯罪嫌疑人实施犯罪行为的证据已有查证属实的。前款规定的'犯罪事实'既可以是单一犯罪行为的事实，也可以是数个犯罪行为中任何一个犯罪行为的事实。"

提请批准逮捕书为叙述型文书，其功能主要体现在以下三个方面：①提请批准逮捕书是分工负责、互相配合、互相制约的刑事诉讼原则的具象化体现，能实现检察权对侦查权的监督制约。②提请批准逮捕书引入作为外部监督主体的检察机关，成为其履行法律监督职能、保障犯罪嫌疑人基本权利的重要渠道。③提请批准逮捕书督促公安机关全面搜集证据、严格按照法定程序办案，提升办案质量。

（二）结构、内容和写作方法

提请批准逮捕书由首部、正文和尾部组成。

1. 首部

提请批准逮捕书属于叙述型文书，首部包括制作机关名称、文书名称和文书字号。

（1）制作机关名称。写明提请批准逮捕的公安机关名称，例如，"×××公安局"或者"×××公安分局"。

（2）文书名称。在制作机关名称下一行居中写明"提请批准逮捕书"。

（3）文书字号。文书字号由制作机关简称、文书性质、年度和案件序号组成，即应写为"×公（ ）提捕字〔××××〕××号"。

叙写文书字号需要注意以下几个问题：①制作机关简称。应当与所在城市简称一致。②文书性质。用"提捕字"表示。③年度。应当用公元纪年全称，用阿拉伯数字叙写。④案件序号。按照当年所有提请逮捕案件编写顺序号。文书字号应当写在文书名称下一行的右端，其最末一字应与下面正文右端各行看齐。

2. 正文

正文包括犯罪嫌疑人和辩护律师的基本情况、案由与案件来源、经侦查认定的犯罪事实、证据分析、法律依据。

（1）犯罪嫌疑人和辩护律师的基本情况。犯罪嫌疑人的基本情况包括犯罪嫌疑人的姓名（别名、曾用名、绰号等）、性别、出生日期、出生地、身份证件种类及号码、民族、文化程度、职业或工作单位及职务、居住地（包括户籍所在地、经常居住地、暂住地）、政治面貌、违法犯罪经历以及因本案被采取强制措施的情况。

叙写犯罪嫌疑人的基本情况，应当注意以下几点：①如果犯罪嫌疑人曾任人大代表、政协委员，记录政治面貌时，应当一并写明具体级、届代表、委员。②如果案件有多名犯罪嫌疑人，则按照主犯、从犯的顺序，逐一写明各个犯罪嫌疑人的基本情况。③犯罪嫌疑人因本案被采取强制措施的情况，应写明采取强制措施的时间、种类及执行场所。

犯罪嫌疑人在侦查阶段聘请辩护律师的，还应当写明辩护律师的姓名、所在律师事务所或者法律援助机构的名称、律师执业证编号。

（2）案由与案件来源。这部分内容是办案情况的基本信息，共同组成一段。案件由来写明案由和案件来源，说明案件的立案线索，如本案为单位或者公民举报、控告、上级交办、有关部门移送、本局其他部门移交或者工作中发现等。侦查过程写明案件侦查中每一诉讼程序开始的时间点，如接受案件、立案的日期等。具体写明犯罪嫌疑人的归案情况。

例如，该部分的具体内容和格式可以写为：

"犯罪嫌疑人_____涉嫌___×××___罪一案，由_____举报（控告、移送）至我局。我局经过审查，于_____年_____月_____日接受案件，于_____年_____月_____日立案侦查。犯罪嫌疑人_____已于_____年_____月_____日被抓获归案。"

（3）经侦查认定的犯罪事实。应当详述经侦查认定的犯罪事实，还要详述为何必须批准逮捕犯罪嫌疑人，经侦查认定的犯罪事实是否符合法律规定的逮捕条件。对于只有一个犯罪嫌疑人且犯罪嫌疑人实施多次犯罪的案件，应当逐一列举犯罪事实。对构成数个罪名的犯罪嫌疑人的案件，应当按照主次顺序分别列举犯罪事实。对于共同犯罪的案件，写明犯罪嫌疑人的共同犯罪及各自在共同犯罪中的地位和作用后，按照犯罪嫌疑人的主次顺序，分别叙述各个犯罪嫌疑人的单独犯罪事实。

（4）证据分析。应当论证证据与犯罪事实的关系，主要是论述证据的相关性和法律依据，论证证据是否足以证成逮捕理由。论证思路以"认定上述事实的证据如下"为开头，分列相关证据，并说明证据与犯罪事实的关系，如哪些事实由哪些证据支持。"如果犯罪嫌疑人自愿认罪认罚的，简要写明相关情况。"

（5）法律依据。应当根据犯罪构成要件写明罪状，写明犯罪嫌疑人的行为触犯的法律条款和涉嫌罪名，符合法定逮捕条件，并写明"特提请批准逮捕"。据此，法律依据部分可以写为：

"综上所述，犯罪嫌疑人___×××___……（根据犯罪构成简要说明罪状），其行为已触犯《中华人民共和国刑法》第_____条之规定，涉嫌_____罪，可能判处徒刑以上刑罚。现有_____等证据证明，其_____或者_____（在空白处说明犯罪嫌疑人符合逮捕条件的内容）。依照《中华人民共和国刑事诉讼法》第八

十一、第八十七条之规定，犯罪嫌疑人＿＿×××＿＿符合逮捕条件，特提请批准逮捕。"

3. 尾部

尾部包括负责批准逮捕的检察机关名称、提请批准逮捕的公安机关名称、提捕日期、用印、附卷。

（1）批准逮捕的检察机关名称。应当分两行写明"此致""×××人民检察院"。"此致"前应当缩进两格，负责批捕的人民检察院名称应当顶格叙写。

（2）写明提请批准逮捕的公安机关名称。

（3）写明提捕日期。该日期应当是公安机关提请批准逮捕的决定日期，写为"××××年××月××日"。

（4）用印。在提捕日期上加盖公安机关的单位印章。

（5）附卷。该部分说明关于提请批准逮捕的卷宗共几卷、共几页，写为"本案卷宗×卷×××页"。

五、提请批准延长侦查羁押期限意见书

（一）概念和功能

提请批准延长侦查羁押期限意见书，是指公安机关在犯罪嫌疑人被逮捕后的两个月侦查羁押期限内，因案情复杂、侦查羁押期限届满不能侦查终结，依法提请人民检察院批准或决定延长侦查羁押期限所制作的法律文书。

我国《刑事诉讼法》第156条规定："对犯罪嫌疑人逮捕后的侦查羁押期限不得超过二个月。案情复杂、期限届满不能终结的案件，可以经上一级人民检察院批准延长一个月。"第158条规定："下列案件在本法第一百五十六条规定的期限届满不能侦查终结的，经省、自治区、直辖市人民检察院批准或者决定，可以延长二个月：（一）交通十分不便的边远地区的重大复杂案件；（二）重大的犯罪集团案件；（三）流窜作案的重大复杂案件；（四）犯罪涉及面广，取证困难的重大复杂案件。"第159条规定："对犯罪嫌疑人可能判处十年有期徒刑以上刑罚，依照本法第一百五十八条规定延长期限届满，仍不能侦查终结的，经省、自治区、直辖市人民检察院批准或者决定，可以再延长二个月。"《公安机关办理刑事案件程序规定》第149条规定："下列案件在本规定第一百四十八条规定的期限届满不能侦查终结的，应当制作提请批准延长侦查羁押期限意见书，经县级以上公安机关负责人批准，在期限届满七日前送请同级人民检察院层报省、自治区、直辖市人民检察院批准，延长二个月：（一）交通十分不便的边远地区的重大复杂案件；（二）重大的犯罪集团案

件；（三）流窜作案的重大复杂案件；（四）犯罪涉及面广，取证困难的重大复杂案件。"

提请批准延长侦查羁押期限意见书属于多联式填充型文书。提请批准延长侦查羁押期限意见书的功能与提请批准逮捕书相似。二者均是分工负责、互相配合、互相制约的刑事诉讼原则的具象化体现，是作为外部监督主体的检察机关监督侦查权运行的重要渠道，督促着公安机关全面搜集证据、严格按照法定程序办案、提升办案质量。同时，提请批准延长侦查羁押期限意见书的功能实现方式又与提请批准逮捕书有所不同。检察机关对提请批准延长侦查羁押期限意见书的审批，控制的是侦查羁押期限的"长短"，而非侦查羁押的"入口"。检察机关批准与否的判断标准，是侦查工作是否有效开展或取得实质进展。检察机关审查后认为犯罪嫌疑人虽然符合逮捕条件，但是公安机关在对犯罪嫌疑人执行逮捕后二个月以内，未有效开展侦查工作或者侦查取证工作没有实质进展的，可以作出不批准延长侦查羁押期限的决定。

（二）结构、内容和写作方法

存根由首部和正文两部分组成。交检察院联和附卷联由首部、正文和尾部三部分组成。

1. 首部

首部包括制作机关名称、文书名称、文书字号、批准延长侦查羁押期限的检察院。

（1）制作机关名称。写明提请批准延长侦查羁押期限的公安机关名称。例如，"×××公安局"或者"×××公安分局"。

（2）文书名称。应当写为"提请批准延长侦查羁押期限意见书"。

（3）文书字号。文书字号由制作机关简称、文书性质、年度和案件序号组成，即应写为"×公（刑）提延字〔××××〕××号"。

叙写文书字号需要注意以下几个问题：①制作机关简称。应当与所在城市简称一致。②文书性质。用"提延字"表示。③年度。应当用公元纪年全称，用阿拉伯数字叙写。④案件序号。按照当年所有提请批准延长侦查羁押期限案件编写序号。文书字号应当写在文书名称下一行的右端，其最末一字应与下面正文右端各行看齐。

（4）批准延长侦查羁押期限的检察院。提请批准延长侦查羁押期限意见书要标注向哪一检察院申请，人民检察院的名称应当顶格。

2. 正文

存根的正文包括案件名称，案件编号，犯罪嫌疑人及其出生日期、住址、单位及职业、逮捕时间、延长原因、提请延长期限、送往单位、批准人、批准时间、办案人、办案单位、填发时间、填发人。

交检察院联和附卷联的正文包括批准逮捕决定书的尾部日期、批准逮捕决定书的文书字号、被逮捕人的姓名、犯罪嫌疑人被执行逮捕的日期、提请批准延长侦查羁押期限的原因、法律依据和提请批准延长的侦查羁押期限。依据这一顺序，提请批准延长侦查羁押期限意见书的正文内容和格式可以写为：

"你院于_____年_____月_____日以__××__〔20××〕_____××_____号决定书批准逮捕的犯罪嫌疑人_____已于_____年_____月_____日被执行逮捕，因_____，羁押期限届满不能侦查终结，根据《中华人民共和国刑事诉讼法》第_____条之规定，特提请批准对其延长羁押期限_____个月。"

3. 尾部

尾部包括提请批准延长侦查羁押期限的公安机关名称、提请日期和用印。

（1）写明提请批准延长侦查羁押期限的公安机关名称。

（2）写明提请日期。提请批准延长侦查羁押期限意见书写明的日期，应当是提请意见书的日期，写作："××××年××月××日"。

（3）用印。在提请日期上加盖公安机关的单位印章。

六、通缉令

（一）概念和功能

通缉令，是指公安机关对符合逮捕条件、应当到案而在逃或者被逮捕后脱逃的犯罪嫌疑人，以及从监狱中逃跑的罪犯，依法制作发布的缉捕在逃人员的法律文书。

通缉令分为对内发布的通缉令和对外发布的通缉令，前者应当另附犯罪嫌疑人的指纹、DNA编码和社会关系，后者附在逃人员的照片即可。同时，公安部的通缉令分成"A级通缉令"和"B级通缉令"两个等级，A级通缉令是公安部针对应当重点缉捕的在逃人员发布的法律文书；B级通缉令是公安部根据各个省级公安机关的请求，依法制作发布的缉捕在逃人员的法律文书。

我国《刑事诉讼法》第155条规定，应当逮捕的犯罪嫌疑人如果在逃，公安机关可以发布通缉令，采取有效措施，追捕归案。各级公安机关在自己管辖的地区以内，可以直接发布通缉令；超出自己管辖的地区，应当报请有权决定的上级机关发布。《公安机关办理刑事案件程序规定》第274条规定，应当逮捕的犯罪嫌疑人在逃的，经县级以上公安机关负责人批准，可以发布通缉令，采取有效措施，追捕归案。县级以上公安机关在自己管辖的地区内，可以直接发布通缉令；超出自己管辖的地区，应当报请有权决定的上级公安机关发布。通缉令的发送范围，由签发通缉令的公安机关负责人决定。第275条规定，通缉令中应当尽可能写明被通缉人的姓名、别名、曾用名、绰号、性别、年龄、民族、籍贯、出生地、户籍所在地、居住地、职业、身份证号码、衣着和体貌特征、口音、行为习惯，并附被通缉人近期照片，可以附指纹及其他物证的照片。除了必须保密的事项以外，应当写明案发的时间、地点和简要案情。

通缉令属于多联式填充型文书，其功能主要体现在以下两个方面：①动员社会力量和公安系统的整体力量，追踪、锁定犯罪嫌疑人，降低侦查成本和追逃成本。②确保诉讼程序顺利进行。通缉令写明了犯罪嫌疑人的基本情况和注意事项，任何人在任何时间、任何地点均可向公安机关举报犯罪事实、提供犯罪嫌疑人所在位置的线索，甚至直接将犯罪嫌疑人扭送公安机关。通缉令不仅能确保诉讼程序有序进行，还有利于保护证人和知情人。

（二）结构、内容和写作方法

存根由首部和正文两部分组成。对外发布联和对内发布联由首部、正文和尾部三部分组成。

1. 首部

首部包括文书名称和文书字号。

（1）文书名称。应当居中写明"通缉令"。

（2）文书字号。文书字号由公安机关简称、文书性质、年度和案件序号依次组成，即应写为"×公（刑）缉字〔××××〕××号"。

叙写文书字号需要注意以下几个问题：①制作机关简称。应当与所在城市简称一致。②文书性质。用"缉字"表示。③年度。应当用公元纪年全称，用阿拉伯数字叙写。④案件序号。按照当年所有通缉的案件编写序号。文书字号应当写在文书名称下一行的右端，其最末一字应与下面正文右端各行看齐。

2. 正文

存根的正文包括案件名称，案件编号，被通缉人及其出生日期、身份证号码、住址、单位及职业，通缉时间，批准人，批准时间，办案人，办案单位，填发时间，填发人。

对内发布联和对外发布联的正文包括犯罪嫌疑人基本情况及特征、发布范围、简要案情、工作要求和注意事项、联系人、联系方式、附项。

（1）犯罪嫌疑人基本情况及特征。应当写明犯罪嫌疑人的姓名、性别、年龄、民族、职业、工作单位、户籍所在地、住址、身份证号码、体貌特征、行为特征、口音、携带物品、特长等内容。该部分旨在让通缉令的受众确定犯罪嫌疑人，应当详细写明。对内发布的通缉令还应当写明在逃人员网上编号。

（2）发布范围。发布范围表明了犯罪嫌疑人位置的地域范围，应当写明具体的省、市或县。

（3）简要案情。应当写明犯罪发生的时间、地点和犯罪经过。

（4）工作要求和注意事项。该部分应当突出犯罪嫌疑人的社会危险性、反侦查能力，如犯罪嫌疑人是否携带枪支、刀具等。对内发布的通缉令还应当在该部分写明工作要求。

（5）联系人、联系方式。

（6）附项。对外发布的通缉令附带犯罪嫌疑人照片，对内发布的通缉令还应另外附带犯罪嫌疑人指纹、犯罪嫌疑人社会关系和 DNA 编号。

3. 尾部

尾部包括发布通缉令的公安机关名称、发布日期、用印，对内发布的通缉令还应写明抄送部门。

（1）写明发布通缉令的公安机关名称。

（2）写明发布日期。

（3）用印。在发布日期上加盖发布通缉令的公安机关的单位印章。

（4）对内发布的通缉令还应在日期下写明抄送部门，写为"抄送部门：＿×××＿"。

第四节　侦查终结文书

一、起诉意见书

（一）概念和功能

起诉意见书，是指公安机关在侦查终结后，认为犯罪事实清楚，证据确实、充分，应当依法追究犯罪嫌疑人的刑事责任，向同级人民检察院移送审查起诉所制作的法律文书。

我国《刑事诉讼法》第 162 条规定，公安机关侦查终结的案件，应当做到犯罪事实清楚，证据确实、充分，并且写出起诉意见书，连同案卷材料、证据一并移送同级人民检察院审查决定；同时将案件移送情况告知犯罪嫌疑人及其辩护律师。犯罪嫌疑人自愿认罪的，应当记录在案，随案移送，并在起诉意见书中写明有关情况。《公安机关办理刑事案件程序规定》第 289 条规定，对侦查终结的案件，应当制作起诉意见书，经县级以上公安机关负责人批准后，连同全部案卷材料、证据，以及辩护律师提出的意见，一并移送同级人民检察院审查决定；同时将案件移送情况告知犯罪嫌疑人及其辩护律师。犯罪嫌疑人自愿认罪的，应当记录在案，随案移送，并在起诉意见书中写明有关情况；认为案件符合速裁程序适用条件的，可以向人民检察院提出适用速裁程序的建议。第 291 条规定，共同犯罪案件的起诉意见书，应当写明每个犯罪嫌疑人在共同犯罪中的地位、作用、具体罪责和认罪态度，并分别提出处理意见。第 292 条规定，被害人提出附带民事诉讼的，应当记录在案；移送审查起诉时，应当在起诉意见书末页注明。

起诉意见书的功能主要体现在以下几个方面：①起诉意见书是公安机关结束刑事侦查活动的法律标志；②起诉意见书是公安机关对其承办案件的犯罪嫌疑人的审查结论；③起诉意见书是同级人民检察院审查案件和提起公诉的法律凭证。

（二）结构、内容和写作方法

起诉意见书为叙述型文书，由首部、正文和尾部三部分组成。

1. 首部

首部包括制作机关名称、文书名称、文书字号、犯罪嫌疑人的身份情况及犯罪经历、辩护人情况、案由、案件来源和案件侦查过程。

（1）制作机关名称。应当写明承办案件的公安机关。

（2）文书名称。应当写为"起诉意见书"。

（3）文书字号。文书字号由制作机关简称、文书性质、年度和案件序号组成，即应写为"×公（ ）诉字〔××××〕××号"。

叙写文书字号需要注意以下几个问题：①制作机关简称。应当与所在城市简称一致。如果是公安分局受理案件，同时写明公安分局简称。②文书性质。在第一个括号写明"刑"字，在之后用"诉字"来表示。③年度。应当用公元纪年全称，用阿拉伯数字叙写。④案件序号。按照当年所有移送起诉的案件编写顺序号。文书字号应当写在文书名称下一行的右端，其最末一字应与下面正文右端各行看齐。

综上所述，以杭州市公安局钱塘新区公安分局 2020 年移送起诉的第 30 号刑事案件为例，起诉意见书的文书字号应当写为"杭钱塘公（刑）诉字〔2020〕30 号"。

(4) 犯罪嫌疑人的身份情况及犯罪经历。应当依次写明犯罪嫌疑人的姓名（别名、曾用名、绰号等）、性别、出生日期、出生地、身份证件种类及号码、民族、文化程度、职业或工作单位及职务、居住地（包括户籍所在地、经常居住地、暂住地）、政治面貌、违法犯罪经历以及因本案被采取强制措施的情况（时间、种类及执行场所）。案件有多名犯罪嫌疑人的，应当逐一写明。

(5) 辩护人情况。如有律师，应写明律师的姓名，所在律师事务所或者法律援助机构名称，律师执业编号。

(6) 案由。根据犯罪嫌疑人的犯罪事实和触犯的刑法条款确定案由。

(7) 案件来源。案件来源为公安机关获取案件线索或者受理案件的来源，包括单位或者公民举报、控告、上级交办、有关部门移送或工作中发现。

(8) 案件侦查过程。应当简要写明案件侦查过程中的各个法律程序开始的时间，如接受案件、立案的时间。具体写明犯罪嫌疑人归案情况。最后写明"犯罪嫌疑人×××涉嫌×××案，现已侦查终结"。

2. 正文

正文包括犯罪事实、证据、案件有关情节、提出起诉意见书的理由和法律依据。

(1) 犯罪事实。该部分详细叙述经侦查认定的犯罪事实，包括犯罪时间、地点、经过、手段、目的、动机、危害后果等与定罪有关的事实要素。应当根据具体案件情况，围绕《刑法》规定的该罪构成要件，进行叙述。对于只有一个犯罪嫌疑人的案件，犯罪嫌疑人实施多次犯罪的犯罪事实应逐一列举；同时触犯数个罪名的犯罪嫌疑人的犯罪事实应该按照主次顺序分别列举。对于共同犯罪的案件，写明犯罪嫌疑人的共同犯罪事实及各自在共同犯罪中的地位和作用后，按照犯罪嫌疑人的主次顺序，分别叙述各个犯罪嫌疑人的单独犯罪事实。

(2) 证据。根据不同案件的不同情况，有针对性地分列相关证据，并说明证据与案件事实的关系。在叙述完案件中的证据之后，另起一段写明"上述犯罪事实清楚，证据确实、充分，足以认定"。

(3) 案件有关情节。具体写明犯罪嫌疑人是否有累犯、立功、自首、和解等影响量刑的从重、从轻、减轻等犯罪情节。犯罪嫌疑人自愿认罪认罚的，简要写明相关情况。

(4) 提出起诉意见的理由和法律依据。提出起诉意见的理由，应当根据犯罪构成简要说明罪状，写明犯罪嫌疑人的行为触犯了我国《刑法》的条文和涉嫌的罪名，依法应当受到刑事处罚。移送案件的法律依据要写明依据的具体法律条款——《刑事诉讼法》第162条。当事人和解的公诉案件，应当写明双方当事人已自愿达成和解协议以及履行情况，同时可以提出从宽处理的建议。犯罪嫌疑人自愿认罪认罚的，如果认为案件符合速裁程序适用条件，可以在起诉意见书中建议人民检察院适用速裁程序办理，并简要说明理由。

3. 尾部

尾部包括受文单位名称、制作机关名称、制作日期、用印和附注。

（1）受文单位名称。分两行写明"此致""×××人民检察院"。"此致"前应当缩进两格，接受移送案件的同级人民检察院名称应当顶格。

（2）制作机关名称。写明制作起诉意见书的公安机关名称。

（3）制作日期。写明制作文书的年月日。

（4）用印。在制作日期上加盖公安机关的印章。

（5）附注。注明所附案件卷宗的卷数及页数，随案移送物品件数。

二、撤销案件决定书

（一）概念和功能

撤销案件决定书，是指公安机关经过侦查发现不应当追究犯罪嫌疑人的刑事责任而依法撤销案件所制作的法律文书。

我国《刑事诉讼法》第16条规定："有下列情形之一的，不追究刑事责任，已经追究的，应当撤销案件，或者不起诉，或者终止审理，或者宣告无罪：（一）情节显著轻微、危害不大，不认为是犯罪的；（二）犯罪已过追诉时效期限的；（三）经特赦令免除刑罚的；（四）依照刑法告诉才处理的犯罪，没有告诉或者撤回告诉的；（五）犯罪嫌疑人、被告人死亡的；（六）其他法律规定免予追究刑事责任的。"第163条规定，在侦查过程中，发现不应对犯罪嫌疑人追究刑事责任的，应当撤销案件；犯罪嫌疑人已被逮捕的，应当立即释放，发给释放证明，并且通知原批准逮捕的人民检察院。《公安机关办理刑事案件程序规定》第187条第1款规定，需要撤销案件或者对犯罪嫌疑人终止侦查的，办案部门应当制作撤销案件或者终止侦查报告书，报县级以上公安机关负责人批准。第189条第1款规定，公安机关作出撤销案件决定后，应当在三日以内告知原犯罪嫌疑人、被害人或者其近亲属、法定代理人以及案件移送机关。

撤销案件决定书的功能主要表现在以下两方面：①撤销案件决定书是公安机关撤销刑事案件，正式终结刑事侦查活动的法律凭证。②撤销案件决定书是公安机关作出释放证明书的重要前提。

（二）结构、内容和写作方法

撤销案件决定书为多联式填空型文书，由附卷联，交原案件犯罪嫌疑人联，交原案件被害人或其近亲属、法定代理人联，交移送机关联和存根组成。

存根由首部和正文两部分组成。附卷联，交原案件犯罪嫌疑人联，交原案件被害人或其近亲属、法定代理人联，交移送机关联，均由首部、正文和尾部三部分组成。

1. 首部

首部包括制作机关名称、文书名称和文书字号。

（1）制作机关名称。写明作出撤销案件决定书的公安机关名称。例如，"×××公安局"或者"×××公安分局"。

（2）文书名称。在制作机关名称下一行居中写明"撤销案件决定书"。

（3）文书字号。文书字号由制作机关简称、文书性质、撤案年度和案件序号组成，即应写为"×公（刑）撤案字〔××××〕××号"。

叙写文书字号需要注意以下几个问题：①制作机关简称。应当与所在城市简称一致。②文书性质。用"撤案字"表示。③撤案年度。应当用公元纪年全称，用阿拉伯数字叙写。④案件序号。按照当年所有撤销案件编写序号。文书字号应当写在文书名称下一行的右端，其最末一字应与下面正文右端各行看齐。

2. 正文

正文包括案件名称、撤销案件理由和法律依据。

（1）案件名称。写明撤销案件的名称。

（2）撤销案件理由。撤销案件理由需要说明应当撤销案件的法定事由。

（3）法律依据。撤销案件的法律依据，如属于《刑事诉讼法》第16条规定情形的，填写"第十六条"；如属于没有犯罪事实或者不负刑事责任的情形，填写"第一百六十三条"。

例如，因犯罪已过追诉时效而撤销案件的，撤销案件决定书正文的内容和格式可以写为：

"我局办理的　陈××盗窃　案，因　犯罪已过追诉时效　，根据《中华人民共和国刑事诉讼法》第　十六　条之规定，决定撤销此案。"

存根的正文包括案件名称，案件编号，原案件犯罪嫌疑人姓名、性别、出生日期、住址、单位及职业，撤销案件原因，批准人，批准时间，办案人，办案单位，填发时间和填发人。

3. 尾部

尾部包括公安机关名称、制作日期、用印，附卷联还要求签收。

（1）公安机关名称。写明制作撤销案件决定书的公安机关名称。

（2）制作日期。写明制作撤销案件决定书的年月日。

（3）用印。在制作日期上加盖制作撤销案件决定书的公安机关的单位印章。

（4）签收。在附卷联下方，应当要求原案件犯罪嫌疑人、原案件被害人、移送机关在收到决定书后签收，并注明日期。

第五节 补充侦查和复议、复核文书

一、补充侦查报告书

（一）概念和功能

补充侦查报告书，是指公安机关根据人民检察院补充侦查决定书的要求，对案件补充侦查后告知人民检察院补充侦查情况所制作的法律文书。

我国《刑事诉讼法》第175条规定："人民检察院审查案件，可以要求公安机关提供法庭审判所必需的证据材料；认为可能存在本法第五十六条规定的以非法方法收集证据情形的，可以要求其对证据收集的合法性作出说明。人民检察院审查案件，对于需要补充侦查的，可以退回公安机关补充侦查，也可以自行侦查。对于补充侦查的案件，应当在一个月以内补充侦查完毕。补充侦查以二次为限。补充侦查完毕移送人民检察院后，人民检察院重新计算审查起诉期限。对于二次补充侦查的案件，人民检察院仍然认为证据不足，不符合起诉条件的，应当作出不起诉的决定。"《公安机关办理刑事案件程序规定》第295条规定："侦查终结，移送人民检察院审查起诉的案件，人民检察院退回公安机关补充侦查的，公安机关接到人民检察院退回补充侦查的法律文书后，应当按照补充侦查提纲在一个月以内补充侦查完毕。补充侦查以二次为限。"第296条规定："对人民检察院退回补充侦查的案件，根据不同情况，报县级以上公安机关负责人批准，分别作如下处理：（一）原认定犯罪事实不清或者证据不够充分的，应当在查清事实、补充证据后，制作补充侦查报告书，移送人民检察院审查；对确实无法查明的事项或者无法补充的证据，应当书面向人民检察院说明情况；（二）在补充侦查过程中，发现新的同案犯或者新的罪行，需要追究刑事责任的，应当重新制作起诉意见书，移送人民检察院审查；（三）发现原认定的犯罪事实有重大变化，不应当追究刑事责任的，应当撤销案件或者对犯罪嫌疑人终止侦查，并将有关情况通知退查的人民检察院；（四）原认定犯罪事实清楚，证据确实、充分，人民检察院退回补充侦查不当的，应当说明理由，移送人民检察院审查。"第297条规定："对于人民检察院在审查起诉过程中以及在人民法院作出生效判决前，要求公安机关提供法庭审判所必需的证据材料的，应当及时收集和提供。"

补充侦查报告书是公安机关进一步查明案情，有效惩治犯罪分子，防止冤假错案的重要凭证，也是人民检察院对案件予以正确处理的重要依据。

（二）结构、内容和写作方法

补充侦查报告书一式两份，一份由公安机关留存，附侦查工作卷，一份交退回补充侦查的人民检察院。补充侦查报告书由首部、正文和尾部三部分组成。

1. 首部

首部包括公安机关名称、文书名称、文书字号和受文单位名称。

（1）公安机关名称。应当写明承办案件的公安机关名称。

（2）文书名称。在公安机关名称下一行居中写明文书名称"补充侦查报告书"。

（3）文书字号。文书字号由制作机关简称、文书性质、年度和案件序号组成，即应写为"×公（）补侦字〔××××〕××号"。

叙写文书字号需要注意以下几个问题：①制作机关简称。应当与所在城市简称一致。如果是公安分局受理案件，同时写明公安分局简称。②文书性质。第一个括号一般填写"刑"，在其后写明"补侦字"。③年度。应当用公元纪年全称，用阿拉伯数字叙写。④案件序号。按照当年补充侦查的所有案件编写序号。文书字号应当写在文书名称下一行的右端，其最末一字应与下面正文右端各行看齐。

（4）受文单位名称。左端顶格写明公安机关告知补充侦查情况的人民检察院名称。

2. 正文

正文包括补充侦查事由和补充侦查结果。

（1）补充侦查事由。补充侦查事由应当写明人民检察院退回补充侦查决定书的制作日期、文书字号和案件名称。依据这一顺序，补充侦查事由的内容和格式可以写为："你院于_____年_____月_____日以__×检诉字〔20××〕××

号补充侦查决定书退回的　　王×诈骗　　案，已经补充侦查完毕。"

（2）补充侦查结果。补充侦查结果应当针对人民检察院退回补充侦查决定书所附的侦查提纲，逐条予以说明。已经补充侦查清楚的问题，如实叙述查清的事实和证据、补充侦查方法和结果。对于补充侦查仍未查清或者无法查清的问题，应做情况说明，写明具体原因。对于案卷材料中已清楚或者有证据证明无须补充侦查的，要写明在案卷中的位置，告知没有补充侦查的必要。对于法律手续不完备而退补的案件，要写明已按法定程序补办法律手续的情况。写完补充侦查结果，单起一行注明"现将该案卷宗　　×　　卷　　××　　页及补充查证材料　　×　　卷　　××　　页附后，请审查。"

3. 尾部

尾部应写明制作文书的公安机关名称，注明制作日期，并加盖公安机关印章。

二、要求复议意见书

（一）概念和功能

要求复议意见书，是指公安机关认为同级人民检察院作出的不批准逮捕决定或者不起诉决定有错误而依法要求同级人民检察院对此进行复议所制作的法律文书。

我国《刑事诉讼法》第92条规定："公安机关对人民检察院不批准逮捕的决定，认为有错误的时候，可以要求复议，但是必须将被拘留的人立即释放。如果意见不被接受，可以向上一级人民检察院提请复核。上级人民检察院应当立即复核，作出是否变更的决定，通知下级人民检察院和公安机关执行。"第179条规定："对于公安机关移送起诉的案件，人民检察院决定不起诉的，应当将不起诉决定书送达公安机关。公安机关认为不起诉的决定有错误的时候，可以要求复议，如果意见不被接受，可以向上一级人民检察院提请复核。"《公安机关办理刑事案件程序规定》第141条第1款规定："对人民检察院不批准逮捕的决定，认为有错误需要复议的，应当在收到不批准逮捕决定书后五日以内制作要求复议意见书，报经县级以上公安机关负责人批准后，送交同级人民检察院复议。"第294条第1款规定："认为人民检察院作出的不起诉决定有错误的，应当在收到不起诉决定书后七日以内制作要求复议意见书，经县级以上公安机关负责人批准后，移送人民检察院复议。"

要求复议意见书是公安机关行使复议权的重要表现，也是制约人民检察院刑事办案权的重要形式。

（二）结构、内容和写作方法

要求复议意见书一式两份，一份附卷，一份交人民检察院。要求复议意见书由首部、正文和尾部三部分组成。

1. 首部

首部包括公安机关名称、文书名称、文书字号和受文单位名称。

（1）公安机关名称。应当写明承办案件的公安机关名称。

（2）文书名称。在公安机关名称下一行居中写明文书名称"要求复议意见书"。

（3）文书字号。文书字号由制作机关简称、文书性质、年度和案件序号组成，即应写为"×公（/）要复字〔××××〕××号"。

叙写文书字号需要注意以下几个问题：①制作机关简称。应当与所在城市简称一致。如果是公安分局受理案件，同时写明公安分局简称。②案件性质，写明"要复字"。③年度。应当用公元纪年全称，用阿拉伯数字叙写。④案件序号。按照当年要求复议的所有案件编写序号。文书字号应当写在文书名称下一行的右端，其最末一字应与下面正文右端各行看齐。

（4）受文单位名称。左端顶格写明作出不批准逮捕决定或者不起诉决定的人民检察院名称。

2. 正文

正文包括要求复议事项、要求复议的事实依据、要求复议的法律依据。

（1）要求复议事项。应当写明认为有错误的不批准逮捕决定书或者不起诉决定书人民检察院的制作日期、文书字号和案件名称。依据这一顺序，要求复议事项的内容和格式可以写为：

"你院于_____年_____月_____日以×××〔20××〕××号文决定　对孙×故意伤害案的犯罪嫌疑人刘××不批准逮捕　，我局认为　该不予批准逮捕决定有误　。"

（2）要求复议的事实依据。写明公安机关认为人民检察院作出的不批准逮捕决定书或者不起诉决定书存在错误的事实依据，结合案件的不同情况，写清公安机关要求复议的理由。具体需要注意以下两点：

①公安机关对人民检察院不批准逮捕决定书提出复议的，若是决定书认为犯罪嫌疑人不构成犯罪，叙述复议理由时应当写明犯罪嫌疑人的行为触犯的法律条文、涉嫌罪名，应当对其追究刑事责任；若是决定书认为犯罪嫌疑人没有逮捕必要，叙述复议理由时应当详细说明采取逮捕措施的必要性。

②公安机关对人民检察院不起诉决定书提出复议的，应当结合案件的具体情况予以论证。若是人民检察院认为犯罪嫌疑人的行为不构成犯罪而作出不起诉决定，公安机关在叙述复议理由时要详细论证犯罪行为的四个构成要件，写明犯罪行为触犯的法律条文、涉嫌罪名，应当追究刑事责任；若是人民检察院认为犯罪嫌疑人的行为虽然构成犯罪，但有法律规定的免予刑事责任追究而作出不起诉决定，公安机关在叙述复议理由时要写明犯罪嫌疑人不具备法律规定的免责事由，并提供相应的证据加以论证。在此基础上，根据案件的不同情况，提出正确的处理意见。

（3）要求复议的法律依据。写明要求复议所依据的法律条款。如果是对不批准逮捕决定书要求复议的，应当填写《刑事诉讼法》第 92 条；如果是对不起诉决定书要求复议的，应当填写《刑事诉讼法》第 179 条。

3. 尾部

尾部包括接受要求复议意见书的人民检察院名称、公安机关名称、制作日期、用印和附注。

（1）接受要求复议意见书的人民检察院名称。分两行写明"此致"和"×××人民检察院"。"此致"前应当缩进两格，接受要求复议意见书的人民检察院名称应当顶格。

（2）公安机关名称。写明要求复议的公安机关名称。

（3）制作日期。写明制作文书的年月日。

（4）用印。在制作日期上加盖公安机关的印章。

（5）附注。注明所附案件卷宗的卷数及页数。

三、提请复核意见书

（一）概念和功能

提请复核意见书，是指公安机关认为同级人民检察院作出的复核决定书有错误而依法要求上一级人民检察院对此进行复核所制作的法律文书。

我国《刑事诉讼法》第 92 条规定："公安机关对人民检察院不批准逮捕的决定，认为有错误的时候，可以要求复议，但是必须将被拘留的人立即释放。如果意见不被接受，可以向上一级人民检察院提请复核。上级人民检察院应当立即复核，作出是否变更的决定，通知下级人民检察院和公安机关执行。"第 179 条规定："对于公安机关移送起诉的案件，人民检察院决定不起诉的，应当将不起诉决定书送达公安机关。公安机关认为不起诉的决定有错误的时候，可以要求复议，如果意见不被接受，可以向上一级人民检察院提请复核。"《公安机关办理刑事案件程序规定》第 141 条第 2 款规定："如果意见不被接受，认为需要复核的，应当在收到人民检察院的复议决定书后五日以内制作提请复核意见书，报经县级以上公安机关负责人批准后，连同人民检察院的复议决定书，一并提请上一级人民检察院复核。"第 294 条第 2 款规定："要求复议的意见不被接受的，可以在收到人民检察院的复议决定书后七日以内制作提请复核意见书，经县级以上公安机关负责人批准后，连同人民检察院的复议决定书，一并提请上一级人民检察院复核。"

提请复核意见书是公安机关行使提请复核权的具体表现，也是制约人民检察院刑事办案权的重要形式。

（二）结构、内容和写作方法

提请复核意见书一式两份，一份附卷，一份交人民检察院。提请复核意见书由首部、正文和尾部三部分组成。

1. 首部

首部包括公安机关名称、文书名称、文书字号和受文单位名称。

（1）公安机关名称。应当写明承办案件的公安机关名称。

（2）文书名称。在公安机关名称下一行居中写明"提请复核意见书"。

（3）文书字号。文书字号由制作机关简称、文书性质、年度和案件序号组成，即应写为："×公（/）请核字〔××××〕××号"。

叙写文书字号需要注意以下几个问题：①制作机关简称。应当与所在城市简称一致。如果是公安分局受理案件，同时写明公安分局简称。②文书性质，写明"请核字"。③年度。应当用公元纪年全称，用阿拉伯数字叙写。④案件序号。按照当年提起复核的所有案件编写序号。文书字号应当写在文书名称下一行的右端，其最末一字应与下面正文右端各行看齐。

（4）受文单位名称。左端顶格写明作出复议决定书的人民检察院的上一级人民检察院名称。

2. 正文

正文包括提请复核事项、提请复核的事实依据、提请复核的法律依据。

（1）提请复核事项。应当写明认为有错误的人民检察院复议决定书的制作日期、文书字号和简要内容。依据这一顺序，提请复核事项的内容和格式可以写为：

"我局于_____年_____月_____日以__×公要复字__〔20××〕××号文要求__×××__人民检察院复议的__张××故意杀人__案，该院于_____年

_____月_____日以 ×××〔20××〕××号文决定维持原 不予批准逮捕 决定，我局认为该院决定有误。"

（2）提请复核的事实依据。针对人民检察院复议决定书的决定事项和理由，逐一进行反驳指明复议决定书存在错误。具体需要注意以下两点：

①复议决定书维持不批准逮捕决定的，公安机关提请复核时应当写明犯罪嫌疑人的行为已经符合逮捕条件，并提供适当的证据加以证明。

②复议决定书维持不起诉决定的，公安机关提请复核时应当写明犯罪嫌疑人的行为已经构成犯罪，应当追究刑事责任。公安机关论证提请复核的理由，应当交代清楚犯罪嫌疑人犯罪的时间、地点、动机、目的、经过、手段和后果等重要情节，增强提请复核理由的说理性。

（3）提请复核的法律依据。写明提请复核所依据的法律条款。对不批准逮捕决定书提请复核的，应当填写《刑事诉讼法》第92条；对不起诉决定书提请复核的，应当填写《刑事诉讼法》第179条。在此基础上，写明要求上一级人民检察院对案件进行复核，例如，"特提请你院对此案进行复核"。

3. 尾部

尾部包括接受提请复核意见书的人民检察院名称、公安机关名称、制作日期、用印和附注。

（1）接受提请复核意见书的人民检察院名称。分两行写明"此致"和"×××人民检察院"。"此致"前应当缩进两格，接受提请复核意见书的人民检察院名称应当顶格。

（2）公安机关名称。写明提请复核的公安机关名称。

（3）制作日期。写明制作文书的年月日。

（4）用印。在制作日期上加盖公安机关的印章。

（5）附注。注明所附案件卷宗的卷数及页数。

本章小结

本章介绍的是公安机关办理刑事案件所使用的法律文书，共分五节，在概括介绍公安机关刑事法律文书的概念、特点、功能与分类的基础上，分别介绍了立案、破案文书，强制措施文书，侦查终结文书，补充侦查和复议、复核文书中比较重要和有代表性的15种具体文书的概念、功能、结构、内容和写作方法。本章学习的重点是呈请立案报告书、呈请拘留报告书、提请批准逮捕书、通缉令、起诉意见书、补充侦查报告书。通过本章内容的学习，学生应当全面了解公安机关刑事法律文书的基本内容及其分类；理解和领会公安机关刑事法律文书的概念和功能，受案登记表、立案决定书、呈请破案报告书、取保候审决定书与执行通知书、监视居住决定书与执行通知书、提请批准延长侦查羁押期限意见书、撤销案件决定书、要求复议意见书、提请复核意见书等文书的概念、功能、结构、内容和写作方法；掌握呈请立案报告书、呈请拘留报告书、提请批准逮捕书、通缉令、起诉意见书、补充侦查报告书等文书的概念、功能、结构、内容和写作方法，并达到能用、会写的程度。

思考题

1. 简述公安机关刑事法律文书的概念和特征。
2. 简述公安机关刑事法律文书的分类。
3. 立案决定书的正文应当写明哪些内容？
4. 简述呈请破案报告书的概念和功能。
5. 监视居住决定书的正文应当写明哪些内容？
6. 呈请拘留报告书的事实与理由部分需要写明哪些内容？
7. 简述提请批准延长侦查羁押期限意见书与提请批准逮捕书的关系。
8. 通缉令的正文应当写明哪些内容？
9. 起诉意见书的犯罪事实部分应当写明哪些内容？
10. 补充侦查报告书的正文应当写明哪些内容？
11. 要求复议意见书的要求复议事项应当写明哪些内容？
12. 提请复核意见书的提请复核事项应当写明哪些内容？
13. 根据下列案情材料，拟写一份取保候审决定书（正本）。

20××年10月25日，犯罪嫌疑人曾某、邱某等人在××市××区喝酒后，乘坐邱某驾驶的小汽车回××区××镇。在××区××镇大圆盘等红绿灯时，曾某与被害人龚某某发生纠纷，并对龚某某进行辱骂和殴打。曾某、邱某离开龚某某时，遇陈某某驾车过来，曾某无故踢了陈某某的车一脚，陈某某迅速驾车离开。曾某遂以陈某某差点撞到他为由，要邱某驾车追赶。至陈某某家门口后，曾某将陈某某拉下车，对其拳打脚踢。陈某某被打倒在地近20分钟后，曾某等人开车离去。其间，陈某某的妻子朱某某也被曾某等人打伤。次日凌晨3时许，曾某发现手机掉了，又叫上陈某、成某等6人，拿上鱼叉等来到陈某某的楼下，要找陈某某的麻烦，砸他的车。因没有找到陈某某的人和车才离开。经鉴定，被害人龚某某、朱某某的伤情构成轻微伤，被害人陈某某的伤情构成轻伤一级。被害人龚某某医疗费用500元左右，全休一周。犯罪嫌疑人曾某、邱某的行为涉嫌寻衅滋事罪。案发后两人均坦白犯罪事实，并对被害人陈某某、朱某某的损失予以赔偿，取得被害人的谅解。在侦查过程中，犯罪嫌疑人曾某、邱某向承办案件的××区公安分局申请取保候审，并愿意接受保证人刘某某的监督。××区公安分局在20××年12月1日作出取保候审决定书，交由××区公安分局××派出所执行。

犯罪嫌疑人基本情况：曾某，曾用名曾小某，男，26岁，××省××市××区人，汉族，小学文化，无业，住××区××乡××村，联系电话：××××。曾因犯危险驾驶罪，于××××年××月××日被××省××市××区人民法院判处拘役4个月，缓刑6个月，并处罚金人民币3 000元。邱某，男，26岁，××省××市××区人，汉族，高中文化，经商，住××区××乡××村，联系电话：××××。

第三章 人民检察院法律文书

学习目标

通过本章内容的学习，学生要全面了解人民检察院法律文书的概念、功能和分类，掌握教材中介绍的常用的人民检察院法律文书的概念、功能、结构、内容和写作方法，并达到能用、会写的要求。

第一节 人民检察院法律文书概述

一、人民检察院法律文书的概念、功能

人民检察院的法律文书，是指人民检察院在行使刑事检察职能，如立案侦查、审查批捕、提起公诉以及对各类诉讼案件实行法律监督时制作的法律文书。

1996年《刑事诉讼法》修改后，为了适应新的形势，2001年11月最高人民检察院制定并印发了《人民检察院法律文书格式（样本）》，印发的文书格式样本中增加了一些文书，也删除了一些文书，对保留的文书作了修改和完善，使检察机关的文书更加完备。近些年，我国的《刑法》与《刑事诉讼法》都进行了修订，为保证检察机关正确贯彻刑事诉讼法，最高人民检察院对《人民检察院刑事诉讼规则》进行了修订，根据《规则》修订内容以及办案实践需求，同步对刑事诉讼法律文书格式样本开展了修改和完善，并于2020年1月15日发布了《人民检察院刑事诉讼法律文书格式样本（2020版）》，在2013年238种格式的基础上增、删、并、改，形成共333种格式。为进一步规范司法行为，全面满足办案需要，最高人民检察院对

检察工作中需要的其他文书，进行了系统的补充、修订和完善，2020年5月20日制订了《人民检察院工作文书格式样本（2020年版）》。

人民检察院法律文书的功能主要体现在以下几个方面：①检察法律文书是人民检察院行使检察权的重要保障。人民检察院的职能即立案侦查、审查批捕、提起诉讼以及对各类诉讼案件实行法律监督，人民检察院通过制作各类法律文书，保证国家法律的正确实施，是依法开展起诉、法律监督工作的具体体现。②检察法律文书是人民检察院依法实施各项诉讼行为的重要书面凭证，人民检察院及其检察人员进入每一道诉讼程序，依法实施各项诉讼行为，均应制作相应的法律文书，以保证其行为合法、有效。③检察法律文书对于惩治犯罪，保护当事人合法权益具有重要意义。人民检察院的法律文书，如起诉书，通过揭露犯罪、指控犯罪起到打击犯罪的作用；同时检察法律文书通过严格的程序，如拘传证，规定有到案时间和讯问结束时间，避免超时讯问，以维护当事人的合法权益。

二、人民检察院法律文书的分类

2020年1月15日最高人民检察院发布了《刑事诉讼法律格式样本（2020年版）》，该文件作为《人民检察院刑事诉讼规则》条文内容的重要补充，对规范检察人员依法办案、履行各项职责发挥具体指导作用。《刑事诉讼法律文书格式样本（2020年版）》依据人民检察院办理刑事诉讼案件流程，分为立案、回避、辩护与代理、证据、强制措施、侦查、公诉、执行监督、特别程序、申诉、通用和其他文书几个部分。

《人民检察院工作文书格式样本（2020年版）》共包含723种检察工作文书的格式样本，分为刑事检察工作文书、刑事执行检察工作文书、民事检察工作文书、工作类文书、行政检察工作文书、公益诉讼检察工作文书、未成年人检察工作文书、控告申诉检察工作文书、检察委员会工作文书、案件管理工作文书、检察技术工作文书。

第二节　立案、侦查法律文书

人民检察院主要职能是对自侦案件进行侦查、立案，对自侦案件和公安机关移送案件开展审查逮捕、审查起诉、提起抗诉等检察工作。其中包含了认罪认罚从宽案件办理、审查批准逮捕、审查决定逮捕、延长侦查羁押期限和重新计算羁押期限、核准追诉、审查起诉、提起抗诉等程序,每个程序中都有相应的法律文书。除此之外,还有出席法庭、特别程序、刑事法律监督、刑罚执行和监管执法监督、案件管理、刑事司法协助等程序。本节主要介绍几种常用的法律文书。

一、立案决定书

(一) 概念和功能

立案决定书,是指人民检察院对本院管辖范围内有线索的案件,经过审查认为有犯罪事实、需要追究刑事责任,决定立案予以侦查时所制作的法律文书。

根据《刑事诉讼法》第 19 条第 2 款的规定,人民检察院对于法律规定范围内的自侦案件,可以由人民检察院立案侦查;对于公安机关管辖的国家机关工作人员利用职权实施的重大犯罪案件,可以由人民检察院立案侦查。人民检察院立案侦查的案件有两大类:①检察机关在对诉讼活动实行法律监督中发现的司法工作人员利用职权实施的非法拘禁、刑讯逼供、非法搜查等侵犯公民权利、损害司法公正的犯罪。检察机关是国家法律监督机关,依法对诉讼活动实行法律监督是检察机关的重要职责。这里的司法工作人员,根据《刑法》第 94 条的规定,是指有侦查、检察、审判、监管职责的工作人员。②对于公安机关管辖的国家机关工作人员利用职权实施的重大犯罪案件,需要由人民检察院直接受理的时候,经省级以上人民检察院决定,可以由人民检察院立案侦查。这一规定也是检察机关行使监督权的体现,有利于加强检察机关对公安机关立案侦查活动的监督。

立案决定书是人民检察院依法对案件侦查的依据。

(二) 结构、内容和写作方法

立案决定书为两联填空式文书,第一联为存根,统一保存;第二联为正本,附卷。两联都由首部、正文、尾部组成。

1. 首部

(1) 标题。应分两行居中写明人民检察院的名称和文书名称。第一联在文书名称的下一行居中加括号注明"存根"二字,以示与正本的区别,但内容与正本相同。

(2) 文书编号。文书编号应当写为"××检××立〔××××〕××号"。(文书编号具体内容的写法参见起诉书的写作要求,后文中人民检察院法律文书的文书编号写作要求同。)

2. 正文

第二联（正本联）正文部分应写明两项内容：①法律依据。对于贪污贿赂犯罪，国家工作人员的渎职犯罪，国家机关工作人员利用职权实施的非法拘禁、刑讯逼供、报复陷害、非法搜查的侵犯公民人身权利的犯罪以及侵犯公民民主权利的犯罪案件，引用《刑事诉讼法》第 109 条、第 112 条的规定。对于国家机关工作人员利用职权实施其他重大犯罪案件，省级以上人民检察院决定直接由本院受理的，引用《刑事诉讼法》第 19 条第 2 款、第 109 条、第 112 条的规定。②决定事项。即在引用法律条文后写明"本院决定对_____涉嫌_____一案立案侦查"。

第一联（存根联）的正文部分则应填写以下内容：案由（即涉嫌的罪名）；涉案人基本情况，包括姓名、性别、年龄、身份证号码、工作单位、住址、是否为人大代表或政协委员；最后由批准人签名；承办人签名；写明办案单位名称；填发人签名；填写填发时间。

叙写这部分时，共同犯罪的案件，应依据顺序在相应的空格内填写全部犯罪嫌疑人的姓名等事项。以事立案的案件，不填写犯罪嫌疑人基本情况一栏。此外，根据有关规定，人民检察院对人大代表、政协委员立案，需要履行特别的程序，犯罪嫌疑人如果是人大代表或者政协委员的，犯罪嫌疑人基本情况一栏中应明确写明。

3. 尾部

尾部应包括检察长签名或盖章，写明制作文书的年月日，并加盖人民检察院院印。第一联（存根联）在文书下方印有"第一联统一保存"字样，表明该联应当与其他存根联统一保存，第二联下方印有"第二联附卷"字样。

二、批准逮捕决定书

（一）概念和功能

批准逮捕决定书，是指人民检察院对公安机关提请逮捕犯罪嫌疑人的案件进行审查后，认为犯罪嫌疑人符合法定的逮捕条件，决定批准逮捕犯罪嫌疑人时所制作的法律文书。

人民检察院行使审查批准逮捕权，根据《刑事诉讼法》第 80 条的规定，逮捕犯罪嫌疑人、被告人，必须经过人民检察院批准或者人民法院决定。公安机关对于侦查过程中发现的需要逮捕的犯罪嫌疑人，应当写出提请批准逮捕决定书，报请人民检察院审查批准逮捕。人民检察院决定逮捕的情况，主要包括两种：①公安机关没有采取逮捕措施，在移送审查起诉后人民检察院认为应当采取逮捕措施的，或者在审查起诉阶段因为情形变化不再符合取保候审、监视居住条件而需要逮捕的；②人民检察院自侦案件中需要逮捕的。

人民检察院根据《刑事诉讼法》第 81 条、第 90 条的规定制作批准逮捕决定书，既是人民检察院逮捕犯罪嫌疑人的法律凭证，也是公安机关依法执行逮捕的依据。逮捕是人民检察院、人民法院和公安机关为防止犯罪嫌疑人、被告人逃避或者阻碍侦查、审查起诉、审判，继续犯罪，依法剥夺其人身自由的一种强制措施。对逮捕的批准权、决定权和执行权实行分离，既体现了检察院、法院、公安机关三机关的互相配合，也有利于检察院、法院、公安机关三机关相互制约、互相监督，有利于及时发现错误，及时纠正。

批准逮捕决定书有四种格式，分别适用于四种情形：①公安机关提请批准逮捕的；②不捕申诉，即被害人提出申请的；③不捕复议，即同级公安机关提出复议的；④不捕复核，即下一级公安机关提出复核的。这里讲授的内容对应第一种情形。

（二）结构、内容与写作方法

批准逮捕决定书共四联，第一联是存根，统一保存备查；第二联是副本，由负责的部门附卷；第三联是正本，送达侦查机关；第四联为执行回执，由侦查机关退回附卷。存根和回执联依据所列项目填写即可；正本与副本内容相同，均由首部、正文和尾部三部分组成。

1. 首部

（1）标题和文书编号。应分行居中写明人民检察院名称和文书名称。批准逮捕决定书的文书编号为"××检××批捕〔××××〕××号"。第四联（回执联）不写文书编号。

（2）送达单位名称。填写提请批准逮捕的公安等机关名称，第四联填写批准逮捕的人民检察院名称。

2. 正文

根据《刑事诉讼法》第 91 条第 3 款的规定，人民检察院应自接到公安机关提请批准逮捕书后 7 日以内作出决定。为严格掌握办案时限，正文内容应写明公安等机关提请批准逮捕书的具体时间、文书编号以及犯罪嫌疑人的姓名。其后，写明人民检察院的审查意见，即"经本院审查认为，该犯罪嫌疑人涉嫌××犯罪"，这里犯罪嫌疑人涉嫌的罪名是指检察机关审查认定的罪名。检察机关认定几个罪名，就写几个罪名。具体表述为：

"你＿＿＿＿＿于＿＿＿＿＿年＿＿＿＿＿月＿＿＿＿＿日以＿＿＿＿＿号提请批准逮捕

书提请批准逮捕犯罪嫌疑人_____，经本院审查认为，该犯罪嫌疑人涉嫌_____犯罪，符合《中华人民共和国刑事诉讼法》第八十一条规定的逮捕条件，决定批准逮捕犯罪嫌疑人_____。请依法立即执行，并将执行情况在三日内通知本院。"

批准逮捕决定书第一联（存根联）的正文，应写明案由，即涉嫌的罪名；犯罪嫌疑人基本情况，包括姓名、性别、年龄、工作单位、住址、身份证号码、是否为人大代表或政协委员；最后写明送达机关名称；由批准人、承办人、填发人分别签名；填写填发时间。

第四联（回执联）的正文，应写明法律依据（即写明《刑事诉讼法》第90条的规定），检察机关批准逮捕决定书的时间、文书编号，以及侦查机关执行逮捕的情况。具体表述为：

"根据《中华人民共和国刑事诉讼法》第九十条的规定，现将你院_____年_____月_____日_____号批准逮捕决定书的执行情况通知如下：犯罪嫌疑人_____已于_____年_____月_____日由_____执行逮捕（或者因_____未执行逮捕）。特此通知。"

3. 尾部

尾部应写明填发文书的年月日，并加盖人民检察院院印。第四联应加盖侦查机关的公章。

三、不批准逮捕决定书

（一）概念和功能

不批准逮捕决定书，是指人民检察院在公安机关提请批准逮捕犯罪嫌疑人时，认为犯罪嫌疑人不符合《刑事诉讼法》第91条的规定，决定不批准逮捕犯罪嫌疑人时所制作的法律文书。

《刑事诉讼法》第90条规定，人民检察院对于公安机关提请批准逮捕的案件进行审查后，对于不批准逮捕的，人民检察院应当说明理由，需要补充侦查的，应当同时通知公安机关。根据《刑事诉讼法》第91条及相关法律的规定，对于人民检察院不批准逮捕的决定，公安机关在收到不批准逮捕决定书后，应当立即释放在押的犯罪嫌疑人或者变更强制措施，并将执行回执按照规定送达作出不批准逮捕决定的人民检察院。逮捕犯罪嫌疑人涉及剥夺公民的人身自由，也关乎刑事诉讼活动能否顺利进行，是一项十分严肃的工作，因此该文书的作用在于一方面保障公民的合法权益；另一方面加强了公安机关、检察机关的相互监督和制约，保证法律的严格执行。

不批准逮捕决定书有两种格式，分别适用于不符合刑事诉讼法的逮捕构成要件的不捕与不构成犯罪的不捕。

（二）结构、内容和写作方法

不批准逮捕决定书为填空式，共四联：第一联统一保存备查；第二联附卷；第三联送达侦查机关（公安机关）执行；第四联为执行回执，由侦查机关（公安机关）退回后附卷，画线处应填写犯罪嫌疑人于何时被释放或者变更为何种强制措施。

1. 首部

（1）标题和文书编号。应分行居中写明人民检察院名称和文书名称。不批准逮捕决定书的文书编号为"××检××不捕〔××××〕××号"。第四联（回执联）不写文书编号。

（2）送达单位名称。填写执行不批准逮捕决定书的公安等机关名称，第四联填写不批准逮捕的人民检察院名称。

2. 正文

正本具体表述为：

"你_____于_____年_____月_____日以_____号文书提请批准逮捕犯罪嫌疑人_____，经本院审查认为：_____，根据《中华人民共和国刑事诉讼法》第90条的规定，决定不批准逮捕犯罪嫌疑人_____。请依法立即执行，并将执行情况在三日内通知本院。"

不批准逮捕决定书第一联（存根联）的正文，应写明案由，即涉嫌的罪名；犯罪嫌疑人基本情况，包括姓名、性别、年龄、工作单位、住址、身份证号码、是否为人大代表或政协委员；送达机关名称；由批准人、承办人、填发人分别签名；填写填发时间。

第四联（回执联）的正文，应写明法律依据，即写明《刑事诉讼法》第91条的规定，以及侦查机关释放的情况。具体表述为：

"根据《中华人民共和国刑事诉讼法》第九十一条的规定，现将你院_____年_____月_____日_____号不批准逮捕决定书的执行情况通知如下：犯罪嫌疑人_____已于_____年_____月_____日由_____释放（或者变更为_____）。特此通知。"

3. 尾部

尾部应包括填发文书的年月日，并加盖人民检察院院印。第四联应加盖侦查机关的公章。

四、逮捕决定书

（一）概念和功能

逮捕决定书，是指人民检察院负责捕诉的部门对侦查部门移送的案件审查后，认为犯罪嫌疑人符合逮捕的条件，决定逮捕犯罪嫌疑人时所制作的法律文书。

《刑事诉讼法》第 81 条规定了逮捕的条件，第 165 条规定了对自侦案件的逮捕，即人民检察院直接受理的案件中符合《刑事诉讼法》第 81 条及第 82 条第 4 项、第 5 项规定情形，需要逮捕、拘留犯罪嫌疑人的，由人民检察院作出决定，由公安机关执行。2018 年修改的《刑事诉讼法》对批准或者决定逮捕的条件作了进一步明确，规定"批准或者决定逮捕，应当将犯罪嫌疑人、被告人涉嫌犯罪的性质、情节，认罪认罚等情况，作为是否可能发生社会危险性的考虑因素"。

人民检察院的自侦案件主要是国家工作人员、国家机关工作人员利用职务实施的，对于符合逮捕条件的，由负责捕诉的部门决定，公安机关执行，这一方面体现了对犯罪嫌疑人人权的保障，另一方面也体现了决定权与执行权的分离，有利于保证执法机关间的相互配合与制约。

（二）结构、内容和写作方法

本文书共五联：第一联为存根，统一保存备查；第二联由负责捕诉的部门附卷；第三联由负责侦查的部门附卷；第四联送达公安机关执行；第五联为执行回执，由执行机关退回后附卷。

1. 首部

标题和文书编号。应分行居中写明人民检察院名称和文书名称。逮捕决定书的文书编号为"××检××捕〔××××〕××号"。

2. 正文

具体表述为：

"对_____年_____月_____日以_____号逮捕意见书移送审查逮捕的犯罪嫌疑人_____，经审查认为该犯罪嫌疑人涉嫌_____罪，根据《中华人民共和国刑事诉讼法》第八十一条和第一百六十五条的规定，决定予以逮捕。请依法立即通知公安机关执行，并将执行情况三日以内通知本院。"

逮捕决定书第一联（存根联）的正文，应写明案由，即涉嫌的罪名；犯罪嫌疑人基本情况，包括姓名、性别、年龄、工作单位、住址、身份证号码、是否为人大代表或政协委员；最后写明送达机关名称；由批准人、承办人、填发人分别签名；填写填发时间。

第五联（回执联）的正文，应写明法律依据，即写明《刑事诉讼法》第165条的规定，以及侦查机关执行逮捕的情况。具体表述为：

"根据《中华人民共和国刑事诉讼法》第一百六十五条的规定，现将你院_____年_____月_____日_____号逮捕决定书的执行情况通知如下：犯罪嫌疑人_____已于_____年_____月_____日由_____执行逮捕。特此通知。"

3. 尾部

尾部应写明填发文书的年月日，并加盖人民检察院院印。第二联、第三联中"此致"一栏应填写本院负责侦查的部门；第四联中"此致"一栏应填写执行机关；第五联应加盖侦查机关的公章。

五、应当逮捕犯罪嫌疑人建议书

（一）概念和功能

应当逮捕犯罪嫌疑人建议书，是指人民检察院在审查逮捕案件中，发现遗漏应当逮捕的犯罪嫌疑人，建议侦查机关（部门）提请（移送）审查逮捕时所制作的法律文书。

《人民检察院刑事诉讼规则》第288条规定："人民检察院办理公安机关提请批准逮捕的案件，发现遗漏应当逮捕的犯罪嫌疑人的，应当经检察长批准，要求公安机关提请批准逮捕。公安机关不提请批准逮捕或者说明的不提请批准逮捕的理由不成立的，人民检察院可以直接作出逮捕决定，送达公安机关执行。"第300条规定："对应当逮捕而本院负责侦查的部门未移送审查逮捕的犯罪嫌疑人，负责捕诉的部门应当向负责侦查的部门提出移送审查逮捕犯罪嫌疑人的建议。建议不被采纳的，应当报请检察长决定。"该规定体现人民检察院对侦查行为的监督职能。

（二）结构、内容和写作方法

1. 首部

（1）名称与文书编号。写明人民检察院的名称与文书的名称。文书编号为"××

检××应捕建〔××××〕××号"。

(2) 侦查机关或部门的名称。

(3) 案件的来源,犯罪嫌疑人的姓名与涉嫌的罪名。

具体表述为"你_____（简称）_____号_____文书移送的犯罪嫌疑人_____涉嫌_____一案,本院经审查认为:"。

2. 正文

正文应写明犯罪嫌疑人的犯罪事实及主要证据,说明其社会危害性,涉嫌的罪名,以及根据《刑事诉讼法》第 81 条应当逮捕。具体表述如下:

"你_____未列明的犯罪嫌疑人_____（写明需要追捕的人的姓名、性别及出生日期）涉嫌下列犯罪事实:_____（围绕犯罪构成及情节写明需要追捕的人实施的犯罪事实及主要证据,并说明其社会危险性）上述犯罪嫌疑人_____的行为已触犯《中华人民共和国刑法》第_____条的规定,涉嫌_____犯罪。(根据案件情况,选择填写'可能判处徒刑以上刑罚,采取取保候审尚不足以防止发生社会危险性''可能判处十年有期徒刑以上刑罚'或者'可能判处徒刑以上刑罚,曾经故意犯罪或者身份不明'。)根据《中华人民共和国刑事诉讼法》第八十一条的规定,应当依法逮捕。根据《人民检察院刑事诉讼规则》第_____条的规定,请你_____依法提请/移送逮捕,并连同案卷材料、证据等一并移送本院审查。"

3. 尾部

尾部应写明作出建议的日期,并加盖人民检察院院印。

六、批准延长侦查羁押期限决定书

（一）概念和功能

批准延长侦查羁押期限决定书,是指上级人民检察院批准下级人民检察院或侦查机关延长犯罪嫌疑人侦查羁押期限时所制作使用的法律文书。

《刑事诉讼法》第 156 条、第 158 条与第 159 条分别对侦查羁押期限、重大复杂案件羁押期限、重刑案件的羁押期限作了规定。刑事诉讼法规定侦查羁押期限,主要是为了提高诉讼效力,保障犯罪嫌疑人的合法权利,特别是人身权利不受随意剥夺。对于重大复杂案件,罪行严重的案件,期限届满又不能侦查终结的,如果再适当延长办案期限,可以有充足的时间进行侦查,保证办案质量;而延长羁押期限必须经过上级人民检察院的批准,这样有利于对犯罪嫌疑人合法权利的保护。

（二）结构、内容和写作方法

本文书共三联，第一联保存备查；第二联副本由负责的部门附卷；第三联正本，送达提请机关。

1. 首部

（1）标题和文书编号。应分行居中写明人民检察院名称和文书名称。文书编号为"××检××准延〔××××〕××号"。

（2）送达单位名称。填写提请批准延长侦查羁押期限意见书的机关名称。

2. 正文

正文应写明人民检察院或侦查机关提请批准延长侦查羁押期限意见书的具体时间、文书编号以及犯罪嫌疑人的姓名。人民检察院的审查意见，包括延长侦查羁押期限的理由，说明继续羁押必要性的理由、依据，以及批准延长的期限。具体表述为：

"你_____于_____年_____月_____日以_____号提请批准延长侦查羁押期限意见书提请批准延长犯罪嫌疑人_____的侦查羁押期限，经审查认为___（延长侦查羁押期限的理由）___，且___（说明继续羁押必要性的理由、依据）___，确有羁押的必要，根据《中华人民共和国刑事诉讼法》第_____条的规定，批准对犯罪嫌疑人_____延长羁押期限_____个月，自_____年_____月_____日至_____年_____月_____日。"

3. 尾部

尾部应写明作出决定的日期，并加盖人民检察院院印。

第三节 公诉法律文书

一、起诉书

（一）概念和功能

起诉书，是指人民检察院对公诉案件经过审查，认为犯罪嫌疑人的犯罪事实已经查清，证据确实、充分，依法应当追究刑事责任，代表国家将犯罪嫌疑人提起公诉，交付人民法院审判时所制作的法律文书。起诉书是人民检察院在刑事诉讼中制作和使用的最重要的法律文书之一，集中反映了人民检察院对公诉案件进行审查后的结论性意见，是人民检察院行使公诉权的集中体现。

起诉书在刑事诉讼中具有十分重要的意义。对侦查机关来说，起诉书是确认案件犯罪事实清楚，证据确实、充分，侦查活动合法的凭证；对检察机关来说，起诉书既是代表国家对被告人追究刑事责任以交付审判的文书，又是出庭支持公诉、发表公诉意见、参加法庭调查和辩论的基础；对审判机关来说，起诉书引起第一审程序的刑事审判活动，是人民法院对公诉案件进行审判的依据，划定了法院审理的基本范围；对被告人及其辩护人来说，起诉书既是告知已将被告人交付审判的通知，又是公开指控被告人犯罪行为的法律文书。

此外，起诉书还决定了提起公诉的内容：①明确了提起公诉的对象，即人民检察院要求予以追究刑事责任的被告人的具体身份；②明确了人民检察院对被告人指控的具体内容，包括被告人涉嫌犯罪的事实和罪名等；③明确了人民检察院对被告人提起公诉的根据和理由，包括人民检察院据以提起公诉的刑法和刑事诉讼法依据，以及人民检察院认定犯罪的性质和要求追究刑事责任的理由等；④通过对犯罪性质、犯罪情节、共同犯罪中各被告人的地位和作用作出认定以及引用相关刑法条款，明确人民检察院对于适用刑罚的概括性意见，行使公诉机关的追诉权。

（二）结构、内容和写作方法

基于案件类型、适用程序的不同，起诉书的格式分为五种，分别适用于：自然人犯罪案件普通程序适用，自然人犯罪案件认罪认罚适用，单位犯罪案件普通程序适用，单位犯罪案件认罪认罚适用，刑事附带民事起诉书。

对于刑事附带民事诉讼的案件，将民事起诉方面单独列出，主要是考虑到以下几个要素：①民事部分的被告人可能与刑事部分的被告人不尽相同；②提起民事诉讼的事实可能只是公诉事实的一部分；③诉讼的理由和依据特殊；④民事诉讼可能单独审理。因此，如果将民事部分与刑事部分放在同一起诉书中，就很容易出现内容混杂、案件事实与诉讼主张脱节等现象，不利于诉讼的顺利进行。

起诉书为叙述式文书，由首部、被告人（被告单位）的基本情况、案由和案件的审查过程、案件事实、证据、起诉的理由和根据以及尾部组成。

1. 首部

（1）制作文书的人民检察院名称，一般应当与人民检察院院印上的名称一致。除最高人民检察院外，各地方人民检察院的名称前应当冠以所在的省（自治区、直辖市）的名称。对涉外案件提起公诉时，各级人民检察院名称前还应当冠以"中华人民共和国"字样，例如"中华人民共和国北京市人民检察院第一分院"。

（2）文书名称，即"起诉书"。

（3）文书编号，由制作文书的人民检察院的简称、案件性质（即刑诉）、起诉年度、案件顺序号组成。其中，年度必须用4位数字表述。文书编号写在该行的最右端，上下各空一行，具体表述为："××检××〔××××〕××号"。

2. 被告人（被告单位）的基本情况

一案有两名以上被告人的，应当按照先主犯后从犯、胁从犯的顺序书写。不分主、从犯的，应当按照被告人在犯罪中的作用从大到小进行排列。被告人写明其姓名、出生年月日、身份证号码、民族、文化程度、职业或者工作单位及职务、是否为人大代表或政协委员、户籍地、住址、曾受过刑事处罚以及与本案定罪量刑相关的行政处罚的情况和因本案采取强制措施的情况等。单位犯罪案件，应当先写被告单位的名称、组织机构代码、住所地和法定代表人姓名、职务等，诉讼代表人的姓名、性别、出生日期、工作单位、职务；再写明直接负责的主管人员和其他直接责任人员的基本情况，包括姓名、性别、年龄、工作单位、职务、户籍地、住址、曾受过的刑事处罚以及与本案定罪量刑相关的行政处罚的情况和因本案采取强制措施的情况。当自然人犯罪与单位犯罪并存时，应当先叙写被告单位、诉讼代表人和有关责任人员的情况，再叙述一般的自然人被告人的基本情况。同时，在起诉理由和根据部分，也应按照先单位犯罪后自然人犯罪的顺序叙写。

叙写被告人的基本情况，需要注意以下几个问题：

（1）被告人的姓名，应当使用身份证等法定身份文件中使用的正式姓名。如果被告人有与案情相关的别名、化名或绰号的，应当在其正式姓名后面用括号加注；如果被告人是外国人的，应当在其中文译名后面用括号加注外文姓名。被告人的真实姓名、年龄、住址无法查清的，应当按照其绰号或者自报的姓名、自报的年龄、住址制作起诉书，并在该文书中注明。被告人自报的姓名可能造成损害他人名誉、败坏道德风俗等不良影响的，可以以编号替代被告人的姓名，并按照编号制作起诉书，同时附具被告人的照片。单位的名称，应当写其依法成立时上级批准的或者登记注册的全称。

（2）被告人的出生日期，一般应以公历为准。除未成年人外，如果确实查不清出生日期的，可以只注明年龄。对于尚未办理身份证的，如未成年人，可以不写身份证号码，但应注明。民族应当写全称而不宜简写。文化程度应当写经正规教育所达到的受教育程度；不识字的，则写为"文盲"；略识一些文字的，写为"初识字"。

被告在企事业单位、机关、团体工作的，应当写明具体工作单位及职务。制作文书时已经被免职的，应当在工作单位和职务前注明"原任"字样；从事农业生产或个体经营的，写为"务农"或"从事个体经营"；城镇无业者，写为"无业"。

（3）被告人的住址应写被告人的经常居住地，当经常居住地与户籍所在地不一致时，应当在其后用括号注明户籍所在地。对流窜犯，无固定住所的，户籍所在地、经常居住地不明的，写其暂住地或自报的住址。住址应当尽可能具体、明确：农村的住址应当具体到自然村，城镇的住址应当具体到门牌号。单位所在住址，应当写其主要机构所在地。被告人是外国人的，应注明其国籍、护照号码和国外居所。

（4）被告人受过刑事处罚的，应当写明曾受到处罚的时间、缘由、种类、决定机关、释放时间等有关情况；被告人曾受过行政处罚对定罪量刑有影响的，也应当叙写，并注明处罚的时间、种类和处罚单位。一般应当先写受到行政处罚的情况，再写受到刑事处罚的情况。

（5）采取的强制措施情况，应当注明采取强制措施的原因、种类、批准或决定的时间、执行的机关和时间。被告人被采取多种强制措施的，应当按照执行时间的先后分别叙写。

3. 案由和案件的审查过程

要求写明案件移送审查起诉、退回补充侦查、延长审查起诉期限、改变管辖等诉讼活动的时间和缘由，并载明是否依法告知被告人、被害人诉讼权利以及是否依法讯问被告人和听取被害人及诉讼代理人、辩护人意见的情况。可以表述为：

"本案由×××（监察/侦查机关名称）调查/侦查终结，以被告人涉嫌××罪，于（受理日期）向本院移送起诉。本院受理后，于××××年××月××日已告知被告人有权委托辩护人，××××年××月××日已告知被害人及其法定代理人（近亲属）、附带民事诉讼的当事人及其法定代理人有权委托诉讼代理人，依法讯问了被告人，听取了辩护人、被害人及其诉讼代理人的意见，审查了全部案件材料。本院于（一次退查日期、二次退查日期）退回侦查机关补充侦查，侦查机关于（一次重报日期、二次重报日期）补充侦查完毕移送起诉。本院于（一次延长日期、二次延长日期、三次延长日期）延长审查起诉期限十五日。"

4. 案件事实

案件事实部分是起诉书的重点，对事实的叙述必须做到客观、准确，要素完整，层次分明。在具体叙写案件事实时，应当围绕犯罪构成，详细写明案件发生的时间、地点，犯罪动机、目的、手段，行为的经过、危害结果和被告人的认罪态度以及有关的人和事等与定罪量刑有关的事实要素。指控犯罪事实的必备要素应当明确、完整，既要避免发生遗漏，也要避免将没有证据证明的或者证据不足以证明的以及与定罪量刑无关的事项写入起诉书，做到层次清楚、重点突出。

对于起诉书指控的所有犯罪，无论是一人一罪、多人一罪，还是一人多罪、多人多罪，都必须逐一列举，把重罪放在前面，把次罪、轻罪放在后面；多人多罪的，应当按照主犯、从犯或者重罪、轻罪的顺序叙述，突出主犯、重罪。

对于重大案件、具有较大影响的案件以及检察机关直接受理立案侦查的案件，都必须详细写明具体犯罪的时间、地点，实施行为的经过、手段、目的、动机、危害结果和被告人在案发后的表现及认罪态度等内容，特别是要将属于犯罪构成要件或者与定罪量刑有关的事实要素列为重点。既要避免发生遗漏，也要避免将没有证据证明或者证据不足，以及与定罪量刑无关的事项写入起诉书，做到层次清楚、重点突出。

对于一般刑事案件，通常也应当详细写明案件事实，但对于其中作案多起，犯罪手段、危害后果等方面相同的案件事实，可以先对相同的情节进行概括叙述，再逐一列举每起事实的具体时间、结果等情况，而不必详述每一起犯罪事实的过程。如多次盗窃的，可叙述为："被告人××于××××年××月期间，先后窜至……采取……手段作案×起，窃得现金××元、物资××，现金及物资折款共计××元。具体犯罪事实如下：……"

对于共同犯罪案件中有同案犯在逃的，应当在其后写明"另案处理"字样，而不应写成"在逃"。

5. 证据

要求在起诉书中写明主要证据的名称、种类，虽不必对证据与事实、证据与证据之间的关系进行具体的分析、论证，但不能简单叙述为"有书证、物证、证人证言、被告人供述、鉴定结论和视听资料等证据证实"，而应当具体写明，即什么书证、什么物证、证人××的证言等。对于鉴定意见、勘验检查笔录和物证、书证等证据的制作，应写出出具机关的名称，如"×××人民检察院对被害人×××所作的伤情鉴定""×××公安局刑侦大队制作的现场勘验笔录"等。这样叙写有利于说明证据收集主体的合法性。证据种类的叙述顺序可根据具体案情灵活决定，如对于杀人、伤害等普通刑事犯罪，可根据破案的自然经过，按现场勘查、被害人陈述、证人证言、作案工具等物证、刑事科学技术鉴定、法医鉴定和被告人供述等大致顺序排列；对于贪污、受贿等职务犯罪，可以根据主、客观要件内容，按主体身份证明、利用职务之便谋利类证据、行贿人证言、账单等书证、扣押清单和被告人供述等大致顺序排列。

叙写证据时，一般应当采取"一事一证"的方式，即在每一起案件后，写明据以认定的主要证据。对于作案多起的一般刑事案件，如果案件事实是概括叙述的，证据叙写也可以采取"一罪一证"的方式，即在该项犯罪之后概括写明主要证据的种类，而不再指出认定每一起案件事实的证据。

6. 起诉的理由和根据

写作本部分时要结合犯罪的各构成要件，对行为性质、危害程度、情节轻重等进行概括性描述，突出本罪的特征。语言要精练、准确，引用法律条文须准确、完整、具体，所依据的刑法规定应当全部引用，且写明条、款、项。一人犯数罪的，应当逐罪引用《刑法》分则条文。共同犯罪案件中多人触犯同一罪名的，可以集中引用法律条文；不同被告人罪名不同的，应当分别引用。

对于量刑情节的认定，应当遵循如下原则：①对于具备轻重不同的法定量刑情节，一般应当在起诉书中作出认定。但对于适用普通程序的案件，涉及自身、立功等可能因特定因素发生变化的情节，也可以在案件事实之后仅对有关事实作客观表述。②对于酌定量刑情节，可以根据案件的具体情况，从有利于出庭支持公诉的角度出发，决定是否在起诉书中作出认定。

7. 尾部

应当在起诉书的尾部写明起诉书主送的人民法院全称，署名具体承办案件的检察官与助理检察官的姓名，制作文书的年月日（为签发起诉书的日期），并加盖人民检察院院印。

附件包括：①被告人现在处所：具体包括在押被告人的羁押场所或监视居住、取保候审的处所；②案卷材料和证据××册；③证人、鉴定人、需要出庭的有专门知识的人的名单，需要保护的被害人、证人、鉴定人的名单；④有关涉案款物情况；⑤被害人（单位）附带民事诉讼情况；⑥其他需要附注的事项。

二、不起诉决定书

（一）概念和功能

不起诉决定书，是指人民检察院对公安机关、国家安全机关移送审查起诉的案件以及本院直接受理侦查移送起诉的案件，经过审查认为，犯罪嫌疑人没有犯罪事实，或者犯罪嫌疑人具有我国《刑事诉讼法》第16条规定的情形之一，决定不起诉时所制作的法律文书。

根据《刑事诉讼法》第177条的规定，犯罪嫌疑人没有犯罪事实，包括犯罪行为并非本案犯罪嫌疑人所为，以及没有犯罪行为发生的；犯罪嫌疑人有《刑事诉讼法》第16条规定情形之一的（包括情节显著轻微、危害不大，不认为是犯罪的；

犯罪已过追诉时效期限的；经特赦令免除刑罚的；属于刑法规定的告诉才处理的案件没有告诉或者撤回告诉的；犯罪嫌疑人、被告人死亡的；其他法律规定免予追究刑事责任的），人民检察院应当作出不起诉决定。

不起诉决定书具有终结案件、终止诉讼活动的作用，一旦制成发出便发生法律效力，应当无条件地执行；如果被告人在押，必须立即释放。不起诉决定书是人民检察院代表国家对被告人的行为所作出的无罪认定或不追究刑事责任的法律凭证，对于保障无罪的人不受刑事追究，保护公民的合法权益不受侵害具有重要意义。

不起诉决定书有三种类型，即法定不起诉、相对不起诉、存疑不起诉。

（二）结构、内容和写作方法

1. 首部

（1）标题。写明制作文书的机关名称（"×××人民检察院"）和文书名称（"不起诉决定书"）两方面内容，分两行居中书写。

（2）文书编号。"××检××刑不诉〔××××〕××号"。

（3）被不起诉人的基本情况，依次写明被不起诉人的姓名、性别、出生年月日、身份证号码、民族、文化程度、职业或工作单位及职务、户籍地、住址（被不起诉人住址写居住地，如果户籍所在地与暂住地不一致，应当写明户籍所在地和暂住地），是否受过刑事处罚，采取强制措施的种类，时间和决定机关等。

如是被不起诉单位，则应写明名称、住所地等。

（4）辩护人的基本情况。写明辩护人的姓名、单位。

（5）案由和案件来源。其中"案由"应当写移送起诉时或者侦查终结时认定的行为性质，而不是负责捕诉的部门认定的行为性质。"案件来源"包括监察、公安、国家安全机关移送、本院侦查终结、其他人民检察院移送等情况。具体表述为：

"本案由×××（监察/侦查机关名称）调查/侦查终结，以被不起诉人×××涉嫌××罪，于××××年××月××日向本院移送起诉。"

如果是自侦的案件或是其他人民检察院移送的，表述不同。如果案件曾经退回补充调查/侦查，应当写明退回补充调查/侦查的日期、次数，以及再次移送起诉的时间。

2. 正文

（1）案件事实。这一部分包括否定或者指控被不起诉人构成犯罪的事实及作为不起诉决定根据的事实。注意一定围绕着不起诉的法定条件和特征来叙述，着重写明据以决定不起诉的事实，使所叙述事实与处理结果之间具有严密的逻辑联系。应当根据三种不起诉的性质、内容和特点，针对案件具体情况各有侧重点地叙写。

第一种情形：法定不起诉。《刑事诉讼法》第177条第1款规定："犯罪嫌疑人没有犯罪事实，或者有本法第十六条规定的情形之一的，人民检察院应当作出不起诉决定。"第16条规定的情形：①情节显著轻微，危害不大，不认为是犯罪的；②犯罪已过追诉时效期限的；③经特赦令免除刑罚的；④依照刑法告诉才处理的犯罪，没有告诉或撤回告诉的；⑤犯罪嫌疑人死亡的；⑥其他法律规定免予追究刑事责任的。

如果是根据《刑事诉讼法》第177条第1款中的没有犯罪事实而决定不起诉的，应当重点叙明不存在犯罪事实或者犯罪事实并非被不起诉人所为。如果是根据《刑事诉讼法》第16条第1项即监察/侦查机关移送起诉认为行为构成犯罪，经检察机关审查后认定行为情节显著轻微、危害不大，不认为是犯罪而决定不起诉的，则不起诉决定书应当先概述监察/侦查机关移送起诉意见书认定的犯罪事实（如果是检察机关的自侦案件，则这部分不写），然后叙写检察机关审查认定的事实及证据，重点反映显著轻微的情节和危害程度较小的结果。如果是行为已构成犯罪，本应当追究刑事责任，但审查过程中有《刑事诉讼法》第16条第2项至第6项法定不追究刑事责任的情形，因而决定不起诉的，应当重点叙明符合法定不追究刑事责任的事实和证据，充分反映出法律规定的内容。

第二种情形：相对不起诉。根据《刑事诉讼法》第177条第2款规定："对于犯罪情节轻微，依照刑法规定不需要判处刑罚或者免除刑罚的，人民检察院可以作出不起诉决定。"即犯罪嫌疑人的行为已具备犯罪构成要件，但情节轻微。所谓"不需要判处刑罚"是指符合《刑法》第37条规定的，对于犯罪情节轻微不需要判处刑罚的，可以免予刑事处罚的情形。"免除刑罚"则包括《刑法》和其他单行刑事法律的有关条款所规定的情形。依照刑法规定免除刑法的情形主要是指：①在外国已经受过刑事处罚的；②又聋又哑，或者是盲人犯罪的；③正当防卫或者紧急避险过当；④为犯罪准备工具，制造条件的；⑤在犯罪过程中自动中止或者自动有效地防止犯罪结果发生；⑥在共同犯罪中，起次要或者辅助作用的；⑦被胁迫或者被诱骗参加犯罪的；⑧犯罪嫌疑人自首或者在自首后有立功表现的。

这部分概括叙写案件事实，其重点内容是有关被不起诉人具有的法定情节和检察机关酌情作出不起诉决定的具体理由的事实。要将检察机关审查后认定的事实和证据写清楚，不必叙写调查/侦查机关移送审查时认定的事实和证据。对于证据不足的事实，不能写入不起诉决定书中。在事实部分中表述犯罪情节时应当以犯罪构成要件为标准，还要将体现其情节轻微的事实及符合不起诉条件的特征叙述清楚。叙述事实之后，应当将证明"犯罪情节"的各项证据列举，以阐明犯罪情节如何轻微。

第三种情形：存疑不起诉。根据《刑事诉讼法》第 175 条第 4 款规定："对于二次补充侦查的案件，人民检察院仍然认为证据不足，不符合起诉条件的，应当作出不起诉的决定。"属于存疑不起诉的，则应先扼要写明事实情况，然后写明经补充侦查，用以证明事实的证据仍然没有达到确实、充分的程度，不符合起诉条件的情况。

证据不足不起诉的决定只能在经过补充侦查之后才能作出，但补充侦查的次数不是必需两次。具有下列情形之一，不能确定犯罪嫌疑人构成犯罪和需要追究刑事责任的，属于证据不足，不符合起诉条件：①据以定罪的证据存在疑问，无法查证属实的；②犯罪构成要件事实缺乏必要的证据予以证明的；③据以定罪的证据之间的矛盾不能合理排除的；④根据证据得出的结论具有其他可能性的。

需要注意的是，除上述三种情形外，还存在另外一种无罪不起诉的特殊情形，即行为人的行为合法，不仅不构成犯罪，而且没有任何社会危害性，有时甚至实施的是对社会有益的行为，如果公安机关错误地进行立案侦查，移送审查起诉，对于这样的案件，人民检察院决定不起诉是毫无疑问的。对于这种无罪不起诉的案件，直接写明经过检察院审查查明被不起诉人不构成犯罪的事实和证据即可，包括不具备某一犯罪的构成要件、属于正当防卫的行为、属于见义勇为的行为等。

（2）证据。不起诉决定书也要把证据写得确实、充分，绝不能因为不起诉了就不写证据或写得不确实、不充分。如果不起诉决定是以被告人无罪为前提的，那么就应在叙述被告人无罪事实的同时，列举证明被告人无罪的证据。如果所列举的证据不确实、不充分，就不能说明被告人无罪。因此，证据这一部分不是可有可无，而是一定要写好。司法实践中，有的办案人员对此不重视，所制作的不起诉决定书缺少证据部分。这是不符合要求的。

（3）理由、法律依据和决定事项。

第一种情形：法定不起诉。

"本院认为，×××（被不起诉人姓名）的上述行为，情节显著轻微、危害不大，不构成犯罪。依照《中华人民共和国刑事诉讼法》第十六条第一项和第一百七十七条第一款的规定，决定对×××（被不起诉人的姓名）不起诉。"

如果是根据《刑事诉讼法》第 16 条第 2 项至第 6 项法定不追究刑事责任的情形而决定的不起诉，重点阐明不追究被不起诉人刑事责任的理由及法律依据，最后写不起诉的法律依据。如果是根据《刑事诉讼法》第 177 条第 1 款中的没有犯罪事实而决定不起诉的，先指出被不起诉人没有犯罪事实，再写不起诉的法律依据。

第二种情形：相对不起诉。

"本院认为，×××实施了《中华人民共和国刑法》第××条规定的行为，但犯罪情节轻微，具有×××情节（此处写明认罪认罚、从轻、减轻或者免除刑事处罚具体情的表现），根据《中华人民共和国刑法》第××条的规不需要判处刑罚（或者免除刑罚）。依据《中华人民共刑事诉讼法》第一百七十七条第二款的规定，决定对×××（被不起诉人的姓名）不起诉。"

第三种情形：绝对不起诉。

"本院认为，×××（被不起诉人的姓名）的上述行为，情节显著轻微、危害不大，不构成犯罪。依照《中华人民共和国刑事诉讼法》第十六条第（一）项和第一百七十七条第一款的规定，决定对×××（被不起诉人的姓名）不起诉。"

(4) 查封、扣押、冻结的涉案款物的处理情况。《刑事诉讼法》第177条第3款规定，人民检察院决定不起诉的案件，应当同时对侦查中查封、扣押、冻结的财物解除查封、扣押、冻结。因此，不起诉书中应交代查封、扣押、冻结的涉案款物的处理情况。

(5) 交代被害人的权利。《刑事诉讼法》第180条规定，对于有被害人的案件，决定不起诉的，人民检察院应当将不起诉决定书送达被害人。被害人如果不服，可以自收到决定书后七日以内向上一级人民检察院申诉，请求提起公诉。人民检察院应当将复查决定告知被害人。对人民检察院维持不起诉决定的，被害人可以向人民法院起诉。被害人也可以不经申诉，直接向人民法院起诉。人民法院受理案件后，人民检察院应当将有关案件材料移送人民法院。在刑事案件中，由于被害人是直接受到侵害的对象，刑事案件的处理结果与被害人的利益直接相关，对于有被害人的案件，人民检察院应当将不起诉决定书送达被害人，告知被害人案件的处理结果，这有利于被害人保护自己的合法权益。具体表述如下：

"被害人如果不服本决定，可以自收到本决定书后七日以内向×××人民检察院申诉，请求提起公诉；也可以不经申诉，直接向×××人民法院提起自诉。"

3. 尾部

尾部应统一署检察院院名，文书的签发日期，并加盖人民检察院院印。

三、公诉意见书

（一）概念和功能

公诉意见书，又称公诉词，是指受人民检察院指派出席法庭支持公诉的公诉人，在法庭上就案件事实、证据和适用法律等集中发表意见时所使用的法律文书。

根据《刑事诉讼法》第189条的规定，人民法院审判公诉案件，人民检察院应当派员出席法庭支持公诉。在公诉人出席法庭支持公诉的情况下，法庭调查结束后，依法应当首先由公诉人发表公诉意见。公诉意见书就是出庭支持公诉的国家公诉人，在第一审程序法庭调查结束后、法庭辩论开始时，在起诉书提出的指控的基础上，根据法庭的调查情况，对指控的犯罪事实进一步说明论证，对证据、案件情况以及定罪量刑和适用法律问题发表的综合性意见。公诉意见书只适用于第一审程序，检察人员参加上诉案件、抗诉案件在法庭发表的意见称为"抗诉（上诉）案件出庭意见书"。这是因为检察人员出席第一审法庭与出庭上诉、抗诉案件法庭的任务有所不同，前者主要是支持公诉，后者主要是对审判活动进行监督。

公诉人发表的公诉意见书，是第一审法庭审理公诉案件的必备内容，是公诉人对于起诉书中指控被告人罪行和适用法律等重要问题的进一步阐发和论证，也是法庭听取国家公诉人对法庭调查的事实认定和如何定罪量刑等问题的总体性意见的重要形式，同时也成为辩方提出辩护意见的参照体，因此公诉意见书对于法庭正确审理案件，准确定罪量刑具有重要意义。此外，公诉意见书对旁听群众也产生一种法制宣传的作用。

一般来说，为了保证出庭支持公诉取得良好效果，公诉人应当在出庭前，根据阅卷及对案件的分析研究情况，预先制作公诉意见书草稿，庭审中再根据法庭调查的情况进行必要的修改、调整或补充。

（二）结构、内容和写作方法

公诉意见书是叙述式文书，由首部、正文和尾部三部分组成。

1. 首部

首部包括制作文书的人民检察院的名称和文书种类（即公诉意见书）。

2. 正文

正文应依次写明下列事项：

（1）案件有关情况，包括被告人姓名、案由与起诉书编号。

（2）抬头，即对法庭审判人员的称呼语，具体可根据法庭的组成情况写为"审判长、审判员（人民陪审员）"。

（3）检察人员出庭支持公诉的法律根据、出席法庭的身份与职责。具体表述如下：

"根据《中华人民共和国刑事诉讼法》第一百八十九条、第一百九十八条和第二百零九条等规定，我（们）受××××人民检察院的指派，代表本院，以国家公诉人的身份，出席法庭支持公诉，并依法对刑事诉讼实行法律监督。现对本案证据和案件情况发表如下意见，请法庭注意。"

（4）支持公诉的具体意见。这是公诉意见书的核心部分，应当根据具体的案件情况重点从以下几个方面加以阐述。

①根据法庭的调查情况，概述法庭质证的情况、各证据的证明作用，并运用证据之间的逻辑关系证明被告人的犯罪事实清楚，证据确实、充分。这一部分内容的详略程度，应当根据案件的具体情况来确定。如果在法庭调查时对事实和证据基本上没有分歧，可以作简要概括；如果被告人不供、翻供、避重就轻或者对事实、证据提出了较多异议，则必须进行充分论证。

②根据被告人的犯罪事实，论证应适用的法律条款并提出定罪及从重、从轻、减轻处罚等意见。

③根据庭审情况，在揭露被告人犯罪行为的社会危害性的基础上，做必要的法制宣传和教育工作。

（5）总结性意见。一般表述为：

"综上所述，起诉书认定本案被告人×××的犯罪事实清楚，证据确实、充分，依法应当认定被告人有罪，并建议……（根据是否认罪认罚从宽等情况提出量刑建议或从重、从轻、减轻处罚等意见）。"

3. 尾部

尾部须写明公诉人的姓名，并注明当庭发表公诉意见的时间。

此外，根据《刑事诉讼法》第 235 条的规定，人民检察院提出抗诉的案件或者第二审人民法院开庭审理的公诉案件，同级人民检察院都应当派员出席法庭。检察官出庭发表"出庭意见书"，其正文部分包含以下四部分：

（1）论证本案犯罪事实清楚，证据确实、充分，或者一审法院认定事实、证据疏漏、有误之处。

（2）案件诉讼程序是否合法。

（3）揭露被告人犯罪行为性质、严重程度、评析抗诉（上诉）理由。

（4）论证原审判决书适用法律、定罪量刑是否正确，有误的，应提出改判建议。

此外，需要注意，公诉意见书（公诉词）与辩护词一样属于法庭演说词，在书写时注意以下事项：

①公诉意见书的任务主要在于有力地证明起诉书的指控成立，因此，其内容应重点围绕本案证据及犯罪成立进行论证，包括阐述本案的犯罪事实清楚、证据确实、

充分，犯罪的成立以及法律适用，量刑情节等问题。对其的基本要求是论点鲜明突出，论证有理有据，分析透彻深入，语言准确有力。

②公诉意见书不同于起诉书，但两者又相辅相成。起诉书是将被告人交付法院审判的一种法律凭证，其主要定位是定罪的申请书，因而应突出其客观性，且只要将指控的内容说清楚，为庭审的展开提供基础；而公诉意见书是在起诉书的基础上进行发挥和补充。起诉书只是简要地说明犯罪事实，罗列证据；公诉意见书是在法庭辩论开始时对起诉指控的犯罪事实进一步说明、论证的文书，其最重要的任务就是对证据的相互印证、相互结合必然推断出犯罪事实作出阐述，从而有力地证明起诉书的指控成立，但其不能超出起诉书指控的范围。

③在论证的深度上，首先，公诉意见书要证明证据的确实、充分，包括某一个或某一组证据证明了什么，证据之间在哪些方面足以印证等。对于当事人在举证阶段就证据提出的异议都要加以论证，而不能无视举证阶段被告人、辩护人等对证据的质疑。其次，公诉意见书要证明构成什么性质的犯罪，要根据有关法理和法律依据进行深入的分析论证，必要时区分罪与非罪、此罪与彼罪的界限，反驳被告人、辩护人提出的相异观点；有时对于被害人可能提出的相异观点也可简单地论证。这种以立论为主，加以适当的驳论，能使公诉意见书的论证更具深度和说服力，更易为法庭所采信。最后，公诉意见书要对法律适用与量刑情节进行论证。对量刑档次、从重或从轻情节等，一般在论证这些情节成立的基础上，明确公诉人的观点是应从重还是应从轻或减轻，以弥补起诉书中对量刑情节的不确定表述。

四、刑事抗诉书

（一）概念和功能

刑事抗诉书，是指人民检察院认为人民法院的刑事判决或裁定确有错误时，按照法定的抗诉程序或审判监督程序向人民法院提出抗诉，要求重新审理、纠正错误时所制作的法律文书。

根据《刑事诉讼法》第228条的规定，地方各级人民检察院认为本级人民法院的第一审的判决、裁定确有错误的时候，应当向上一级人民法院提出抗诉。抗诉是人民检察院行使检察权的重要内容，也是对人民法院的审判活动实行监督的一种形式。

刑事抗诉书是检察机关行使审判监督职权的重要工具，是引起人民法院第二审程序或再审程序的法律文书之一。刑事抗诉书对于纠正确有错误的刑事判决或裁定，保证法律的准确实施，起着十分重要的作用。根据我国《刑事诉讼法的规定》，抗诉有两种：①按照第二审程序提出的抗诉；②按照审判监督程序提出的抗诉。虽然这两种抗诉手段的目的都是确保人民法院的办案质量，使国家法律得以准确实施，但由于第二审程序和审判监督程序在程序和时限上的不同，相应地，对两种抗诉书的要求也不尽相同。

（二）结构、内容和写作方法

1. 第二审程序的抗诉书

第二审程序所适用的抗诉书分为首部、正文、尾部三部分。

（1）首部

首部应当写明制作抗诉书的人民检察院的名称和文书名称（"刑事抗诉书"），以及文书编号。

制作单位应当注明所在省（自治区、直辖市）的名称，不能只写地（县）级市、县、区名。如果是涉外案件，还应冠以"中华人民共和国"字样。文书编号由制作本文书的人民检察院简称、年度和抗诉书编号构成，如"××检××刑诉抗〔××××〕××号"。

（2）正文

①原审判决、裁定情况。如果人民检察院与人民法院认定的罪名不一致，应当分别表述；如果调查/侦查、起诉、审判阶段没有超时限等程序违法现象时，不必写明公安机关、检察机关与法院的办案经过，只简要写明法院的判决、裁定的结果即可。

②审查意见。检察机关对原审判决（裁定）的审查意见，目的是明确指出原审判决（裁定）的错误所在，告知二审人民法院，人民检察院抗诉的重点是什么。这部分要观点鲜明，简明扼要。

③抗诉理由。针对事实确有错误、适用法律不当或审判程序严重违法等不同情况，叙写抗诉理由。

抗诉理由是抗诉书的核心部分，应当针对原判决、裁定认定事实确有错误、适用法律不当和量刑畸轻畸重或者审判程序严重违法等不同情况来叙写抗诉理由，可以适当地分段分项叙写。叙写抗诉理由时，应当强调说理性，对判决、裁定可能存在的错误进行具体、充分的论证，这样才能表明观点、分清是非，促使人民法院采纳人民检察院的主张，纠正错误的裁判。对案件事实的分析、论证，必须结合证据进行，切忌脱离证据谈事实，使抗诉意见给人以主观色彩浓厚的印象。

如果人民法院认定的事实有误，抗诉书则要针对原审裁判的错误之处，提出纠正意见，强调抗诉的针对性。对于有多起"犯罪事实"的抗诉案件，只叙述原判决（裁定）认定事实不当的部分，认定没有错误的，可以只肯定一句"对……事实的认定无异议"即可。突出人民检察院、人民法院的争议焦点，体现抗诉的针对性。对于共同犯罪案件，也可以作类似处理，即只对原判决（裁定）漏定或错定的部分被告人犯罪事实作重点叙述，对其他被告人的犯罪事实可简写或不写。关于证据部分，应该在论述事实时有针对性地列举证据，说明证据的内容要点及与犯罪事实的联系。刑事抗诉书中不能追诉起诉书中没有指控的犯罪事实。如有自首、立功等情节，应在抗诉书中予以论述。

如果人民法院适用法律不当，则抗诉书主要针对犯罪行为的本质特征，论述应该如何认定行为性质，从而正确地适用法律；要从引用罪状、量刑情节等方面分别论述。

如果人民法院审判程序严重违法，则抗诉书应该主要根据《刑事诉讼法》及有关司法解释，先逐个论述原审法院违反法定诉讼程序的事实表现，再写明影响公正审判的现实后果或者可能性，最后阐述法律规定的正确诉讼程序。

抗诉理由的论证方法因案而异，关键是要把人民检察院认为原判决、裁定确有错误的理由叙说清楚，做到逻辑清晰、观点明确、依据充分、文字简练。

④结论性意见、法律根据、决定和要求事项。叙写结论性意见时，应当做到简洁、明确。人民检察院按照第二审程序向人民法院提出抗诉的法律依据是《刑事诉讼法》第232条的规定，应当在抗诉书中引用。在要求事项部分，应写明"特提出抗诉，请依法判处"。

（3）尾部

尾部应当写明文书的送达对象，即上一级人民法院名称、制作文书的人民检察院名称、文书的签发时间，并加盖人民检察院院印。

涉及附注项，包括被告人现羁押或居住处所，新的证人名单或者证据目录。对于未被羁押的原审被告人，应当写明其住所或居所。人民检察院按照第二审程序提出抗诉时，案卷、证据材料已经按照有关规定，在一审开庭后移送人民法院，因此，如果没有新的材料需要移送的，证据目录和证人名单可以不另附。

2. 审判监督程序的抗诉书

与第二审程序适用的抗诉书相比，审判监督程序所适用的抗诉书在结构上有一些区别，主要由以下几部分内容组成：①首部中的文书制作机关名称、文书名称、编号、原审被告人基本情况；②正文中的诉讼过程、生效判决或裁定概况，对生效判决或裁定的审查意见（含事实认定），抗诉理由，结论性意见、法律依据、决定和要求事项；③尾部和附注等。

（1）首部。与对第二审程序适用的抗诉书写法相同。原审被告人基本情况，包括原审被告人的姓名、性别、出生年月日、民族、职业、单位及职务、住址和服刑情况。有数名被告人的，依犯罪事实情节由重至轻的顺序分别列出。此外，还要写明被告人的身份证号码、户籍地，以及刑满释放或者假释的具体日期。

（2）正文。主要包括以下几个方面的内容：

①诉讼过程、生效判决或裁定概况。应当将有关的诉讼经过叙写清楚，如果是一审生效判决或裁定，不仅要写明一审判决或裁定的主要内容，还要写明一审判决或裁定的生效时间。如果是二审终审判决或裁定，应当分别写明一审和二审判决或裁定的主要内容。此外，还应写明提起审判监督程序抗诉的原因。通常如下表述：

"×××人民法院以×××号刑事判决书（裁定书）对被告人×××（姓名）××（案由）一案判决（裁定）……（写明生效的一审判决、裁定或者一审及二审判决、裁定情写明况）。经依法审查（如果是被告人及其法定代理人不服地方各级人民法院的生效判决、裁定而请求人民检察院提出抗诉的，应当写明这一程序，然后再写"经依法审查"），本案的事实如下：……"

②对生效判决或裁定的审查意见（含事实认定）。包括两部分：一是事实认定和证据，对于原审判决、裁定中认定的事实或新发现的事实、证据，应该作比较详细的介绍；二是审查意见，这一部分的内容是叙述检察机关对原判决（裁定）的审查意见，目的是明确指出原判决（裁定）的错误所在，告知再审人民法院，人民检察院抗诉的重点是什么。这部分要观点鲜明，简明扼要。

③抗诉理由。针对事实确有错误、适用法律不当或审判程序严重违法等不同情况，叙写抗诉理由。

首先，如果人民法院认定的事实有误，则要针对原审裁判的错误之处，提出纠正意见，强调抗诉的针对性。对于有多节"犯罪事实"的抗诉案件，只叙述原判决（裁定）认定事实不当的部分；对于认定没有错误的，可以只肯定一句"对……事实的认定无异议"即可。突出检、法两家的争议重点，体现抗诉的针对性。对于共同犯罪案件，也可以类似地处理，即只对原判决（裁定）漏定或错定的部分被告人犯罪事实作重点叙述，对其他被告人的犯罪事实可简写或者不写。

关于"证据部分"，应该在论述事实时有针对性地列举证据，说明证据的内容要点及其与犯罪事实的联系。

刑事抗诉书中不能追诉起诉书中没有指控的犯罪事实。如有自首、立功等情节，应在抗诉书中予以论述。

其次，如果人民法院适用法律不当，则抗诉书主要针对犯罪行为的本质特征，论述应该如何认定行为性质，从而正确适用法律；要从引用罪状量刑情节等方面分别论述。

最后，如果人民法院审判程序严重违法，抗诉书就应该主要根据刑事诉讼法及有关司法解释，先逐个论述原审法院违反法定诉讼程序的事实表现，再写明影响公正判决的现实或可能性，最后阐述法律规定的正确诉讼程序。

④结论性意见、法律根据、决定和要求事项。结论性意见应当简洁、明确。在要求事项部分，应写明"特提出抗诉，请依法判处"。

（3）尾部和附注。尾部署名方式：应署人民检察院名称并盖院印。

第四节 其他检察法律文书

根据《宪法》规定，人民检察院具有监督职能，不仅对刑事案件实行法律监督，对民事、行政案件也同样履行监督职责，并制作使用各种法律文书，主要是民事诉讼监督类文书与工作文书，如检察建议书、提请抗诉报告书与民事（行政）抗诉书等。

一、检察建议书

（一）概念和功能

检察建议书的类型有多种，在民事诉讼监督中分为三类，分别适用于监督审判人员违法行为、监督执行活动、类案监督社会治理建议；在行政公益诉讼诉前阶段也有检察建议书；在行政检察工作中又有四种类型，分别适用于监督审判人员违法行为、监督执行活动、类案检察建议和社会治理检察建议、建议行政机关纠正违法；在未成年人案件与刑事申诉案件受理审查中都有检察建议书。本部分讲授人民检察院向人民法院或者有关单位提出类案监督、社会治理检察建议时使用的检察建议书。

检察建议书，是人民检察院结合执法办案工作，向涉案单位、有关主管机关或者其他有关单位提出检察建议时制作的法律文书。检察建议书的功能在于：人民检察院能够通过检察建议书促进法律正确实施，促进社会和谐稳定；在履行法律监督职能过程中，结合执法办案，建议有关单位完善制度，加强内部制约、监督，正确实施法律法规；是完善社会管理、服务，预防和减少违法犯罪的一种重要形式。

（二）结构、内容和写作方法

检察建议书分为首部、正文和尾部三部分。

1. 首部

首部包括人民检察院名称、文书名称和文书编号。文书名称，即"检察建议书"；文书编号，依次由制作文书的人民检察院简称、制作文书的年度和文书序号构成，即"××检建〔××××〕××号"。

2. 正文

正文包括八部分，依次叙写以下内容：

（1）单位名称。应写明主送单位的全称，行文上应顶格书写。

（2）案件或者问题的来源。写明本院在办理案件或者履行法律监督职责过程中发现该单位存在的问题，以及需要提出检察建议的有关情况。

（3）依法认定的案件事实或者经调查核实的事实及其证据。写明依法认定的案件事实或者经过调查核实后查清的事实及证据。对事实的叙述要求客观、准确、概括性强，要归纳成几条反映问题实质的事实要件，然后加以叙述。

（4）存在的违法情形或者应当消除的隐患。阐明该单位存在的违法情形或者隐患，包括民事诉讼活动或者执行活动中存在的类案问题或普遍性、倾向性违法问题，以及发现有关单位的工作制度、管理方法、工作程序违法或者不当等问题。

（5）建议的具体内容及所依据的法律、法规和有关文件等的规定。写明建议的具体内容及依据。意见的内容应当具体明确，切实可行，要与以上列举的问题紧密联系。检察建议引用依据有两种情况：一种情况是检察机关提出建议的行为所依据的有关规定；另一种情况是该单位存在的问题不符合哪项法律规定和有关规章制度的规定。

（6）被建议单位提出异议的期限。告知被建议单位可以提出异议及提出异议的期限。

（7）被建议单位书面回复落实情况的期限。

（8）其他需要说明的事项。

3. 尾部

尾部写明制作检察建议书的年月日，并加盖该人民检察院院印。

二、民事（行政）抗诉书

（一）概念和功能

民事（行政）抗诉书，是指人民检察院对人民法院作出的已经发生法律效力的民事（行政）判决、裁定、调解，发现确有错误，向人民法院提出抗诉时使用的法律文书。

《民事诉讼法》第208条第1款规定，最高人民检察院对各级人民法院已经发生法律效力的判决、裁定，上级人民检察院对下级人民法院已经发生法律效力的判决、裁定，发现有本法第200条规定情形之一的，或者发现调解书损害国家利益、社会公共利益的，应当提出抗诉。《民事诉讼法》第212条明确规定："人民检察院决定对人民法院的判决、裁定、调解书提出抗诉的，应当制作抗诉书。"民事（行政）抗诉书依据《行政诉讼法》第93条第1款、第91条的规定。

民事（行政）抗诉书是检察机关行使法律监督权的工具，有利于依法促使人民法院纠正错误裁判，维护当事人的合法权益。

（二）结构、内容和写作方法

民事（行政）抗诉书为叙述式文书，分为首部、正文和尾部三部分。

1. 首部

首部包括制作文书的人民检察院名称；文书名称（"民事抗诉书"）；文书编号，除"检""民监"之间的空白处无须填写内容外，其余空白处依次填写制作文书的人民检察院简称、制作文书的年度和文书序号，即"××检××民（行）监〔××××〕××号"。

2. 正文

（1）案件来源。案件来源有以下四种不同的表述方式。

①当事人申请监督的表述为：

"××（申请人）因与××（其他当事人）××（案由）纠纷一案，不服××人民法院××号民事（行政）判决（裁定或调解书），向本院申请监督。下级人民检察院提请抗诉的表述为：××（申请人）因与××（其他当事人）……（案由）纠纷一案，不服×××人民法院××号民事（行政）判决（裁定或调解书），向××人民检察院申请监督，该院提请我院抗诉。本案现已审查终结。"

②检察机关依职权发现的表述为：

"我院对×××人民法院对××（原审原告）与××（原审被告）……（案由）纠纷一案的××（生效判决、裁定文号）民事判决（或裁定）进行了审查。"

③检察机关依职权发现的表述为：

"×××（一审原告）与×××（一审被告）×××（案由）纠纷一案，×××人民法院（此处指作出生效裁判的人民法院）作出了××号民事（行政）判决（裁定或调解书）。本院依法进行了审查。"

④下级人民检察院提请抗诉的表述为：

"×××（一审原告）与×××（一审被告）×××（案由）纠纷一案，×××人民法院（此处指作出生效裁判的人民法院）作出了×××号民事（行政）判决（裁定或调解书），×××人民检察院提请本院抗诉。本案现已审查终结。"

（2）诉讼过程和人民法院历次审理情况。

（3）检察机关审查认定的事实。

与作出生效裁判的人民法院认定事实一致的，写明"本院审查认定的事实与×××人民法院认定的事实一致"；与作出生效裁判的人民法院认定事实不一致的，写明分歧和依据，所作的调查核实工作一并写明，如"对……问题进行了调查、委托鉴定、咨询"等。

（4）抗诉理由和依据。

①民事抗诉书的抗诉理由和依据表述如下：

"本院认为，×××人民法院××号民事判决（裁定或调解书）……（概括列明生效民事裁判、调解书存在哪些法定监督的情形，应根据《中华人民共和国民事诉讼法》第二百条或第二百零八条第一款规定的情形进行概括）。理由如下：_____。（此段结合检察机关审查认定的事实，依照法律、法规及司法解释相关规定，详细论述抗诉的理由和依据。说理要有针对性，引用法律、法规和司法解释时应当准确、全面、具体。）

综上所述，×××人民法院××号民事判决（裁定或调解书）……（概括列明生效民事裁判、调解书存在哪些法定监督的情形）（经检察委员会讨论的，写明"经本院检察委员会讨论决定"），根据《中华人民共和国民事诉讼法》第二百条第×项、第二百零八条第一款的规定，特提出抗诉，请依法再审。"

②行政抗诉书的理由和依据，表述如下：

"本院认为，×××人民法院××号行政判决（裁定或调解书）××××（概括列明生效裁判、调解书存在哪些法定监督的情形）。理由如下：_____。（此段结合检察机关审查认定的事实，依照法律、法规及司法解释相关规定，详细论述抗诉的理由和依据。说理要有针对性，引用法律、法规和司法解释时应当准确、全面、具体。）

综上所述，（经检察委员会讨论的，写明"经本院检察委员会讨论决定"）根据《中华人民共和国行政诉讼法》第九十三条第一款、第九十一条第×项的规定，特提出抗诉，请依法再审。"

3. 尾部

尾部写明文书送达的人民法院名称，并加盖院印。附注写明随案移送的卷宗及有关材料情况。

三、纠正违法通知书

（一）概念和功能

纠正违法通知书，是指人民检察院在办理刑事申诉案件过程中发现原办案部门存在违法办案等问题，向原办案部门提出纠正意见时所制作的法律文书。纠正违法通知书是人民检察院履行法律监督职能的重要手段。

（二）结构、内容和写作方法

纠正违法通知书为叙述式文书，分为首部、正文和尾部三部分。

1. 首部

标题与文书编号，即人民检察院的名称和文书名称（"纠正违法通知书"）；文书编号为"××检××纠违〔××××〕××号"。

2. 正文

正文包括四部分，分别按以下层次叙写：

（1）发往单位。应写明发生违法情况的单位，行文上应顶格书写。

（2）发现的违法情况。包括违法人员的姓名、单位、职务、违法事实等，如果是单位违法，要写明违法单位的名称。违法事实，要写明违法时间、地点、经过、手段、目的和后果等。具体表述为"经检察，发现……"。

（3）认定违法的理由和法律依据。包括违法行为触犯的法律、法规和规范性文件的条款，违法行为的性质。可表述为"本院认为……"。

（4）纠正意见。可表述为"根据_____（法律依据）的规定，特通知你单位予以纠正，并将纠正结果告知我院"。

3. 尾部

尾部写明制作文书的年月日，并加盖人民检察院院印。

四、复核决定书

（一）概念和功能

复核决定书，是指公安机关认为人民检察院作出的不批捕、不起诉、附条件不起诉或者通知撤销案件的决定确有错误，向作出决定的人民检察院要求复议，意见未被接受，向上一级人民检察院提请复核，上一级人民检察院作出复核决定时使用的法律文书。复核决定书的功能在于体现了公安机关和人民检察院之间分工负责、相互配合、相互制约的原则；有利于维护公民的合法权益，正确处理案件，有效地打击犯罪。

（二）结构、内容和写作方法

复核决定书共四联，第一联是存根，统一保存备查；第二联是副本，附卷；第三联是正本，送达下级侦查机关；第四联是"复核决定书通知书"，送达作出决定的下级人民检察院。正本与副本内容相同，均由首部、正文和尾部三部分组成。

1. 首部

（1）标题和文书编号。应分两行居中写明人民检察院名称和文书名称。复核决定书的文书编号为"××检××核〔××××〕××号"。

（2）送达单位名称。填写提请批准逮捕的公安等机关名称，第四联填写批准逮捕的人民检察院名称。

2. 正文

正本（第三联）具体表述为：

"你_____对_____人民检察院××号_____书提请复核的意见书及案件材料收悉。经本院复核认为：_____。根据《中华人民共和国刑事诉讼法》第_____条的规定，本院决定_____。"

存根（第一联）分别写明：案由，即涉嫌的罪名；犯罪嫌疑人基本情况，包括姓名、性别、年龄、工作单位、住址、身份证号码、是否为人大代表或政协委员；复核决定内容；送达单位的名称；批准人、承办人、填发人分别签名；填写填发时间。

第四联为"复核决定书通知书"，写明致送下级人民检察院的名称，通知表述为：

"_____对你院××号_____书提请本院复核。经本院复核认为：_____。根据《中华人民共和国刑事诉讼法》第_____条的规定，本院决定_____。

特此通知。"

3. 尾部

（1）第二联与第三联写："此致"及送达的下级侦查机关的名称。

(2) 第四联写明作出决定的日期，并加盖人民检察院院印。

五、刑事赔偿决定书

（一）概念和功能

刑事赔偿决定书，是指各级人民检察院依据《国家赔偿法》对赔偿请求人提出的刑事赔偿请求，作出赔偿决定时制作的法律文书。刑事赔偿决定书的功能在于体现国家有错必纠的原则。

（二）结构、内容和写作方法

刑事赔偿决定书由首部、正文和尾部构成。

1. 首部

（1）标题与文书编号。标题居中分两行写明人民检察院的名称与文书的名称，即"×××人民检察院""刑事赔偿决定书"，文书编号为"××检××赔决〔×××〕××号"。

（2）赔偿请求人的身份情况。包括姓名、性别、年龄、身份证号码、工作单位、住址等情况。是法人或者其他组织的，应当写明赔偿求人名称，住所，法定代表人或者主要负责人姓名、职务等。

（3）代理人基本情况。包括姓名、性别、年龄、工作单位、与赔偿请求关系等情况。

（4）案由、案件来源。具体表述为：

"赔偿请求人×××（姓名或者名称）于××××年××月××日以×××（申赔偿理由）为由，请求本院×××（申请赔偿具体事项）本院××××年××月××日决定立案办理。"

2. 正文

（1）人民检察院审查认定的原案事实和依据。

（2）审查过程，具体表述为：

"本院于××××年××月××日听取了赔偿请求人（或者代理人）×××（姓名）的意见，并于××××年××月××日与赔偿请求人（或者代理）××（姓名）进行了协商（如未进行协商，这部分内容可以不写）。××（听取意见和协商情况）。"

（3）赔偿依据与赔偿决定。具体表述为：

"根据《中华人民共和国国家赔偿法》第×条的规定，本院认为：×××（决定赔偿或者不予赔偿的理由），现决定如下：

×××（决定赔偿或者不予赔偿的内容）。"

3. 尾部

（1）向赔偿申请人交代权利，具体表述为：

"如不服本决定，可以自收到本决定之日起三十日内向×××（复议机关名称）申请复议。如对本决定没有异议，可以自收到本决定之日起向本院申请支付赔偿金（如作出不予赔偿决定，这部分内容可以不写）。"

（2）写明作出赔偿决定的日期，并加盖人民检察院院印。

本章小结

本章主要介绍的是人民检察院的法律文书，共分四节，在全面概括介绍人民检察院法律文书的概念、功能和分类的基础上，分别介绍了立案、侦查法律文书，公诉法律文书和其他检察法律文书中的15种具体文书的概念、功能、结构、内容和写作方法。本章学习的重点是立案决定书、批准逮捕决定书、起诉书、不起诉决定书、公诉意见书、刑事抗诉书、民事（行政）抗诉书。通过本章内容的学习，学生应当全面了解人民检察院法律文书的基本内容及其分类；理解和领会人民检察院法律文书的概念和功能，不批准逮捕决定书、逮捕决定书、应当逮捕犯罪嫌疑人意见书、批准延长侦查羁押期限决定书、检察建议书、纠正违法通知书、复核决定书、刑事赔偿决定书等文书的概念、功能、结构、内容和写作方法；掌握立案决定书、批准逮捕决定书、起诉书、不起诉决定书、公诉意见书、刑事抗诉书、民事（行政）抗诉书等文书的概念、功能、结构、内容和写作方法，并达到能用、会写的程度。

思考题

1. 简述检察法律文书的概念和功能。
2. 简述立案决定书的概念和功能。
3. 简述逮捕决定书的概念和功能。
4. 简述起诉书的概念和功能。

5. 起诉书的正文应当写明哪些内容？

6. 简述不起诉决定书的概念和功能。

7. 简述制作公诉意见书应注意的事项。

8. 简述民事（行政）抗诉书的概念和功能。

9. 简述检察建议书的概念和功能。

10. 根据以下案情材料，拟写一份起诉书。

农某岩因无固定收入，便产生男扮女装在网络平台与他人发展"网恋"进而骗取对方财物的念头。20××年7月至12月，农某岩以女孩子的身份，利用"陌陌""微信"等社交软件添加被害人车某某为好友，之后再通过各种花言巧语使被害人误以为其是女孩子后，两人正式发展为恋人关系。农某岩想到两人刚开始确定恋人关系就"狮子大开口"，必然会引起对方的怀疑，便以其是车某某的女友为由诱骗车某某帮他购买了裙子、洗面奶等物。这一系列的行为也让车某某更加相信农某岩是"女子"的身份。其间，车某某一直想看看自己"貌美如花"的女友，但都被农某岩以各种理由推脱，这都让车某某万般无奈。之后，农某岩仗着车某某对自己言听计从，觉得可以以"女友"身份"恃宠而骄"了，也是"狮子大开口"的好时机，便要求车某某将信用卡交由其保管，再通过重重诱骗取得密码后，通过刷卡消费的方式套取信用卡的金额，共骗取财物三万余元。

农某岩套取信用卡大量的钱，并且删除联系方式的异常行为，终于让车某某发现"与神秘女友的网恋"只是一场骗局。车某某于20××年12月报案后，公安机关依法进行立案侦查。归案后，农某岩对认定的犯罪事实和证据没有异议，并自愿认罪认罚。

×××人民检察院指控，被告人农某岩以非法占有为目的，采取虚构事实，隐瞒真相的方法，骗取他人财物，数量巨大，其行为已触犯法律规定，应以诈骗罪追究其刑事责任。

第四章 人民法院刑事裁判文书

学习目标

通过本章内容的学习，学生要全面了解人民法院刑事裁判文书的基础知识，掌握教材中介绍的几种常用的刑事判决书、刑事裁定书的概念、功能、结构、内容和写作方法，并达到能用、会写的要求。

第一节 人民法院刑事裁判文书概述

一、人民法院刑事裁判文书的概念、特点和功能

人民法院刑事裁判文书，是指在刑事诉讼中，人民法院依据法律规定，针对刑事案件的实体问题和程序问题制作的具有法律效力或者法律意义的法律文书。

人民法院依法制作的刑事裁判文书主要具有以下特点：①制作主体的特定性，即根据我国法律规定，刑事裁判文书的制作主体只能是人民法院，其他任何机关、单位、团体和个人都无权制作。②制作内容的合法性，即人民法院应当遵循"以事实为根据，以法律为准绳"的原则，严格依照法律规定制作刑事裁判文书，不仅文书的内容要合法，对事实的认定必须客观真实，准确无误，既不能夸大，也不能缩小，而且文书的制作程序也应当符合法律规定。③实施的强制性，即人民法院的刑事裁判文书具有实施的强制性，依靠国家强制力保证实施。人民法院刑事裁判文书

实施的强制性，取决于文书的权威性。根据法律规定，刑事裁判文书一经作出，即发生法律效力，具有权威性，除非依照法定程序，否则任何机关和个人都不得变更或者撤销。

刑事裁判文书的功能主要体现在以下几个方面：①刑事裁判文书是人民法院依法行使审判权，对刑事案件进行审理并作出判决的最终文字载体；②刑事裁判文书是人民法院严格依法办案，正确适用刑事法律，保护人民、惩罚犯罪的有力武器；③刑事裁判文书是宣传法制、教育公民遵守法律的生动教材。

二、人民法院刑事裁判文书的分类

自1993年1月1日以来，人民法院的刑事裁判文书都是按照最高人民法院制定的《法院诉讼文书样式（试行）》制作的。随着我国《刑法》《刑事诉讼法》的修改完善，1999年4月6日，最高人民法院审判委员会第1 051次会议讨论通过了《法院刑事诉讼文书样式（样本）》，自1999年7月1日开始施行。这是最高人民法院为全面执行《刑法》《刑事诉讼法》，大力推进控辩式审理方式，加快裁判文书的改革步伐，使裁判文书成为司法公正载体，采取的重要措施，对于从总体上提高裁判文书的质量，具有重要的意义。《法院刑事诉讼文书样式（样本）》包括文书9类164种。其中，裁判文书类45种；决定、命令、布告类文书24种；报告类19种；笔录类13种；证票类5种；书函类16种；通知类27种；其他类8种；书状类7种。为了正确理解和执行文书样式，2001年6月15日，最高人民法院办公厅发文对实施《法院刑事诉讼文书样式（样本）》若干问题进行了解答。

在上述诸多的法院诉讼文书中，人民法院的刑事裁判文书是诉讼文书的核心内容，包括刑事判决书和刑事裁定书，具体分类如下：

（1）刑事判决书的分类。首先，按照内容的不同，可以分为有罪刑事判决书和无罪刑事判决书；有罪刑事判决书又可以分为科刑的刑事判决书和免刑的刑事判决书。其次，按照审判程序的不同，刑事判决书可以分为第一审刑事判决书（包括适用简易程序的刑事判决书）、第二审刑事判决书、再审刑事判决书和刑事附带民事判决书。

（2）刑事裁定书的分类。刑事裁定书可以分为第一审刑事裁定书、第二审刑事裁定书、死刑复核刑事裁定书、核准法定刑以下判处刑罚的刑事裁定书、再审刑事裁定书、减刑假释裁定书、减免罚金裁定书，以及中止、终止审理裁定书等。

第二节 刑事判决书

一、第一审刑事判决书

（一）概念和功能

第一审刑事判决书，是指人民法院依照《刑事诉讼法》规定的第一审程序，对刑事公诉案件和自诉案件审理终结后，根据已经查明的事实、证据和法律规定，对案件实体问题作出处理决定时制作的法律文书。

我国《刑事诉讼法》第188条规定："人民法院审判第一审案件应当公开进行。但是有关国家秘密或者个人隐私的案件，不公开审理；涉及商业秘密的案件，当事人申请不公开审理的，可以不公开审理。不公开审理的案件，应当当庭宣布不公开审理的理由。"第200条规定："在被告人最后陈述后，审判长宣布休庭，合议庭进行评议，根据已经查明的事实、证据和有关的法律规定，分别作出以下判决：（一）案件事实清楚，证据确实、充分，依据法律认定被告人有罪的，应当作出有罪判决；（二）依据法律认定被告人无罪的，应当作出无罪判决；（三）证据不足，不能认定被告人有罪的，应当作出证据不足、指控的犯罪不能成立的无罪判决。"第202条规定："宣告判决，一律公开进行。当庭宣告判决的，应当在五日以内将判决书送达当事人和提起公诉的人民检察院；定期宣告判决的，应当在宣告后立即将判决书送达当事人和提起公诉的人民检察院。判决书应当同时送达辩护人、诉讼代理人。"第203条规定："判决书应当由审判人员和书记员署名，并且写明上诉的期限和上诉的法院。"

第一审刑事判决书的功能主要体现在以下几个方面：①第一审刑事判决书是国家审判机关适用第一审程序对刑事案件进行审理后，依据事实、证据和法律规定作出的结论；②第一审刑事判决书是惩罚犯罪的工具；③第一审刑事判决书是当事人或法定代理人不服一审判决，在法定期限内，向上一级人民法院提起上诉的依据；④第一审刑事判决书是人民检察院在法定期限内提出抗诉的根据。总之，第一审刑事判决书在刑事诉讼中占有重要的地位，对于及时有效地惩罚犯罪分子，保障无罪的人不受法律追究，维护公民的合法权益具有重要意义。

（二）结构、内容和写作方法

根据适用情况的不同，第一审刑事判决书可以分为以下几种：第一审公诉案件适用普通程序的刑事判决书，第一审单位犯罪案件刑事判决书，第一审公诉案件适用普通程序的刑事附带民事诉讼判决书，第一审公诉案件适用简易程序的刑事判决书，第一审自诉案件刑事判决书，第一审自诉案件刑事附带民事诉讼判决书，第一审自诉、反诉并案审理的刑事判决书，第一审公诉案件适用普通程序审理"被告人认罪案件"的刑事判决书，第一审未成年人刑事案件适用普通程序的刑事判决书等。本章主要介绍第一审公诉案件适用普通程序的刑事判决书。

第一审刑事判决书由首部、正文和尾部组成。

1. 首部

首部包括标题，案号，公诉机关，被害人，被告人和辩护人的基本情况，以及案由、审判组织、审判方式和审判经过。

（1）标题。标题应当写明人民法院的名称和文书名称。

叙写人民法院的名称需要注意以下两点：①人民法院的名称应当与院印的文字一致，除最高人民法院外，各地方的人民法院名称前，均应写明省、自治区或直辖市的名称。②涉及涉外案件时，在各级人民法院名称前，均应写明"中华人民共和国"字样。文书名称，应当写明"刑事判决书"。需要注意的是，叙写文书标题时，法院名称和文书名称应当各占一行，居中排列。

（2）案号。案号由立案年度、制作法院、案件性质、审判程序的代字和案件顺序号组成，即应写为"（××××）×刑初字第××号"。

叙写案号需要注意以下几个问题：①年度。应当用公元纪年全称，用阿拉伯数字叙写。②案件性质。用"刑"字表示。③制作法院。应当与行政区划的简称一致。④审判程序的代字。应当用"初"字表示。⑤案件顺序号。指按照受理案件的时间编写的顺序号。

综上所述，以北京市海淀区人民法院2019年5月10日受理的第2019号刑事案件为例，案号应当写为"（2019）海刑初字第2 019号"。案号应当写在文书名称下一行的右端，其最末一字应与下面正文右端各行看齐，上下各空一行。

（3）公诉机关。由人民检察院提起刑事公诉的案件，直接写为"公诉机关×××人民检察院"，因为公诉机关指的是代表国家向人民法院提请追究被告人刑事责任的检察机关。需要注意的是，在"公诉机关"与"×××人民检察院"之间，不用加标点符号，也不用空格。例如，吉林省长春市人民检察院提起公诉的案件，公诉机关项应当写为"公诉机关吉林省长春市人民检察院"。

（4）被害人。在案件审理过程中，被害人、法定代理人和诉讼代理人出席法庭参加诉讼的，在审判经过段的"出庭人员"中应当写明，未出庭的则不写。

（5）被告人的基本情况。应当依次写明被告人的姓名、性别、出生年月日、民族、出生地、文化程度、职业或工作单位和职务、住址和因本案所受强制措施情况，现羁押处所等。这部分内容的表述，可以在上述要求的基础上，根据不同情况酌情予以增减。

叙写被告人的基本情况，需要注意以下几个问题：

一是被告人称谓后，直接写明被告人的姓名，不用标点符号，也不需要空格。被告人有与案情有关的别名、化名和绰号的，应当在其姓名后面用括号加以注明。被告人是外国人的，应当注明其国籍、英文译号和护照号码。

二是同案被告人有二人以上的，应当按照主犯、从犯的顺序叙写。

三是被告人是未成年人的，应当在写明被告人基本情况之后，另行续写法定代理人的姓名、与被告人的关系、工作单位和职务及住址。

四是被告人的出生年月日，一般应当用公历准确地书写。确实查不清出生年月日的，也可以写明实际年龄。但是，被告人是未成年人的，必须写明出生年月日。

五是被告人的住所地与经常居住地不一致的，应当写明经常居住地。

六是被告人的职业，一般写为干部、工人、农民、个体工商户等。有工作单位的，应当写明其工作单位和职务。

七是被告人的住址，应当写住所所在地；住所所在地与经常居住地不一致的，写经常居住地。

八是被告人曾经受过刑事处罚、行政处罚、劳动教养（2013年已废除），或者有在以上限制人身自由期间内逃跑等行为，或者可能构成累犯或者有法定、酌定从重处罚情节的，应当在住址后面写明其被处罚的事由和时间。

九是被告人因本案所受强制措施情况，应当写明被告人被刑事拘留、逮捕等羁押时间的起始日期，以便折抵刑期。在具体行文时，通常表述为"因涉嫌犯××罪于××××年××月××日被刑事拘留、逮捕（或者被采取的其他强制措施）"。

（6）辩护人的基本情况。辩护人，是指接受被告人的委托或者经法院指定参加诉讼，依法维护被告人的合法权益，发表辩护意见的人。

叙写辩护人的基本情况，需要注意以下几个问题：

一是辩护人是律师的，只需要写明辩护人的姓名、工作单位和职务即可，即写为"辩护人×××，××××律师事务所律师"。

二是辩护人是由人民团体或者被告人所在单位推荐的，或者是经人民法院许可的公民，应当写明辩护人的姓名、工作单位和职务。

三是辩护人是被告人的监护人、亲友的，除应写明其姓名和职务外，还应当写明辩护人与被告人的关系。

四是辩护人是由人民法院指定的，应当表述为"指定辩护人"。

五是同案被告二人以上，且各有辩护人的，分别列写在各被告人基本情况的下一行。

（7）案由、审判组织、审判方式和审判经过。书写这段文字的目的是体现审判程序的合法性。根据文书格式的要求，具体表述如下：

"×××人民检察院以×检×诉〔××××〕号起诉书指控被告人×××犯××罪，于×××年××月××日向本院提起公诉。本院于×××年××月××日立案，依法组成合议庭，公开（或不公开）开庭审理了本案。×××人民检察院指派检察员×××出庭支持公诉，被害人×××及其法定代理人×××、诉讼代理人×××，被告人×××及其法定代理人×××、辩护人×××、证人×××、鉴定人×××、翻译人员×××等到庭参加诉讼。现已审理终结。"

叙写这部分内容，需要注意以下几个问题：

一是起诉日期，应当叙写为法院签收起诉书及主要证据复印件等材料的日期。

二是对于依法不公开审理的案件，为了体现审理程序的合法性，应当写明不公开审理的理由。

三是出庭支持公诉的公诉人，如果是检察长、副检察长、检察员、助理检察员的，应当分别表述为"检察长""副检察长""检察员""助理检察员"。

四是被告人委托辩护人的，应当写明辩护人出庭的情况，因为这是对辩护人在法庭上诉讼地位的确认，也是诉讼参与人诉讼权利依法得到保障的体现。

五是为了客观反映人民法院审查起诉的立案日期，应当写明审理案件的起始日期，即立案时间。一般叙写时，在"×××人民检察院以×检×诉〔××××〕号起诉书指控被告人×××犯××罪，于×××年××月××日向本院提起公诉"之后，叙写为"本院于×××年××月××日立案，并依法组成合议庭"。

六是如果检察机关提起公诉的案件，属于人民法院作出无罪判决，人民检察院又起诉的，原判决不予撤销，但是在案件审理经过段中，应当在"×××人民检察院以×检×诉〔××××〕号起诉书"一句前，增写"被告人×××曾于×××年××月××日被×××人民检察院以××罪向×××人民法院提起公诉，因证据不足，指控的犯罪不能成立，被×××人民法院依法判决无罪"。

七是有证人、鉴定人、翻译人员出庭的，应当一并写明。

2. 正文

正文是文书的核心内容，包括事实、理由和判决结果。

（1）事实。事实是判决的基础，是判决理由和判决结果的根据，叙写判决书，首先应当将案件事实叙写清楚。

根据文书格式样本的规定，事实部分主要应当写明以下内容，即概述检察院指控的基本内容，写明被告人的供述、辩解和辩护人辩护的要点，写明人民法院经审理查明的事实。同时，为了使事实更具有说服力，在叙写事实时，还应当列举充分、有力的证据。

①关于概述检察院指控的基本内容。在判决书的事实部分，首先应当概述检察院指控的基本内容，包括公诉机关指控被告人犯罪的事实、证据和公诉机关对案件适用法律的意见。

叙写这部分内容，需要注意以下几点：

一是这部分内容的叙写，以"×××人民检察院指控"为开头，引出下文。

二是对公诉机关指控的犯罪事实，应当简明概括地进行叙写。

三是指控被告人犯罪的证据，应当以公诉机关起诉时所附的证据目录、证人名单、主要证据复印件等为限。

四是公诉机关对案件适用法律的意见，应当写明对被告人定性、量刑，以及具体适用法律条款的意见。

②关于写明被告人的供述、辩解和辩护人辩护的要点。这部分包含两方面的内容：一是被告人的供述、辩解；二是辩护人辩护的要点。涉及被告人的供述、辩解的叙写，如果被告人的供述与公诉机关的指控完全一致，可以简要地表述为"被告人对公诉机关的指控供认不讳"；如果被告人对公诉机关指控的事实完全否认，或者被告人供述的事实与公诉机关指控的事实存在不一致之处，应当写明被告人供述、辩解的内容，自行辩护的意见，以及依据的相关证据。涉及辩护人辩护要点的叙写，应当以辩护人对检察院指控基本内容的反驳为叙写重点，将辩护人提出的辩护意见简明扼要地叙写清楚，并写明相关证据。

叙写这部分内容，应当注意以下几点：

一是这部分内容的叙写，应当做到全面、准确、言简意赅、没有遗漏。

二是涉及被告人供述、辩解内容的叙写，以"被告人×××辩称"为开头，引出下文。涉及辩护人辩护要点的叙写，以"辩护人×××提出的辩护意见是"为开头，引出下文。

三是叙写这部分内容，应当避免重指控、轻辩护的情况出现，使控辩双方的意见在判决书中都能得到充分的体现。

③关于写明人民法院经审理查明的事实。这部分内容的叙写，由"经审理查明"为开头，引出下文。主要应当写明三个方面的事实，即法庭审理查明的事实，

经举证、质证定案的证据及其来源，对控辩双方有异议的事实、证据进行分析、认证。

叙写这部分内容，需要注意以下几点：

一是叙写经人民法院审理认定的事实，应当写明行为人实施犯罪行为的时间、地点、动机、目的、手段、实施行为的过程、危害结果、被告人在案发后的态度等，并以犯罪构成要件为重点，兼叙写影响定性量刑的各种情节。

二是叙述事实应当做到事实清楚、重点突出。写入判决书中的事实，必须是经过查证属实、确凿无疑的案件事实。同时，叙写案件事实应当做到重点突出，应当主要围绕证明被告人罪行、明确被告人罪责，以及量刑轻重的实质性事实情节等，进行重点分析论述。对与定罪量刑关系不大或者没有关系的情节，应当略写或不写。

三是在具体叙写案件事实时，可以根据具体案情采用不同的写作方法。例如，最通常采用的叙事方法是，按照时间先后的顺序叙述；一人犯数罪的，按照罪行主次的顺序，主罪详写，由重至轻进行叙述；共同犯罪的案件，应当以主犯的犯罪事实为主线叙述；集团犯罪的案件，可以采用"先总后分"的叙写方法，即先综合叙述共同犯罪的情况，然后再按照主犯、从犯、胁从犯的顺序，或者按照重罪、轻罪的顺序，分别叙述各被告人的犯罪事实等。

四是涉及被告人有自首、立功等从轻情节的事实，应当一并予以叙述。

五是对于经过法庭审理，确认指控事实不清、证据不足，宣告无罪的案件，应当通过对犯罪事实、证据进行具体分析，写清案件事实不清、证据不足的情形。

④关于写明认定案件事实的证据。对于证据的叙写，应当写明经过法庭庭审举证、质证、认证，查证属实的事实。未经公开举证、质证的证据，不能认证作为认定案件事实的依据。

叙写证据内容，主要需要注意以下几点：

一是叙写证据应当明确、具体，不仅应当写明证据来源，即证据是由控方还是辩方提供的，还应当写明具体证明的事实内容。

二是叙写认定案件事实的证据，应当确凿可靠。主要根据间接证据定案的，证据之间若有矛盾，应当综合分析，去伪存真。列举证据应当明确、具体，不能抽象笼统，证据应当与被证明的案件事实之间存在必然的、有机的联系；证据与证据之间要能够互相印证，环环相扣，形成一个严密的证明体系，并且通过对主要证据的分析论证，应当能够说明判决认定的事实是准确无误的。

三是对控辩双方没有争议的证据，在控辩主张中可以不予叙述，只在"经审理查明"的证据部分具体表述即可，以避免不必要的重复。

四是对控辩双方提供的证据，无论采纳与否，都应当通过分析论证得出结论。

特别是控辩双方提供的证据相互之间存在矛盾的情形，更应当详细具体地进行叙述。

五是对于控辩双方没有争议，并且经法庭审理查证属实的同种数罪，事实和证据部分可以归纳表述。

此外，需要注意的是，在证据的叙写方法上，应当因案而异。通常的表述方式是，叙写完经法庭审理查明的事实后，另起一段叙写证据，以使运用证据认定的案件事实更加具体明确。案情简单或者控辩双方没有异议的，可以集中表述证据。案情复杂或者控辩双方有异议的，应当对证据进行分析、认证。涉及被告人犯罪次数较多的，可以在叙写每次犯罪事实后，阐述对证据的分析认证情况。是共同犯罪的，可以逐人逐罪表述证据，并进行分析认证。

（2）理由。理由是判决书的"灵魂"，叙写理由部分的内容，以"本院认为"为开头，引出下文。理由的前后分别是事实和判决结果，起着承上启下的作用。判决理由的阐述，应当以判决认定的事实为根据，针对案件的特点，运用犯罪构成的原理，分析论证被告人行为的性质及该行为是否构成犯罪，犯的什么罪，是否应从轻、减轻、免除处罚或者从重处罚，检察机关对被告人的指控是否成立，辩护人的辩护意见是否有理，是否应当予以采纳等。对于控辩双方关于适用法律方面的意见，应当有分析地进行论证，表示是否予以采纳，并阐明理由。在充分、具体地阐述理由的基础上，引用相关的法律规定作为依据，为判决结果的作出奠定基础。由此可见，判决书理由部分的内容是将案件事实、法律依据、判决结果紧密联系在一起的中间媒介，是写作判决书的关键，因此，应当全面、充分地予以论证。

叙写判决书的理由部分，主要应当写清以下几个方面的内容：

①依法确定罪名。阐述判决理由，首先应当根据我国《刑法》总则关于犯罪构成要件的规定、《刑法》分则关于具体罪名的规定，结合案件事实进行分析论证，确定被告人的行为是否构成犯罪，如果构成犯罪，阐明触犯了何种罪名。如果一人犯数罪，指控的罪名均成立，应当先阐述重罪，后阐述轻罪。如果指控的数罪中，有的罪名成立，有的罪名不成立，应当先论述指控成立的罪名，其后也应当对指控不成立的罪名予以论述。如果是共同犯罪的案件，应当根据被告人所处的地位、起的作用的不同，依次确定主犯、从犯、胁从犯、教唆犯的罪名。法院认定的罪名与检察机关指控的罪名不一致的，应当详细、具体、有理有据地进行充分的分析论证。

②阐明量刑情节。量刑情节与量刑结果密切相关，在阐述判决理由时，如果被告人实施的行为已经构成了犯罪，在犯罪情节上具有从重、从轻、减轻、免除处罚的情形，应当分别进行论述或者采用综合归纳的方式进行论述，阐明理由，进行认定，以体现我国法律惩办与宽大相结合的政策，促使被告人认罪服法，接受改造。

③评析控辩双方意见。对于公诉机关指控的罪名，应当进行充分的分析论证。

公诉机关指控的罪名成立的，应当表示支持；公诉机关指控的罪名不成立，或者指控的罪名存在不当之处的，应当进行充分的分析，阐明理由，作出认定。对于被告人的辩解和辩护人提出的辩护意见，合理的，应当表明予以采纳；不合理的，应当予以批驳，并阐明理由。

④写明法律依据。法律依据，是指对被告人定罪量刑应当适用的具体法律条文。是否能够准确地引用法律条文，关系到是否能够准确地定罪量刑。在具体引用法律依据时，需要注意以下几点：

首先，引用法律条文，应当做到准确、完整、具体。所谓准确，是指引用的法律条文应当与判决结果相一致。所谓完整，是指将据以定性量刑的所有法律规定引用齐全。所谓具体，是指引用法律条文外延最小的规定。如果法律条文分为条、款、项的，应当具体写明第几条、第几款、第几项。

其次，引用法律条文，涉及法律名称时，应当使用全称。法律条文的引用，除应当遵循准确、完整、具体的原则外，涉及法律名称的引用，应当注意使用全称，不能用简称。例如，引用我国《刑法》的规定作为法律依据，应当写为"《中华人民共和国刑法》"，而不能简写为"《刑法》"。

再次，引用法律条文，应当先后有序。在法律条文的引用中，有时既涉及实体法的引用，也涉及程序法的引用；既涉及法律规定的引用，也涉及司法解释规定的引用。为了保证法律适用的规范性，在具体引用法律时，应当做到先后有序，即如果判决书中需要引用两条以上的法律条文，应当先引用有关定罪和确定量刑幅度的条文，后引用从重、从轻、减轻和免除处罚的法律条文；判决结果既有主刑的内容，又有附加刑内容的，应当先引用适用主刑的法律条文，后引用适用附加刑的法律条文；适用以他罪论处的条文时，应当先引用本条法律条文，再按本条之规定，引用相应的他罪法律条文；一人犯数罪的，应当逐罪引用法律条文；共同犯罪的，可以集中引用有关的法律条文，必要时应当逐人逐罪引用法律条文；既需要引用实体法，又需要引用程序法的，应当先引用实体法的法律规定，后引用程序法的法律规定；既需要引用法律规定，又需要引用司法解释规定的，应当先引用法律规定，后引用相关司法解释。

最后，需要注意的是，叙写判决理由，应当正确处理事实、理由、判决结果三者之间的关系。判决理由在判决书中起到承上启下的作用，必须上与已经认定的案件事实、情节相适应，下与判决结果相一致。只有这样，事实、理由、判决结果三者之间才能相互照应，无懈可击。

（3）判决结果。判决结果又称"判决主文"，是判决书的结论部分。人民法院根据已经查明的事实，适用法律规定，对被告人作出有罪或者无罪的判决，对案件作出处理决定，即是判决结果。因此，判决结果是判决书的实质内容。判决结果通常分为以下三种情况。

①定罪判刑的，应当表述为：

"一、被告人×××犯××罪，判处……（写明主刑、附加刑）。

（刑期从判决执行之日起计算。判决执行以前先行羁押的，羁押一日折抵刑期一日，即自××××年××月××日起至××××年××月××日止。）

二、被告人×××……（写明决定追缴、退赔或发还被害人财物，或者没收财物的决定，以及这些财物的名称、种类和数额）。"

②定罪免刑的，应当表述为：

"被告人×××犯××罪，免予刑事处罚（如有追缴、退赔或没收财物的，续写第二项）。"

③宣告无罪的，应当表述为：

"被告人×××无罪。"

在叙写判决结果时，主要应当注意以下几个问题：

一是判处的各种刑罚，均应按照法律的规定写明全称。例如，"判处死刑，缓期两年执行"的，不能简写为"判处死缓"。宣告缓刑的，应当写为"判处有期徒刑×年，缓刑×年。"不能写为"缓期×年执行"。

二是判处有期徒刑的刑罚，应当写明刑种、刑期、主刑的折抵办法和起止时间。例如，判处有期徒刑十年的，应当表述为：

"被告人×××犯××罪，判处有期徒刑十年。（刑期从判决执行之日起计算，判决执行以前先行羁押的，羁押一日折抵刑期一日。即自××××年××月××日起至××××年××月××日止。）"

三是根据法律规定，对被告人因不满16周岁不予刑事处罚和被告人是精神病人，在不能辨认或者不能控制自己行为的时候造成危害结果，不予刑事处罚的，应当在判决结果中写明"被告人不负刑事责任"；对被告人死亡的案件，根据已经查明的案件事实和认定的证据材料，能够认定被告人无罪的，应当在判决结果中写明"被告人无罪"。

四是数罪并罚的，应当分别定罪量刑（包括主刑和附加刑），然后按照《刑法》总则关于数罪并罚的规定，决定执行的刑罚。适用数罪并罚"先减后并"的案件。对前罪"余刑"的起算，可以从犯新罪之日起算。判决结果的刑期起止日期可以表述为：

"刑期从判决执行之日起计算，判决执行以前先行羁押的，羁押一日折抵刑期一日。即自××××年××月××日（犯新罪之日）起至××××年××月××日止。"

五是追缴、退赔和发还被害人合法财物的，应当写明其名称、种类、数额。财物较多、种类复杂的，可以只在判决书上概括写明财物的种类和总数，然后另列清单作为判决书的附件。

六是对同一被告人既被判处有期徒刑又并处罚金的，应当在判处有期徒刑和罚金刑之后，分别用括号注明有期徒刑刑期起止的日期和缴纳罚金的期限。

七是一案多名被告人的，应当以罪责的主次或者所判刑罚的轻重为顺序，逐人分项定罪判处。

3. 尾部

尾部包括交代上诉权、上诉期限和上诉法院，合议庭组成人员署名，写明日期，书记员署名等。

（1）交代上诉权、上诉期限和上诉法院。在主文之后，另起一行写明"如不服本判决，可在接到判决书的第二日起十日内，通过本院或者直接向×××人民法院提出上诉。书面上诉的，应当提交上诉状正本一份，副本×份"。属于依法在法定刑以下判处刑罚的，应当在交代上诉权之后，另起一行写明"本判决依法报请最高人民法院核准后生效"。

（2）合议庭组成人员署名。在判决书的尾部，应当由参加审判案件的合议庭组成人员署名。叙写这部分内容，需要注意以下几点：一是合议庭成员中有陪审员的，署名为"人民陪审员×××"。二是合议庭中有助理审判员的，署名为"代理审判员×××"。三是助理审判员担任合议庭审判长的，与审判员担任合议庭审判长一样，均署名为"审判长×××"。四是院长或庭长参加合议庭的，应当担任审判长，署名为"审判长×××"。

（3）写明日期。判决书尾部写明的日期，应当是当庭宣判的日期或者签发判决书的日期。叙写日期，应当写明××××年××月××日。在年月日上，应当加盖人民法院院印。

（4）书记员署名。在日期下方，应当由书记员署名。同时，判决书正本制成后，书记员应当将正本与原本进行核对，确认无异后，在日期左下方与书记员署名的左上方，加盖"本件与原本核对无异"的核对章。

二、第二审刑事判决书

（一）概念和功能

第二审刑事判决书，是指根据《刑事诉讼法》规定的第二审程序，第二审人民法院针对当事人提出上诉或者人民检察院提出抗诉的案件，对第一审人民法院作出的未发生法律效力的判决或者裁定，进行第二次审理，依法作出实体判决时制作的法律文书。

我国《刑事诉讼法》第 227 条规定："被告人、自诉人和他们的法定代理人，不服地方各级人民法院第一审的判决、裁定，有权用书状或者口头向上一级人民法院上诉。被告人的辩护人和近亲属，经被告人同意，可以提出上诉。附带民事诉讼的当事人和他们的法定代理人，可以对地方各级人民法院第一审的判决、裁定中的附带民事诉讼部分，提出上诉。对被告人的上诉权，不得以任何借口加以剥夺。"第 228 条规定："地方各级人民检察院认为本级人民法院第一审的判决、裁定确有错误的时候，应当向上一级人民法院提出抗诉。"第 236 条规定："第二审人民法院对不服第一审判决的上诉、抗诉案件，经过审理后，应当按照下列情形分别处理：（一）原判决认定事实和适用法律正确、量刑适当的，应当裁定驳回上诉或者抗诉，维持原判；（二）原判决认定事实没有错误，但适用法律有错误，或者量刑不当的，应当改判；（三）原判决事实不清楚或者证据不足的，可以在查清事实后改判；也可以裁定撤销原判，发回原审人民法院重新审判。原审人民法院对于依照前款第三项规定发回重新审判的案件作出判决后，被告人提出上诉或者人民检察院提出抗诉的，第二审人民法院应当依法作出判决或者裁定，不得再发回原审人民法院重新审判。"第 238 条规定："第二审人民法院发现第一审人民法院的审理有下列违反法律规定的诉讼程序的情形之一的，应当裁定撤销原判，发回原审人民法院重新审判：（一）违反本法有关公开审判的规定的；（二）违反回避制度的；（三）剥夺或者限制了当事人的法定诉讼权利，可能影响公正审判的；（四）审判组织的组成不合法的；（五）其他违反法律规定的诉讼程序，可能影响公正审判的。"

第二审刑事判决书的功能主要体现在以下几个方面：①第二审刑事判决书是第二审人民法院对上诉或抗诉案件进行全面审查，依法作出的书面处理结论。②人民法院通过第二审刑事判决，可以及时有效地纠正第一审刑事判决可能发生的错误。③第二审刑事判决书是保障法律的正确实施，保证人民法院正确地行使审判权，提高审判质量，有效地保护当事人合法权益的书面凭证。④第二审刑事判决书是上级人民法院监督和指导下级人民法院刑事审判工作的依据。

（二）结构、内容和写作方法

第二审刑事判决书从判决结果看，包括维持原判、依法改判，以及撤销原判、发回原审法院重审几种情形，本章主要介绍第二审法院改判适用的刑事判决书的写法。

第二审刑事判决书由首部、正文和尾部组成。

1. 首部

首部包括标题、案号、抗诉机关和当事人的基本情况、辩护人的基本情况、案件由来和审判经过。

（1）标题。标题应当写明人民法院的名称和文书名称。

叙写人民法院的名称应当注意以下两点：

一是人民法院的名称应当与院印的文字一致，除最高人民法院外，各地方的人民法院名称前，均应写明省、自治区或直辖市的名称。

二是涉及涉外案件时，在各级人民法院名称前，均应写明"中华人民共和国"字样。

文书名称，应当写明"刑事判决书"。需要注意的是，叙写文书标题时，法院名称和文书名称应当各占一行，居中排列。

（2）案号。案号由立案年度、制作法院、案件性质、审判程序的代字和案件顺序号组成，即应写为："（××××）×刑终字第××号"。叙写案号需要注意的事项，同第一审刑事判决书。与第一审刑事判决书不同的是，审判程序的代字，应当用"终"字表示。例如，以北京市中级人民法院2019年9月10日受理的第201号案件为例，案号应当写为"（2019）京中刑终字第201号"。案号在文书名称下一行的右端书写，其最末一字应与下面正文右端各行看齐。

（3）抗诉机关和当事人的基本情况。抗诉机关，应当写为"抗诉机关×××人民检察院"。当事人的基本情况，应当写明上诉人的基本情况，即上诉人的姓名、性别、出生年月日、民族、出生地、文化程度、职业或工作单位和职务、住址和因本案所受强制措施情况，现羁押处所等。并用括号标明其在原审中的诉讼地位。

叙写这部分内容，应当根据不同情况采用不同的写法，具体写法如下：

一是被告人提出上诉的，第一项写为"原公诉机关"，第二项写为"上诉人（原审被告人）"。

二是未成年被告人的法定代理人或指定代理人提出上诉的，第一项写为"原公诉机关"；第二项写为"上诉人"，并用括号注明其与被告人的关系；第三项写为"原审被告人"。

三是被告人的辩护人或者近亲属经被告人同意提出上诉的，上诉人仍为原审被告人。但是，应将审理经过段中的"原审被告人×××不服，提出上诉"一句，改为"原审被告人×××的近亲属（或者辩护人）×××经征得原审被告人×××同意，提出上诉"。

四是检察机关提出抗诉的，第一项"原公诉机关"改为"抗诉机关"，第二项改为"原审被告人",第三项为"辩护人"。在同一案件中,既有被告人上诉,又有检察机关抗诉的,第一项写为"抗诉机关",第二项写为"上诉人(原审被告人)",第三项写为"辩护人"。

五是被害人及其法定代理人请求人民检察院提出抗诉,检察机关依法决定抗诉的,应把审理经过段中的"原审被告人×××不服,提出上诉"一句,改写为"被害人(或者其法定代理人)×××不服,请求×××人民检察院提出抗诉。×××人民检察院决定并于××××年××月××日向本院提出抗诉"。

六是自诉案件的被告人提出上诉的,第一项写为"上诉人(原审被告人)",第二项写为"原审自诉人"。自诉人提出上诉的,第一项写为"上诉人(原审自诉人)",第二项写为"原审被告人"。自诉人和被告人均上诉的,第一项写为"上诉人(原审自诉人)",第二项写为"上诉人(原审被告人)"。

七是共同犯罪案件中的数个被告人,有的提出上诉,有的没有提出上诉的,前面列写提出上诉的"上诉人(原审被告人)"项,后面叙写未提出上诉的"原审被告人"项。

(4)辩护人的基本情况。被告人委托辩护人参加诉讼的,应当写明辩护人的基本情况。

叙写辩护人的基本情况,需要注意以下几个问题:

一是辩护人是律师的,只需要写明辩护人的姓名、工作单位和职务即可,即写为"辩护人×××,××××律师事务所律师"。

二是辩护人是由人民团体或者被告人所在单位推荐的,或者是经人民法院许可的公民,应当写明辩护人的姓名、工作单位和职务。

三是辩护人是被告人的监护人、亲友的,除应写明其姓名和职务外,还应当写明辩护人与被告人的关系。

四是辩护人是由人民法院指定的,应当表述为"指定辩护人"。

(5)案件由来和审判经过。这部分内容,主要应当写明当事人或者抗诉机关不服原审判决提出上诉或者抗诉后,第二审人民法院依法对案件进行审理的经过。根据文书格式的规定,公诉案件被告人提出上诉的,具体写作内容如下:

"×××人民法院审理×××人民检察院指控原审被告人×××(姓名)犯××罪一案,于××××年××月××日作出(××××)×刑初字第××号刑事判决。原审被告人×××不服,提出上诉。本院依法组成合议庭,公开(或者不公开)开庭审理了本案。×××人民检察院指派检察员×××出庭履行职务。上诉人(原审被告人)×××及其辩护人×××等到庭参加诉讼。现已审理终结。"

叙写这部分内容,需要注意以下两点:

一是公诉机关和主要诉讼参与人有变动的，对案件的由来和审判经过段，以及其他有关各处，应当做相应的改动。

二是对于第二审人民法院没有开庭审理的案件，在"本院依法组成合议庭"后，将"公开（或者不公开）开庭审理了本案"改写为"经过阅卷、讯问被告人，听取其他当事人、辩护人、诉讼代理人的意见，认定事实清楚，决定不开庭审理"。

2. 正文

正文是文书的核心内容，包括事实、理由和判决结果。

（1）事实。事实是判决的基础，主要包括对控辩主张的表述和对法院经审理查明事实的表述。

①关于对控辩主张的表述。首先，应当概述原判认定的事实、证据、理由和判处结果；其次，应当概述上诉、辩护方的意见；最后，概述检察院在二审中提出的新意见。

叙写这部分内容，需要注意以下几点：

一是对原判认定的事实、证据、理由和判处结果的阐述，不能一字不变地照抄原文，应当概括地叙写，同时应注意保持原意。

二是对控辩双方有争议的事实，应当详细具体地叙写。对控辩双方没有争议的事实，可以简要进行叙述。

三是对上诉、抗诉的意见无论是否采纳，都应当进行充分的分析论证，并阐明是否采纳的理由。

四是对检察院在二审中提出的新意见，应当概括性地进行叙述。

②关于对法院经审理查明事实的表述。这部分内容，以"经审理查明"为开头，引出下文。首先，写明经二审法院审理查明的事实；其次，写明二审法院据以定案的证据；最后，针对上诉理由中与原判认定的事实、证据有异议的问题进行分析、认证。

叙写这部分内容，需要注意以下几点：

一是二审法院判决认定的事实与原审判决认定的事实没有变动或者变动不大的，应当重点叙述原审判决认定的事实和证据，对二审经审理查明的事实可以进行概括叙述。

二是二审法院判决认定的事实与原审判决认定的事实有较大的变动的，应当重点叙述二审法院经审理查明认定的事实和证据与原审判决认定的事实有何不同，并提出证据证明二审法院认定事实的正确性。

三是上诉或者抗诉对原审法院判决认定的事实全部予以否认的，应当针对上诉或者抗诉的事实和理由，运用二审法院审查核实的证据，逐一进行分析论证，写明二审法院查明的案件事实，并提出认定或者否定原审法院判决事实的根据和理由。

（2）理由。这部分内容，以"本院认为"为开头，引出下文。应当根据二审查明的事实、证据和有关法律规定，论证原审法院判决认定的事实、证据和适用法律是否正确。对上诉人、辩护人或者出庭履行职务的检察人员等在适用法律、定性处理方面的意见，应当表示是否采纳，并阐明理由。在针对上述问题具体分析论证后，应当引用相关的法律规定作为依据，为判决结果的作出奠定基础。

叙写这部分内容，主要需要注意以下两点：

一是理由的阐述，应当详细具体，具有针对性和说服力。

二是凡是改判的案件，均应写明改判的法律依据，在具体写作顺序上，应当先引用程序法，再引用实体法。

（3）判决结果。判决结果，应当写明二审法院对案件审理后作出的处理决定。根据文书格式的规定，主要有以下两种表述方法。

①全部改判的，表述为：

"一、撤销×××人民法院（××××）×刑初字第××号刑事判决；

二、上诉人（原审被告人）×××……（写明改判的具体内容）

（刑期从……）。"

②部分改判的，表述为：

"一、维持×××人民法院（××××）×刑初字第××号刑事判决的第×项，即……（写明维持的具体内容）；

二、撤销×××人民法院（××××）×刑初字第××号刑事判决第×项，即……（写明撤销的具体内容）；

三、上诉人（原审被告人）×××……（写明部分改判的内容）。

（刑期从……）。"

3. 尾部

尾部包括交代判决的法律效力、合议庭组成人员署名、写明日期、书记员署名等。

（1）交代判决的法律效力。应当写明"本判决为终审判决"。叙写这部分内容，需要注意以下几个问题：

一是公诉机关抗诉的案件，经二审后，改判被告人死刑立即执行的，应当报请最高人民法院核准，即将"本判决为终审判决"改写为"本判决依法报请最高人民法院核准"。

二是如果二审法院是高级人民法院，改判结果中，有判处死刑缓期执行的被告人，根据最高人民法院相关的司法解释，在判决书的尾部仍写"本判决为终审判决"。

三是第二审人民法院审理上诉、抗诉案件的判决结果，是在法定刑以下判处刑罚，并且依法应当报请最高人民法院核准的，在尾部应当写明"本判决报请最高人民法院核准后生效"。

四是对共同犯罪的案件，如果只有部分被告人提出上诉，二审人民法院在决定对上诉部分予以改判的同时，发现没有上诉的部分也有错误应当予以改判的，可以在二审程序中一并改判，无须再发回重审。

（2）合议庭组成人员署名。在判决书的尾部，应当由参加审判案件的合议庭组成人员署名。叙写这部分内容，需要注意以下几点：

一是合议庭中有助理审判员的，署名为"代理审判员×××"。

二是助理审判员担任合议庭审判长的，与审判员担任合议庭审判长一样，均署名为"审判长×××"。

三是院长或庭长参加合议庭的，应当担任审判长，署名为"审判长×××"。

（3）写明日期。判决书尾部写明的日期，应当是当庭宣判的日期或者签发判决书的日期。叙写日期，应当写明×××年××月××日。在年月日上，应当加盖人民法院院印。

（4）书记员署名。在日期下方，应当由书记员署名。同时，判决书正本制成后，书记员应当将正本与原本进行核对，确认无异后，在日期左下方与书记员署名的左上方，加盖"本件与原本核对无异"的核对章。

三、再审刑事判决书

（一）概念和功能

再审刑事判决书，是指人民法院依照《刑事诉讼法》规定的再审程序，针对已经发生法律效力、确有错误的刑事判决，对案件重新进行审理，就案件的实体问题作出裁决时制作的法律文书。

我国《刑事诉讼法》第254条规定，各级人民法院院长对本院已经发生法律效力的判决和裁定，如果发现在认定事实上或者在适用法律上确有错误，必须提交审判委员会处理。最高人民法院对各级人民法院已经发生法律效力的判决和裁定，上级人民法院对下级人民法院已经发生法律效力的判决和裁定，如果发现确有错误，有权提审或者指令下级人民法院再审。最高人民检察院对各级人民法院已经发生法律效力的判决和裁定，上级人民检察院对下级人民法院已经发生法律效力的判决和裁定，如果发现确有错误，有权按照审判监督程序向同级人民法院提出抗诉。人民检察院抗诉的案件，接受抗诉的人民法院应当组成合议庭重新审理，对于原判决事实不清楚或者证据不足的，可以指令下级人民法院再审。第256条规定，人民法院按照审判监督程序重新审判的案件，由原审人民法院审理的，应当另行组成合议庭进行审判。如果原来是第一审案件，应当依照第一审程序进行审判，所作的判决、裁定，可以上诉、抗诉；如果原来是第二审案件，或者是上级人民法院提审的案件，应当依照第二审程序进行审判，所作的判决、裁定，是终审的判决、裁定。人民法院开庭审理的再审案件，同级人民检察院应当派员出席法庭。

再审刑事判决书的功能主要体现在以下几个方面：①再审刑事判决书是人民法院发挥审判监督职能，保证法律正确实施，维护当事人合法权益的工具。②再审刑事判决书是人民法院依法纠正错误判决，维持正确判决的法律凭证。③再审刑事判决书是人民法院内部加强业务指导，提高审判质量，保障审判权正确行使的依据。

（二）结构、内容和写作方法

根据审理再审案件适用程序的不同，再审刑事判决书分为三类，即按第一审程序再审用的刑事判决书，按第二审程序再审改判用的刑事判决书，再审后上诉、抗诉案件二审改判用的刑事判决书。本章主要介绍按第一审程序再审用的刑事判决书。再审刑事判决书由首部、正文和尾部组成。

1. 首部

首部包括标题、案号、抗诉机关和当事人的基本情况、案件由来和审判经过。

（1）标题。标题应当写明人民法院的名称和文书名称。

叙写人民法院的名称需要注意以下两个问题：一是人民法院的名称一般应与院印的文字一致，除最高人民法院外，各地方的人民法院名称前，均应写明省、自治区或直辖市的名称。二是涉及涉外案件时，在各级人民法院名称前，均应写明"中华人民共和国"字样。

文书名称，应当写明"刑事判决书"。需要注意的是，叙写文书标题时，法院名称和文书名称应当各占一行，居中排列。

（2）案号。案号由立案年度、制作法院、案件性质、审判程序的代字和案件顺序号组成，即应写为"（××××）×刑再初字第××号"。叙写案号需要注意的事项，同第一审刑事判决书。与第一审刑事判决书不同的是，审判程序的代字，应当用"再初"字表示。

（3）抗诉机关和当事人的基本情况。抗诉机关应当写为"抗诉机关×××人民检察院"。当事人的基本情况，应当写明上诉人的基本情况，即上诉人的姓名、性别、出生年月日、民族、出生地、文化程度、职业或工作单位和职务、住址和因本案所受强制措施情况，现羁押处所等，并用括号标明其在原审中的诉讼地位。

叙写这部分内容，应当根据不同情况采用不同的写法，具体写法如下：

一是由检察机关提出抗诉的，第一项写"抗诉机关"，第二项写"原审被告人"。

二是原审是公诉案件，再审是由本院审判委员会决定再审、上级人民检察院提审或者指令下级人民法院再审的，第一项写"原公诉机关"，第二项写"原审被告人"。

三是原审是自诉案件的，再审时，第一项写"原审自诉人"，第二项写"原审被告人"。

四是再审时，原审被告人委托辩护人的，应当在"原审被告人"项下，列写"辩护人"。原审自诉人委托诉讼代理人的，在"原审自诉人"项下，列写"委托诉讼代理人"项。

（4）案件由来和审判经过。这部分内容，需要写明原审案件是公诉案件还是自诉案件，原判决是何时作出的，提起再审的根据和审判过程。

①如果是公诉案件，表述为：

"×××人民检察院指控被告人×××犯××罪一案，本院于××××年××月××日作出（××××）×刑初字第××号刑事判决。该判决发生法律效力后，……（写明提起再审的依据）。本院依法另行组成合议庭，公开（或者不公开）开庭审理了本案。×××人民检察院检察员×××出庭履行职务。被害人×××、原审被告人×××及其辩护人×××等到庭参加了诉讼。现已审理终结。"

②如果是自诉案件，表述为：

"原审自诉人×××以原审被告人×××犯××罪提出控诉，本院于××××年××月××日作出（××××）×刑初字第××号刑事判决。该判决发生法律效力后，……（写明提起再审的依据）。本院依法另行组成合议庭，公开（或者不公开）开庭审理了本案。原审自诉人×××、原审被告人×××及其辩护人×××等到庭参加了诉讼。现已审理终结。"

③"提起再审的根据"有以下两种情况。

第一，第一审人民法院决定再审的，表述为：

"本院又于××××年××月××日作出（××××）×刑监字第××号刑事再审决定，对本案提起再审。"

第二，上级人民法院指令再审的，表述为：

"×××人民法院于××××年××月××日作出（××××）×刑监字第××号再审决定，指令本院对本案进行再审。"

2. 正文

正文是文书的核心内容，包括事实、理由和判决结果。

（1）事实。事实部分内容的叙写，以"经审理查明"为开头，引出下文。主要需要写清以下内容：①概述原审生效判决认定的事实、证据、判决的理由和判决的结果。②概述再审中原审被告人的辩解和辩护人的辩护意见。对于人民检察院在再审中提出的意见，也应当一并写明。③写明再审查明的事实、证据，并就诉讼双方对原判有异议的事实、证据作出分析、认证。

叙写事实部分的内容，对于控辩双方没有异议的内容，可以进行简单的叙述和论证，重点放在控辩双方有异议，以及原审与再审有重大分歧部分内容的叙述。

具体需要注意以下几点：

一是如果原审判决认定的事实全部错误，应当列举相应的证据，全部否定原审判决认定的事实。

二是如果原审判决认定的事实部分错误，可以简要写明控辩双方没有争议的事实，然后详细叙写再审查明的新的事实和证据，指出原审判决认定事实的错误，说明抗诉机关、原审被告人提出异议的正确性。

三是如果原审判决认定事实没有错误，但是情节显著轻微，危害不大，不构成犯罪的，仍然需要对原审判决认定的事实进行叙写。

四是对于非因事实和证据方面的原因进行再审的，在叙写"事实和证据"部分时，可以详述原审认定的事实和证据，略述再审认定的事实和证据。

（2）理由。理由部分内容的叙写，以"本院认为"为开头，引出下文，阐述再审判决书的理由，应当重点围绕事实、证据、适用法律、量刑几个方面，阐述再审改判的理由。具体主要需要写清以下内容：①根据再审查明的事实、证据和有关法律规定，对原判和诉讼各方的主要意见作出分析，阐明再审改判的理由。②引用相应的法律条款，作为判决的法律依据。

叙写理由部分的内容，需要注意以下几点：

①宣告无罪的，分为绝对无罪和存疑无罪两种情况。

一是依据法律认定被告人无罪的，应当根据再审认定的事实、证据、有关的法律规定，通过分析、论证，具体说明被告人的行为不构成犯罪，原判错误，并对被告人的辩解和辩护人的辩护意见表示是否予以采纳。

二是证据不足，不能认定被告人有罪的，应当根据再审认定的事实、证据和有关法律规定，通过分析论证，具体说明原判认定被告人构成犯罪的证据不足，犯罪不能成立。

②定罪正确，量刑不当的，应当根据再审认定的事实、证据和有关法律规定，

通过分析、论证，具体阐明原判定罪正确，但量刑不当，以及被告人应当从轻、减轻、免除处罚或者从重处罚的理由，并针对被告人的辩解和辩护人的辩护意见表示是否予以采纳。

③变更罪名的，应当根据再审认定的事实、证据和有关的法律规定，通过分析、论证，具体阐明原判定性有误，但被告人的行为仍构成犯罪，以及犯何罪，是否从轻、减轻、免除处罚或者从重处罚的理由；并针对被告人的辩解和辩护人的辩护意见表示是否予以采纳。

④对于人民检察院在再审中提出的意见，在理由部分，应当表示是否予以采纳。如果是自诉案件，对于自诉人的意见，在理由部分，也应当表示是否予以采纳。

（3）判决结果。根据文书格式的要求，判决结果的具体叙写如下。

①全部改判的，表述为：

"一、撤销本院（××××）×刑初字第××号刑事判决；

二、原审被告人×××……（写明改判的内容）。"

②部分改判的，表述为：

"一、维持本院（××××）×刑初字第××号刑事判决的第×项，即……（写明维持的具体内容）；

二、撤销本院（××××）×刑初字第××号刑事判决的第×项，即……（写明撤销的具体内容）；

三、原审被告人×××……（写明部分改判内容）。"

3. 尾部

尾部包括交代上诉权、上诉期限和上诉法院，合议庭组成人员署名、写明日期、书记员署名等。

（1）交代上诉权、上诉期限和上诉法院。在主文之后，另起一行写明：

"如不服本判决，可在接到判决书的第二日起十日内，通过本院或者直接向×××人民法院提出上诉。书面上诉的，应当提交上诉状正本一份，副本×份。"

（2）合议庭组成人员署名。在判决书的尾部，应当由参加审判案件的合议庭组成人员署名。

叙写这部分内容，需要注意以下几点：

一是合议庭成员中有陪审员的，署名为"人民陪审员×××"。

二是合议庭中有助理审判员的，署名为"代理审判员×××"。

三是助理审判员担任合议庭审判长的，与审判员担任合议庭审判长一样，均署名为"审判长×××"。

四是院长或庭长参加合议庭的，应当担任审判长，署名为"审判长×××"。

（3）写明日期。

叙写日期需要注意以下两点：

一是判决书尾部写明的日期，应当是当庭宣判的日期或者签发判决书的日期。

二是叙写日期，应当写明××××年××月××日。在年月日上，应当加盖人民法院院印。

（4）书记员署名。在日期下方，应当由书记员署名。同时，判决书正本制成后，书记员应当将正本与原本进行核对，确认无异后，在日期左下方与书记员署名的左上方，加盖"本件与原本核对无异"的核对章。

第三节 刑事裁定书

一、第一审刑事裁定书

（一）概念和功能

第一审刑事裁定书，是指根据我国刑事法律的规定，人民法院在审理第一审刑事案件过程中，依法针对诉讼程序问题和部分实体问题作出处理决定时制作的法律文书。

刑事裁定书与刑事判决书的区别，主要体现在以下几个方面：①针对对象不同。刑事裁定书针对的对象是案件程序问题和部分实体问题；刑事判决书针对的对象是案件实体问题。②写作内容不同。刑事裁定书的格式、写法等与刑事判决书大体相同，但是与刑事判决书相比，内容相对比较简单；刑事判决书的写作内容比较复杂。③使用次数不同。在一个案件中，发生法律效力的裁定可以有若干个；发生法律效力并被执行的判决只有一个。④表现形式不同。裁定既可以采用书面形式，也可以采用口头形式，采用口头形式作出的裁定，记入笔录即可；判决必须采用书面的形式，并且必须要制作成判决书，不能采用口头的形式。⑤上诉、抗诉期限不同。不服第一审裁定的上诉、抗诉期限为五日；不服第一审刑事判决的上诉、抗诉期限为十日。⑥救济方法不同。第一审裁定有的可以上诉，有的不准上诉；第一审未生效的判决，准许上诉。

依据不同的标准，刑事裁定书可以进行不同的分类：①依裁定内容的不同，可以分为处理程序问题的裁定书和处理实体问题的裁定书。处理程序问题的裁定书包括驳回刑事自诉、准许撤诉和按撤诉处理、终止审理、中止审理、恢复审理等。处理实体问题的裁定书包括减刑、假释、减免罚金、核准死刑等。②依适用程序的不同，可以分为第一审刑事裁定书、第二审刑事裁定书、死刑复核刑事裁定书、再审刑事裁定书、中止审理刑事裁定书、终止审理刑事裁定书等。

在刑事诉讼过程中，随时都会出现各种问题，如果不及时解决，将会使法庭审理和执行活动受阻。针对这些问题作出处理决定，依法制作第一审刑事裁定书，有利于及时排除诉讼障碍，保证审判活动的顺利进行。

（二）结构、内容和写作方法

第一审刑事裁定书由首部、正文和尾部组成。

1. 首部

首部包括标题、案号、当事人的基本情况、案件来源。

（1）标题。标题应当写明人民法院的名称和文书名称。

叙写人民法院名称，需要注意以下两点：①人民法院的名称一般应与院印的文字一致。②除最高人民法院外，各地方的人民法院名称前，均应写明省、自治区或直辖市的名称。

叙写文书名称，应当写明"刑事裁定书"。需要注意的是，叙写文书标题时，法院名称和文书名称应当各占一行，居中排列。

（2）案号。案号由立案年度、制作法院、案件性质、审判程序的代字和案件顺序号组成，即应写为"（××××）×刑初字第××号"。

（3）当事人的基本情况。应当根据法律规定和文书格式要求叙写，具体内容如下。

①涉及驳回自诉用的刑事裁定书，应当写明自诉人和被告人的基本情况，即自诉人和被告人的姓名、性别、出生年月日、民族、出生地、文化程度、职业或工作单位和职务、住址等。制作驳回自诉用刑事裁定书时，如果有附带民事诉讼的内容，自诉人的称谓改为"自诉人及附带民事诉讼原告人"。如果是反诉案件，则应当在"自诉人"和"被告人"之后，分别用括号注明"反诉被告人""反诉自诉人"。

②涉及准许撤诉或者按撤诉处理用的刑事裁定书，当事人基本情况的叙写同驳回自诉用刑事裁定书。

③涉及终止审理用的刑事裁定书，公诉机关、被告人基本情况的写法同适用普通程序审理的一审公诉案件刑事判决书。如果是自诉案件，将"公诉机关"改写为

"自诉人"。

④涉及中止审理、恢复审理用的刑事裁定书，当事人基本情况的叙写同终止审理用刑事裁定书。

（4）案件来源。应当根据法律规定和文书格式要求叙写，具体内容如下。

①涉及驳回自诉用的刑事裁定书，应当写为：

"自诉人×××以被告人×××犯××罪，于××××年××月××日向本院提起控诉。"

②涉及准许撤诉或者按撤诉处理用的刑事裁定书，应当写为：

"自诉人×××以被告人×××犯××罪，于××××年××月××日向本院提起控诉，本院受理后，在诉讼过程中……（简述自诉人申请撤诉或者法院按撤诉处理的事由）。"

③涉及终止审理用的刑事裁定书，应当写为：

"×××人民检察院于××××年××月××日以×检×诉〔〕××号起诉书，指控被告人×××犯××罪，向本院提起公诉。"

如果系自诉案件，将"×××人民检察院"改写为"自诉人×××"，将"向本院提起公诉"改写为"向本院提起控诉"。

④涉及中止审理的刑事裁定书，案件来源的叙写与终止审理用刑事裁定书基本相同。

2. 正文

正文包括事实、理由和裁决结果。应当根据法律规定和文书格式要求叙写，具体内容如下。

（1）涉及驳回自诉用的刑事裁定书，应当写为：

"本院审查认为，……（简写驳回自诉的理由）。依照……（写明裁定的法律依据）的规定，裁定如下：驳回自诉人×××对被告人×××的起诉。"

叙写上述内容，需要注意以下几点：

一是驳回自诉用刑事裁定一般不写事实。但是，缺乏主要证据且自诉人不能补充的，或者当事人要求写明事实和证据的，应当据实写明控辩双方当事人主张的事实根据和相关证据，并写明人民法院对事实和证据的认定情况。

二是制作驳回自诉用刑事裁定书，阐述理由应当以犯罪构成要件为基准，具体、有针对性地阐明被告人的行为不构成犯罪，不应当追究刑事责任的理由，以使裁决结果有说服力，使当事人信服。同时，应当写明作出裁决的法律依据。

（2）涉及准许撤诉或者按撤诉处理用的刑事裁定书，应当写为：

"本院认为，……（简写是否准许撤诉或者法院按撤诉处理的事由）。依照……（写明裁定的法律依据）的规定，裁定如下：……（写明裁定的内容）。"

叙写上述内容，需要注意裁定内容的写法，即准许自诉人申请撤诉的，表述为"准许自诉人×××撤诉"。按撤诉处理的，表述为"对自诉人的控诉按撤诉处理"。

（3）涉及终止审理用的刑事裁定书，应当写为：

"在审理过程中，被告人×××于××××年××月××日死亡（或者犯罪已过追诉时效期限，并且不是必须追诉或者经特赦令免除刑罚的）。依照……（写明裁定的法律依据）的规定，裁定如下：本案终止审理。"

（4）涉及中止审理用的刑事裁定书，应当写为：

"本院在审理过程中，因……（写明需要中止审理的原因）。依照……（写明裁定的法律依据）的规定，裁定如下：本案中止审理。"

（5）涉及恢复审理用的刑事裁定书，应当写为：

"本院于××××年××月××日以（××××）×刑字第××号刑事裁定，对×××人民检察院起诉的被告人×××……（写明案由）一案中止审理。经查，……（写明中止审理原因消灭的具体情形）。依照……（写明裁定的法律依据）的规定，裁定如下：本案恢复审理。"

3. 尾部

尾部包括交代上诉事项或者裁定的效力、审判人员署名、写明日期、书记员署名。

（1）交代上诉事项或者裁定的效力。

涉及驳回自诉用刑事裁定书、准许撤诉或者按撤诉处理用的刑事裁定书，在裁决结果之后，应另起一行写明：

"如不服本判决，可在接到判决书的第二日起五日内，通过本院或者直接向××××人民法院提出上诉。书面上诉的，应当提交上诉状正本一份，副本×份。"

涉及终止审理用刑事裁定书，在裁决结果之后，应另起一行写明：

"本裁定送达后即发生法律效力。"

（2）审判人员署名。在判决书的尾部，应当由参加审判案件的合议庭组成人员署名。

（3）写明日期。应当写明××××年××月××日，并在年月日上加盖人民法院院印。

（4）书记员署名。在日期下方，应当由书记员署名。

二、第二审刑事裁定书

（一）概念和功能

第二审刑事裁定书，是指根据我国刑事法律的规定，人民法院在审理第二审刑事案件过程中，依法针对诉讼程序问题和部分实体问题作出处理决定时制作的法律文书。本章主要介绍第二审维持原判用刑事裁定书。

《刑事诉讼法》第236条规定："第二审人民法院对不服第一审判决的上诉、抗诉案件，经过审理后，应当按照下列情形分别处理：（一）原判决认定事实和适用法律正确、量刑适当的，应当裁定驳回上诉或者抗诉，维持原判；（二）原判决认定事实没有错误，但适用法律有错误，或者量刑不当的，应当改判；（三）原判决事实不清楚或者证据不足的，可以在查清事实后改判；也可以裁定撤销原判，发回原审人民法院重新审判。原审人民法院对于依照前款第三项规定发回重新审判的案件作出判决后，被告人提出上诉或者人民检察院提出抗诉的，第二审人民法院应当依法作出判决或者裁定，不得再发回原审人民法院重新审判。"

第二审刑事裁定书对于保障刑事诉讼的顺利进行具有重要意义。生效的第二审刑事裁定书与生效的刑事判决书一样，都具有法律上的强制力。

（二）结构、内容和写作方法

第二审刑事裁定书由首部、正文和尾部组成。

1. 首部

首部包括标题、案号、公诉机关和当事人的基本情况、辩护人的基本情况、案件由来和审判经过。

（1）标题。标题应当写明人民法院的名称和文书名称。

叙写人民法院的名称，需要注意以下两点：

一是人民法院的名称应与院印的文字一致，除最高人民法院外，各地方的人民法院名称前，均应写明省、自治区或直辖市的名称。

二是涉及涉外案件时，在各级人民法院名称前，均应写明"中华人民共和国"字样。

叙写文书名称，应当写明"刑事裁定书"。需要注意的是，叙写文书标题时，法院名称和文书名称应当各占一行，居中排列。

（2）案号。案号由立案年度、制作法院、案件性质、审判程序的代字和案件顺序号组成，即应写为"（××××）×刑终字第××号"。

（3）公诉机关和当事人的基本情况。公诉机关，应当写为"原公诉机关×××人民检察院"。当事人的基本情况，应当写明上诉人的基本情况，即上诉人的姓名、性别、出生年月日、住址和因本案所受强制措施情况，现羁押处所等，并用括号标明其在原审中的诉讼地位。

（4）辩护人的基本情况。被告人委托辩护人参加诉讼的，应当写明辩护人的基本情况，即写明辩护人的姓名、工作单位和职务。

（5）案件由来和审判经过。这部分内容，主要应当写明当事人不服原审判决提出上诉后，第二审法院依法对案件进行审理的经过。根据文书格式的规定，公诉案件被告人提出上诉的，具体写作内容如下：

"×××人民法院审理×××人民检察院指控原审被告人×××（姓名）犯××罪一案，于××××年××月××日作出（××××）×刑初字第××号刑事判决。原审被告人×××不服，提出上诉。本院依法组成合议庭，公开（或者不公开）开庭审理了本案。×××人民检察院指派检察员×××出庭履行职务。上诉人（原审被告人）×××及其辩护人×××等到庭参加诉讼。现已审理终结。"

2. 正文

正文是文书的核心内容，应当写明事实、理由和裁决结果。

（1）事实。维持原判用刑事裁定书的事实部分，主要应当写明以下内容：①概述原判决认定的事实、证据、理由和判决结果；②概述上诉、辩护的意见；③概述检察院在二审过程中提出的新意见；④写明人民法院经审查认定的事实。

叙写这部分内容，需要注意以下几个问题：

一是对抗诉机关的抗诉理由、上诉人的上诉理由，以及辩护人的辩护意见应当逐一进行列举，以使控辩主张和意见清楚、明确。

二是人民法院经审查认定事实部分的叙写，以"经审理查明"为开头，引出下文。具体主要需要写清以下内容：首先，写明经二审审理查明的事实；其次，写明二审据以定案的证据；最后，针对上诉理由中与原判认定的事实、证据有异议的问题进行分析、认证。

三是人民法院经审查认定事实部分的叙写，涉及叙述原判、二审认定的事实和证据时，应当尽量避免文字重复，应当重点围绕上诉、辩护等对原审判决认定的事实、情节等提出异议的内容，进行阐述分析。

（2）理由。理由部分的叙写，以"经审理查明"为开头，引出下文，具体主要需要写清以下内容：①根据二审查明的事实、证据和有关法律规定，论证原审法院认定事实、证据和适用法律的正确性。②对于上诉人、辩护人或者出庭履行职务的检察人员等在适用法律、定性处理方面的意见，应当逐一进行回答，说明不予采纳的理由。③应当明确、具体地写明作出裁定的法律依据。

（3）裁决结果。应当写明"驳回上诉，维持原判"。制作二审维持原判用刑事裁定书时，如果是检察机关提起抗诉的案件，在称谓上要将"原公诉机关××××人民检察院"变更为"抗诉机关××××人民检察院"。裁定结果表述为"驳回抗诉，维持原判"。

3. 尾部

尾部包括交代裁定的法律效力、合议庭组成人员署名、写明日期、书记员署名等。

（1）交代裁定的法律效力。应当写明"本裁定为终审裁定"。

（2）合议庭组成人员署名。在裁定书的尾部，应当由参加审判案件的合议庭组成人员署名。

叙写这部分内容，需要注意以下几点：

一是合议庭中有助理审判员的，署名为"代理审判员×××"。

二是助理审判员担任合议庭审判长的，与审判员担任合议庭审判长一样，均署名为"审判长×××"。

三是院长或庭长参加合议庭的，应当担任审判长，署名为"审判长×××"。

（3）写明日期。裁定书尾部写明的日期，应当是当庭宣判的日期或者签发裁定书的日期。叙写日期，应当写明××××年××月××日。在年月日上，应当加盖人民法院院印。

（4）书记员署名。在日期下方，应当由书记员署名。同时，裁定书正本制成后，书记员应当将正本与原本进行核对，确认无异后，在日期左下方与书记员署名的左上方，加盖"本件与原本核对无异"的核对章。

本章小结

本章主要介绍的是人民法院的刑事裁判文书，共分三节，第一节全面概括地介绍了刑事裁判文书的概念、特点、功能和分类，第二节和第三节分别介绍了第一审刑事判决书、第二审刑事判决书、再审刑事判决书、第一审刑事裁定书、第二审刑事裁定书的概念和功能，以及这几类刑事裁判文书的结构、内容和写作方法。本章学习的重点是第一审刑事判决书、第二审刑事判决书、第一审刑事裁定书。通过本章内容的学习，学生应当全面了解人民法院刑事裁判文书的基本内容及其分类；理解和领会刑事裁判文书的概念和功能，再审刑事判决书、第二审刑事裁定书等文书的概念、功能、结构、内容和写作方法；掌握第一审刑事判决书、第二审刑事判决书、第一审刑事裁定书等文书的概念、功能、结构、内容和写作方法，并达到能用、会写的程度。

思考题

1. 简述刑事裁判文书的概念和分类。
2. 第一审刑事判决书的事实部分应当写明哪些内容？
3. 叙写第一审刑事判决书的理由部分，应当写清哪些内容？
4. 简述刑事裁定书与刑事判决书的区别。
5. 简述第二审刑事判决书的概念和功能。
6. 第二审改判用的刑事判决书，判决结果部分的叙写有哪几种情形？
7. 再审刑事判决书的事实部分需要写清哪些内容？
8. 简述第一审刑事裁定书的概念和功能。
9. 根据下列案情材料，拟写一份第一审刑事判决书。

20××年××月××日，××省××市人民检察院以×检刑诉［20××］19号起诉书，指控被告人章某1于20××年××月××日晚，因酗酒闹事在其大哥章某2家门前，用土制猎枪将本村村民章某3打死，章某1的行为已构成故意杀人罪，应追究其刑事责任。××省××市人民法院受理案件后，依法由王某、宋某、田某组成合议庭，公开开庭审理了本案。李某担任书记员。××省××市人民检察院代理检察员齐某出庭支持公诉，章某1及其辩护人××律师事务所代理律师到庭参加了诉讼。

具体案情如下：20××年××月××日晚，章某1酗酒后到其大哥章某2家闹事，被章某2等斥责并撵出，章某1恼羞成怒，从其三哥章某4家拿走土制猎枪返回章某2家门前，扬言要打章某2。章某1的堂兄章某3闻讯赶来劝阻，遭到章某1的辱骂，章某3欲弯腰捡石块打章某1，被章某1开枪击中，散弹射入章某3头部，致章某3颅脑损伤死亡。作案后，章某1到当地派出所投案自首。

本案证据：（1）章某1当晚酗酒闹事的情况，有证人张某1、张某2、张某3的证言证实；（2）证人张某4、路某的证人证言证明，章某1从其三哥章某4家中拿走一支装有火药的土制猎枪；（3）××县公安局对案发现场进行了勘查，现场提取的血迹经检验与死者章某3的血型一致；（4）××县公安局对章某3的尸体进行了检验，并作出章某3系被散弹击中颅脑致颅脑损伤死亡的鉴定结论；（5）章某1作案凶器土制长猎枪一支；（6）章某1对犯罪事实供认不讳。

在诉讼中，章某1辩解：其当时并不知枪内有火药，开枪的目的只是想吓唬章某3，没有想打伤或打死章某3。章某1辩护人提出的辩护意见是：章某1的行为属于间接故意杀人，其罪行应当比直接故意杀人轻；章某1作案后能投案自首，认罪，悔罪，应予从轻处罚。

××省××市人民法院认为，章某1酗酒闹事，不计后果，开枪打死他人，后果严重，其行为已构成故意杀人罪，应依法严惩。××市人民检察院指控章某1的犯罪事实清楚，证据确凿，罪名成立，应予认定。章某1以"当时并不知枪内有火药"及"开枪是想吓唬章某3"而否认故意杀人的辩解不能成立，不予采纳。章某1辩护人关于章某1的行为虽构成故意杀人罪，但属于间接故意杀人，以及章某1作案后能主动投案自首，可从轻处罚的辩护理由成立，予以采纳。

20××年××月××日，××省××市人民法院制作了案号为"（20××）×刑初字第29号"的刑事判决书，依法作出如下判决：被告人章某犯故意杀人罪，判处死刑，缓期二年执行，剥夺政治权利终身。

被告人基本情况：章某1，男，××县人，19××年××月××日生，农民，汉族，住××县××乡××村，20××年××月××日被刑事拘留，同年××月××日被依法逮捕，现押于××县看守所。

第五章 人民法院民事、行政裁判文书

学习目标

通过本章内容的学习，学生要全面了解民事、行政裁判文书概况，掌握教材中介绍的几种常用的民事、行政裁判文书的概念、功能、结构、内容和写作方法，并达到能用、会写的要求。

第一节 人民法院民事、行政裁判文书概述

一、人民法院民事、行政裁判文书的概念、特点和功能

人民法院民事、行政裁判文书，是指依照我国《民事诉讼法》和《行政诉讼法》的规定，人民法院依法行使审判权，就有关实体问题和程序问题作出的具有法律效力的书面处理决定。

人民法院民事、行政裁判文书主要具有以下几个方面的特点：

（1）法定性。民事、行政裁判文书，是人民法院对当事人的诉讼请求、诉讼争论作出的回应和判断，是法官对民事、行政案件依法审判的结论，是司法公正的载体。因此，文书需要依法制作，具有法定性的特点。为了保证文书制作的法定性，我国《民事诉讼法》《行政诉讼法》及其相关的司法解释，对民事、行政裁判文书的制作作出了明确的规定。文书制作者依法制作法律文书，不仅要求裁判文书符合文书格式规范的要求，而且要求文书内容符合实体法规范和程序法规范的要求。

（2）规范性。民事、行政裁判文书是法官公正审理案件，依法作出裁决，维护

当事人合法权益的重要载体，要求其制作必须符合规范性的要求。为了保证文书制作的规范性，最高人民法院对民事、行政裁判文书的格式作出了明确具体的规定。这既对公正司法提出了较高的要求，也是司法活动、司法行为规范化、公开化的最好体现。因此，在文书制作中，法院应当严格按照民事、行政诉讼文书样式的要求，遵循格式规范要求，依法制作出符合规范性要求的法律文书。

（3）实效性。民事、行政裁判文书是为具体实施法律制作的，具有法律效力。对于发生法律效力的民事、行政裁判文书，义务人不履行裁判文书中载明的义务，权利人可以依法向人民法院申请强制执行。为了保障民事裁判文书的执行，我国《刑法》还规定了拒不执行判决、裁定罪。因此，民事、行政裁判文书具有可实施的实效性特点。

人民法院民事、行政裁判文书是人民法院行使国家审判权的体现，是司法公正的最终载体，其功能主要体现在以下两个方面：

（1）发挥裁判文书功能作用。作为司法公正的载体，民事、行政裁判文书不仅是宣告诉讼结果的法律凭证，而且是连接、沟通法院和社会公众的桥梁和纽带。民事、行政裁判文书要想被当事人、社会认可、信服和接受，前提是保证文书的制作质量。保证文书的制作质量，在于保证民事裁判的公正性，要求法官制作的法律文书，不仅符合最高人民法院发布的文书制作规范的要求，而且能够准确体现案件审理过程，包括认定事实、适用法律、辨析事理等。说理充分的文书，在司法实践中容易被当事人接受，也容易被社会公众认可。

（2）实现司法公正。推进审判公开，依法及时公开生效的法律文书，加强法律文书的释法说理，建立生效法律文书统一上网和公开查询制度，是十八届四中全会决定对人民法院确保公正司法、提高司法公信力提出的明确要求。施行裁判文书上网和公开查询制度，主要是为了实现阳光下的司法，保证司法的公正性。要想达到这一目的，必须保证裁判文书的质量，强化民事、行政裁判文书的说理。裁判文书的说理，是法官对证据采信、事实认定内心确信的阐述，是对法律适用根据的公开展示。近年来，裁判文书成了社会传播的热点，一些优秀的裁判文书，很好地阐释了法治精神，弘扬了公序良俗，引领了社会风尚，为司法公正的实现提供了保障。

二、人民法院民事、行政裁判文书的分类

人民法院是依法行使审判权的法定机关，民事、行政法律文书是人民法院依法审判案件的忠实文字记录，是司法公正的载体。自1992年《法院诉讼文书样式（试行）》公布以来，随着法制的不断健全，各项法律制度不断发展完善，最高人民

法院为了保障法律的确实施行，不断修改完善相应的文书格式样本。

涉及法院民事法律文书部分，2016年2月22日，最高人民法院通过了《民事诉讼文书样式》，共有568个文书样式，其中人民法院制作文书样式463个，当事人参考诉讼文书样式105个。上述诉讼文书样式，以民事诉讼程序为标准，划分为22类，包括管辖、回避、诉讼参与人、证据、期间和送达、调解、保全和先予执行、对妨碍民事诉讼的强制措施、诉讼费用、第一审普通程序、简易程序、小额诉讼案件、公益诉讼、第三人撤销之诉、执行异议之诉、第二审程序、非讼程序、审判监督程序、督促程序、公示催告程序、执行程序、涉外民事诉讼程序适用的诉讼文书。

涉及法院行政法律文书部分，2015年4月29日，最高人民法院发出了《关于印发〈行政诉讼文书样式（试行）〉的通知》，要求全国各级人民法院全面贯彻修改后的行政诉讼法，进一步规范和完善行政诉讼文书制作，不断提高行政审判工作水平。新的行政诉讼文书样式严格按照新《行政诉讼法》的规定，共132个。其中，指导当事人诉讼行为的起诉状、答辩状、上诉状、再审申请书等各类文书21个；规范人民法院司法行为的通知书、决定书和各类函件等66个；判决书和裁定书42个，调解书3个。为了适应新行政诉讼法的新规定，新的行政诉讼文书样式中，还新增加了一审行政协议类行政案件用判决书、复议机关作共同被告类一审行政案件用判决书、行政调解书、简易程序转普通程序行政裁定书，以及对规范性文件提出处理建议用的处理建议书等。

上述文书格式样本的修改与完善，对人民法院依法审判民事、行政案件提供了保障。针对上述纷繁复杂的法律文书样式，本章主要介绍司法实践中人民法院常用的几类民事、行政裁判文书。

人民法院民事、行政裁判文书按照不同的标准，可以进行不同的分类。

涉及民事裁判文书的分类：①按照案件审结方式的不同，可以分为民事判决书、民事裁定书、民事调解书和民事决定书。②按照适用审判程序的不同，可以分为第一审民事判决书、第一审民事裁定书、第一审民事调解书、第二审民事判决书、第二审民事裁定书、第二审民事调解书、再审民事判决书、再审民事裁定书、再审民事调解书。此外，还包括适用督促程序、公示催告程序、非讼程序、涉外民事诉讼程序等审理案件制作的民事裁判文书等。

涉及行政裁判文书的分类：①按照案件审结方式的不同，可以分为行政判决书、行政裁定书、行政调解书、行政赔偿判决书、行政赔偿调解书等。②按照适用审判程序的不同，可以分为第一审行政判决书、第一审行政裁定书、第二审行政判决书、第二审行政裁定书、再审行政判决书、再审行政裁定书。③按照裁决结果的内容不同，可以分为撤销或部分撤销具体行政行为判决书、限期履行法定职责判决书、驳回诉讼请求判决书、变更行政处罚判决书、确认被诉具体行政行为违法或无效判决书等。

第二节　民事裁判文书

一、第一审民事判决书

（一）第一审民事判决书的概念和功能

第一审民事判决书，是指第一审人民法院依照我国《民事诉讼法》规定的第一审程序，对审理终结的第一审民事案件，就实体问题作出处理决定时制作和使用的具有法律效力的法律文书。

我国《民事诉讼法》第152条规定："判决书应当写明判决结果和作出该判决的理由。判决书内容包括：（一）案由、诉讼请求、争议的事实和理由；（二）判决认定的事实和理由、适用的法律和理由；（三）判决结果和诉讼费用的负担；（四）上诉期间和上诉的法院。判决书由审判人员、书记员署名，加盖人民法院印章。"

根据我国《民事诉讼法》规定，第一审程序包括第一审普通程序和第一审简易程序。第一审普通程序，是指人民法院审理第一审民事案件通常适用的基础程序。简易程序，是指基层人民法院及其派出法庭审理简单的民事案件，以及非简单之民事案件当事人基于程序选择权所适用的简便易行的诉讼程序。我国《民事诉讼法》第157条规定："基层人民法院和它派出的法庭审理事实清楚、权利义务关系明确、争议不大的简单的民事案件，适用简易程序。"为了提高审判效率，减轻审判人员制作文书的压力，实行案件的繁简分流，我国《民事诉讼文书样式》对适用简易程序审理案件判决书的制作，在具体内容写作要求上，作出了相对简略的规定。

第一审民事判决书的功能主要体现在以下几个方面：①第一审民事判决书是人民法院依法行使审判权，对当事人之间的实体争议作出的书面评判。②第一审民事判决书是确认当事人之间的民事权利义务关系，制裁民事违法行为，保护公民、法人和其他组织合法权益的工具。③第一审民事判决书是教育公民自觉遵守法律的生动教材。

（二）结构、内容和写作方法

1. 普通程序适用的第一审民事判决书的结构、内容和写作方法

适用普通程序审理案件制作的第一审民事判决书，由首部、正文和尾部组成。

（1）首部。包括标题、案号、当事人的基本情况、诉讼代理人的身份事项，以及案由、审判组织、审判方式和开庭审理经过。

①标题。应当分两行书写为"×××人民法院""民事判决书"。

②案号。由立案年度、法院简称、案件性质、审判程序和案件顺序号组成。应当写为："（××××）×民初字第××号"。例如，北京市朝阳区人民法院2019年立案的第16号民事案件，应当写为"（2019）朝民初字第16号"。其中，"2019"是立案年度，"朝"是朝阳区法院的简称，"民"指案件性质，"初"指审级，"16"指案件的顺序号。

③当事人的基本情况。应当写明原告、被告、第三人的基本情况。当事人是自然人的，应当写明姓名、性别、出生年月日、民族、工作单位和职务或者职业、住所。

当事人是外国人的，应当写明国籍；无国籍人，应当写明"无国籍"。港澳台地区的居民，应当分别写明"香港特别行政区居民""澳门特别行政区居民""台湾地区居民"。

涉及共同诉讼代表人参加诉讼的，按照当事人是自然人的基本信息内容写明。当事人是法人或者其他组织的，应当写明名称、住所；另起一行写明法定代表人或者主要负责人的姓名、职务。

④诉讼代理人的身份事项。当事人是无民事行为能力人或者限制民事行为能力人的，应当写明法定代理人或者指定代理人的姓名、住所，并在姓名后括注与当事人的关系。

当事人及其法定代理人委托诉讼代理人的，应当写明委托诉讼代理人的诉讼地位、姓名。委托诉讼代理人是当事人近亲属的，近亲属姓名后括注其与当事人的关系，写明住所；委托诉讼代理人是当事人本单位工作人员的，应当写明姓名、性别和工作人员身份；委托诉讼代理人是律师的，应当写明姓名、律师事务所的名称和律师执业身份；委托诉讼代理人是基层法律服务工作者的，应当写明姓名、法律服务所名称和基层法律服务工作者执业身份；委托诉讼代理人是当事人所在社区、单位以及有关社会团体推荐的公民的，应当写明姓名、性别、住所和推荐的社区、单位或有关社会团体名称。

有关上述委托诉讼代理人的排列顺序，近亲属或者本单位工作人员在前，律师、法律工作者、被推荐公民在后。委托诉讼代理人为当事人共同委托的，可以合并写明。

⑤案由、审判组织、审判方式和开庭审理经过。根据法院诉讼文书样式的要求，这一部分应当表述为：

"原告×××与被告×××、第三人×××……（写明案由）一案，本院于×××年××月××日立案后，依法适用普通程序，公开/因涉及……（写明不公开开庭的理由）不公开开庭进行了审理。原告×××、被告×××、第三人×××（写明当事人和其他诉讼参加人的诉讼地位和姓名或者名称）到庭参加诉讼。本案现已审理终结。"

当事人及其诉讼代理人均到庭的，可以合并写明"原告×××及其委托诉讼代理人×××、被告×××、第三人×××到庭参加诉讼"。诉讼参加人均到庭参加诉讼的，可以合并写明"本案当事人和委托诉讼代理人均到庭参加诉讼"。当事人经合法传唤未到庭参加诉讼的，写明"×××经传票传唤无正当理由拒不到庭参加诉讼"或者"×××经公告送达开庭传票，未到庭参加诉讼"。

当事人未经法庭许可中途退庭的，写明"×××未经法庭许可中途退庭"。诉讼过程中，如果存在指定管辖、移送管辖、程序转化、审判人员变更、中止诉讼等情形，应当同时写明。

（2）正文。正文是文书的核心内容，应当写明事实、理由、裁判依据和判决主文。

①事实。事实部分主要包括两部分内容，即当事人的诉辩意见、人民法院认定的证据和事实。

首先，当事人的诉辩意见包括：原告起诉的诉讼请求、事实和理由；被告答辩的事实和理由；有第三人的，还包括第三人的主张、事实和理由。上述内容的阐述，分别由"原告诉称……""被告辩称……""第三人诉（述）称……"引出。

关于原告起诉的诉讼请求、事实和理由。应当先写明诉讼请求，然后写明事实和理由。诉讼请求为两项以上的，用阿拉伯数字加点号分项写明。诉讼过程中增加、变更、放弃诉讼请求的，应当连续写明。增加诉讼请求的，写明"诉讼过程中，×××增加诉讼请求：……"。变更诉讼请求的，写明"诉讼过程中，×××变更……诉讼请求为：……"。放弃诉讼请求的，写明"诉讼过程中，×××放弃……的诉讼请求"。

关于被告答辩的事实和理由。被告承认原告主张的全部事实的，写明"×××承认×××主张的事实"。被告承认原告主张的部分事实的，先写明"×××承认×××主张的……事实"，后写明有争议的事实。被告承认全部诉讼请求的，写明"×××承认×××的全部诉讼请求",被告承认部分诉讼请求的,写明被告承认原告的部分诉讼请求的具体内容。被告提出反诉的,写明"×××向本院提出反诉请求:1.……;2.……",后接反诉的事实和理由。再另段写明"×××对×××的反诉辩称,……"。被告未作答辩的,写明"×××未作答辩"。

关于第三人的主张、事实和理由。有独立请求权的第三人,写明"×××向本院提出诉讼请求:……"。后接第三人请求的事实和理由。再另段写明原告、被告对第三人的诉讼请求的答辩意见"×××对×××的诉讼请求辩称,……"。无独立请求权的第三人,写明"×××述称,……"。第三人未作陈述的,写明"×××未作陈述"。原告、被告或者第三人有多名,且意见一致的,可以合并写明;意见不同的,应当分别写明。

其次,人民法院认定的证据和事实。对当事人提交的证据和人民法院调查收集的证据数量较多的,原则上不一一列举,可以附证据目录清单。对当事人没有争议的证据,写明"对当事人无异议的证据,本院予以确认并在卷佐证"。对有争议的证据,应当写明争议证据的名称及法院对争议证据的认定意见和理由。

对争议的事实,应当写明事实认定的意见和理由。争议的事实较多的,可以对争议事实分别认定;针对同一事实有较多争议证据的,可以对争议的证据分别认定。对争议的证据和事实,可以一并叙明;也可以先单独对争议证据进行认定后,另段概括写明认定的案件基本事实,即"根据当事人陈述和经审查确认的证据,本院认定事实如下:……"

对于人民法院调取的证据、鉴定意见,经庭审质证后,按照是否有争议分别写明。召开庭前会议或者在庭审时归纳争议焦点的,应当写明争议焦点。争议焦点的摆放位置,可以根据争议的内容处理。争议焦点中有证据和事实内容的,可以在当事人诉辩意见之后写明。争议焦点主要是法律适用问题的,可以在本院认为部分,先写明争议焦点,再进行说理。

②理由。理由部分内容的阐述,由"本院认为"引出,应当围绕当事人的诉讼请求,根据认定的事实和相关法律,逐一评判并说明理由。理由部分,有争议焦点的,先列争议焦点,再分别分析认定,后综合分析认定。没有列争议焦点的,直接写明裁判理由。被告承认原告全部诉讼请求,且不违反法律规定的,只写明"被告承认原告的诉讼请求,不违反法律规定"。就一部分事实先行判决的,写明"本院对已经清楚的部分事实,先行判决"。经审判委员会讨论决定的,在法律依据引用前写明"经本院审判委员会讨论决定,……"

③裁判依据。在说理之后,作出判决前,应当援引法律依据。分项说理后,可以另起一段,综述对当事人诉讼请求是否支持的总结评价,后接法律依据,直接引

出判决主文，即由"综上所述"引出，首先对当事人的诉讼请求是否支持进行总结评述，然后写明"依照《中华人民共和国×××法》第×条（写明法律文件名称及其条、款、项序号）规定，判决如下：……"

说理部分已经完成，无须再对诉讼请求进行总结评价的，直接另段援引法律依据，写明判决主文。援引法律依据，应当依照《最高人民法院关于裁判文书引用法律、法规等规范性法律文件的规定》处理。法律文件引用顺序，先基本法律，后其他法律；先法律，后行政法规和司法解释；先实体法，后程序法。实体法的司法解释可以放在被解释的实体法之后。

④判决主文。判决主文两项以上的，各项前依次使用汉字数字分段写明。单项判决主文和末项判决主文句末用句号，其余判决主文句末用分号。一项判决主文句中有分号或者句号的，各项判决主文后均用句号。

例如，××借款纠纷案件民事判决书的判决主文叙写如下：

一、被告×××应于本判决生效之日起十日内归还原告×××借款人民币×××元；

二、被告×××应于本判决生效之日起十日内支付原告×××借款利息，其中以人民币×××元为基数，自20××年10月11日起至本判决生效之日止，以人民币×××元为基数，自20××年11月26日起至本判决生效之日止，均按中国人民银行同期贷款利率计付。

判决主文中可以用括注，对判项予以说明。括注应当紧跟被注释的判决主文。例如，"共给付……元（已给付……元，尚需给付……元）""（已给付……元，应返还……元）""（已履行）""（按双方订立的《××借款合同》约定的标准执行）""（内容须事先经本院审查）""（清单详见附件）"，等等。

判决主文中当事人姓名或者名称应当用全称，不得用简称。金额，用阿拉伯数字。金额前不加"人民币"；人民币以外的其他种类货币的，金额前加货币种类。有两种以上货币的，金额前要加货币种类。

（3）尾部。尾部包括迟延履行责任告知、诉讼费用负担、上诉权利告知和落款。

①迟延履行责任告知。判决主文包括给付金钱义务的，在判决主文后另起一段写明："如果未按本判决指定的期间履行给付金钱义务，应当依照《中华人民共和国民事诉讼法》第二百五十三条规定，加倍支付迟延履行期间的债务利息。"

②诉讼费用负担。根据《诉讼费用交纳办法》决定，案件受理费，写明"案件受理费……元"；减免费用的，写明"减交……元"或者"免予收取"；单方负担案件受理费的，写明"由×××负担"；分别负担案件受理费的，写明"由×××负担……元，×××负担……元"。

③上诉权利告知。当事人上诉期为15日。应当写明"如不服本判决，可以在判决书送达之日起十五日内，向本院递交上诉状，并按照对方当事人或者代表人的人数提出副本，上诉于×××人民法院"。

在中华人民共和国领域内没有住所的当事人，上诉期为30日。同一案件既有当事人的上诉期为15日，又有当事人的上诉期为30日的，写明"×××可以在判决书送达之日起十五日内，×××可以在判决书送达之日起三十日内，……"。

④落款。落款包括合议庭署名、日期、书记员署名、院印。合议庭的审判长，不论审判职务，均署名为"审判长"；合议庭成员有审判员的，署名为"审判员"；有助理审判员的，署名为"代理审判员"；有陪审员的，署名为"人民陪审员"。书记员，署名为"书记员"。

合议庭按照审判长、审判员、代理审判员、人民陪审员的顺序分行署名。

落款日期为作出判决的日期，即判决书的签发日期。当庭宣判的，应当写宣判的日期。

两名以上书记员的，分行署名。落款应当在同一页上，不得分页。落款所在页无其他正文内容的，应当调整行距，不写"本页无正文"。

人民法院院印加盖在审判人员和日期上，要求骑年盖月、朱在墨上。加盖"本件与原本核对无异"印戳。

需要注意的是，确有必要的，可以在判决书后另页添加附录。

2. 简易程序适用的第一审民事判决书的结构、内容和写作方法

适用简易程序审理案件制作的第一审民事判决书，由首部、正文和尾部组成。

（1）首部。首部包括标题、案号、当事人的基本情况、诉讼代理人的身份事项，以及案由、审判组织、审判方式和开庭审理经过。具体写作要求，参见普通程序适用的第一审民事判决书的写法。需要注意的是，适用简易程序审理的案件，实行独任制，由审判员一人独任审判案件。因此，在文书首部"案由、审判组织、审判方式和开庭审理经过"段中，应当予以写明。

（2）正文。简易程序是普通程序的简化，是与普通程序并存的独立审判程序。设置简易程序的目的主要是实现审判程序的多元化，有利于当事人诉讼，有利于人民法院行使审判权。简易程序第一审民事判决书与普通程序第一审民事判决书的区别主要在于正文部分。

根据《最高人民法院关于适用〈中华人民共和国民事诉讼法〉的解释》（简称《民诉法司法解释》）第270条规定："适用简易程序审理的案件，有下列情形之一的，人民法院在制作判决书、裁定书、调解书时，对认定事实或者裁判理由部分可以适当简化：（一）当事人达成调解协议并需要制作民事调解书的；（二）一方当事人明确表示承认对方全部或者部分诉讼请求的；（三）涉及商业秘密、个人隐私的案件，当事人一方要求简化裁判文书中的相关内容，人民法院认为理由正当的；（四）当事人双方同意简化的。"

①根据《民事诉讼文书样式》的要求，适用简易程序审理的案件，当事人对案件事实没有争议的，判决书正文部分内容表述为：

"×××向本院提出诉讼请求：1.……；2.……（明确原告的诉讼请求）。事实和理由……（阐述原告主张的事实和理由）。

×××承认原告在本案中所主张的事实，但认为，……（概括被告对法律适用、责任承担的意见）。

本院认为，×××承认×××在本案中主张的事实，故对×××主张的事实予以确认。……（对当事人诉讼请求进行简要评判）。

依照《中华人民共和国×××法》第×条（写明法律文件名称及其条、款、项序号）规定，判决如下：

……（写明判决结果）。"

②根据《民事诉讼文书样式》的要求，适用简易程序审理的案件，当事人对案件事实有争议的，判决书正文部分内容表述为：

"×××向本院提出诉讼请求：1.……；2.……（明确原告的诉讼请求）。事实和理由……（阐述原告主张的事实和理由）。

×××辩称，……（概括被告答辩意见）。

本院经审理认定事实如下：对于双方当事人没有争议的事实，本院予以确认。……（概括当事人有争议的事实的质证和认定情况）。

本院认为，被告承认原告诉讼请求的事实部分，不违反法律规定，本院予以支持。……（对当事人诉讼请求进行简要评判）。

综上所述，……（对当事人诉讼请求是否支持进行评述）。依照《中华人民共和国×××法》第×条（写明法律文件名称及其条、款、项序号）规定，判决如下：

……（写明判决结果）。"

③根据《民事诉讼文书样式》的要求，适用简易程序审理的案件，被告承认原告全部诉讼请求的，判决书正文部分内容表述为：

"×××向本院提出诉讼请求：1.……；2.……（明确原告的诉讼请求）。事实和理由……（阐述原告主张的事实和理由）。

×××承认×××提出的全部诉讼请求。

本院认为，当事人有权在法律规定的范围内处分自己的民事权利和诉讼权利。

被告承认原告的诉讼请求，不违反法律规定。

依照《中华人民共和国×××法》第十三条第二款规定，判决如下：

……（写明判决结果）。"

（3）尾部。尾部包括迟延履行责任告知、诉讼费用负担、上诉权利告知和落款。具体写作要求，参见普通程序适用的第一审民事判决书的写法。需要注意的是，适用简易程序审理的案件，实行独任制，审判人员署名，写明"审判员×××"即可。

二、第二审民事判决书

（一）概念和功能

第二审民事判决书，是指第二审人民法院依照我国《民事诉讼法》的规定，对当事人不服第一审人民法院民事判决提起上诉的民事案件，进行审理后，制作和使用的具有法律效力的法律文书。

我国《民事诉讼法》第164条规定，当事人不服地方人民法院第一审判决的，有权在判决书送达之日起十五日内向上一级人民法院提起上诉。当事人不服地方人民法院第一审裁定的，有权在裁定书送达之日起十日内向上一级人民法院提起上诉。

第二审民事判决书的功能主要体现在以下几个方面：①第二审民事判决书是第二审人民法院对二审案件进行审理，作出裁判的书面凭证。②第二审民事判决书是当事人对案件申请再审的依据。③第二审民事判决书是二审法院发现一审裁判错误，及时予以纠正的体现。

（二）结构、内容和写作方法

第二审民事判决书由首部、正文和尾部组成。

1. 首部

首部包括标题、案号、当事人的基本情况、诉讼代理人的身份事项，以及案由、审判组织、审判方式和开庭审理经过。

（1）标题。应当分两行书写为"×××人民法院""民事判决书"。

（2）案号。由立案年度、法院简称、案件性质、审判程序和案件顺序号组成。应当写为"（××××）×民终字第××号"。例如，北京市第二中级人民法院2019年立案的第9号民事案件，应当写为："（2019）二中民终字第9号"。其中，"2019"是立案年度，"二中"是北京市第二中级人民法院的简称，"民"指案件性质,"终"指审级,"9"指受理案件的顺序号。

（3）当事人的基本情况。应当写明上诉人、被上诉人的基本情况及原审地位。当事人是自然人的,应当写明姓名、性别、出生年月日、民族、工作单位和职务或者职业、住所。当事人是法人或者其他组织的,应当写明名称、住所;另起一行写明法定代表人或者主要负责人的姓名、职务。在上诉人和被上诉人之后,要注明其在原审中的地位,即"原审原告""原审被告""原审第三人"。

在二审中,上诉人是指不服一审法院判决提起上诉的当事人;被上诉人一般是上诉人在一审程序中的对方当事人。列举当事人时,需要注意以下问题。

①双方当事人和第三人都提出上诉的,均列为上诉人。

②在必要共同诉讼中,必要共同诉讼人中的一人或者部分人提出上诉的,按下列情况处理:

一是该上诉是对与对方当事人之间的权利义务分担有意见,不涉及其他共同诉讼人利益的,对方当事人为被上诉人,未上诉的同一方当事人依原审诉讼地位列明。

二是该上诉仅对共同诉讼人之间权利义务分担有意见,不涉及对方当事人利益的,未上诉的同一方当事人为被上诉人,对方当事人依原审诉讼地位列明。

三是该上诉对双方当事人之间以及共同诉讼人之间权利义务分担有意见的,未提出上诉的其他当事人均为被上诉人。

（4）诉讼代理人的身份事项。具体写作要求,与第一审民事判决书相同。

（5）案由、审判组织、审判方式和开庭审理经过。我国《民事诉讼法》第169条第1款规定,第二审人民法院对上诉案件,应当组成合议庭,开庭审理。经过阅卷、调查和询问当事人,对没有提出新的事实、证据或者理由,合议庭认为不需要开庭审理的,可以不开庭审理。根据上述法律规定,第二审法院审理民事案件以开庭审理为原则,不开庭审理为例外。因此,案由、审判组织、审判方式和开庭审理经过的叙写也存在区别。

开庭审理的,这部分内容应当表述为:

"上诉人×××因与被上诉人×××/上诉人×××及原审原告/被告/第三人×××……（写明案由）一案,不服×××人民法院×民初××号民事判决,向本院提起上诉。本院于××××年××月××日立案后,依法组成合议庭,开庭/因涉及……（写明不公开开庭的理由）不公开开庭进行了审理。上诉人×××、被上诉人×××、原审原告/被告/第三人×××（写明当事人和其他诉讼参加人的诉讼地位和姓名或者名称）到庭参加诉讼。本案现已审理终结。"

不开庭审理的,在"向本院提起上诉"之后,写为"本院依法组成合议庭审理了本案。现已审理终结"。

2. 正文

正文部分是文书的核心内容，主要包括事实、理由和判决结果。

（1）事实。我国《民事诉讼法》第168条规定，第二审人民法院应当对上诉请求的有关事实和适用法律进行审查。根据上述法律规定，第二审民事判决书是针对第一审民事判决书认定的事实和适用法律作出的。因此，事实部分主要应当写明以下内容：双方当事人争议的事实，一审起诉和判决情况，二审认定的事实和证据。

①双方当事人争议的事实。包括上诉人提起上诉的诉讼请求、事实和理由，被上诉人的答辩意见，原审原告、被告和第三人的陈述意见。这部分内容的叙写应当概括、简明扼要，力求反映当事人的愿意，主要是为了阐述清楚当事人不同的主张、意见和理由。

②一审起诉和判决情况。这部分内容的叙写，不需要详细地重叙，只需要对一审判决的事实进行概括的介绍，并写明原判的判决结果即可。如果原判的判决结果较多，只需要写清楚主要判决内容。叙写这部分内容的目的主要有二：一是客观反映一审判决的情况；二是使一审、二审相互衔接，为后续二审判决叙写事实和阐述理由奠定基础。

③二审认定的事实和证据。二审认定的事实，是法院作出裁决的基础。针对上诉人的上诉请求，二审法院应当围绕上诉请求对一审法院认定的事实进行审查。叙写这部分内容，主要应当写明二审法院采信证据、认定事实的意见和理由，对一审查明相关事实的评判。

在文书制作过程中，针对不同的情形，叙写二审事实时，主要应当注意以下几点：

一是原判决认定事实清楚，上诉人无异议的，二审判决中，只需概括地予以确认即可。

二是原审认定的主要事实有错误，或者部分事实有错误，二审判决中，对于改判认定的事实应当详细具体地叙述，并运用证据加以说明，指出原判认定事实的不当之处。对于原判认定事实正确的部分，只需简要写明即可。

三是原判认定的事实有遗漏，二审判决中，对遗漏部分的事实，应当加以补充。

四是原判认定的事实没有错误，上诉人提出了异议，二审判决中，应当将上诉人有异议部分的事实叙写清楚，并列举相关的证据予以证明，对原判事实加以确定，论证上诉人的异议不能成立。

在二审过程中，如果当事人围绕上诉请求提交了证据，二审判决中，应当写明法院组织当事人进行证据交换和质证的情况。如果当事人没有提交新的证据，二审判决中，应当写明当事人没有提交新的证据。

（2）理由。事实和理由是法院依法作出裁决的基础。第二审民事判决书的理由部分，主要应当根据二审认定的事实和法律规定，对当事人的上诉请求进行分析评判，说明理由。

①围绕原判决是否正确，上诉是否有理进行分析、论证，阐明理由。上诉人提起上诉，是因为不服一审法院作出的裁决，认为一审法院在认定事实、适用法律等方面存在错误。二审法院围绕当事人的上诉请求，对一审判决认定事实和适用法律进行审查。如果一审判决正确，二审判决应当阐明正确的理由；如果一审判决部分或者全部错误，二审判决应当阐明错误之处，以及产生错误的原因。对上诉人提出的上诉请求正确的，予以支持；错误的，予以反驳。同时，应当具体阐明理由。涉及具体的判决结果，如果原判正确，判决维持原判，应当阐明维持原判的理由；如果原判错误，需要改判，应当阐明改判的理由，以为判决结果的作出奠定基础。

②引用与判决结果相适应的法律条文。引用法律条文应当明确、具体，具有针对性。如果二审判决维持原判，只须援引《民事诉讼法》第170条第1款第1项；全部改判、部分改判的，除了应当援引《民事诉讼法》第170条第1款的有关条款外，还应当援引改判所依据的实体法的有关条款。具体表述要求如下。

驳回上诉，维持原判的，应当区分两种情形叙写。

第一种情形，一审判决认定事实清楚，适用法律正确，维持原判的，写明：

"综上所述，×××的上诉请求不能成立，应予驳回；一审判决认定事实清楚，适用法律正确，应予维持。依照《中华人民共和国民事诉讼法》第一百七十条第一款第一项规定，判决如下：……"

第二种情形，一审判决认定事实或者适用法律虽有瑕疵，但裁判结果正确，维持原判的，写明：

"综上所述，一审判决认定事实……（对一审认定事实作出概括评价，如存在瑕疵应指出），适用法律……（对一审适用法律作出概括评价，如存在瑕疵应指出），但裁判结果正确，故对×××的上诉请求不予支持。依照《中华人民共和国×××法》第×条（适用法律错误的，应当引用实体法）、《中华人民共和国民事诉讼法》第一百七十条第一款第一项、《最高人民法院关于适用〈中华人民共和国民事诉讼法〉的解释》第三百三十四条规定，判决如下：……"

依法改判的，应当写为：

"综上所述，×××的上诉请求成立，予以支持。依照《中华人民共和国×××法》第×条（适用法律错误的，应当引用实体法）、《中华人民共和国民事诉讼法》第一百七十条第一款第×项规定，判决如下：……"

（3）判决结果。第二审民事判决书的判决结果，是对当事人争议的实体问题作出的终审结论。判决结果不同，具体的写作要求也不同，具体内容如下。

①维持原判的，表述为：

"驳回上诉，维持原判。"

②全部改判的，表述为：

"一、撤销×××人民法院（××××）×民初××号民事判决；

二、……（写明改判内容）。"

③部分改判的，表述为：

"一、维持×××人民法院（××××）×民初××号民事判决第×项（对一审维持判项，逐一写明）；

二、撤销×××人民法院（××××）×民初××号民事判决第×项（将一审判决错误判项逐一撤销）；

三、变更×××人民法院（××××）×民初××号民事判决第×项为……；

四、……（写明新增判项）。"

3. 尾部

尾部包括诉讼费用的负担、判决的法律效力、合议庭组成人员署名、文书制作日期和书记员署名。

（1）诉讼费用的负担。在判决结果之后，应当另起一行写明诉讼费用的负担。具体写作方法区分为两种不同的情形：①驳回上诉，维持原判的，对一审诉讼费用不需调整的，不必重复一审诉讼费用的负担，只需要写明二审诉讼费用的负担即可。如果一审诉讼费负担错误需要调整的，应当予以纠正。②依法改判的，除应写明当事人对二审诉讼费用的负担外，还应将变更一审诉讼费用负担的决定一并写明。

（2）判决的法律效力。应当写明"本判决为终审判决"。由于我国实行两审终审制，第二审民事判决书，一经送达当事人，立即发生法律效力，当事人不得再以上诉的方式表示不服，只能在法定期间内依照审判监督程序的相关规定，向人民法院申请再审。第二审判决作出后，当事人不得就同一标的，以同一事实和理由再提起诉讼。具有给付内容的裁判，如果义务人不履行发生法律效力裁判确定的义务，权利人可以向有管辖权的法院申请强制执行。

（3）合议庭组成人员署名、文书制作日期和书记员署名。写法同第一审普通程序适用的民事判决书。

三、再审民事判决书

（一）概念和功能

再审民事判决书，是指人民法院对已经发生法律效力的判决、裁定和调解书，发现符合法定再审事由，对案件再次进行审理后，针对当事人之间的权利义务争议作出裁决时，制作和使用的具有法律效力的法律文书。

根据我国《民事诉讼法》第 198 条的规定，各级人民法院院长对本院已经发生法律效力的判决、裁定、调解书，发现确有错误，认为需要再审的，应当提交审判委员会讨论决定。最高人民法院对地方各级人民法院已经发生法律效力的判决、裁定、调解书，上级人民法院对下级人民法院已经发生法律效力的判决、裁定、调解书，发现确有错误的，有权提审或者指令下级人民法院再审。

根据《民事诉讼法》第 199 条的规定，当事人对已经发生法律效力的判决、裁定，认为有错误的，可以向上一级人民法院申请再审；当事人一方人数众多或者当事人双方为公民的案件，也可以向原审人民法院申请再审。当事人申请再审的，不停止判决、裁定的执行。

根据《民事诉讼法》第 201 条的规定，当事人对已经发生法律效力的调解书，提出证据证明调解违反自愿原则或者调解协议的内容违反法律的，可以申请再审。经人民法院审查属实的，应当再审。

根据《民事诉讼法》第 208 条的规定，最高人民检察院对各级人民法院已经发生法律效力的判决、裁定，上级人民检察院对下级人民法院已经发生法律效力的判决、裁定，发现有《民事诉讼法》第 200 条规定情形之一的，或者发现调解书损害国家利益、社会公共利益的，应当提出抗诉。地方各级人民检察院对同级人民法院已经发生法律效力的判决、裁定，发现有本法第 200 条规定情形之一的，或者发现调解书损害国家利益、社会公共利益的，可以向同级人民法院提出检察建议，并报上级人民检察院备案；也可以提请上级人民检察院向同级人民法院提出抗诉。各级人民检察院对审判监督程序以外的其他审判程序中审判人员的违法行为，有权向同级人民法院提出检察建议。

民事再审判决书的功能主要体现在以下两个方面：①是实现司法公正的载体。我国实行两审终审制，再审程序属于非正常的审判程序，是为了防止已经发生法律效力的判决、裁定、调解书存在错误，对当事人权益予以的事后救济，目的是实现司法公正，再审民事判决书是司法公正的载体。②是维护当事人的合法权益的手段。已经发生法律效力的判决、裁定、调解书存在瑕疵，最终损害的是当事人的合法权益。对案件进行再审，依法作出裁决，有利于维护当事人的合法权益。因此，再审民事判决书是维护当事人合法权益的手段。

（二）结构、内容和写作方法

再审民事判决书由首部、正文和尾部组成。

1. 首部

首部包括标题、案号、当事人的基本情况、诉讼代理人的身份事项，以及案由、审判组织、审判方式和开庭审理经过。

（1）标题和案号。再审民事判决书中，标题的写法与第一审、第二审民事判决书基本相同。但是，涉及案号的写法与一审、二审民事判决书有所不同，主要是审级代字应当写为"再初"或者"再终"。例如，北京市高级人民法院2019年再审的第19号民事案件，应当写为"（2019）京高民再终（或再初）字第19号"。

（2）当事人的基本情况。应当写明再审申请人、被申请人的基本情况及原审地位。当事人是自然人的，应当写明姓名、性别、出生年月日、民族、工作单位和职务或者职业、住所。当事人是法人或者其他组织的，应当写明名称、住所；另起一行写明法定代表人或者主要负责人的姓名、职务。

叙写当事人的基本情况，需要注意以下几个问题：

①在再审申请人和被申请人之后，要注明其在一审或者二审中的诉讼地位。其他当事人按原审诉讼地位表述，例如，一审终审的，列为"原审原告""原审被告""原审第三人"。二审终审的，列为"二审上诉人（一审原告）""二审被上诉人（一审被告）"等。

②如果原审遗漏了共同诉讼人，再审将其追加为当事人的，其诉讼地位直接写为"原告""被告"，不必表述为"再审原告"或者"追加原告"等。

③如果再审是检察机关抗诉引起的，应当在当事人前，先写明"抗诉机关×××人民检察院"，然后写明申诉人和被申诉人的基本情况。

（3）诉讼代理人的身份事项。写法与第一审民事判决书基本相同。

（4）案由、审判组织、审判方式和开庭审理经过。根据我国《民事诉讼法》规定，已经发生法律效力的判决、裁定和调解书有错误，引起再审的方式主要有三种：一是经原审法院决定，或者上级法院指令或提审引起再审；二是由当事人申请引起再审；三是人民检察院抗诉引起再审。因此，这部分内容，根据再审案件的来源不同，叙写方式也存在区别。具体内容如下。

①依当事人申请而提审，经审理后作出实体处理的，写为：

"再审申请人×××因与被申请人×××/再审申请人及×××……（写明案由）一案，不服×××人民法院（××××）××号民事判决/民事调解书，向本院申请再审。本院于××××年××月××日作出（××××）××号民事裁定，提审本案。本院依法组成合议庭，开庭审理了本案。再审申请人×××、被申请人×××（写明当事人和其他诉讼参加人的诉讼地位和姓名或者名称）到庭参加诉讼（未开庭的，写明'本院依法组成合议庭审理了本案'）。本案现已审理终结。"

②依当事人申请，受指令或者受指定再审，按照第一审程序审理后，作出实体判决的，写为：

"再审申请人×××因与被申请人×××/再审申请人×××……（写明案由）一案，不服本院/×××人民法院（××××）×民××号民事判决/民事调解书，向×××人民法院申请再审。×××人民法院于××××年××月××日作出（××××）×民××号民事裁定，指令/指定本院再审本案。本院依法另行/依法组成合议庭（指定再审的不写'另行'），开庭审理了本案。再审申请人×××、被申请人×××（写明当事人和其他诉讼参加人的诉讼地位和姓名或者名称）到庭参加诉讼。本案现已审理终结。"

③依当事人申请，受指令或者受指定再审，按照第二审程序审理后，作出实体判决的，写为：

"再审申请人×××因与被申请人×××/再审申请人×××……（写明案由）一案，不服本院/×××人民法院（××××）××号民事判决/民事调解书，向×××人民法院申请再审。×××人民法院于××××年××月××日作出（××××）××号民事裁定，指令/指定本院再审本案。本院依法另行/依法组成合议庭（指定再审的不写'另行'），开庭审理了本案。再审申请人×××、被申请人×××（写明当事人和其他诉讼参加人的诉讼地位和姓名或者名称）到庭参加诉讼（未开庭的，写明'本院依法组成合议庭审理了本案'）。本案现已审理终结。"

④原审法院依当事人申请裁定再审，按照第一审程序审理后，作出实体判决的，写为：

"再审申请人×××因与被申请人×××/再审申请人×××……（写明案由）一案，不服本院/×××人民法院（××××）×民××号民事判决/民事调解书，向本院申请再审。本院于××××年××月××日作出（××××）×民××号民事裁定再审本案。本院依法另行组成合议庭，开庭审理了本案。再审申请人×××、被申请人×××（写明当事人和其他诉讼参加人的诉讼地位和姓名或者名称）到庭参加诉讼。本案现已审理终结。"

⑤原审法院依当事人申请裁定再审，按照第二审程序审理后，作出实体判决的，写为：

"再审申请人×××因与被申请人×××/再审申请人×××……（写明案由）一案，不服本院（××××）×民××号民事判决/民事调解书，向本院申请再审。本院于××××年××月××日作出（××××）×民××号民事裁定再审本案。本院依法另行组成合议庭，开庭审理了本案。再审申请人×××、被申请人×××（写明当事人和其他诉讼参加人的诉讼地位和姓名或者名称）到庭参加诉讼。本案现已审理终结。"

⑥检察机关抗诉引起再审的,按照第一审程序审理后,作出实体判决的,写为:

"申诉人×××因与被申诉人×××及×××(写明原审其他当事人诉讼地位和姓名或者名称)……(写明案由)一案,不服本院(××××)××号民事判决/民事裁定,向×××人民检察院提出申诉。×××人民检察院作出××号民事抗诉书,向×××人民法院提出抗诉。×××人民法院作出(××××)××号民事裁定,指令本院再审案件。本院依法另行组成合议庭,开庭审理了本案。×××人民检察院指派检察员×××出庭。申诉人×××、被申诉人×××(写明当事人和其他诉讼参加人的诉讼地位和姓名或者名称)到庭参加诉讼。本案现已审理终结。"

⑦检察机关抗诉引起再审的,按照第二审程序审理后,作出实体判决的,写为:

"申诉人×××因与被申诉人×××及×××(写明原审其他当事人诉讼地位和姓名或者名称)……(写明案由)一案,不服本院(××××)××号民事判决/民事裁定,向×××人民检察院提出申诉。×××人民检察院作出××号民事抗诉书,向×××人民法院提出抗诉。×××人民法院作出(××××)××号民事裁定,指令本院再审案件。本院依法另行组成合议庭,开庭审理了本案。×××人民检察院指派检察员×××出庭。申诉人×××、被申诉人×××(写明当事人和其他诉讼参加人的诉讼地位和姓名或者名称)到庭参加诉讼(未开庭的,写明'本院依法组成合议庭审理了本案')。本案现已审理终结。"

2. 正文

正文部分是文书的核心内容,主要包括事实、理由和判决结果。

(1) 事实。包括双方当事人争议的事实,原审判决认定的事实、理由和判决结果,经人民法院再审认定的事实和证据。

①双方当事人争议的事实。首先,应当写明申请人申请再审的请求、事实和理由;其次,概述写明被申请人的答辩意见;最后,写明原审其他当事人的意见。如果案件是由检察机关抗诉引起再审的,在阐明当事人双方意见之前,首先应当阐明检察机关抗诉的意见。这部分内容,只需要简明扼要地叙写清楚即可。

②原审判决认定的事实、理由和判决结果。当事人申请再审,是认为已经发生法律效力的判决、裁定有错误,或者是调解违反自愿原则、调解协议的内容违法。再审主要是纠正原审法院判决、裁定、调解的错误。因此,在再审判决书中,应当将原审判决认定的事实、理由和判决结果,简明扼要地进行介绍,为再审判决奠定基础。

③经人民法院再审认定的事实和证据。这部分内容是再审裁决作出的基础,应当对第一审、第二审判决认定的事实进行评判,是文书叙写的重点内容。尤其是对

双方当事人有争议的事实,应当重点加以分析、论证。需要注意的是,如果原审判决认定事实清楚,再审认定事实部分可以简单叙述,重点叙述改判所依据的事实;如果原审判决确实存在认定事实错误,再审认定事实部分应当详细、具体的叙写。同时,应当写明再审法院采信的证据。

(2) 理由。包括依事论理和依法论理。

①依事论理。应当围绕当事人的再审理由是否成立、再审请求是否应予支持进行评判。同时,对原审相关结论是否正确进行评价。如果原审认定事实错误,在阐述理由时,主要应当指出由于原审认定事实的错误,导致适用法律和判决结果的错误。如果原审认定事实正确,只是适用法律错误,应当指出由于原审适用法律的错误,导致判决结果的不正确。如果检察机关的抗诉和当事人申请再审的理由全部是正确的,应当予以采纳;如果部分正确、部分错误的,对正确的部分予以采纳,对错误的部分予以批驳。

②依法论理。依法论理即引用法律依据说明理由。再审民事判决书阐述理由需要具有针对性。既针对原审判决,也针对检察机关的抗诉和当事人提出的再审申请主张。同时,应当注意法律条文的引用。再审民事判决书引用法律条文要求具有针对性,应当全面。再审维持原判的,一般只引用程序法条文;再审改判的,不仅需要引用程序法,还需要引用实体法。

(3) 判决结果。这部分内容的写作,可以参照第一审民事判决书、第二审民事判决书判决结果的写法。判决结果的叙写,应当对当事人的全部诉讼请求作出明确、具体的裁判,表达应当完整、准确,以便于执行。

3. 尾部

尾部包括诉讼费用的负担、判决的法律效力、合议庭组成人员署名、文书制作日期和书记员署名。

我国《民事诉讼法》第 207 条规定,人民法院按照审判监督程序再审的案件,发生法律效力的判决、裁定是由第一审法院作出的,按照第一审程序审理,所作的判决、裁定,当事人可以上诉;发生法律效力的判决、裁定是由第二审法院作出的,按照第二审程序审理,所作的判决、裁定,是发生法律效力的判决、裁定;上级人民法院按照审判监督程序提审的,按照第二审程序审理,所作的判决、裁定是发生法律效力的判决、裁定。人民法院审理再审案件,应当另行组成合议庭。根据上述法律规定,再审民事判决书尾部的写法,可以参照第一审民事判决书和第二审民事判决书尾部的写法。

按照第一审程序再审的,在判决书的尾部写明上诉事项。写法同第一审民事判决书交代上诉权的写法。按照第二审程序再审的,应当写明"本判决为终审判决"。

再审维持原判，且有再审诉讼费用的，只写明再审诉讼费用的负担。再审改判的，应当对第一审、第二审以及本次再审诉讼费用的负担一并作出决定。

四、民事调解书

（一）概念和功能

民事调解书，是指人民法院在审理民事案件过程中，根据自愿合法原则，依法对案件进行调解，依据当事人自愿达成的调解协议审结案件时，制作和使用的具有法律效力的法律文书。

我国《民事诉讼法》第9条规定："人民法院审理民事案件，应当根据自愿和合法的原则进行调解；调解不成的，应当及时判决。"第97条规定："调解达成协议，人民法院应当制作调解书。调解书应当写明诉讼请求、案件的事实和调解结果。调解书由审判人员、书记员署名，加盖人民法院印章，送达双方当事人。调解书经双方当事人签收后，即具有法律效力。"第98条规定："下列案件调解达成协议，人民法院可以不制作调解书：（一）调解和好的离婚案件；（二）调解维持收养关系的案件；（三）能够即时履行的案件；（四）其他不需要制作调解书的案件。对不需要制作调解书的协议，应当记入笔录，由双方当事人、审判人员、书记员签名或者盖章后，即具有法律效力。"

根据法律规定，调解书的适用范围非常广泛，一审可以适用，二审可以适用，再审也可以适用。所以民事调解书包括第一审民事调解书、第二审民事调解书和再审民事调解书几类。

民事调解书与民事判决书的区别主要体现在以下几个方面：①适用条件不同。调解和判决虽然都是人民法院行使审判权，解决民事案件的方式，但是，适用条件存在差别。调解书是双方当事人自愿达成调解协议时，制作和使用的法律文书。判决书是人民法院依法对案件作出判决时，制作和使用的法律文书。②体现的意志不同。制作民事调解书的前提，是当事人自愿合法的达成调解协议，注重当事人意志的尊重。制作民事判决书更多的是体现国家意志，是人民法院依法行使审判权的表现。③文书格式和内容不同。调解书与判决书相比，格式和内容相对比较简单。判决书的格式和内容相对比较复杂。④文书效力不同。民事调解书经双方当事人签收后，即具有法律效力。第一审民事判决书除法定一审终审的案件外，送达当事人后不立即生效，只有超过法定的上诉期限，当事人不上诉的，才发生法律效力；第二审民事判决书一经作出，即具有法律效力。

民事调解书的功能主要体现在以下两个方面：①通过调解达成协议，是人民法院审理民事案件的一种结案方式，民事调解书是具体审结案件的体现。②人民法院制作的民事调解书，经双方当事人签收，即具有法律效力。一方当事人不履行义务，权利人可以向人民法院申请强制执行。民事调解书是当事人申请执行的根据。

（二）结构、内容和写作方法

民事调解书由首部、正文和尾部组成。

1. 首部

首部包括标题、案号、当事人的基本情况、诉讼代理人的身份事项，以及案由、审判组织、审判方式和开庭审理经过。

（1）标题。应当分两行书写为"×××人民法院""民事调解书"。

（2）案号。由立案年度、法院简称、案件性质、审判程序和案件顺序号组成。应当写为："（××××）×民×字第××号"。例如，北京市海淀区人民法院2019年立案的第17号民事案件，应当写为："（2019）海民初字第17号"。需要注意的是，如果是二审达成调解协议的，审判程序的代字应当写为"终"字。如果是再审达成调解协议的，审判程序的代字应当写为"再"字。

（3）当事人的基本情况。当事人是自然人的，应当写明姓名、性别、出生年月日、民族、工作单位和职务或者职业、住所。当事人是法人或者其他组织的，应当写明名称、住所；另起一行写明法定代表人或者主要负责人的姓名、职务。

叙写当事人的基本情况需要注意以下几个问题：

一是第一审民事调解书，应当写明原告、被告和其他诉讼参加人的姓名或者名称等基本信息。

二是第二审民事调解书，应当写明上诉人、被上诉人和其他诉讼参加人的姓名或者名称等基本信息。同时，应当注明当事人在原审的诉讼地位。

三是再审民事调解书，应当写明再审申请人、被申请人和其他诉讼参加人的姓名或者名称等基本信息。同时，应当注明当事人在原审的诉讼地位。

（4）诉讼代理人的身份事项。写法与第一审民事判决书相同。

（5）案由、审判组织、审判方式和开庭审理经过。

①第一审民事调解书，写为：

"原告×××与被告×××、第三人×××……（写明案由）一案，本院于××××年××月××日立案后，依法适用普通程序/简易程序，公开/因涉及……（写明不公开开庭的理由）不公开开庭进行了审理（开庭前调解的，不写开庭情况）。"

②第二审民事调解书，写为：

"上诉人×××因与被上诉人×××/上诉人×××、第三人×××……（写明案由）一案，不服×××人民法院（××××）×民初××号民事判决，向本院提起上诉。本院于××××年××月××日立案后，依法组成合议庭审理了本案。（开庭前调解的，不写开庭情况）。"

③再审民事调解书，写为：

"再审申请人×××因与被申请人×××/再审申请人×××及原审×××……（写明案由）一案，不服×××人民法院（××××）××号民事判决/民事裁定/民事调解书，申请再审。××××年××月××日，本院/×××人民法院作出（××××）××号民事裁定，本案由本院再审。本院依法组成合议庭审理了本案。"

2. 正文

正文是文书的核心内容，包括当事人的诉讼请求和案件事实、调解结果、法院对协议内容的确认和诉讼费用的负担。

（1）当事人的诉讼请求和案件事实。我国《民事诉讼法》第93条规定，人民法院审理民事案件，根据当事人自愿的原则，在事实清楚的基础上，分清是非，进行调解。根据上述法律规定，调解书中应当写清当事人的请求和案件事实。根据《民事诉讼文书样式》的规定，这部分内容的写作，第一审民事调解书，应当写明当事人的诉讼请求、事实和理由。第二审民事调解书，应当写明上诉人的上诉请求、事实和理由。再审民事调解书，应当写明当事人的再审请求、事实和理由，以及被申请人的答辩意见。同时，应当概括案件事实，写明原审裁判结果。

（2）调解结果。调解结果，即调解协议的内容，是调解书的核心内容，是双方当事人针对民事权利义务争议，在自愿、合法的前提下，互谅互让，依法达成的解决纠纷的一致意见。通常由以下文字引出。

①第一审民事调解书，写为：

"本案审理过程中，经本院主持调解，当事人自愿达成如下协议/当事人自愿和解达成如下协议，请求人民法院确认/经本院委托……（写明受委托单位）主持调解，当事人自愿达成如下协议：

一、……；

二、……。

（分项写明调解协议的内容）。"

②第二审民事调解书，写为：

"本案审理过程中，经本院主持调解，当事人自愿达成如下协议/当事人自愿和解达成如下协议，请求人民法院确认：

一、……；

二、……。

（分项写明调解协议的内容）。"

③再审民事调解书，写为：

"本案再审审理过程中，经本院主持调解，当事人自愿达成如下协议/当事人自愿和解达成如下协议，请求人民法院确认：

一、……；

二、……。

（分项写明调解协议的内容）。"

需要注意的是，调解协议的内容应当写得明确具体，以便于当事人履行。适用特别程序、督促程序、公示催告程序的案件，婚姻等身份关系确认案件以及其他根据案件性质不能进行调解的案件，不得调解。

（3）法院对协议内容的确认。根据我国法律规定，当事人达成调解协议，申请人民法院制作民事调解书时，人民法院应当依法对调解协议的内容进行审查，审查内容包括：调解协议的内容是否违法、是否侵害国家利益或社会公共利益等，如果有上述情形存在，人民法院对调解协议的内容将不予确认。只有符合法律规定的调解协议，人民法院才依法予以确认，经人民法院依法确认的调解协议，才具有法律效力。

人民法院依法予以确认的调解协议，在调解协议内容之后，应当写明"上述协议，不违反法律规定，本院予以确认"。

（4）诉讼费用的负担。根据《诉讼费用缴纳办法》的规定，经人民法院调解达成协议的案件，诉讼费用的负担由双方当事人协商解决；协商不成的，由人民法院决定。以调解方式结案或者当事人申请撤诉的，减半交纳案件受理费。诉讼费用的负担，如果是由双方当事人协商解决的，可以作为调解协议内容的最后一项书写；如果是由人民法院决定的，应当在写完法院对双方调解协议确认的一段后，另起一行书写，写明当事人的姓名或者名称以及负担的金额。

3. 尾部

尾部包括调解书生效的条件和时间、合议庭组成人员署名、注明日期和加盖人民法院院印、书记员署名。

（1）调解书生效的条件和时间。根据我国《民事诉讼法》的规定，调解书经双方当事人签收后，即具有法律效力。因此，在民事调解书的尾部，应当将调解书生效的条件和时间告知双方当事人。需要注意的是，应当以最后收到调解书的当事人签收的日期为调解书生效日期。

（2）合议庭组成人员署名、注明日期和加盖人民法院院印、书记员署名。写法同第一审民事判决书。

此外，需要注意的是，当事人自行和解或者调解达成协议后，请求人民法院按照和解协议或者调解协议的内容制作判决书的，人民法院不予准许。但是，无民事行为能力人的离婚案件，由其法定代理人进行诉讼。法定代理人与对方达成协议要求发给判决书的，可根据协议内容制作判决书。

五、民事裁定书

（一）概念和功能

民事裁定书，是指人民法院在诉讼过程中，对程序问题进行处理时，依法制作和使用的法律文书。

我国《民事诉讼法》第154条规定："裁定适用于下列范围：（一）不予受理；（二）对管辖权有异议的；（三）驳回起诉；（四）保全和先予执行；（五）准许或者不准许撤诉；（六）中止或者终结诉讼；（七）补正判决书中的笔误；（八）中止或者终结执行；（九）撤销或者不予执行仲裁裁决；（十）不予执行公证机关赋予强制执行效力的债权文书；（十一）其他需要裁定解决的事项。对前款第一项至第三项裁定，可以上诉。裁定书应当写明裁定结果和作出该裁定的理由。裁定书由审判人员、书记员署名，加盖人民法院印章。口头裁定的，记入笔录。"

根据上述法律规定，需要注意以下两个问题：

①关于保全和先予执行裁定。保全和先予执行涉及对当事人实体权利的处分，但是这两种对实体权利的处分不是终局性的，仅具有暂时性和程序保障性。这两种裁定对实体权利的暂时处分仅是手段，其目的是使审判程序更具有实效性，使判决的执行更具有保障性。从本质上看，这两种裁定解决的仍然是程序问题。

②关于其他需要裁定解决的事项。其他需要裁定解决的事项，是一项弹性条款，是为了诉讼需要作出的相应规定。根据法律规定，在诉讼中，适用民事裁定的情形还包括：用简易程序审理的案件改为普通程序审理、确认司法协议有效、依职权对本院案件再审后发回重审、督促程序驳回申请人申请、终结公示催告程序、二审发回重审、二审撤回上诉、裁定驳回再审申请等。

民事裁定书适用的范围非常广泛，包括第一审程序、第二审程序、再审程序、督促程序、公示催告程序、非讼程序、执行程序等。本章主要介绍几种常用的民事裁定书。

民事裁定书的功能主要体现在以下几个方面：①民事裁定书主要是针对诉讼过程中的程序问题依法作出的裁决，目的是解决诉讼过程中出现的各种特殊情形，以保证诉讼的顺利进行。②有的民事裁定书可以成为法院的一种结案方式，例如，不予受理裁定、驳回起诉裁定、终结诉讼裁定等。③民事裁定书具有法律效力，一经依法生效，必须严格执行。

（二）结构、内容和写作方法

民事裁定书由首部、正文和尾部组成。

1. 首部

首部包括标题、案号、当事人的基本情况、诉讼代理人的身份事项。

（1）标题。应当分两行书写为"×××人民法院""民事裁定书"。

（2）案号。由立案年度、法院简称、案件性质、审判程序和案件顺序号组成。应当写为"（××××）×民×字第××号"。

（3）当事人的基本情况。当事人是自然人的，应当写明姓名、性别、出生年月日、民族、工作单位和职务或者职业、住所。当事人是法人或者其他组织的，应当写明名称、住所；另起一行写明法定代表人或者主要负责人的姓名、职务。

叙写当事人的基本情况时需要注意：不予受理起诉的，当事人称为"起诉人"；诉前财产保全的，当事人称为"申请人""被申请人"。

（4）诉讼代理人的身份事项。写法与第一审民事判决书相同。

2. 正文

正文是文书的核心内容，主要包括案由和案件来源，当事人的诉讼请求、事实和理由；法院经审查认定的理由和适用的法律，以及裁决结果等。需要注意的是，民事裁定书正文部分内容的叙写，与民事判决书的写作相比较，案由、事实部分的阐述相对要简略一些。因此，涉及法院认定事实的理由和适用的法律依据，应当写得明确。以下介绍几种常用民事裁定书的正文格式写作要求。

（1）第一审民事裁定书

①起诉不予受理用，写为：

"××××年××月××日，本院收到×××的起诉状。起诉人×××向本院提出诉讼请求：1.……；2.……（明确原告的诉讼请求）。事实和理由：……（概括原告主张的事实和理由）。

本院经审查认为，……（写明对起诉不予受理的理由）。

依照《中华人民共和国民事诉讼法》第一百一十九条、第一百二十三条规定，裁定如下：

对×××的起诉，不予受理。"

②驳回起诉用，写为：

"原告×××与被告×××……（写明案由），本院于××××年××月××日立案后，依法进行审理。

×××向本院提出诉讼请求：1.……；2.……（明确原告的诉讼请求）。事实和理由：……（概括原告主张的事实和理由）。

本院经审查认为，……（写明驳回起诉的理由）。

依照《中华人民共和国民事诉讼法》第一百一十九条/第一百二十四条第×项、第一百五十四条第一款第三项、《最高人民法院关于适用〈中华人民共和国民事诉讼法〉的解释》第二百零八条第三款规定，裁定如下：

驳回×××的起诉。"

③准许或者不准许撤诉用，分别按照以下方式叙写。"……（写明当事人及案由）一案，本院于××××年××月××日立案。原告×××于××××年××月××日向本院提出撤诉申请。

本院认为，……（写明准许/不准许撤诉的理由）。"

准许撤诉的，写为：

"依照《中华人民共和国民事诉讼法》第一百四十五条第一款规定，裁定如下：

准许×××撤诉。"

不准许撤诉的，写为：

"依照《中华人民共和国民事诉讼法》第一百四十五条第一款、《最高人民法院关于适用〈中华人民共和国民事诉讼法〉的解释》第二百三十八条第×款规定，裁定如下：

不准许×××撤诉。"

④中止、终结诉讼用，分别按照以下方式叙写。"……（写明当事人及案由）一案，本院于××××年××月××日立案。

本案在审理过程中，……（写明中止/终结诉讼的事实根据）。

本院经审查认为，……（写明中止/终结诉讼的理由）。"

中止诉讼的，写为：

"依照《中华人民共和国民事诉讼法》第一百五十条第一款第×项、第一百五十四条第一款第六项规定，裁定如下：

本案中止诉讼。"

终结诉讼的，写为：

"依照《中华人民共和国民事诉讼法》第一百五十一条第×项、第一百五十四条第一款第六项规定，裁定如下：

本案终结诉讼。"

⑤管辖权异议用，异议成立或者不成立的，分别按照以下方式叙写。

"原告×××与被告×××、第三人×××……（写明案由）一案，本院于××××年××月××日立案。

×××诉称，……（概括原告的诉讼请求、事实和理由）。

×××在提交答辩状期间，对管辖权提出异议认为，……（概括异议内容和理由）。

依照《中华人民共和国民事诉讼法》第×条、第一百二十七条第一款规定，裁定如下："

异议成立的，写为：

"×××对本案提出的管辖权异议成立，本案移送×××人民法院处理。"

异议不成立的，写为：

"驳回×××对本案管辖权提出的异议。"

其后，写为：

"案件受理费……元，由×××负担（写明负担金额、当事人姓名或者名称）。"

⑥诉讼前的财产保全用，写为：

"申请人×××于××××年××月××日向本院申请诉前财产保全，请求对被申请人×××……（写明申请财产保全措施的具体内容）。申请人×××/担保人×××以……（写明担保财产的名称、数量或者数额、所在地点等）。提供担保。

本院经审查认为，……（写明采取保全措施的理由）。依照《中华人民共和国民事诉讼法》第一百零一条、第一百零二条、第一百零三条第一款规定，裁定如下：

查封/扣押/冻结被申请人×××的……（写明保全财产的名称、数量或者数额、所在地点等），期限为……年/月/日（写明保全的期限）。

案件受理费……元，由×××负担（写明负担金额、当事人姓名或者名称）。

本裁定立即开始执行。"

⑦诉讼中的财产保全用，写为：

"……（写明当事人及案由）一案，申请人×××于××××年××月××日向本院申请诉前财产保全，请求对被申请人×××……（写明申请财产保全措施的具体内容）。申请人×××/担保人×××以……（写明担保财产的名称、数量或者数额、所在地点等）。提供担保。

本院经审查认为，……（写明采取保全措施的理由）。依照《中华人民共和国民事诉讼法》第一百条、第一百零二条、第一百零三条第一款规定，裁定如下：

查封/扣押/冻结被申请人×××的……（写明保全财产的名称、数量或者数额、所在地点等），期限为……年/月/日（写明保全的期限）。

案件受理费……元，由×××负担（写明当事人姓名或者名称、负担金额）。

本裁定立即开始执行。"

需要注意的是，上述涉及保全的民事裁定，没有担保人的，在民事裁定书中，不需要依照格式规范中的要求写明这部分内容。

⑧先予执行用，写为：

"……（写明当事人及案由）一案，申请人×××于××××年××月××日向本院申请先予执行，请求……（写明先予执行的内容）。申请人×××/担保人×××向本院提供（写明担保财产的名称、数量或数额、所在地点等）作为担保（不提供担保的，不写）。

本院经审查认为，申请人×××的申请符合法律规定。依照《中华人民共和国民事诉讼法》第一百零六条、第一百零七条规定，裁定如下：

……（写明先予执行的内容）。

案件申请费……元，由×××负担（写明当事人姓名或者名称、负担金额）。"

⑨补正判决书笔误用，写为：

"本院于××××年××月××日对……（写明当事人及案由）一案作出（××××）×民××号……（写明被补正的法律文书名称），存在笔误，应予补正。

依照《中华人民共和国民事诉讼法》第一百五十四条第一款第七项、《最高人民法院关于适用〈中华人民共和国民事诉讼法〉的解释》第二百四十五条规定，裁定如下：

（××××）×民××号……（写明被补正的法律文书名称）中，'……'（写明法律文书误写、误算，诉讼费用漏写、误算和其他笔误）补正为'……'（写明补正后的内容）。"

（2）第二审民事裁定书

①二审发回重审用，写为：

"上诉人×××因与被上诉人×××/上诉人×××及原审原告/被告/第三人×××……（写明案由）一案，不服×××人民法院（××××）×民初××号民事判决，向本院提起上诉。本院依法组成合议庭对本案进行了审理。

本院认为，……（写明原判认定基本事实不清或者严重违反法定程序的问题）。

依照《中华人民共和国民事诉讼法》第一百七十四条第一款第×项规定，裁决如下：

一、撤销×××人民法院（××××）×民初××号民事判决；

二、本案发回×××人民法院重新审理。

上诉人×××预交的二审案件受理费……元予以退回。"

②二审驳回起诉用（法院对二审案件进行审理时，发现该案件依法不应当由人民法院受理，驳回当事人的起诉），写为：

"上诉人×××因与被上诉人×××/上诉人×××及原审原告/被告/第三人×××……（写明案由）一案，不服×××人民法院×民初××号民事判决，向本院提起上诉。本院依法组成合议庭对本案进行了审理。本案现已审理终结。

×××上诉请求：……（写明上诉请求）。事实和理由：……（概述上诉人主张的事实和理由）。

×××辩称，……（概述被上诉人的答辩意见）。

×××述称，……（概述原审原告/被告/第三人陈述意见）。

×××向一审法院起诉请求：……（写明原告/反诉原告/有独立请求权的第三人的诉讼请求）。

一审法院认定事实：……（概述一审认定的事实）。一审法院认为，……（概述一审裁判理由）。判决：……（写明一审判决主文）。

本院审理查明，……（写明与驳回起诉有关的事实）。

本院认为，……（写明驳回起诉的理由）。依照《最高人民法院关于适用〈中华人民共和国民事诉讼法〉的解释》第三百三十条规定，裁定如下：

一、撤销×××人民法院（××××）×民初××号民事判决；

二、驳回×××（写明一审原告的姓名或者名称）的起诉。

一审案件受理费……元，退还（一审原告）×××；上诉人×××预交的二审案件受理费……元予以退还。

本裁定为终审裁定。"

3. 尾部

民事裁定书尾部的写法，可以参照第一审民事判决书和第二审民事判决书。但是，需要注意以下几个问题：

（1）根据我国《民事诉讼法》的规定，涉及不予受理、驳回起诉、管辖权异议的裁定，当事人不服，可以依法提起上诉。因此，涉及不予受理、驳回起诉、管辖权异议的民事裁定书，在尾部应当交代上诉权，即写明"如不服本裁定，可以在裁定书送达之日起十日内，向本院递交上诉状，上诉于×××人民法院"。

（2）涉及财产保全和先予执行的民事裁定，当事人不服，可以依法申请复议。因此，财产保全和先予执行的民事裁定书，在尾部应当交代申请复议权，即写明"如不服本裁定，可以自收到裁定书之日起五日内向本院申请复议一次。复议期间不停止裁定的执行"。

（3）申请诉前财产保全的，在民事裁定书中，交代申请复议权之后，还应当写明"申请人在人民法院采取保全措施后三十日内不依法提起诉讼或者申请仲裁的，本院将依法解除保全。"

此外，需要注意的是，在民事诉讼中，民事裁定书的适用范围非常广泛。对此，《民事诉讼文书样式》中，对各种不同类型的民事裁定书的制作格式作出了详细具体的规定，本教材限于篇幅的关系，不能一一介绍，文书制作者可以参照使用。

六、民事决定书

（一）概念和功能

民事决定书，是指人民法院针对民事诉讼中的特殊事项，依照法律规定作出决定时制作的法律文书。

所谓特殊事项，是指在诉讼程序中发生的，既非实体问题，又非纯程序问题的事项，需要立即予以解决，否则，会影响民事诉讼程序的正常、顺利进行。

民事决定书与民事判决书、民事裁定书具有较大的区别。民事决定书是针对民事诉讼中的某些特殊事项进行处理时，依法制作的法律文书。当事人不服人民法院的处理决定，不能提起上诉。民事判决书是为了解决民事诉讼中双方当事人争议的实体问题，依法制作的法律文书。除法律规定一审终审的案件外，当事人不服第一审人民法院作出的处理决定，可以针对第一审民事判决，向原审法院的上一级法院提起上诉。民事裁定书是针对民事诉讼中的某些程序问题进行处理时，依法制作的法律文书。除法律规定不能上诉的民事裁定外，有些民事裁定可以提起上诉。

民事决定书主要包括解决回避问题的民事决定书，对妨碍民事诉讼行为进行处理的民事决定书，对诉讼费用减、免、缓交申请处理的民事决定书，还有其他需要使用决定处理的事项。例如，延期审理决定书、再审决定书等。

民事决定书的功能主要在于排除诉讼中的障碍，保证诉讼程序的顺利进行。根据法律规定，民事决定一经作出，立即发生法律效力。

（二）结构、内容和写作方法

民事决定书由首部、正文和尾部组成。

1. 首部

首部包括标题、案号、当事人的基本情况。

（1）标题。应当分两行书写为"×××人民法院""民事决定书"。

（2）案号。由立案年度、法院简称、案件性质、审判程序和案件顺序号组成。应当写为"（××××）×民×字第××号"。

（3）当事人的基本情况。当事人是自然人的，应当写明姓名、性别、出生年月日、民族、工作单位和职务或者职业、住所。当事人是法人或者其他组织的，应当写明名称、住所；另起一行写明法定代表人或者主要负责人的姓名、职务。

需要注意的是，申请回避用的决定书，当事人称为"申请人"；驳回回避申请复议用的决定书，当事人称为"复议申请人"；司法拘留用的决定书，当事人称为"被拘留人"；司法罚款用的决定书，当事人称为"被罚款人"。

（4）诉讼代理人的身份事项。写法与第一审民事判决书相同。

2. 正文

正文是文书的核心内容，本章主要介绍几种常用的民事决定书的写法。具体内容如下：

（1）申请回避用的民事决定书，准予回避申请的或者驳回回避申请的，分别按照以下方式叙写。

"本院在审理/执行……（写明当事人及案由）一案中，×××于××××年××月××日申请……（写明被申请人的诉讼地位和姓名）回避，理由是：……（概述申请回避的理由）。

本院院长/审判委员会/本案审判长认为，……（写明准予或者驳回回避申请的理由）。

依照《中华人民共和国民事诉讼法》第四十七条规定，决定如下："

准予回避申请的，写为：

"准许×××提出的回避申请。"

驳回回避申请的，写为：

"驳回×××提出的回避申请。"

其后，写为：

"如不服本决定，可在接到决定书时向本院申请复议一次。"

（2）驳回回避申请复议用的民事决定书，准予复议申请的或者驳回复议申请的，分别按照以下方式叙写。

"本院在审理/执行……（写明当事人及案由）一案中，×××申请……（写明被申请人的诉讼地位和姓名）回避。本院于××××年××月××日作出（××××）××号驳回回避的申请决定后，×××不服，申请复议。理由是：……（概述申请复议的理由）。

经复议，本院院长/审判委员会/本案审判长认为，……（写明驳回或准予复议申请的理由）。

依照《中华人民共和国民事诉讼法》第四十七条规定，决定如下："

准予复议申请的，写为：

"一、撤销本院于××××年××月××日作出（××××）号驳回回避的申请决定；

二、准许×××提出的回避申请。"

驳回复议申请的，写为：

"驳回复议申请，维持原决定。"

其后，写为：

"本决定为最终决定。"

（3）司法拘留用的民事决定书，写为：

"本院在审理/执行（××××）××号……（写明当事人及案由）一案中，查明……（写明被拘留人妨碍民事诉讼的事实和予以拘留的理由）。

依照《中华人民共和国民事诉讼法》第×条规定、第一百一十五条第二款、第一百一十六条第一款、第三款规定，决定如下：

对×××拘留×日。

如不服本决定，可在收到决定书之日起三日内，口头或者书面向××××人民法院（写明上一级人民法院名称）申请复议一次。复议期间，不停止本决定的执行。"

（4）司法罚款用的民事决定书，写为：

"本院在审理/执行（××××）××号……（写明当事人及案由）一案中，查明……（写明被拘留人妨碍民事诉讼的事实和予以拘留的理由）。

依照《中华人民共和国民事诉讼法》第×条规定、第一百一十五条第一款、第一百一十六条第一款、第三款规定，决定如下：

对×××罚款……元，限于××××年××月××日前交纳。

如不服本决定，可在收到决定书之日起三日内，口头或者书面向××××人民法院（写明上一级人民法院名称）申请复议一次。复议期间，不停止本决定的执行。"

3. 尾部

尾部应写明年月日，并加盖人民法院院印。

第三节　行政裁判文书

一、第一审行政判决书

（一）概念和功能

第一审行政判决书，是指第一审人民法院在受理行政诉讼案件后，依照我国《行政诉讼法》的规定，对审理终结的第一审行政案件，依照法律、行政法规和地方性法规，参照有关行政规章，就案件的实体问题作出处理决定时，制作和使用的法律文书。

第一审行政判决书主要具有以下两个特点：①遵守法律规定。第一审行政判决书应当依法制作。根据我国《行政诉讼法》的规定，第一审行政判决书解决的是当事人之间争议的实体性问题，即被诉的具体行政行为是否合法。如果是解决案件审理中的某些程序问题，不能使用行政判决书，只能使用行政裁定书。②符合格式要求。最高人民法院行政诉讼文书格式样本中，对第一审行政判决书的制作规定了详细、具体的文书格式，文书制作者应当严格按照文书格式要求制作文书。

第一审行政判决书的功能主要体现在以下几个方面：①第一审行政判决书是对国家行政机关作出的具体行政行为是否合法，作出的公正评判。②第一审行政判决书是确定当事人之间的行政权利义务关系，纠正行政违法行为，调整行政法律关系的工具。③第一审行政判决书是监督行政机关依法行政，维护当事人合法权益的载体。

根据最高人民法院对行政诉讼文书样式的规定，第一审行政判决书包括：请求撤销、变更行政行为类，请求履行法定职责类，请求给付类，请求确认违法或无效类，复议机关作为共同被告类，行政裁决类，一并审理民事案件类，行政协议类，行政赔偿类十类文书。这些文书在写作方法和要求上大同小异，只是由于案件类型不同，在事实、理由、法律依据、判决结果的叙写上略有差异。因此，本教材主要以请求撤销、变更行政行为类第一审行政判决书的叙写为例，提纲挈领予以介绍。

（二）结构、内容和写作方法

第一审行政判决书由首部、正文和尾部组成。

1. 首部

首部包括标题、案号、当事人的基本情况、诉讼代理人的身份事项，以及案由、审判组织、审判方式和开庭审理经过。

（1）标题。应当分两行书写为"××××人民法院""行政判决书"。

（2）案号。由立案年度、法院简称、案件性质、审判程序和案件顺序号组成。应当写为"（××××）×行初字第××号"。例如，北京市西城区人民法院2019年立案的第18号行政案件，应当写为："（2019）西行初字第18号"。

（3）当事人的基本情况。应当写明原告、被告的基本情况。

叙写原告基本情况，需要注意以下几点：

①当事人是自然人的，应当写明姓名、性别、出生年月日、民族、工作单位和职务或者职业、住所。

②当事人是法人或者其他组织的，应当写明名称、住所；另起一行写明法定代表人或者主要负责人的姓名、职务。

③有第三人的，也应当写明第三人的基本情况。

叙写被告基本情况时需要注意，在行政诉讼中，被诉的主体只能是行政机关。因此，在被告基本情况中，应当写明被告行政机关的名称、所在地址、法定代表人的姓名和职务。

（4）诉讼代理人的身份事项。当事人是无民事行为能力人或者限制民事行为能力人的，应当写明法定代理人或者指定代理人的姓名、住所，并在姓名后括注与当事人的关系。当事人及其法定代理人委托诉讼代理人的，应当写明委托诉讼代理人的诉讼地位、姓名。

（5）案由、审判组织、审判方式和开庭审理经过。根据行政诉讼文书样式的要求，这一部分应当表述为：

"原告×××不服被告×××（行政主体名称）……（行政行为），于××××年××月××日向本院提起行政诉讼。本院于××××年××月××日立案后，于××××年××月××日向被告送达了起诉状副本及应诉通知书。本院依法组成合议庭，于××××年××月××日公开（或不公开）开庭审理了本案。……（写明到庭参加庭审活动的当事人、行政机关负责人、诉讼代理人、证人、鉴定人、勘验人和翻译人员等）到庭参加诉讼。……（写明发生的其他重要程序活动，如被批准延长本案审理期限等情况）。本案现已审理终结。"

叙写这部分内容，需要注意以下几点：

①有第三人参加诉讼的，可以选择使用"因×××与本案被诉行政行为或与案件处理有利害关系，本院依法通知其为第三人参加诉讼"。如果是公民、法人或者其他组织申请作为第三人参加诉讼的，应写为"因×××与本案被诉行政行为有利害关系，经×××申请，本院依法准许其为第三人参加诉讼"。

②当事人经合法传唤无正当理由未到庭的，应当写明"×告×××经本院合法传唤，无正当理由拒不到庭"。

③进行证据交换或召开庭前会议的，应写明"本院于××××年××月××日组织原告、被告及第三人进行了证据交换（或召开庭前会议），并送达了证据清单副本"。

④有被批准延长审理期限情况的，应当写明批准延长审理期限批复的文号。

⑤涉及不公开开庭审理的，应当写明不予公开的理由。

2. 正文

正文是文书的核心内容，应当写明事实、理由、裁判依据和判决主文。

（1）事实。事实部分主要由以下几部分组成：行政行为的叙述部分，当事人诉辩意见部分，当事人举证、质证和法庭认证部分，法庭"经审理查明"部分。这些不同的部分既可以互相独立，自成段落；也可以根据案情和证据、事实和当事人争议的具体内容，互相融合，无须使用固定的相互独立样式。特别需要注意的是，要灵活区分当事人有争议的事实和无争议的事实；事实问题是当事人争议焦点的，也可采取灵活方式处理，留待"本院认为"部分再予认定。

叙写事实部分，应当注意以下几个问题。

①行政行为的叙述部分。行政行为的叙述部分，应当注意详略得当。一般应当写明行政行为认定的主要事实、定性依据，以及处理结果等核心内容，通过简洁的表述说明案件的诉讼标的；行政行为内容较为简单的，也可以全文引用；行政行为理由表述有歧义，被告在答辩中已经予以明确的，也可以被告明确后的理由为准。

②当事人诉辩意见部分。当事人诉辩意见部分内容的叙写，与当事人提供的证据相关联。当事人诉辩意见与当事人提供证据的撰写次序应当注意逻辑关系，因案而定。

当事人的诉辩意见部分，既要尊重当事人原意，也要注意归纳总结；既避免照抄起诉状、答辩状或者第三人的陈述，又不宜删减当事人的理由要点。对于原告、被告以及第三人诉讼请求的记载，应当准确、完整。

证据部分内容的撰写应当注意以下几个方面的问题：

一是一般情况下，写明当事人的诉辩意见后，即可写明其提供的相关证据。如果当事人提供的证据有较强的关联性，合并叙述更有利于综合反映案件证据情况的，也可酌情将当事人的证据合并叙述。总之，对证据的列举可以结合案情，既可以分别逐一列举证据，写明证据的名称、内容以及证明目的；也可以综合分类列举证据，并归纳证明目的。当事人提供的证据浩繁的，也可以概括说明。

二是对于当事人超过法定举证期限提供的证据，人民法院予以采纳的，应当列明于判决并说明理由。当事人在法定期限内未提交证据的，应当予以说明。

三是对于法院根据原告、第三人的申请调取的证据，可以作为原告、第三人提交的证据予以载明；对于法院依职权调取的证据，则应当单独予以说明。对于当事人、第三人在诉讼中申请调取证据，法院决定不予调取的，应当在判决书中予以记载。

四是对于申请调取的证据较多，难以一一列举的，也可以概括说明。

五是对于根据当事人、第三人的申请，委托鉴定部门进行鉴定的，需写明鉴定部门、鉴定事项和鉴定结论以及当事人、第三人的意见。

③当事人举证、质证和法庭认证部分。这部分内容的叙写，需要注意以下几点：

一是"经庭审质证"和"认证如下"部分，应当注意因案而异、繁简得当。既可以一证"一质一认"，也可以按不同分类综合举证、质证和认证。

二是对于当事人无争议的证据或者与案件明显无关联的证据，可以通过归纳概括等方式，简要写明当事人的质证意见；对于证据浩繁的案件，可以归纳概括当事人的主要质证意见。

三是法院对证据的认证意见应当明确，对于当事人有争议的证据，特别是对行政行为的合法性有影响的证据，应当写明采纳或者不予采纳的理由。

四是案件的争议主要集中在事实问题的，也可将对证据的具体质证、认证意见与案件的争议焦点结合起来，置于"本院认为"部分论述。

④法庭"经审理查明"部分。这部分内容在叙写时，需要注意以下几点：

一是生效裁判文书确认的事实一般具有法定的证明力，因此事实部分应当准确、清晰。认定的事实应当是法官基于全案的证据能够形成内心确信的事实；通过推定确认事实必须要有依据，符合证据法则。

二是事实的叙述可以根据具体案情采用时间顺序，也可以灵活采用其他叙述方式，以能够逻辑清晰地反映案件情况为原则。

三是避免事无巨细的罗列，或者简单地记流水账，应当结合案件的争议焦点等，做到繁简适当，与案件裁判结果无关的事实，可以不认定。

四是可以根据具体案情以及争议焦点，采取灵活多样的方式记载案件事实。例如，必要时可以摘抄证据内容；对于内容繁杂的，也可以在事实部分采用指引证据目录或证据名称等方式予以说明。

五是要通过组织当事人庭前交换证据或召开庭前会议等方式，及时确定当事人无争议的案件事实，发现当事人有争议的事实和法律适用等。

根据2015年《民诉法司法解释》第225条的规定，根据案件具体情况，庭前会议可以包括下列内容：明确原告的诉讼请求和被告的答辩意见；审查处理当事人增加、变更诉讼请求的申请和提出的反诉，以及第三人提出的与本案有关的诉讼请求；根据当事人的申请决定调查收集证据，委托鉴定，要求当事人提供证据，进行勘验，进行证据保全；组织交换证据；归纳争议焦点；进行调解。

如果庭审前经过证据交换或者庭前会议，或者在庭审辩论时，当事人对合议庭归纳的无争议事实均认可，那么事实部分可以分为两个层次叙写：第一个层次写"对以下事实，各方当事人均无异议，本院依法予以确认"；第二个层次写"本院另认定以下事实"，主要写当事人可能有异议、本院依法认定的案件事实。

⑤表述案件事实，应注意保守国家秘密，保护当事人的商业秘密和个人隐私。

（2）理由。判决书在查明事实的基础上，应当阐述判决的理由，以为判决结果的确定奠定基础。因此，理由部分要根据查明的事实和有关法律、法规和法学理论，就行政主体所作的行政行为是否合法、原告的诉讼请求是否成立等进行分析论证，阐明判决的理由。

理由部分的叙写，主要需要注意以下几个问题：

①理由部分内容的阐述，由"本院认为"引出，这部分内容的阐述应当注意主次分明，重点突出、详略得当。对于争议焦点，应当详细论述；对于无争议的部分，可以简写。

②阐述理由时，应当注意加强对法律规定以及相关法理的阐释，除非法律规定十分明确，一般应当避免援引规定就直接给出结论的简单论述方式。

③原告请求对行政行为所依据的规范性文件一并进行合法性审查的，在对规范性文件进行审查后，应依照行政诉讼法及司法解释的规定，对规范性文件的合法性以及能否作为认定被诉行政行为合法性的依据予以阐明。

（3）裁判依据。根据案件的不同需要，理由部分在援引法律依据时，需要注意以下几个问题：

①既可以写明整个条文的内容，也可以摘抄与案件相关的内容。

②条文内容较多的，也可以只援引法律条款，将具体内容附在判决书的附录部分，兼顾表述的准确性和文书的可读性。

③对于在理由部分已经论述过的实体法律规范,在"判决如下"前可以不再重复援引。

④直接作为判决结果依据的法律规范,一般应当按照先行政诉讼法、后司法解释的次序排列,并写明具体规定的条、款、项、目。

(4) 判决主文。判决主文,是指人民法院对当事人之间的行政争议作出的实体处理结论。判决结果部分内容的叙写,应当做到明确、具体、完整。根据我国《行政诉讼法》的规定,判决结果的写法,主要有以下几种情形。

①驳回原告诉讼请求的,写为:

"驳回原告×××的诉讼请求。"

②撤销被诉行政行为的,写为:

"一、撤销被告×××(行政主体名称)作出的(××××)××字第×××号……(行政行为名称);

二、责令被告×××(行政主体名称)在××日内重新作出行政行为(不需要重作的,此项不写;不宜限定期限的,期限不写)。"

③部分撤销被诉行政行为的,写为:

"一、撤销被告×××(行政主体名称)作出的(××××)××字第××号……(行政行为名称)的第××项,即……(写明撤销的具体内容);

二、责令被告×××(行政主体名称)在××日内重新作出行政行为(不需要重作的,此项不写;不宜限定期限的,期限不写);

三、驳回原告×××的其他诉讼请求。"

④根据行政诉讼法第七十七条的规定,判决变更行政行为的,写为:

"变更被告×××(行政主体名称)作出的(××××)××字第××号……(写明行政行为内容或者具体项),改为……(写明变更内容)。"

3. 尾部

尾部应依次写明诉讼费用的负担、交代上诉的权利、署名和日期、附录等内容。

(1) 诉讼费用的负担。案件受理费,写明"案件受理费……元"。单方负担案件受理费的,写明"由×××负担"。分别负担案件受理费的,写明"由×××负担……元,×××负担……元"。

(2) 交代上诉权利。应当写明"如不服本判决,可以在判决书送达之日起十五日内向本院递交上诉状,并按对方当事人的人数提出副本,上诉于×××人民法院"。

(3) 署名和日期。包括合议庭署名、日期、书记员署名、院印。审理行政案件,一律实行合议制,不存在独任审判员署名问题。合议庭的审判长,不论审判职务，均署名为"审判长"；合议庭成员有审判员的，署名为"审判员"；有助理审判员的，署名为"代理审判员"；有陪审员的，署名为"人民陪审员"。书记员，署名为"书记员"。合议庭按照审判长、审判员、代理审判员、人民陪审员的顺序分行署名。日期为作出判决的日期，即判决书的签发日期。在判决的日期上，应当加盖人民法院的印章。在判决日期的下方，应当由书记员署名。

（4）附录。根据案件的不同需要，可将判决书中的有关内容载入附录部分。例如，将判决书中所提到的法律规范条文附上，以供当事人全面了解有关法律规定的内容。一般应当按照先实体法律规范，后程序法律规范；先上位法律规范，后下位法律规范；先法律，后司法解释等次序排列，并按"1、2、3"序号列明。另外，群体诉讼案件中原告名单及其身份情况、知识产权案件中的图案等均可以列入此部分。

此外，制作第一审行政判决书时，还需要注意以下两个问题：

①第一审行政判决书的制作主体是第一审人民法院。根据我国《行政诉讼法》的规定，基层人民法院管辖第一审行政案件。中级人民法院管辖下列第一审行政案件：对国务院部门或者县级以上地方人民政府所作的行政行为提起诉讼的案件；海关处理的案件；本辖区内重大、复杂的案件；其他法律规定由中级人民法院管辖的案件。高级人民法院管辖本辖区内重大、复杂的第一审行政案件。最高人民法院管辖全国范围内重大、复杂的第一审行政案件。各级人民法院适用第一审程序审理行政案件，依法作出裁决，都需要制作第一审行政判决书。

②人民法院审理行政案件实行合议制。合议制是合议原则的具体体现，合议原则是人民法院在行政审判工作中，实行民主集中制原则的具体体现。由于行政案件案情一般都比较复杂，审理难度大，法律规定案件审判不适用独任制，需要组成合议庭进行审判。采用合议制审判行政案件，可以依靠集体的智慧，集思广益，保证办案质量。因此，人民法院审判行政案件的组织形式只有合议制一种，第一审行政判决书的署名应当是合议庭组成人员。

二、第二审行政判决书

（一）概念和功能

第二审行政判决书，是指第二审人民法院在收到当事人不服一审判决提起上诉的行政案件后，按照第二审程序审理终结，就案件的实体问题依法作出维持原判或者改判的决定时，制作和使用的法律文书。

我国《行政诉讼法》第 85 条规定，当事人不服人民法院第一审判决的，有权在判决书送达之日起十五日内向上一级人民法院提起上诉。当事人不服人民法院第一审裁定的，有权在裁定书送达之日起十日内向上一级人民法院提起上诉。逾期不提起上诉的，人民法院的第一审判决或者裁定发生法律效力。第 87 条规定，人民法院审理上诉案件，应当对原审人民法院的判决、裁定和被诉行政行为进行全面审查。

第二审行政判决书的功能主要体现在以下几个方面：①有利于纠正第一审行政判决书中可能发生的错误。②有利于维护当事人的合法权益。③有利于上级人民法院对下级人民法院的行政审判工作进行监督。

（二）结构、内容和写作方法

第二审行政判决书由首部、正文和尾部组成。

1. 首部

首部包括标题、案号、当事人的基本情况、诉讼代理人的身份事项，以及案由、审判组织、审判方式和开庭审理经过。

（1）标题。应当分两行书写为"×××人民法院""行政判决书"。

（2）案号。由立案年度、法院简称、案件性质、审判程序和案件顺序号组成。应当写为"（××××）×行终字第××号"。例如，北京市第二中级人民法院 2019 年立案的第 18 号行政案件，应当写为"（2019）二中行终字第 18 号"。

（3）当事人的基本情况。应当写明上诉人、被上诉人的基本情况及原审地位。

叙写这部分内容，需要注意以下几点：

①原告、被告和第三人都提出上诉的，可并列为"上诉人"。

②当事人中一人或者部分人提出上诉，上诉后是可分之诉的，未上诉的当事人在法律文书中可以不列；上诉后仍是不可分之诉的，未上诉的当事人可以列为"被上诉人"。

③上诉案件当事人中的代表人、诉讼代理人等，分别在该当事人项下另起一行列项书写。

（4）诉讼代理人的身份事项。具体写作要求，与第一审行政判决书相同。

（5）案由、审判组织、审判方式和开庭审理经过。我国《行政诉讼法》第 86 条规定，人民法院对上诉案件，应当组成合议庭，开庭审理。经过阅卷、调查和询问当事人，对没有提出新的事实、证据或者理由，合议庭认为不需要开庭审理的，也可以不开庭审理。

根据上述法律规定，第二审法院审理民事案件以开庭审理为原则，不开庭审理为例外。因此，案由、审判组织、审判方式和开庭审理经过的叙写也存在区别。具体可以写为：

"上诉人×××因……（写明案由）一案，不服×××人民法院（××××）×行初字第××号行政判决，向本院提起上诉。本院依法组成合议庭，公开（或不公开）开庭审理了本案。……（写明到庭的当事人、诉讼代理人等）到庭参加诉讼。本案现已审理终结（未开庭的，写'本院依法组成合议庭，对本案进行了审理，现已审理终结'）。"

2. 正文

正文部分是文书的核心内容，主要包括事实、理由和判决结果。

（1）事实。第二审行政判决书的事实部分，由两部分内容组成，即双方当事人争议的事实和人民法院经审查认定的事实。

①双方当事人争议的事实。应当概括写明原审认定的事实、理由和判决结果，简述上诉人的上诉请求及其主要理由和被上诉人的主要答辩的内容，以及原审第三人的陈述意见。叙写这部分内容需要注意的是，应当概括、简练，抓住争执焦点，防止照抄原判决书、上诉状和答辩状的内容，又使阐述不失原意。

当事人在二审期间又提出新证据的，应当写明二审是否采纳以及质证的情况，并说明理由。如果没有提出新证据，则不用叙写。

②人民法院经审查认定的事实。这部分内容的叙写，应当由"经审理查明"引出，写明二审认定的事实和证据。一般情况下，二审认定事实与一审一致的，可写为"本院经审理查明的事实与一审判决认定的事实一致，本院予以确认"；与一审认定的主要事实基本一致，但在个别事实作出新的认定的，可写为"本院经审理查明的事实与一审判决认定的事实基本一致。但一审认定的……事实不当，应认定为……"。如果二审认定的事实是一审未认定的，可写为"本院另查明：……"。

叙写这部分内容，需要注意以下几点：

一是如果原审判决事实清楚，上诉人亦无异议，则只需简要地确认原判认定的事实即可。

二是如果原判事实认定清楚，但上诉人提出异议的，则应当对有异议的问题进行重点论述，表明是否确认。

三是如果原审判决认定事实不清、证据不足，经二审查明事实后改判的，则应具体叙述查明的事实和有关证据，予以澄清。

（2）理由。理由是判决书的核心内容，这部分内容的叙写，应当由"本院认为"引出，写明法院作出判决的理由和判决依据的法律条款。

①法院作出判决的理由。这部分内容的阐述，要有针对性和说服力，要注重事理分析和法理分析，兼顾全面审查和重点突出。针对上诉请求和理由，重点围绕争

议焦点，就原审判决及被诉行政行为是否合法，上诉理由是否成立，上诉请求是否应予支持等，阐明维持原判或者撤销原判予以改判的理由。

②判决依据的法律条款。引用法律条文应当明确、具体，具有针对性。除引用程序法的条款外，还需要引用实体法的条款作为法律依据。

（3）判决结果。我国《行政诉讼法》第89条规定："人民法院审上诉案件，按照下列情形，分别处理：（一）原判决、裁定认定事实清楚，适用法律、法规正确的，判决或者裁定驳回上诉，维持原判决、裁定；（二）原判决、裁定认定事实错误或者适用法律、法规错误的，依法改判、撤销或者变更；（三）原判决认定基本事实不清、证据不足的，发回原审人民法院重审，或者查清事实后改判。（四）原判决遗漏当事人或者违法缺席判决等严重违反法定程序的，裁定撤销原判决，发回原审人民法院重审。原审人民法院对发回重审的案件作出判决后，当事人提起上诉的，第二审人民法院不得再次发回重审。人民法院审理上诉案件，需要改变原审判决的，应当同时对被诉行政行为作出判决。"

根据上述法律规定，第二审人民法院作出的判决，判决结果主要分为以下几种情形。

①维持原审判决的，写为：

"驳回上诉，维持原判。"

②对原审判决部分维持、部分撤销的，写为：

"一、维持×××人民法院（××××）×行初字第××号行政判决第×项，即……（写明维持的具体内容）；

二、撤销×××人民法院（××××）×行初字第××号行政判决第×项，即……（写明撤销的具体内容）；

三、……（写明对撤销部分作出的改判内容。如无须作出改判的，此项不写）。"

③撤销原审判决，驳回原审原告的诉讼请求的，写为：

"一、撤销×××人民法院（××××）×行初字第××号行政判决；

二、驳回×××（当事人姓名）的诉讼请求。"

④撤销原审判决，同时撤销或变更行政机关的行政行为的，写为：

"一、撤销×××人民法院（××××）×行初字第××号行政判决；

二、撤销（或变更）×××（行政主体名称）××××年××月××日（××××）×××字第××号……（写明具体行政行为或者复议决定名称或其他行政行为）；

三、……（写明二审法院改判结果的内容。如无须作出改判的，此项不写）。"

3. 尾部

尾部应依次写明诉讼费用的负担、判决书的效力、署名和日期、附录等内容。

（1）诉讼费用的负担。关于二审诉讼费用的负担，要区别情况作出决定。对驳回上诉，维持原判的案件，二审诉讼费用由上诉人承担；双方当事人都提出上诉的，由双方分担。对撤销原判，依法改判的案件，应同时对一、二两审的各项诉讼费用由谁负担，或者共同分担的问题作出决定，相应地变更一审法院对诉讼费用负担的决定。

（2）判决书的效力。应当写明"本判决为终审判决"。

（3）署名和日期。包括合议庭署名、日期、书记员署名、院印。合议庭的审判长，不论审判职务，均署名为"审判长×××"；合议庭成员有审判员的，署名为"审判员×××"。书记员，署名为"书记员×××"。合议庭按照审判长、审判员的顺序分行署名。日期为作出判决的日期，即判决书的签发日期。在作出判决的日期上，应当加盖人民法院的印章。在作出判决日期的下方，应当由书记员署名。

（4）附录。根据案件的不同需要，可将判决书中的有关内容载入附录部分。

此外，在制作第二审行政判决书时，还需要注意以下两个问题。

①第二审行政判决书与第一审行政判决书的区别。两者之间的区别，主要体现在以下两个方面：一是适用的法律程序不同。第一审行政判决书适用第一审程序；第二审行政判决书适用第二审程序。二是针对的对象不同。第一审行政判决书针对被诉具体行政行为是否合法进行审查裁决；第二审行政判决书针对第一审判决的内容是否正确合法进行全面审查裁决。

②根据我国《行政诉讼法》的规定，人民法院审理上诉案件，应当在收到上诉状之日起三个月内作出终审判决。有特殊情况需要延长的，由高级人民法院批准；高级人民法院审理上诉案件需要延长的，由最高人民法院批准。

三、行政裁定书

（一）概念和功能

行政裁定书，是指人民法院根据行政诉讼法及相关司法解释的规定，在审理行政诉讼案件过程中，为解决有关程序问题制作的法律文书。

最高人民法院发布的《关于执行〈中华人民共和国行政诉讼法〉若干问题的解释》第63条规定："裁定适用于下列范围：（一）不予受理；（二）驳回起诉；（三）管辖异议；（四）终结诉讼；（五）中止诉讼；（六）移送或者指定管辖；

（七）诉讼期间停止具体行政行为的执行或者驳回停止执行的申请；（八）财产保全；（九）先予执行；（十）准许或者不准许撤诉；（十一）补正裁判文书中的笔误；（十二）中止或者终结执行；（十三）提审、指令再审或者发回重审；（十四）准许或者不准许执行行政机关的具体行政行为；（十五）其他需要裁定的事项。对第（一）、（二）、（三）项裁定，当事人可以上诉。"

行政裁定书是人民法院依法行使审判权，对行政诉讼案件有关程序问题作出处理决定的书面记载和法律凭证。

（二）结构、内容和写作方法

行政裁定书由首部、正文和尾部组成。

1. 首部

首部包括标题、案号、当事人的基本情况等。

（1）标题。应当分两行书写为"×××人民法院""行政裁定书"。

（2）案号。案号由立案年度、法院简称、案件性质、审判程序和案件顺序号组成。应当写为"（××××）×行×字第××号"。

（3）当事人的基本情况。应当写明原告和被告的基本情况，具体写法参见第一审行政判决书。需要注意的是，不予立案用的行政裁定书，当事人称为"起诉人"。二审发回重审用行政裁定书，当事人称为"上诉人"和"被上诉人"。

2. 正文

正文是文书的核心内容，主要应当写明裁定事项和裁决结果。根据诉讼文书格式的要求，需要裁决事项的不同，文书正文叙写内容也存在差别。以下举几例常用的行政裁定书正文的写作要求，具体内容如下：

（1）不予立案用的行政裁定书，正文表述为：

"××××年××月××日，本院收到×××的起诉状（口头起诉的，注明起诉方式），……（概括写明起诉的事由）。

本院认为，……（写明不予立案的理由）。依照……（写明裁定依据的行政诉讼法以及相关司法解释的条、款、项、目）的规定，裁定如下：

对×××的起诉，本院不予立案。"

（2）驳回起诉用的行政裁定书，正文表述为：

"原告×××诉被告×××……（写明案由）一案，本院受理后，依法组成合议庭（或依法由审判员×××独任审判），公开（或不公开）开庭审理了本案，现已审理终结（未开庭的，写'本院依法进行了审理，现已审理终结'）。

……（概括写明原告起诉的事由）。

……（各方当事人对案件是否符合起诉条件有争议的，围绕争议内容分别概括写明原告、被告、第三人的意见及所依据的事实和理由；如果没有，此项不写）。

经审理查明，……（各方当事人对案件是否符合起诉条件的相关事实有争议的，写明法院对该事实认定情况；如果没有，此项不写）。

本院认为，……（写明驳回起诉的理由）。依照……（写明裁定依据的行政诉讼法以及相关司法解释的条、款、项、目，如《最高人民法院关于适用〈中华人民共和国行政诉讼法〉若干问题的解释》第三条第一款）的规定，裁定如下：

驳回原告×××的起诉。"

（3）一审准予或者不准予撤回起诉用的行政裁定书，正文表述为：

"本院在审理原告×××诉被告×××……（写明案由）一案中，原告×××……（简要写明原告提出的撤诉请求和理由）。

本院认为，……（写明准许撤诉或不准许撤诉的理由）。依照《中华人民共和国行政诉讼法》第六十二条的规定，裁定如下：

……（写明裁定结果）。"

（4）先予执行用的行政裁定书，正文表述为：

"本院在审理原告×××诉被告×××……（写明案由）一案中，原告×××于××××年××月××日向本院提出先予执行的申请，要求……（概括写明请求的具体内容）。

本院认为，……（写明决定先予执行的理由）。依照《中华人民共和国行政诉讼法》第五十七条的规定，裁定如下：

……（写明先予执行的内容及其时间和方式）。"

（5）中止或终结诉讼用行政裁定书，正文表述为：

"本院在审理原告×××诉被告×××……（写明案由）一案中，……（写明中止或终结诉讼的事实根据）。依照……（写明裁定依据的法律以及相关司法解释的条、款、项、目）的规定，裁定如下：

……（写明裁定结果）。"

（6）二审发回重审用行政裁定书，正文表述为：

"上诉人×××因……（写明案由）一案，不服×××人民法院（××××）×行初字第××号行政判决，向本院提起上诉。本院受理后，依法组成合议庭，公开（不公开）开庭审理了本案（未开庭的，写'本院受理后，依法组成合议庭审理了本案'）。

上诉人×××上诉称，……

被上诉人×××答辩称，……

原审第三人（或者一审判决的其他称谓）述称，……

经审理查明，……（经审理查明的案件事实内容，主要写据以作出发回重审裁定的相关事实，与发回重审无关的可少写或不写）。

本院认为，……（写明发回重审的理由，概括指引如何操作）。依照……（写明裁定依据的法律以及相关司法解释的条、款、项、目）的规定，裁定如下：

一、撤销×××人民法院（××××）×行初字第××号行政判决；

二、发回×××人民法院重审。"

（7）依职权提审或者指令下级法院再审用行政裁定书，表述为：

"原告×××诉被告×××……（写明案由）一案，×××人民法院已于××××年××月××日作出（××××）×行×字××号行政判决（裁定或调解书），该判决（裁定或调解书）已发生法律效力。在……（简要写明发现途径）中，本院发现，……（简要写明发现的问题）。本院依法组成合议庭对本案进行审查，现已审查终结。

本院认为，……（简要写明提起再审的事实、法律、程序等理由）。经本院审判委员会讨论（未经审判委员会讨论的不写此项），依照《中华人民共和国行政诉讼法》第九十二条第二款的规定，裁定如下：

……（写明裁定结果）。"

3. 尾部

尾部的写法，与第一审行政判决书基本相同。具体写作时，需要注意以下几点：

①一审准予或者不准予撤回起诉用的行政裁定书，裁定准予撤诉的，裁定书的尾部应当写明诉讼费用的负担。裁定不准予撤诉的，裁定书的尾部不需要写明诉讼费用的负担。中止或终结诉讼用行政裁定书，尾部应当写明诉讼费用的负担。

②不予立案、驳回起诉用的行政裁定书，尾部需要交代上诉事项，应当写明：

"如不服本裁定，可在裁定书送达之日起十日内，向本院递交上诉状，并按对方当事人的人数提出副本，上诉于××××人民法院。"

③先予执行用的行政裁定书，尾部需要交代复议事项，即写明：

"本裁定书送达后立即执行。如不服本裁定，可以向本院申请复议一次。复议期间不停止裁定的执行。"

④最后，需要由合议庭组成人员署名，写明裁定日期和书记员署名。

本章小结

　　本章介绍的是人民法院民事、行政裁判文书，共分三节，第一节全面概括地介绍了民事、行政裁判文书的概念、特点、功能和分类，第二节、第三节分别介绍了具体的民事、行政裁判书。本章的学习重点是第一审民事判决书、第二审民事判决书、民事调解书、民事裁定书、第一审行政判决书、第一审行政裁定书。通过本章内容的学习，学生应全面了解人民法院民事、行政裁判文书的基本内容及其分类；理解和领会人民法院民事、行政裁判文书的概念、特点和功能，再审民事判决书、民事决定书、第二审行政判决书、第二审行政裁定书等文书的概念、功能、结构、内容和写作方法；掌握第一审民事判决书、第二审民事判决书、民事调解书、民事裁定书、第一审行政判决书、第一审行政裁定书等文书的概念、功能、结构、内容和写作方法，并达到能用、会写的程度。

思考题

1. 简述民事裁判文书的概念、种类和功能。
2. 第一审民事判决书的正文部分应当写明哪些内容？
3. 简述第二审民事判决书的概念和功能。
4. 第二审民事判决书的事实部分应当写明哪些内容？
5. 简述民事调解书与民事判决书的区别。
6. 民事调解书的正文部分应当写清哪些内容？
7. 简述民事裁定书的概念和功能。
8. 叙写民事裁定书的尾部应当注意哪些问题？
9. 第一审行政判决书的正文部分应当写明哪些内容？
10. 简述第二审行政判决书的概念和功能。
11. 简述行政裁定书的概念、功能和适用范围。
12. 根据以下案情材料，拟写一份第一审民事调解书。

　　20××年6月28日，××县人民法院立案受理了程某诉吴某恢复原状、财产损害赔偿纠纷一案。依法由审判员曹某适用简易程序公开开庭进行了审理。双方当事人均到庭参加诉讼，本案现已审理终结。

　　在案件审理过程中，经法院主持调解，双方当事人自愿达成如下协议：（1）程某自愿放弃要求吴某赔偿1 000元的诉讼请求；（2）吴某自愿承担将程某家水田恢复原状的人工费用并负责装车；（3）程某自愿承担将在吴某家门口水田恢复原状拖泥的运输费用；本案受理费××元，减半收取为××元，程某自愿承担。

具体案情如下：程某与吴某系邻居，程某承包的水田位于吴某家门口。20××年底，因××大道延伸段建设需要，程某祖母的墓地需要迁移，程某将祖母的墓地迁到××阳庭下郭某承包的荒山山脚下，不料所迁地址归属郭某所有还是归属吴某所有存在争议，吴某提出要求程某将其房屋门前的水田让给自己做坪，程某不同意。后程某将坟迁走，但吴某强行往程某的水田里填土约50平方米，欲将程某的承包土地强占为坪。程某认为，吴某的行为已经对程某的农业生产造成影响，为维护自己的合法权益，向人民法院提起诉讼。

20××年6月29日，×××人民法院制作调解书，调解书的案号是：(20××)×民初字第56号。书记员是李某。

当事人的基本情况：程某，男，1968年出生，汉族，××省××县人，农民，住××县。吴某，男，1950年出生，汉族，××省××县人，农民，住××省××县。

第六章 监狱法律文书

学习目标

通过本章内容的学习，学生要在全面了解监狱法律文书的概念、功能和分类的基础上，掌握教材中介绍的各类常用的监狱法律文书的概念、功能、结构、内容和写作方法，并达到能用、会写的要求。

第一节 监狱法律文书概述

一、监狱法律文书的概念、功能

监狱法律文书，也称监狱执法文书，是指根据我国《刑事诉讼法》和《中华人民共和国监狱法》（简称《监狱法》）的规定，监狱为处理有关执行刑罚和改造罪犯的法律事务而制作的法律文书的总称。

我国《监狱法》第2条规定，监狱是国家的刑罚执行机关。依照刑法和刑事诉讼法的规定，被判处死刑缓期二年执行、无期徒刑、有期徒刑的罪犯，在监狱内执行刑罚。第3条规定，监狱对罪犯实行惩罚和改造相结合、教育和劳动相结合的原则，将罪犯改造成为守法公民。第4条规定，监狱对罪犯应当依法监管，根据改造罪犯的需要，组织罪犯从事生产劳动，对罪犯进行思想教育、文化教育、技术教育。

监狱法律文书的功能主要体现在以下几个方面：①监狱法律文书是我国监狱对罪犯执行刑罚、进行改造全部活动的忠实记录。②监狱法律文书是体现党和国家对罪犯采取惩办与宽大相结合的政策，促使罪犯接受改造，改恶从善，重新做人的生动教材。③监狱法律文书是对罪犯进行奖励或者惩处的凭据，是促使罪犯认罪服法，接受法律制裁的武器。

二、监狱法律文书的分类

早在 1982 年 6 月，主管监狱的公安部就制定发布了《劳动改造机关执法文书格式》，共计 32 种。该文书格式的制定，对规范监狱法律文书的制作，提高监狱法律文书的制作质量具有较为重要的意义。1983 年，监狱工作交由司法部管理，司法部监狱管理局又陆续补充制定了一些文书格式。为了适应监狱工作的发展变化，进一步提高监狱法律文书的制作质量，根据我国《刑法》《刑事诉讼法》和《监狱法》的有关规定，司法部监狱管理局对监狱法律文书进行了全面的制定，于 2002 年 7 月 1 日，发布了《监狱执法文书格式（试行）》，共计 48 种。监狱法律文书依据不同的标准，可以进行不同的分类。

（1）依据写作和表达方式的不同，可以分为填空类文书、笔录类文书、表格类文书和叙述类文书等。

（2）依据文书内容的不同，可以分为以下几类：①监狱执行刑罚事务文书。例如，提请减刑建议书、提请假释建议书。②狱政管理文书。例如，罪犯奖惩审批表、罪犯评审鉴定表等。③监狱侦查文书。例如，狱内立案文书、笔录等。

（3）依据文种的不同，可以分为建议类文书、审批类文书、通知类文书、决定类文书、意见类文书等。

（4）依据受文对象和处理方式的不同，可以分为以下几类：①监狱内部使用的表格式文书。例如，罪犯入监登记表、罪犯奖惩审批表等。②向法院和检察机关提请审查决定或裁定的文书。例如，提请减刑、假释建议书，监狱起诉意见书等。③向罪犯家属和有关机关送发的通知书。例如，罪犯入监通知书，罪犯奖励、惩罚通知书，罪犯病危通知书，罪犯死亡通知书等。

本章主要介绍几种常用的监狱法律文书。

第二节 监狱常用法律文书

一、罪犯入监登记表

（一）概念和功能

罪犯入监登记表，是指依据我国监狱法的有关规定，监狱在依法收押新入监的罪犯时，填写的记载罪犯入监情况的法律文书。

罪犯入监登记表属于表格类文书，是罪犯入监后填写的一份重要文字档案材料，也是监狱必须履行的法律手续。该文书的特点是内容全、项目多。监狱通过该表格，可以了解和掌握罪犯个人以及罪犯家庭的基本情况，便于有针对性地对罪犯进行教育改造。

（二）结构、内容和写作方法

罪犯入监登记表属于多栏目表格式文书，根据文书格式的要求，主要应当依次填写以下内容。

1. 单位、编号、入监日期

应当依次写明以下内容：

（1）收押罪犯单位的名称，即"××监狱"。

（2）写明罪犯入监登记表的编号。

（3）写明罪犯入监的时间。

2. 罪犯的基本情况

应当依次写明罪犯的姓名、别名（曾用名）、性别、民族、出生日期、文化程度、捕前职业、原政治面貌、有何特长、身份证号、口音、籍贯（国籍）、原户籍所在地、家庭住址、婚姻状况等。需要注意的是，在表格内的右上方需要粘贴罪犯一寸免冠照片一张。如果罪犯属于外国籍，其外文名字应填写在"别名"栏中，国籍应填在"籍贯（国籍）"栏中；原户籍所在地应"填写捕前户口登记所在地"。

3. 罪犯被采取强制措施的情况

应当写明罪犯被拘留的日期、逮捕机关、逮捕日期。

4. 罪犯被处罚的情况

应当写明判决书号、判决机关、判决日期、罪名、刑种、刑期、刑期起止日期、附加刑、曾受何种惩处等。

5. 罪犯个人简历

应当写明罪犯从小学至入监这段时间的主要学习和工作经历，包括起止时间、所在单位、职务等。如果有何前科劣迹，应当具体写明有关情况。

6. 主要犯罪事实

应当根据人民法院已经发生法律效力的裁判文书上认定的犯罪事实，简明扼要地写明入监罪犯的主要犯罪事实。需要注意的是，填写"主要犯罪事实"，应当以判决书中认定的事实为依据，案情复杂，内容篇幅较长的，应当予以精练，概括填写，不宜照抄判决书内容。

7. 家庭成员及主要社会关系

应当写明罪犯与关系人的关系以及关系人的姓名、出生日期、政治面貌、工作单位及职务（职业）、住址、电话等。填写这部分内容，要求准确、详细、方便查找，以便为监狱确定罪犯真实身份、利用社会力量对罪犯进行帮教等提供帮助。

8. 同案犯的基本情况

如果属于共同犯罪，应当写明同案犯的姓名、性别、出生日期、捕前职业、罪名、刑期和家庭住址等。如果没有同案犯，这项内容应当填写"无"或空白。

需要说明的是，此表一式两份，具体在填写时需要注意，如果某些项目没有具体内容可以填写，不能将此栏目项空白，应当填写"无"字或者画上斜线。

二、罪犯奖惩审批表

（一）概念和功能

罪犯奖惩审批表，是指根据监管法规的规定，监狱给予服刑罪犯行政奖励或处罚时制作的法律文书。

我国《监狱法》第57条规定："罪犯有下列情形之一的，监狱可以给予表扬、物质奖励或者记功：（一）遵守监规纪律，努力学习，积极劳动，有认罪服法表现的；（二）阻止违法犯罪活动的；（三）超额完成生产任务的；（四）节约原材料或者爱护公物，有成绩的；（五）进行技术革新或者传授生产技术，有一定成效的；（六）在防止或者消除灾害事故中作出一定贡献的；（七）对国家和社会有其他贡献的。被判处有期徒刑的罪犯有前款所列情形之一，执行原判刑期二分之一以上，在服刑期间一贯表现好，离开监狱不致再危害社会的，监狱可以根据情况准其离监探亲。"第58规定："罪犯有下列破坏监管秩序情形之一的，监狱可以给予警告、记过或者禁闭：（一）聚众哄闹监狱，扰乱正常秩序的；（二）辱骂或者殴打人民警察的；（三）欺压其他罪犯的；（四）偷窃、赌博、打架斗殴、寻衅滋事的；（五）有劳动能力拒不参加劳动或者消极怠工，经教育不改的；（六）以自伤、自残手段逃避劳动的；（七）在生产劳动中故意违反操作规程，或者有意损坏生产工具的；（八）有违反监规纪律的其他行为的。依照前款规定对罪犯实行禁闭的期限为七天至十五天。罪犯在服刑期间有第一款所列行为，构成犯罪的，依法追究刑事责任。"

监狱奖惩审批表是考查罪犯在服刑期间改造情况的根据，此表需要存入罪犯档案。填写监狱奖惩审批表是对罪犯奖励或者惩罚的必经程序，也是对罪犯奖励或者惩罚的依据。根据罪犯在监狱中的表现，对积极改造的罪犯予以奖励，对抗拒改造的罪犯予以惩处，有利于促使罪犯积极改造、改恶从善，早日改造为守法公民。

（二）结构、内容和写作方法

罪犯奖惩审批表属于多栏目表格式文书，根据文书格式的要求，主要应当依次填写以下内容。

1. 单位和罪犯编号

应依次填写以下两项内容：

（1）收押罪犯监狱的名称，即"××监狱"。

（2）写明罪犯的编号。

2. 罪犯的基本情况

应当依次写明罪犯的姓名、性别、年龄、民族、文化程度、罪名、刑期、刑期的起止时间、刑种及刑期变动情况。

3. 奖惩依据

应当具体写明对罪犯予以奖励或者惩罚的事实依据和法律依据。事实依据的叙写应当实事求是，准确可靠。奖励的法律依据是我国《监狱法》第57条的规定，惩罚的法律依据是我国《监狱法》第58条的规定。

4. 各部门意见和监狱领导批示

应当依次填写分监区意见、监区意见和狱政科意见。各部门意见和监狱领导批示是对罪犯是否进行奖惩的审核，应当认真审查，严格把关，以保证奖惩制度的正确执行。

罪犯奖惩审批表属于呈请上级审批的法律文书，应当实事求是、认真准确地填写。

三、罪犯评审鉴定表

（一）概念和功能

罪犯评审鉴定表，是指在年终时，监狱对罪犯进行评审、鉴定时制作的法律文书。

为了促使罪犯积极改造，监狱每年都要对服刑改造的罪犯进行评审、鉴定，并填写罪犯评审鉴定表。具体功能主要体现在以下两个方面：①有利于监狱深入细致地了解罪犯在一年的改造期间，在思想改造、生产劳动、政治文化学习等方面的表现，掌握罪犯改造的真实情况；②帮助罪犯回顾和总结一年间的改造情况，肯定成绩，找出差距，促使罪犯积极改造、认罪服法。

（二）结构、内容和写作方法

罪犯评审鉴定表属于表格类文书，根据文书格式的要求，主要应当依次填写以下内容：

1. 罪犯的基本情况

应当依次写明罪犯的姓名、性别、年龄、民族、文化程度、籍贯、家庭住址、罪名、刑种、刑期、原判法院、刑种及刑期变动情况、健康状况、主要犯罪事实和本年度奖惩情况。

2. 个人鉴定和小组鉴定

个人鉴定由罪犯本人填写，主要应当写明认罪服法情况，遵守监规纪律的表现，劳动改造表现，接受思想、文化技术教育的情况以及今后努力的方向等。具体需要注意以下几点：

（1）认罪服法情况。主要应当写明认罪过程，思想前后发生变化的情况，提高认识的情形，出现反复的表现；坦白交代余罪的主要事实；检举揭发同案犯的情况等。

（2）遵守监规纪律的表现。主要应当写明遵守或违反监规纪律的主要事实，以及对违反监规纪律的行为是否能够及时报告、检举揭发、勇于斗争。

（3）劳动改造表现。主要应当写明参加生产劳动的态度，完成生产定额、其他指定任务或参加义务劳动等表现和有关数字统计，提出合理化建议、进行技术革新或发明创造取得的科技成果等情况。

（4）接受思想、文化技术教育情况。主要应当写明原有、现有文化程度的比较，考核成绩的情况，以及学习态度、表现等。

（5）今后努力的方向。主要应当概括肯定成绩或者总结经验教训，具体指明今后努力改造的侧重点。

小组鉴定通常由罪犯所在小组的小组长填写，主要应当写明罪犯在学习、生产、生活等方面，小组对罪犯改造表现的总结意见。

3. 意见和批示

应当写明分监区意见、监区意见、教育改造科意见、监狱意见和监狱批示。填写意见和批示时需要注意，分监区管教人员对罪犯的改造情况比较了解，应当结合年终评审鉴定情况，全面、客观地评价罪犯改造的表现，为上级机关签署意见或者作出批示提供可靠的依据。监区意见、教育改造科意见、监狱意见和监狱批示可以根据罪犯个人鉴定、小组意见和分监区意见概括地写明。

需要注意的是，罪犯在填写个人鉴定前，管教人员应当组织罪犯进行座谈，明确要求，以使罪犯端正态度，实事求是、客观公正地评价自己的改造表现。

四、罪犯暂予监外执行审批表

（一）概念和功能

罪犯暂予监外执行审批表，是指监狱对符合法定条件的罪犯决定暂时予以监外执行，依法请示审批时制作的法律文书。

我国《刑事诉讼法》第265条规定："对被判处有期徒刑或者拘役的罪犯，有下列情形之一的，可以暂予监外执行：（一）有严重疾病需要保外就医的；（二）怀孕或者正在哺乳自己婴儿的妇女；（三）生活不能自理，适用暂予监外执行不致危害社会的。对被判处无期徒刑的罪犯，有前款第二项规定情形的，可以暂予监外执行。对适用保外就医可能有社会危险性的罪犯，或者自伤自残的罪犯，不得保外就医。对罪犯确有严重疾病，必须保外就医的，由省级人民政府指定的医院诊断并开具证明文件。在交付执行前，暂予监外执行由交付执行的人民法院决定；在交付执行后，暂予监外执行由监狱或者看守所提出书面意见，报省级以上监狱管理机关或者设区的市一级以上公安机关批准。"《监狱法》第25条规定："对于被判处无期徒刑、有期徒刑在监内服刑的罪犯，符合刑事诉讼法规定的监外执行条件的，可以暂予监外执行。"第26条规定："暂予监外执行，由监狱提出书面意见，报省、自治区、直辖市监狱管理机关批准。批准机关应当将批准的暂予监外执行决定通知公安机关和原判人民法院，并抄送人民检察院。人民检察院认为对罪犯适用暂予监外执行不当的，应当自接到通知之日起一个月内将书面意见递交批准暂予监外执行的机关，批准暂予监外执行的机关接到人民检察院的书面意见后，应当立即对该决定进行重新核查。"

对罪犯暂予监外执行必须履行法定的程序，罪犯暂予监外执行审批表既是提请审批的依据，也是经批准后对罪犯采取暂予监外执行措施的凭证。

（二）结构、内容和写作方法

罪犯暂予监外执行审批表属于表格类文书，根据文书格式的要求，主要应当依次填写以下内容。

1. 罪犯的基本情况

应当依次写明罪犯的姓名、性别、民族、出生年月日、户籍所在地、捕前居住地、罪名、原判法院、原判刑期、附加刑、刑期变动情况、现刑期起止、出监后居住地。

2. 主要犯罪事实、改造表现和病情诊断

主要犯罪事实，可以根据生效判决书认定的事实填写，力求简明扼要、抓住重点。改造表现，应当根据罪犯的实际表现，如实填写。罪犯有受奖励或者受惩罚情况的，亦应一并写明，行文力求简洁清楚。病情诊断，应当写明病残鉴定的结论。

3. 保证人情况

应当写明保证人的姓名、居住地、工作单位、与罪犯的关系、联系电话。

4. 综合评估意见

应当写明"同意（不同意）暂予监外执行"。

5. 审批意见

应当分别写明监区意见、监狱法制科意见、监狱意见、监狱管理局意见等。

6. 备注

涉及有些需要补充、说明的内容，可以在备注中写明。

7. 写明抄送的人民检察院的名称

我国《刑事诉讼法》第267条规定，决定或者批准暂予监外执行的机关应当将暂予监外执行决定抄送人民检察院。人民检察院认为暂予监外执行不当的，应当自接到通知之日起一个月以内将书面意见送交决定或者批准暂予监外执行的机关，决定或者批准暂予监外执行的机关接到人民检察院的书面意见后，应当立即对该决定进行重新核查。

五、提请减刑建议书

（一）概念和功能

提请减刑建议书，是指监狱对服刑改造期间确有悔改或者立功表现，且已经执行符合法定要求刑期的罪犯，提请法院审核裁定减刑时制作的法律文书。

我国《监狱法》第29条规定："被判处无期徒刑、有期徒刑的罪犯，在服刑期间确有悔改或者立功表现的，根据监狱考核的结果，可以减刑。有下列重大立功表

现之一的，应当减刑：（一）阻止他人重大犯罪活动的；（二）检举监狱内外重大犯罪活动，经查证属实的；（三）有发明创造或者重大技术革新的；（四）在日常生产、生活中舍己救人的；（五）在抗御自然灾害或者排除重大事故中，有突出表现的；（六）对国家和社会有其他重大贡献的。"第30条规定："减刑建议由监狱向人民法院提出，人民法院应当自收到减刑建议书之日起一个月内予以审核裁定；案情复杂或者情况特殊的，可以延长一个月。减刑裁定的副本应当抄送人民检察院。"

提请减刑建议书既是监狱对罪犯提出减刑建议的工具，也是人民法院对案件进行审查，依法对罪犯作出减刑的依据。提请减刑建议书的主要功能是要求人民法院依法对罪犯裁定减刑，体现了党和国家对罪犯采取的惩办与宽大相结合的政策，可以促使罪犯接受改造，改恶从善、重新做人。

（二）结构、内容和写作方法

提请减刑建议书属于文字叙述类文书，由首部、正文和尾部组成。

1. 首部

首部包括标题、文书字号和罪犯基本情况。

（1）标题。应当分两行居中写明文书制作机关名称和文书名称，即写为"××监狱""提请减刑建议书"。

（2）文书字号。包括年度、机关代字、文书代字和文书序号，即写为"（××××）×监减字第××号"。

（3）罪犯基本情况。应当依次写明罪犯的姓名、曾用名、性别、出生年月日、民族、文化程度、原户籍所在地、前科或累犯情况、罪名、作出生效判决法院名称、作出判决的时间、文书案号、主刑、附加刑、上诉情况、刑期的起止时间、收监日期、服刑期间执行刑期变动情况等。

2. 正文

正文是文书的核心内容，包括事实根据、减刑理由、法律依据和建议事项。

（1）事实根据。这部分内容由"该犯在考核期限内确有悔改（立功或者重大立功）表现，具体事实如下"引出，然后叙述具体事实。

叙写事实根据部分内容，主要需要注意以下几个问题：

①根据监狱法的规定，被判处无期徒刑、有期徒刑的罪犯，在服刑期间确有悔改或者立功表现的，根据监狱考核的结果，可以减刑。有法定重大立功表现之一的，应当减刑。因此，事实根据主要应当写明罪犯悔改、立功表现或者重大立功表现的事实。

②"确有悔改表现",是指同时具备四个条件:一是认罪悔罪;二是遵守法律法规及监规,接受教育改造;三是积极参加思想、文化、职业技术教育;四是积极参加劳动,努力完成生产任务。

③"立功表现",是指具有下列情形之一的:一是阻止他人实施犯罪活动的;二是检举、揭发监内外犯罪活动,或者提供重要的破案线索,经查证属实的;三是协助司法机关抓捕其他犯罪嫌疑人的;四是在生产、科研中进行技术革新,成绩突出的;五是在抵御自然灾害或者排除重大事故中,表现积极的;六是对国家和社会有其他较大贡献的。

④"重大立功表现"。根据我国《刑法》第78条第1款的规定,有下列重大立功表现之一的,应当减刑:一是阻止他人重大犯罪活动的;二是检举监狱内外重大犯罪活动,经查证属实的;三是有发明创造或者重大技术革新的;四是在日常生产、生活中舍己救人的;五是在抗御自然灾害或者排除重大事故中,有突出表现的;六是对国家和社会有其他重大贡献的。

⑤叙写的事实根据必须实事求是,查证属实,准确可靠,没有差错,并且应当详细具体,即应当写明时间、地点、动机、目的、过程、结果等。

⑥叙写事实应当突出重点,抓住关键,并且做到层次清楚、脉络清晰。

(2) 减刑理由。应当依据事实和法律阐述减刑理由。首先对减刑的事实依据进行客观地分析评论,阐述对罪犯减刑的理由;然后依据法律规定,说明理由,使事实与法律相结合,使减刑理由有理有据,令人信服。

(3) 法律依据和建议事项。应写为:

"根据《中华人民共和国刑法》第××条、《中华人民共和国刑事诉讼法》第××条、《中华人民共和国监狱法》第××条(写明依据法律的条、款、项)的规定,建议对罪犯×××予以减刑。特提请裁定。"

叙写这部分内容应当注意,叙写罪犯的姓名要准确无误,引用法律条文要具有针对性。

3. 尾部

尾部包括致送机关名称、写明年月日、加盖公章、附项等。

(1) 致送机关名称。应写明"此致""×××人民法院"。

(2) 写明年月日、加盖公章。

(3) 附项。应写明罪犯卷宗材料"共×卷×册×页"。

需要注意的是,监狱在向人民法院提请减刑的同时,应当将提请减刑的建议书副本抄送人民检察院。被判处有期徒刑和被减刑为有期徒刑的罪犯的减刑,由监狱提出建议,提请罪犯服刑地的中级人民法院裁定。被判处死刑缓期二年执行的罪犯的减刑、被判处无期徒刑的罪犯的减刑，由监狱提出建议，经省、自治区、直辖市监狱管理局审核同意后，提请罪犯服刑地的高级人民法院裁定。

六、提请假释建议书

（一）概念和功能

提请假释建议书，是指监狱根据罪犯在监狱中的表现，依法提请人民法院对罪犯予以假释时制作的法律文书。

我国《刑法》第81条规定，被判处有期徒刑的犯罪分子，执行原判刑期二分之一以上，被判处无期徒刑的犯罪分子，实际执行十三年以上，如果认真遵守监规，接受教育改造，确有悔改表现，没有再犯罪的危险的，可以假释。如果有特殊情况，经最高人民法院核准，可以不受上述执行刑期的限制。对累犯以及因故意杀人、强奸、抢劫、绑架、放火、爆炸、投放危险物质或者有组织的暴力性犯罪被判处十年以上有期徒刑、无期徒刑的犯罪分子，不得假释。对犯罪分子决定假释时，应当考虑其假释后对所居住社区的影响。《监狱法》第32条规定，被判处无期徒刑、有期徒刑的罪犯，符合法律规定的假释条件的，由监狱根据考核结果向人民法院提出假释建议，人民法院应当自收到假释建议书之日起一个月内予以审核裁定；案情复杂或者情况特殊的，可以延长一个月。假释裁定的副本应当抄送人民检察院。

提请假释建议书既是监狱对罪犯提出假释建议的工具，也是人民法院对案件进行审查，依法对罪犯作出假释的依据，同时也是我国对罪犯实行惩办与宽大相结合政策的具体体现。

（二）结构、内容和写作方法

提请假释建议书属于文字叙述类文书，由首部、正文和尾部组成。

1. 首部

首部包括标题、文书字号、罪犯基本情况。

（1）标题。应当分两行居中写明文书制作机关名称和文书名称，即写为"××监狱""提请假释建议书"。

（2）文书字号。包括年度、机关代字、文书代字和文书序号，即写为"（××××）×狱减字第××号"。

（3）罪犯基本情况。应当依次写明罪犯的姓名、曾用名、性别、出生年月日、民族、文化程度、原户籍所在地、前科或累犯情况、罪名、作出生效判决法院名称、作出判决的时间、文书案号、主刑、附加刑、刑期的起止时间、收监日期、服刑期间执行刑期变动情况等。

2. 正文

正文是文书的核心内容，包括事实根据、假释理由、法律依据和建议事项。这部分是文书的核心内容，具体叙写要求可以借鉴提请减刑建议书的写法。

需要注意的是，如前文所述，根据我国《刑法》第81条第1款的规定，被判处有期徒刑的犯罪分子，执行原判刑期二分之一以上，被判处无期徒刑的犯罪分子，实际执行十三年以上，如果认真遵守监规，接受教育改造，确有悔改表现，没有再犯罪的危险的，可以假释。如果有特殊情况，经最高人民法院核准，可以不受上述执行刑期的限制。因此，在叙写提请假释的事实根据和理由时，应当围绕法定的假释条件进行阐述和分析论证。

3. 尾部

尾部包括致送机关名称、写明年月日、加盖公章、附项等。写法同提请减刑建议书。

需要注意的是，监狱在向人民法院提请假释的同时，应当将提请假释的建议书副本抄送人民检察院。人民检察院认为人民法院假释的裁定不当，应当依照刑事诉讼法规定的期间向人民法院提出书面纠正意见。对于人民检察院提出书面纠正意见的案件，人民法院应当重新审理。

人民法院裁定假释的，监狱应当按期假释并发给假释证明书。对被假释的罪犯，依法实行社区矫正，由社区矫正机构负责执行。被假释的罪犯，在假释考验期限内有违反法律、行政法规或者国务院有关部门关于假释的监督管理规定的行为，尚未构成新的犯罪的，社区矫正机构应当向人民法院提出撤销假释的建议，人民法院应当自收到撤销假释建议书之日起一个月内予以审核裁定。人民法院裁定撤销假释的，由公安机关将罪犯送交监狱收监。

七、对罪犯刑事判决提请处理意见书

（一）概念和功能

对罪犯刑事判决提请处理意见书，是指监狱在执行刑罚中，如果认为判决有错误，依照法定程序，提请人民检察院或原判人民法院复查处理时制作的法律文书。

我国《刑事诉讼法》第275条规定，监狱和其他执行机关在刑罚执行中，如果认为判决有错误或者罪犯提出申诉，应当转请人民检察院或者原判人民法院处理。

《监狱法》第 24 条规定，监狱在执行刑罚过程中，根据罪犯的申诉，认为判决可能有错误的，应当提请人民检察院或者人民法院处理，人民检察院或者人民法院应当自收到监狱提请处理意见书之日起六个月内将处理结果通知监狱。

监狱在执行刑罚中，如果认为判决有错误，制作对罪犯刑事判决提请处理意见书，提请人民检察院或者原判人民法院对案件复查，有利于及时纠正错误，避免和减少冤假错案。同时，对保护在押罪犯的合法权益也具有重要意义。

（二）结构、内容和写作方法

对罪犯刑事判决提请处理意见书属于填空类文书，共两联。第一联为存根，以备查阅；第二联为正本，送递提请复查机关。

1. 存根

存根包括首部和正文。

（1）首部。应当依次写明标题、文书字号。在标题下方，用括号标明"存根"字样。

（2）正文。应依次写明以下事项，即罪犯的姓名、罪名、刑期、提请理由、转递单位、时间、承办人、回复时间、回复结果。

2. 正本

正本由首部、正文和尾部组成。

（1）首部。首部应当依次写明标题、文书字号和转递机关。转递机关为"×××人民检察院"或者"×××人民法院"。

（2）正文。正文包括提请处理的事由、具体理由、法律依据和提请复查的意见。

①提请处理的事由。应当写为：

"罪犯×××经×××人民法院以（××××）×字第××号刑事判决书判处_____。在刑罚执行中，我狱（所）发现对罪犯×××的判决可能有错误。具体理由如下：_____。"

②具体理由。这部分是文书的核心内容，应当重点叙写。主要应当针对原判决中存在的错误进行论述，抓住要害，据实分析论证，引用法律阐明提请复查的理由。

在具体叙写时，需要注意以下几点：

一是如果原判决认定事实存在错误，即原判决认定的事实与客观事实不符，或者是认定事实不清，或者是认定事实的证据不足，或者是认定的事实纯属是虚假的，那么阐述理由时，就应当先指出原判决认定事实存在的错误，然后通过摆事实、讲道理，写清有证据证明的客观事实。

二是如果原判决适用法律存在错误，即适用法律不当，或者是将此罪认定为彼罪，或者将无罪认定为有罪，或者轻刑重判等，那么阐述理由时，就应当先指出原判决适用法律存在的错误，然后阐明应当正确适用的法律条款。

三是如果原判决存在较严重的违反诉讼程序的错误，即违反程序法的规定，剥夺被告人的辩论权、合议庭组成人员符合法定应当回避情形没有回避等，影响了案件审理的公正性，那么在阐述理由时，就应当指出原判决在程序适用方面存在错误，导致影响判决结果的公正性，进而阐明提请复查的意见。

③法律依据和提请复查的意见。应当写为：

"为此，根据《中华人民共和国监狱法》第××条和《中华人民共和国刑事诉讼法》第××条的规定，提请你院对×××的判决予以处理，并将处理结果函告我监（所）。"

（3）尾部。尾部应当写明发文的年月日，并加盖文书制作单位的公章。

此外，文书制作还需要注意以下两个问题：①罪犯对生效的判决不服的，可以提出申诉。对于罪犯的申诉，人民检察院或者人民法院应当及时处理。②罪犯的申诉、控告、检举材料，监狱应当及时转递，不得扣压。

八、监狱起诉意见书

（一）概念和功能

监狱起诉意见书，是指监狱对罪犯在服刑期间又犯罪，或者发现了判决时所没有发现的罪行，认为需要追究刑事责任，提出起诉意见，移送人民检察院审查决定时制作的法律文书。

我国《刑事诉讼法》第273条规定，罪犯在服刑期间又犯罪的，或者发现了判决的时候所没有发现的罪行，由执行机关移送人民检察院处理。被判处管制、拘役、有期徒刑或者无期徒刑的罪犯，在执行期间确有悔改或者立功表现，应当依法予以减刑、假释的时候，由执行机关提出建议书，报请人民法院审核裁定，并将建议书副本抄送人民检察院。人民检察院可以向人民法院提出书面意见。《监狱法》第60条规定，对罪犯在监狱内犯罪的案件，由监狱进行侦查。侦查终结后，写出起诉意见书，连同案卷材料、证据一并移送人民检察院。

监狱起诉意见书与公安机关起诉意见书性质相同，具有同等的法律效力，都有要求人民检察院对案件进行审查处理的功用，都是根据案件侦查终结的结论制作的，文书格式和写作内容也大体上相同。但是，这两种文书也存在较大的区别，具体体现在以下几个方面：①制作主体不同。监狱起诉意见书的制作主体是监狱；公安机关起诉意见书的制作主体是公安机关。②起诉对象不同。监狱要求起诉的对象是正在服刑改造的罪犯；公安机关要求起诉的对象是犯罪嫌疑人。③适用范围不同。监狱提出起诉意见，主要针对罪犯在服刑期间又犯罪，或者发现了判决时所没有发现的罪行，认为需要追究刑事责任的案件；公安机关起诉意见书，针对的主要是社会上发生的应当追究刑事责任的各类刑事案件。④文书制作的法律依据不同。监狱起诉意见书制作的法律根据是我国《刑事诉讼法》第273条第1款；公安机关起诉意见书制作的法律根据是我国《刑事诉讼法》第162条。

监狱起诉意见书既是监狱向人民检察院提出起诉意见，要求人民检察院在法定期限内对案件进行审查的凭证，也是人民检察院审查起诉案件的基础和依据。

（二）结构、内容和写作方法

监狱起诉意见书由首部、正文和尾部组成。

1. 首部

首部包括标题、文书字号、罪犯的基本情况。

（1）标题。应当分两行居中写明文书制作机关名称和文书名称，即写为"××监狱""起诉意见书"。

（2）文书字号。包括年度、机关代字、文书代字和文书序号，即写为"（××××）×狱×字第××号"。

（3）罪犯基本情况。应当依次写明罪犯的姓名、性别、出生年月日、民族、原户籍所在地、罪名、作出生效判决法院的名称、作出判决的时间、文书案号、主刑、附加刑、刑期的起止时间、交付执行日期、现押处所等。

2. 正文

正文是文书的核心内容，包括主要犯罪事实、法律依据和决定事项。

（1）主要犯罪事实。这部分内容是文书叙写的重点，由"现经侦查，罪犯×××在服刑期间涉嫌××罪。主要事实如下"过渡段引出。

在具体叙写时，主要需要注意以下几个问题：

①叙写犯罪事实，既要反映全貌，又要重点突出。应当写清犯罪发生的时间、地点、动机、目的、手段、情节、过程、涉及的人和事、危害结果等。同时，涉及案件关键性的情节要重点叙写，不能平铺直叙。

②注重围绕犯罪构成要件叙写案件事实。

③涉及共同犯罪的案件，除应写清全部犯罪事实外，还应当写清每个犯罪嫌疑人在共同犯罪中所处的地位、起的作用，以及各自应负的罪责等。

④起诉意见书中叙写的案件事实必须经过查证属实，有充分的证据予以证明。

（2）法律依据和决定事项。应当写为：

"为此，根据《中华人民共和国监狱法》第××条、《中华人民共和国刑法》第××条、《中华人民共和国刑事诉讼法》第××条（写明依据法律的条、款、项）之规定，特提请你院审查处理。"

3. 尾部

尾部包括致送机关名称、写明年月日、加盖公章、附项等。

（1）致送机关名称。应写明"此致""×××人民检察院"。

（2）写明年月日、加盖公章。

（3）附项。应写明罪犯卷宗材料"共×卷×册×页"，罪犯又涉嫌犯罪（或发现余罪）的案卷材料"共×卷×册×页"。

九、罪犯出监鉴定表

（一）概念和功能

罪犯出监鉴定表，是指罪犯出监时，监狱填写的记载罪犯在服刑改造期间的表现和监狱对罪犯表现作出结论的法律文书。

罪犯由于服刑期满、裁定假释、裁定释放、依法保外就医、监外执行等原因需要出监时，监狱应当对罪犯进行鉴定，并填写罪犯出监鉴定表，这是法定的必经程序。罪犯出监鉴定表记载了罪犯在服刑改造期间的表现，并有监狱对其表现的评价和结论性意见，便于接收单位掌握情况，有的放矢地进行帮助教育，巩固改造成果，防止出监人员重新犯罪。

（二）结构、内容和写作方法

罪犯出监鉴定表属于表格类文书，封面印有"罪犯出监鉴定表"字样，并需要填写罪犯姓名、填表机关名称、填表日期。根据文书格式要求，罪犯出监鉴定表中主要应当依次填写以下内容。

1. 罪犯的基本情况

应当依次写明罪犯的姓名、性别、民族、出生年月日、健康状况、家庭住址、原户籍所在地、罪名、原判法院、判决字号、原判刑期、附加刑、原判刑期起止、刑期变动情况。

2. 出监原因、出监时间、文化程度、有何技术特长及等级

填写技术特长，主要是为了社会安置部门和用人单位给出监人员安排适当的工作。

3. 主要犯罪事实

应当根据原判决书的内容，写明罪犯的主要犯罪事实。如果罪犯入监后又犯有新罪，或者发现判决时有遗漏罪行的，也应当根据人民法院另行制作的判决书叙写清楚。

4. 家庭成员及主要社会关系

这部分内容应当如实填写。应当写明罪犯与关系人的关系以及关系人的姓名、出生日期、政治面貌、工作单位及职务（职业）、住址、电话等。填写这部分内容不能照抄档案材料，因为罪犯在服刑改造期间，家庭成员的情况可能会发生变化。

5. 本人简历

入监前，主要应当写明罪犯从小学至入监这段时间的主要学习和工作经历，包括起止时间、所在单位、职务等。如果有何劣迹，也应当具体写明有关情况。入监后，主要应当写明罪犯接受教育改造的经历。

6. 改造表现

这部分内容是文书写作的重点，主要应当填写清楚以下内容：

（1）罪犯在监狱中服刑改造的情况，包括思想改造、学习改造、劳动改造等。

（2）罪犯遵守监规纪律的情况，以及生产技能、文化学习方面的表现等。

（3）在服刑改造期间，因确有悔改或者立功表现，受到奖励或者减刑、假释处理的情况。

（4）在服刑改造期间，因隐瞒余罪、重新犯罪，以及发生其他重大抗拒改造受到惩处的情况。

（5）罪犯在出监时，发现存在重大思想问题或者有某种异常表现的，应当着重写明，便于供有关部门参考，有针对性地对罪犯进行帮助和教育。

7. 服刑改造期间的奖惩情况

这部分内容由于在改造表现中已经详细填写，此处只需简单填写即可，即何时因为何种原因，受过何种奖励或者处罚。

8. 写明分监区意见和监区意见

分监区对罪犯改造情况比较了解，应当针对罪犯改造的表现，客观全面地填写意见。监区意见可以根据罪犯分监区意见，概括写明。

此外，需要注意的是，对依法释放的罪犯，监狱除应填写罪犯出监鉴定表外，同时还应签发释放证明书。对依法暂予监外执行的罪犯，监狱除填写罪犯出监鉴定表外，还应当签发罪犯暂予监外执行通知书，但不签发释放证明书。

本章小结

本章介绍的是监狱法律文书，共分两节。第一节介绍的是监狱法律文书的概念、功能和分类；第二节介绍的是几种常用的监狱法律文书的概念、功能、结构、内容和写作方法。本章学习的重点是提请减刑建议书、提请假释建议书、对罪犯刑事判决提请处理意见书、监狱起诉意见书。通过本章内容的学习，学生应当全面了解监狱法律文书的基本内容及其分类；理解和领会监狱法律文书的概念和功能，罪犯入监登记表、罪犯奖惩审批表、罪犯评审鉴定表、罪犯暂予监外执行审批表、罪犯出监鉴定表等文书的概念、功能、结构、内容和写作方法；掌握提请减刑建议书、提请假释建议书、监狱起诉意见书、对罪犯刑事判决提请处理意见书等文书的概念、功能、结构、内容和写作方法，并达到能用、会写的程度。

思考题

1. 简述监狱法律文书的概念和种类。
2. 罪犯入监登记表需要填写哪些内容？
3. 简述提请假释建议书的概念和功能。
4. 提请减刑建议书的正文部分需要写清哪些内容？
5. 简述监狱起诉意见书与公安机关起诉意见书的区别。
6. 简述罪犯出监鉴定表的概念和功能。
7. 根据下述案情材料，拟写一份提请减刑建议书。

20××年5月22日，××省××县人民法院作出（20××）×刑初字第51号刑事附带民事判决，认定文某雨犯抢劫罪，判处有期徒刑四年，并处罚金2 000元（已履行）。判决发生法律效力后于20××年6月4日交付执行（刑期自20××年1月2日起至20××年1月1日止）。

在服刑改造期间，罪犯文某雨的表现如下：①在遵守监规纪律方面。罪犯文某雨能认罪服法，遵规守纪，服从管教，主动向干警汇报思想，深挖犯罪思想根源，能认识到自己的犯罪给家人、社会带来的危害，自觉矫正恶习。②在接受教育方面。罪犯文某雨能自觉接受和参加"三课"教育，到课率100%，尊重教师，遵守课堂纪律，从不迟到和早退，能够按时完成作业，在××省监狱服刑人员20××年度思想教育统一考试中，成绩优异。③在劳动改造方面。罪犯文某雨能积极主动的参加劳动，劳动中能坚守劳动岗位，踏实肯干，按时完成劳动任务，表现较好。由于表现突出，罪犯文某雨考评被评定为三级，在20××年9月至20××年2月考评周期中，被评为改造积极分子。

针对罪犯文某雨在监狱服刑改造期间的上述表现，20××年1月12日，××省××监狱决定对罪犯文某雨提请减刑，制作了编号为"（20××）×监减字第××号"提请减刑建议书，递送至××人民法院。

罪犯文某雨的基本情况：罪犯文某雨，男，19××年×月××日生，×族，××省××县人，高中文化，20××年8月27日调入××监狱，现在一监区服刑。

第七章 行政执法法律文书

学习目标

通过本章内容的学习，学生要全面了解行政执法法律文书的概念、功能、特点和分类，掌握教材中介绍的常用的行政执法法律文书的概念、功能、结构、内容和写作方法，并达到能用、会写的要求。

第一节 行政执法法律文书概述

一、行政执法法律文书的概念、功能及特点

（一）概念和功能

行政执法法律文书，是指我国行政机关依据法律赋予的职权，在行政执法过程中，依法制作的具有法律效力的文书。

行政执法法律文书的功能主要体现在以下几个方面：

①国家实施行政管理职能的体现。国家指导和管理社会、经济的运行，通过行政机关对违反行政法律、法规的行为的处置，将社会、经济活动纳入法律的轨道，建立和维护正常的社会、经济秩序。各级行政机关制作的行政执法文书是对违法行为进行行政处罚的文字载体，是国家行政管制力的主要表现形式。

②规范行政主体的行政行为。确保依法行政、保证行政权的运行不偏离目标，是行政执法文书的重要功能之一。完善行政执法文书的制作，可以使行政执法行为

固定在书面上，一方面可以约束行政执法行为依法行政，另一方面可以起到对行政执法者自身保护的作用。一旦涉及行政复议或者行政诉讼，行政执法文书即成为依法行政的主要证据。

③维护行政相对人的合法权益。在行政执法过程中形成的行政执法文书，忠实地记载了行政执法的全部过程。行政机关的执法行为必须合规、合法，行政处罚权不得擅自滥用，这是对行政执法者的基本要求，也是对行政执法相对人合法权益的保证。

④法制宣传的重要手段。行政机关向行政执法相对人下发的行政执法文书是宣传法律的重要手段，违法者接受行政机关的行政执法处罚，感受到行政执法的权威性、严肃性。同时，行政处罚的实施，明确了合法、违法行为的界限，实例效果远大于一般的说教，行政执法文书在法制宣传方面的作用不容忽视。

（二）行政执法法律文书的特点

1. 制作的合法性

我国行政法调整的对象比较广泛，并且没有统一的实体法典，法律规定散见于宪法、法律、法规、规章中，制作不同的行政执法文书，必须依据不同行政法律的规定，行政执法文书制作的程序、内容应当具有合法性。

2. 内容的规范性

行政执法文书体现了行政执法的程序，记载了行政处罚的具体内容。内容制作的规范性，是依法行政执法的基本要求。通常要求做到符合格式，事实要素叙写清楚，理由阐述充分，法律依据引用准确，处理意见明确具体。

3. 实施的强制性

行政执法文书在行政执法中具有实际效用，有些文书具有法律效力，有些文书具有法律意义。无论是何种行政执法文书，都靠国家强制力保障施行，具有实施的强制性。

二、行政执法法律文书的分类

行政执法法律文书依据不同的标准可以进行不同的分类：

（1）依据文书制作主体的不同，可以分为公安行政执法文书、工商行政执法文书、税务行政执法文书、安全监察行政执法文书、卫生行政执法文书等。

（2）依据写作和表达方式的不同，可以分为叙述式文书、笔录式文书、表格式文书、填空式文书等。

（3）依据文书作用的不同，可以分为立案类文书，管辖类文书，调查取证类文书，行政告知类文书，决定类文书，复议类文书，执行类文书，结案类文书及其他文书。其中，立案类文书包括行政处罚案件举报登记表、行政处罚案件立案审批表。调查取证类文书包括询问通知书、询问笔录、陈述笔录、抽样取证通知书、先行登记保存通知书、采取（解除）强制措施审批表、封存（查封、暂扣、扣押）物品通知书、封存（查封、暂扣、扣押）物品清单、收缴物品清单等。告知类文书包括行政处罚事先告知书、行政处罚听证通知书等。决定类文书包括行政处罚决定书、当场行政处罚决定书等。执行类文书包括罚款催缴通知书、延期（分期）交纳罚款审批表、延期（分期）交纳罚款批准书、强制执行申请书、强制执行通知书、强制执行决定书等。结案类文书包括结案审批表、案件移送审批表等。其他文书包括责令改正通知书、送达回证等。

行政执法法律文书的种类不同，叙写的内容、格式以及要求都有所不同。

第二节　行政处罚法律文书

一、行政处罚事先告知书

（一）概念和功能

行政处罚事先告知书，是指行政机关依法作出行政处罚前，告知当事人拟作出行政处罚决定的事实、理由和依据，以及当事人依法享有的权利时制作的法律文书。

《中华人民共和国行政处罚法》（简称《行政处罚法》）第44条规定："行政机关在作出行政处罚决定之前，应当告知当事人拟作出的行政处罚内容及事实、理由、依据，并告知当事人依法享有的陈述、申辩、要求听证等权利。"行政处罚事先告知书适用于按照一般程序实施的行政处罚，除行政执法机关得以当场作出行政处罚决定以外，拟对当事人采取较为严厉或者有较重大影响的行政处罚之前，必须采用行政处罚事先告知书，依法告知当事人相关的事项，以便当事人不服处罚时能够依法行使相关的权利。行政处罚事先告知是我国行政处罚中的必经程序，行政处罚事先告知书一经送达签收，即发生相应的法律效力。

行政处罚事先告知书的功能主要体现在以下几个方面：①确保行政机关依法启动行政处罚程序，履行规定的通知义务，保证当事人能够依法行使享有的权利。②事先告知当事人拟对其违法行为采取的具体行政处罚内容及事实、理由、依据。③当事人据此得以行使申请行政听证、行政复议、提起行政诉讼等方面的权利，维护自身的合法权益。

（二）结构、内容和写作方法

行政处罚事先告知书属于填空式文书，由首部、正文和尾部组成。

1. 首部

首部包括标题、发文字号、被告知人的姓名或名称。

（1）标题。应当分两行书写为"×××（行政机关名称）""行政处罚事先告知书"。

（2）发文字号。应当写为"××罚告字〔××××〕××号"。"罚"字前是文书制作机关简称，"罚告"是文书简称代字，括号中应当写明年度，"号"字前应当写明案件的顺序号。（以下行政执法法律文书的发文字号参照此写法。）

（3）被告知人的姓名或名称。被告知人是自然人的，直接写明该人的姓名；被告知人是法人或者其他组织的，应当写明法人或者其他组织的全称。填写应当明确、具体。

2. 正文

正文是文书的核心内容，包括被告知人违法行为的情况、拟决定处罚的具体形式、适用的法律依据，以及交代被告知人的权利等。

（1）被告知人违法行为的情况。通常写为：

"你（或者单位全称）因_____（具体的违法行为）违反了《中华人民共和国××××法》第××条的规定。"

（2）拟决定处罚的具体形式、适用的法律依据。通常写为：

"依据《中华人民共和国行政处罚法》第××条的规定，本机关拟决定对你（或者单位全称）作出以下行政处罚：罚款_____元整（大写）"或者"没收违法所得_____元整（大写）。"

（3）交代被告知人的权利。通常写为：

"根据《中华人民共和国行政处罚法》第44条、第45条、第63条和第64条的规定，你（或者单位全称）可在收到本告知书之日起五日内向本机关进行陈述申辩、申请听证，逾期不陈述申辩、申请听证的，视为你（或者单位全称）放弃上述权利。"

3. 尾部

尾部应当写明文书制作机关的名称并加盖印章，写明日期。可以附上行政机关的地址、联系人及联系电话。

二、责令改正通知书

（一）概念和功能

责令改正通知书，是指行政机关在违法行为人实施行政处罚的过程中，责令行为人改正或者限期改正违法行为时制作的法律文书。分为责令改正通知书、责令限期改正通知书两种文书。

我国《行政处罚法》第 28 条第 1 款规定："行政机关实施行政处罚时，应当责令当事人改正或者限期改正违法行为。"责令改正或限期改正违法行为不是对违法行为人的处罚，而是行政机关在实施行政处罚的过程中对违法行为人发出的一种作为命令，强制当事人停止违法活动、改正违法行为，将其行为纳入规范的社会秩序的轨道。

责令改正通知书的功能主要体现在以下几个方面：①告知当事人行政机关对其作出责令改正的决定，强制命令当事人停止违法活动、改正违法行为。②载明行政机关责令被通知人必须改正的违法行为的范围、期限等事项。③体现了行政机关制止当事人实施违法行为的态度。

（二）结构、内容和写作方法

责令改正通知书属于填空式法律文书，由首部、正文和尾部组成。

1. 首部

首部包括标题、发文字号、被通知人的姓名或名称。

（1）标题。应当分两行写为"×××（行政机关名称）""责令改正通知书"。

（2）发文字号。应当写为"××责改通字〔××××〕××号"。

（3）被通知人的姓名或名称。被通知人是自然人的，直接写明该人的姓名。被通知人是法人或者其他组织的，应当写明法人或者其他组织的全称。

2. 正文

正文是文书的核心内容，应当写明被通知人违法行为的性质、违反的法律规范、行政机关决定的法律依据、责令改正的期限、改正的内容与要求等。

（1）被通知人违法行为的性质。应当按照顺序写明被通知人实施违法行为的时间、地点和违法行为的具体内容。例如，可以写为：

"20××年6月12日市场检查中发现你单位柜台销售的××系列饼干标注有'包装已申报专利，仿冒必究'字样，但没有标注专利号。而且，你单位未在规定的期间内向本局提交该产品获得相关专利的证据……"

（2）违反的法律规范、行政机关决定的法律依据。

首先，写明被通知人行为触犯的法律规定的条、款序号。例如，"违反了《中华人民共和国专利法实施细则》第83条的规定"。

其次，写明行政机关责令改正的法律依据，引用法律规定条、款的序号。例如，"根据《中华人民共和国行政处罚法》第××条之规定，责令你单位……"

（3）责令改正的期限、改正的内容与要求。应当写明要求改正的具体时间、具体内容，以及拒不改正的法律后果。例如："责令你单位于×××年××月××日前改正。改正内容如下：……"

3. 尾部

尾部应当写明行政机关的名称并加盖印章，写明日期，写明被通知人或者接收人的签名，以及通知书接收到的时间。

三、当场行政处罚决定书

（一）概念和功能

当场行政处罚决定书，是指我国行政机关在违法行为发生现场，按照行政处罚法规定的简易程序，对违法行为人给予行政处罚时制作的法律文书。

我国《行政处罚法》第51条规定："违法事实确凿并有法定依据，对公民处以二百元以下、对法人或者其他组织处以三千元以下罚款或者警告的行政处罚的，可以当场作出行政处罚决定。法律另有规定的，从其规定。"第52条规定："执法人员当场作出行政处罚决定的，应当向当事人出示执法证件，填写预定格式、编有号码的行政处罚决定书，并当场交付当事人。当事人拒绝签收的，应当在行政处罚决定书上注明。前款规定的行政处罚决定书应当载明当事人的违法行为，行政处罚的种类和依据、罚款数额、时间、地点，申请行政复议、提起行政诉讼的途径和期限以及行政机关名称，并由执法人员签名或者盖章。执法人员当场作出的行政处罚决定，应当报所属行政机关备案。"这是我国行政处罚法确定的行政处罚的简易程序，以及当场行政处罚决定书必须具备的内容、使用的要求等。

当场处罚决定书适用于行政处罚简易程序的案件，主要功能体现在以下几个方面：①是行政机关依法行使处罚权，处罚有关当事人违法行为的书面凭证。②载明了行政机关依法确定行为人实施违法行为，给予行政处罚的具体内容。③标志着行政处罚程序已经终结，被处罚人不服行政处罚的，可以通过申请行政复议、提起行政诉讼的途径寻求法律救济。

（二）结构、内容和写作方法

当场行政处罚决定书属于填空式法律文书，由首部、正文和尾部组成。

1. 首部

首部包括标题、发文字号、被处罚人的姓名或名称。

（1）标题。应当写为"当场行政处罚决定书"。

（2）发文字号。应当写为"××行罚字〔××××〕××号"。

（3）被处罚人的姓名或名称。被处罚人是自然人的，直接写明该人的姓名、住址、身份证号码等情况。被处罚人是法人或者其他组织的，应当写明法人或者其他组织的全称，以及法定代表人或者负责人姓名等。

2. 正文

正文是文书的核心内容，应当写明当事人的违法行为、行政处罚的法律依据、处罚的内容，以及交代被处罚人享有的权利等。

（1）当事人的违法行为。根据《行政处罚法》的规定，给予现场当场行政处罚的，应当是违法事实清楚、情节简单、证据确凿的违法行为。可以采用法律、法规和规章中对违法行为具体内容的表述。一般以"经查明"引出被处罚人的违法事实等内容，也可以"因"作为开头并在其后的横线内填写被处罚人的违法事实等，被处罚人的违法行为只需写明具体的种类，例如，"因聚众赌博""因故意毁坏公共财物"等。

（2）行政处罚的法律依据。法律依据是对当事人实施行政处罚的法律规定，应当写明引用法律的法条的序号。例如，"根据《中华人民共和国治安管理处罚法》第二十四条第二款的规定"。

（3）处罚的内容。写明处罚的种类和数额，通常在文中"决定给予以下行政处罚"一语之后，引出具体的行政处罚的内容。处以被处罚人罚款的，应当使用汉字大写，并写明交纳的日期。缴纳可以分为当场缴纳和到指定银行缴纳罚款两种方式。

（4）交代被处罚人享有的权利。写为：

"如不服本处罚决定，可在接到本处罚决定之日起××日内依法向×××（机关名称）申请行政复议；或××月内向×××人民法院起诉。逾期不申请复议，也不向人民法院起诉，又不履行处罚决定的，本机关将依法申请人民法院强制执行。"

3. 尾部

尾部应当写明处罚地点和日期，由行政执法人员签名或盖章，加盖行政机关印章，并由被处罚人当场签字、盖章和写明日期等。

四、行政处罚决定书

（一）概念和功能

行政处罚决定书，是指行政机关对违反法律、法规或者规章的当事人，依照法定程序实施行政处罚时制作的法律文书。

我国《行政处罚法》第59条规定："行政机关依照本法第五十七条的规定给予行政处罚，应当制作行政处罚决定书。行政处罚决定书应当载明下列事项：（一）当事人的姓名或者名称、地址；（二）违反法律、法规或者规章的事实和证据；（三）行政处罚的种类和依据；（四）行政处罚的履行方式和期限；（五）申请行政复议、提起行政诉讼的途径和期限；（六）作出行政处罚决定的行政机关名称和作出决定的日期。行政处罚决定书必须盖有作出行政处罚决定的行政机关的印章。"这是行政机关制作行政处罚决定书的基本法律依据与要求。

行政处罚决定书用于一般行政处罚程序的案件，功能主要体现在以下几个方面：①是行政机关依法行使行政处罚权，处罚有关当事人违法行为的书面凭证。②载明了行政处罚当事人犯法行为的具体内容，告知寻求法律救济的途径，是当事人依法行使相关权利的依据。③行政处罚决定书的送达标志着行政处罚程序的终结。

（二）结构、内容和写作方法

行政处罚决定书由首部、正文和尾部组成。

1. 首部

首部包括标题、发文字号、被处罚人的姓名或者名称等情况。

（1）标题。应当写为"行政处罚决定书"。

（2）发文字号。应当写为"××行罚字〔××××〕××号"。

（3）被处罚人的姓名或名称等情况。被处罚人是自然人的，写明该人的姓名、性别、出身年月日、公民身份号码、工作单位和现住址等。被处罚人为法人或者其他组织的，应当写明法人和其他组织的正式全称、住所，法定代表人或者负责人的姓名、职务。

2. 正文

正文是文书的核心内容，应当写明违法事实和证据、行政处罚的种类和依据、行政处罚的履行方式和期限、救济途径等。

（1）违法事实和证据。违法事实应当写明案件发生时的真实情况，包括案件来源、违法行为发生的时间、地点、经过、情节和结果等。叙述违法事实应当客观、全面、真实，抓住事实重点，详细叙述主要情节和因果关系。

同时，应当明确、具体、全面地列举认定违法事实的主要证据。列举证据的方式：可以在叙述事实过程中列举证据，也可以在叙述违法事实后单独列举证据。

（2）行政处罚的种类和依据。行政处罚的种类，应当写明行政机关对违法行为人实施处罚的具体内容。依据我国《行政处罚法》的规定，行政处罚的种类包括罚款、没收违法所得、责令停产停业、行政拘留等。行政处罚的种类必须符合法律规定的范围。

行政处罚的依据，应当写明对违法行为人实施处罚所依据的法律、法规或者规章的条款。引用条款应当准确，必须符合法律适用的原则，并且应当根据条、款、项的顺序详细列举。

（3）行政处罚的履行方式和期限。行政处罚的履行方式，是指当事人履行行政处罚的方法和形式。例如，拆除违章建筑、到指定的银行缴纳罚款等。

行政处罚的履行期限，是指行政机关限定违法行为人履行行政处罚决定的期间。例如，要求当事人在十五日内到指定的银行缴纳罚款。

（4）救济途径。救济途径，是指当事人不服处罚决定，申请行政复议或者提起行政诉讼的权利和期限。行政机关在作出行政处罚决定的同时，应当告知当事人不服行政处罚的救济途径，以便于当事人行使自己的权利，维护自身的合法权益。一般写为：

"如不服本处罚决定，可在接到本处罚决定之日起××日内依法向×××（机关名称）申请行政复议；或××月内向×××人民法院起诉。逾期不申请复议，也不向人民法院起诉，又不履行处罚决定的，本机关将依法申请人民法院强制执行。"

3. 尾部

尾部应写明行政处罚机关的名称并加盖印章，写明作出处罚决定的日期等。

第三节　行政复议法律文书

一、行政复议申请书

（一）概念和功能

行政复议申请书，是指公民、法人或者其他组织，认为行政机关作出的具体行政行为侵犯其合法权益，向有管辖权的行政机关提出行政复议申请而制作的法律文书。

《中华人民共和国行政复议法》（简称《行政复议法》）第9条规定："公民、法人或者其他组织认为具体行政行为侵犯其合法权益的，可以自知道该具体行政行为之日起六十日内提出行政复议申请；但是法律规定的申请期限超过六十日的除外。"

《中华人民共和国行政复议法实施条例》（简称《行政复议法实施条例》）第19条规定："申请人书面申请行政复议的，应当在行政复议申请书中载明下列事项：（一）申请人的基本情况，包括：公民的姓名、性别、年龄、身份证号码、工作单位、住所、邮政编码；法人或者其他组织的名称、住所、邮政编码和法定代表人或者主要负责人的姓名、职务；（二）被申请人的名称；（三）行政复议请求、申请行政复议的主要事实和理由；（四）申请人的签名或者盖章；（五）申请行政复议的日期。"这些法律规定是制作行政复议申请书的基本依据与要求。

行政复议申请书的功能主要体现在以下几个方面：①有利于申请人依法行使享有的权利，请求行政机关启动行政复议程序，通过复议申辩、主张自己的权利。②有利于陈述申请人不服具体行政行为的理由，为行政复议机关作出最终决定提供参考。③是申请受理的行政机关据以启动行政案件复议程序的依据。

（二）结构、内容和写作方法

1. 首部

首部包括标题和当事人的基本情况。

（1）标题。应当居中写为"行政复议申请书"。

（2）当事人的基本情况。应当分两种情形叙写：①当事人是自然人的，应当写明姓名、性别、年龄、公民身份号码、工作单位、住所、邮政编码等。②当事人是法人或者其他组织的，应当写明法人或者其他组织的名称、住所、邮政编码，法定代表人或者主要负责人的姓名和职务等。

2. 正文

正文是文书写作的重点，主要包括行政复议请求、申请行政复议的主要事实和理由两部分内容。

（1）行政复议请求。行政复议请求，是指申请人请求行政复议机关维护自身合法权益的具体内容。

依据我国行政复议法规定的行政复议机关的职责与权限范围，行政复议请求包括以下三种情形：①请求行政复议机关撤销原具体行政行为的决定，终止原决定的法律效力；②认为原具体行政行为不当，请求行政复议机关予以更改；③请求行政复议机关核实、确定原具体行政行为违法。因此，行政复议请求应当结合具体案情确定。例如，"一、请求撤销×××（机关名称）于××××年××月×日作出的××行罚字〔20××〕××号行政处罚决定书"或者"请求更改×××（机关名称）于××××年××月×日作出的××行罚字〔20××〕××号行政处罚决定书"。

（2）申请行政复议的主要事实和理由。事实部分应当写明行政机关实施的具体行政行为侵犯申请人合法权益的事实。

事实部分应当写明行政机关给予行政处罚的案件的事实经过、前因后果。重点围绕着申请人实施行为的合法性、行政机关作出具体行政行为的违法性展开论述。叙写时，应当以相关的证据作为依据，使收集整理出来的证据形成完整的证据链，说明事实经过。

理由部分应当以事实为依据，写明支持复议请求的理由和法律依据，阐明申请人不服行政机关具体行政行为的观点、看法，以及适用法律的理由。理由部分应当条理清楚、逻辑性强，法律依据应当明确、具体。

3. 尾部

尾部包括以下三项内容：①致送机关；②申请人的签名、盖章和申请时间；③附项。应当写明申请书副本的份数、所附证据的份数和授权委托书等情况。例如，可以写为：

"此致
××市×××（机关名称）
附：申请书副本×份，证据××份。

申请人：×××

××××年××月××日"

二、行政复议答辩书

（一）概念和功能

行政复议答辩书，是指行政复议被申请人收到行政复议申请后，针对申请人提出的行政复议请求、事实和理由，在法定期限内，进行答复和辩驳时制作的法律文书。

我国《行政复议法》第 23 条第 1 款规定："行政复议机关负责法制工作的机构应当自行政复议申请受理之日起七日内，将行政复议申请书副本或者行政复议申请笔录复印件发送被申请人。被申请人应当自收到申请书副本或者申请笔录复印件之日起十日内，提出书面答复，并提交当初作出具体行政行为的证据、依据和其他有关材料。"第 28 条第 1 款第 4 项规定："被申请人不按照本法第二十三条的规定提出书面答复、提交当初作出具体行政行为的证据、依据和其他有关材料的，视为该具体行政行为没有证据、依据，决定撤销该具体行政行为。"这是制作行政复议答辩状的基本法律依据与要求。

行政复议答辩书的功能主要体现在以下几个方面：①是被申请人行使法定答辩权的体现，被申请人可以通过答辩书发表辩解意见，针对申请人复议申请的请求进行辩驳。②被申请人表示接受行政复议机关的复议，通过制作答辩书并提交法律规定的证据、依据和其他有关材料，依法陈述所作出的具体行政行为的合法性。③行政复议机关通过被申请人的答辩，了解其实施具体行政行为合法性的意见，有助于全面了解案情，作出正确的复议决定。

（二）结构、内容和写作方法

行政复议答辩书由首部、正文和尾部三部分构成。

1. 首部

首部应当写明标题、答辩人的基本情况和案由。

（1）标题。应当写为"行政复议答辩书"。

（2）答辩人的基本情况。分不同情况叙写：①当事人是自然人的，应当写明姓名、性别、年龄、公民身份号码、工作单位、住所、邮政编码等。②当事人是法人或者其他组织的，应当写明法人或者其他组织的名称、住所、邮政编码，法定代表人或者主要负责人的姓名和职务等。③有委托代理人的，应当写清委托代理人的姓名、职务、工作单位等。

（3）案由。通常写为"对×××（申请人的姓名或者名称）××××年××月××日提出的复议申请，提出答辩如下：……"

2. 正文

主要应当写明答辩理由。叙写答辩理由，主要应当注意以下几点：

①应当针对申请人提出复议申请阐述的事实和理由进行答辩。充分阐明行政机关在实施具体行政行为时，认定事实、适用法律以及依法行政的程序等方面的合法性，指出申请人提出复议请求的不实之处。叙写时，应当注重运用证据证明申请人违法行为的事实，说明行政处罚措施的步骤、程序合法，论证行政处罚符合法律规定的范围。

②申请人提出的复议请求部分合法的，对不合法的部分予以辩驳，对合法的部分可以表示接受。

③在具体辩驳方法上，可以根据案件的具体情况，采取综合论辩的方法，也可以采取逐条论辩的方法。

3. 尾部

尾部应当写明致送复议机关的名称、答辩人的名称和答辩时间。

三、行政复议决定书

（一）概念和功能

行政复议决定书，是指行政复议机关通过对申请复议案件的审理，对原具体行政行为重新审查后，依法作出裁决时制作的法律文书。

我国《行政复议法》第31条规定，行政复议机关应当自受理申请之日起六十日内作出行政复议决定；但是法律规定的行政复议期限少于六十日的除外。情况复杂，不能在规定期限内作出行政复议决定的，经行政复议机关的负责人批准，可以适当延长，并告知申请人和被申请人；但是延长期限最多不超过三十日。行政复议机关作出行政复议决定，应当制作行政复议决定书，并加盖印章。行政复议决定书一经送达，即发生法律效力。

行政复议决定书的功能主要体现在以下几个方面：①是行政复议机关依法行使案件复议决定权，对行政复议案件进行审理并作出的最终裁决。②载明了行政复议最终裁决的内容，有利于实现国家行政机关所具有的职能，维护国家法律的尊严，维护行政复议申请人的合法权益。③行政复议决定书送达双方当事人，标志着行政复议程序的终结。

（二）结构、内容和写作方法

行政复议决定书由首部、正文和尾部三部分组成。

1. 首部

首部包括标题、发文字号、当事人的基本情况、案件复议组织情况等。

（1）标题。应当分两行书写为"×××（行政复议机关名称）""行政复议决定书"。

（2）发文字号。应当写为"××复决字〔××××〕××号"。

（3）当事人的基本情况。①应当写明申请人的基本情况。申请人是自然人的，应当依次写明申请人的姓名、性别、年龄、职业、住址等情况。申请人是法人或者其他组织的，应当依次写明法人或者其他组织的名称、所在地址、法定代表人或者主要负责人的姓名、职务等。②应当写明被申请人的基本情况，包括被申请人的名称、所在地址、法定代表人的姓名和职务等。被申请人是两个或者两个以上的，应当依次分别写明被申请人的有关情况。③双方当事人如果有委托代理人的，应当写明委托代理人的姓名、职务和工作单位。

（4）案件复议组织情况。应当写明案件由来、审理过程等。根据行政复议决定书格式的要求，这部分内容通常表述为：

"申请人×××（姓名或者名称）不服被申请人×××（被申请人名称）于××××年××月××日作出的××行决字〔年度〕××号××××（具体行政行为名称）决定，于××××年××月××日向本机关提出行政复议申请，本机关依法已予受理，现已审理终结。"

2. 正文

正文是行政复议决定书的核心内容，主要应当写明申请复议的请求、事实与理由，被申请人答辩的主要事实和理由，复议机关认定的事实、理由和法律依据，行政复议的决定四个方面的内容。具体内容如下。

（1）申请复议的请求、事实与理由。这部分内容的叙写，应当以申请人提交的复议申请书为依据。如果申请人申请行政复议的内容冗长、烦琐，应当概括归纳申请人申请复议的事实、理由和请求，并应做到真实、准确地反映申请人的原意。

（2）被申请人答辩的主要事实和理由。根据法律规定，被申请人应当提交复议答辩书，对申请人的复议申请进行答复和辩驳，以证明其作出的具体行政行为的合法性。这部分内容的叙写，应当以被申请人提交的行政复议答辩书的内容为依据，概括被申请人答辩的事实、理由和法律依据，准确、真实地反映被申请人答辩的观点与原意。如果有两个被申请人，应当分别对被申请人答辩的内容进行叙述。

（3）复议机关认定的事实、理由和法律依据。这部分内容是复议机关作出行政复议决定的基础，包括对双方当事人争议事实的认定、作出复议决定的理由和适用的法律依据等。阐明作出复议决定的理由和适用的法律依据等。

具体内容阐述应当注意以下几点：

①行政复议机关在确定案件事实时，应当详细叙写确认的被申请人实施具体行政行为的事实，为行政复议决定的作出奠定基础。叙写时通常以"经审理查明"引出行政复议机关认定的案件事实。

②在具体阐述理由时，应当先根据认定的事实，归纳双方争议的焦点问题。然后，围绕问题结合法律规定，阐述行政复议机关的观点与理由。同时，就焦点问题中申请人申请复议的请求和理由逐一作出回应，充分说明支持或者不予支持行政处罚的依据，强化行政复议决定书的说理性。叙写时通常以"本局/厅认为"引出行政复议机关的看法与理由。

③援引的法律规定应当明确、具体。例如，"根据《中华人民共和国行政复议法》第28条第1款第3项、《中华人民共和国行政复议法实施条例》第45条之规定，我厅决定如下：……"

（4）行政复议的决定。这部分内容是案件处理的最终结果，叙写应当简洁、明确，具有可执行性。根据我国《行政复议法》和《行政复议法实施条例》的规定，行政复议的决定可以分为以下几种情形：①决定维持原具体行政行为；②决定驳回申请人的行政复议申请；③责令被申请人在一定的期限内履行法定职责；④撤销被申请人作出的具体行政行为，并责令被申请人重新作出具体行政行为；⑤变更被申请人作出的具体行政行为；等等。这是法律规定的行政复议决定结果的范围，因此，行政复议决定必须限定在法定范围之内。

3. 尾部

尾部包括向当事人交代有关事项、明确行政复议决定书的效力、写明复议机关名称和日期等。具体内容如下：

（1）向当事人交代有关事项。应当写明"如不服本决定，可在接到行政复议决定书之日起××日内向人民法院提起行政诉讼。逾期不起诉又不履行行政复议决定的，依法强制执行"。

（2）明确行政复议决定书的效力。应当写明"本决定书一经送达，即发生法律效力"。

（3）写明复议机关名称和日期。

本章小结

　　本章讲解我国行政执法法律文书的基本知识与写作方法，共分为三节。第一节讲解行政执法法律文书的概念、功能、特点与分类等基本知识；第二、第三节分别介绍了行政处罚、行政复议主要法律文书的概念、功能、结构、内容与写作方法。本章学习的重点是行政处罚事先告知书、责令改正通知书、行政处罚决定书、行政复议申请书、行政复议决定书。通过本章内容的学习，学生应当理解和领会行政执法法律文书的概念和功能，当场行政处罚决定书、行政复议答辩书等文书的概念、功能、结构、内容和写作方法；掌握行政处罚事先告知书、责令改正通知书、行政处罚决定书、行政复议申请书、行政复议决定书的概念、功能、结构、内容和写作方法，并达到能用、会写的程度。

思考题

1. 简述行政执法法律文书的概念和种类。
2. 简述行政处罚事先告知书的概念和功能。
3. 什么是责令改正通知书，其正文部分需要写清哪些内容？
4. 什么是行政处罚决定书，其正文部分应当写明哪些内容？
5. 简述行政复议法律文书的概念和功能。
6. 行政复议申请书的正文部分需要写明哪些内容？
7. 简述行政复议答辩书的概念和功能。
8. 什么是行政复议决定书，其正文部分应当写明哪些内容？
9. 根据下述案情材料，拟写一份行政处罚决定书。

当事人：××便利店；地址：××市××区××街×号；邮编：××××××；统一社会信用代码：×××××××××××

法定代表人：杨某　　性别：男　　职务：××

20××年1月26日，××局执法人员在日常监督检查时，发现××便利店内有

4名工作人员正在从事经营活动，货架上摆放有乳制品、粮油制品、方便食品、饮料等食品。经检查，××便利店未能提供有效的《食品经营许可证》。××局执法人员依法查封现场食品及营业场所。20××年1月28日，××局执法人员对××便利店法定代表人杨某进行询问调查。

经过××局的调查，查明：××便利店在未取得《食品经营许可证》的情况下，于20××年1月11日开始经营活动。截至调查之日，该店违法经营食品货值金额5 420.17元，违法所得522.93元。针对××便利店未取得食品经营许可从事食品经营活动的行为，××局向该店下达了《责令改正通知书》，责令立即改正违法行为。

××局于20××年2月5日对××便利店下达了《行政处罚事先告知书》[（×）食监食罚告〔20××〕7号]和《听证告知书》[（×）食监食听告〔20××〕7号]，××便利店在法定期限内未提出陈述、申辩意见和听证申请。

××局查处的证据、处罚依据和种类如下：

1. 相关证据

《现场检查笔录》；××便利店营业执照复印件；××便利店采购销售统计表；杨××身份证复印件；《调查笔录》；《查封决定书》及《物品清单》；现场检查照片等相关证据材料。

2. 处罚依据和种类

未取得食品经营许可从事食品经营活动的行为，违反了《中华人民共和国食品安全法》第35条第1款：国家对食品生产经营实行许可制度。从事食品生产、食品销售、餐饮服务，应当依法取得许可。

依据《中华人民共和国食品安全法》第122条第1款："违反本法规定，未取得食品生产经营许可从事食品生产经营活动，或者未取得食品添加剂生产许可从事食品添加剂生产活动的，由县级以上人民政府食品安全监督管理部门没收违法所得和违法生产经营的食品、食品添加剂以及用于违法生产经营的工具、设备、原料等物品；违法生产经营的食品、食品添加剂货值金额不足一万元的，并处五万元以上十万元以下罚款；货值金额一万元以上的，并处货值金额十倍以上二十倍以下罚款。"

××局认为：鉴于××便利店违法经营时间短，且经营的食品手续齐全，社会危害轻微，在案发后，立即停止经营行为并主动配合执法机关进行调查，积极办理相关证件，符合《中华人民共和国行政处罚法》第27条第1款第（一）项"主动消除或者减轻违法行为危害后果的"情形，对××便利店依法减轻处罚。

为此，××局决定对××便利店给予以下行政处罚：

(1) 没收违法经营的××饮品8盒、××一级花生油4桶等食品（详见《没收物品清单》）。

(2) 没收违法所得522.93元。

(3) 罚款10 000元整。

以上罚没款合计10 522.93元。

请在接到本处罚决定书之日起十五日内将罚没款缴到×××银行。逾期不缴纳罚款的，根据《中华人民共和国行政处罚法》第51条第1项的规定，将依法每日按罚款数额的3%加处罚款。

××局作出行政处罚决定时，向当事人交代了权利与义务，具体内容如下：

如不服本处罚决定，可在接到本处罚决定书之日起六十日内向×××（上一级）食品监督管理局或者×××人民政府申请行政复议，也可以于六个月内依法向×××人民法院提起行政诉讼。

在法定期限内不申请行政复议或者不提起行政诉讼，又不履行行政处罚决定的，本机关将依法申请人民法院强制执行。

（注：本案例为2021《行政处罚法》修订前案例）

第八章 律师实务文书

学习目标

通过本章内容的学习，学生要全面了解律师实务文书的概念、功能和分类，掌握教材中介绍的常用的律师实务文书的概念、功能、结构、内容和写作方法，并达到能用、会写的要求。

第一节 律师实务文书概述

一、律师实务文书的概念、功能

律师实务文书，是指律师在从事业务、履行职责的过程中，根据事实和法律的要求制作或者代为书写的各种法律文书的总称。

律师制度是一个国家现代法律制度的重要组成部分，是法治文明进步的重要标志。律师的工作主要是以书面形式为当事人提供法律帮助与服务，因此，律师实务文书是律师履行职责的具体表现形式，具有以下几个方面的功能：

①当事人依法行使权利的工具。当事人为保障自身合法权益，应当制作相关文书陈述事实与理由、明确自己的主张，提交司法机关启动相应的法律程序，采取相应的措施。律师制作的实务文书是为当事人依法行使权利的基本表现形式。

②维护当事人合法权益的途径。律师根据当事人的委托参加人民法院各类案件

的审理，制作并向合议庭递交相关的文书，阐明案情事实与委托人的主张和理由，充分维护当事人的合法权益。

③有利于争议案件的审理。律师为参与诉讼而制作的实务文书，是启动相关诉讼程序依据，也是人民法院查明事实、明确争议，开展案件审理工作的前提条件。

④记录各类案件审理、业务工作的全过程。律师在各类案件审理的不同阶段制作的实务文书，以及为当事人提供业务服务而制作的文书，忠实记录案件审理、从事业务工作的具体情况与全部经过。

⑤律师从事业务的工作成果的体现。律师主要利用专业知识与技能，将符合当事人合法权益的要求所依据的客观事实纳入法律框架内，争取获得司法等机构的认同和保护。律师的工作成果主要是通过制作各种法律文书呈现出来。

二、律师实务文书的分类

（一）律师实务文书的特点

1. 客观独立性

律师接受当事人的委托从事相关的法律工作，作为辩护人、代理人履行职责依法具有独立的诉讼地位。律师根据案件的客观事实与法律规定发表意见、提出主张，既不受委托人意思的支配，也不受人民检察院、人民法院或者其他国家机关的干预与约束。因此，律师实务文书表达了制作律师的意见与主张，具有鲜明的客观独立性。

2. 内容的针对性

律师依法履行职责是为了维护作为委托人的当事人一方的合法权益。所以，律师必须从当事人一方的角度，分析、提出有利于其利益的观点与主张，为此，律师实务文书的内容针对性较强。

3. 行文的规范性

律师实务文书尚无统一的规范，然而，在长期的实际工作中，律师实务文书已经逐渐形成了自有的行文风格。通常，需要按照顺序写明事实、证据、理由、法律依据，最后陈述主张与请求。有的律师实务文书还应当写全法律要求必须具备的内容，具备各项要素齐全、行文规范的特点。

4. 形式的程式性

律师实务文书在形式上属于程式化的文书，文书的结构与写作要求基本固定。律师实务文书大都由首部、正文和尾部三部分构成。同时，应当使用法律专业的基本术语，以及统一的规范性文字。

（二）律师实务文书的分类

1. 依据律师业务范围划分

（1）诉讼类文书是指律师在接受当事人的委托参加各类案件诉讼活动中制作使用的文书。例如，起诉状、答辩状、上诉状、辩护词、代理词，以及各类案件的申请书、笔录等。

（2）仲裁类文书是指律师在接受当事人的委托参加各类案件仲裁活动中制作使用的文书。主要包括：仲裁申请书、仲裁答辩状等。

（3）其他法律文书是指律师从事非诉讼、非仲裁类业务时制作使用的文书。主要包括：法律意见书、律师见证书、律师函等。

2. 依据文书性质划分

（1）律师代为书写的文书是指律师接受当事人的委托代其书写的各种文书，这类文书主要用于当事人在各类案件的诉讼活动。例如，刑事自诉状；民事、行政起诉状；民事、行政答辩状；民事反诉状，以及各类案件的上诉状等。

（2）以律师的名义出具的文书是指律师从事业务、履行职责的工作中制作使用的文书。主要包括：辩护词、代理词、法律意见书、催告函等，以及律师在从事业务工作中制作的各种笔录。

3. 依据文书制作主体划分

（1）律师事务所的文书是指律师事务所为处理与当事人、其他组织之间的关系而达成的协议，或者处理相关律师业务而制作使用的文书。主要包括：刑事辩护委托协议、民事代理委托协议、行政诉讼代理委托协议，以及非诉讼代理委托协议等。除此之外，还有律师事务所向公检法等机关出具的各种信函等文书。

（2）律师文书指律师接受当事人的委托从事相关业务，以其个人名义行使律师权利、履行职责时制作使用的文书。

律师实务文书除以上的分类外，还可以分为内部管理类文书与业务类文书等，文书的类型不同，其制作方面的要求与格式也有所不同。

第二节 诉状类文书

一、民事、行政起诉状

（一）概念和功能

民事、行政起诉状，是指当事人因权益受到侵害或者与他人发生民事、行政争议，依据事实和法律规定，作为原告依法向人民法院提起第一审民事、行政诉讼而制作的法律文书。

我国《民事诉讼法》第120条规定："起诉应当向人民法院递交起诉状，并按照被告人数提出副本。书写起诉状确有困难的，可以口头起诉，由人民法院记入笔录，并告知对方当事人。"第121条规定："起诉状应当记明下列事项：（一）原告的姓名、性别、年龄、民族、职业、工作单位、住所、联系方式，法人或者其他组织的名称、住所和法定代表人或者主要负责人的姓名、职务、联系方式；（二）被告的姓名、性别、工作单位、住所等信息，法人或者其他组织的名称、住所等信息；（三）诉讼请求和所根据的事实与理由；（四）证据和证据来源，证人姓名和住所。"我国《行政诉讼法》第49条规定："提起诉讼应当符合下列条件：（一）原告是符合本法第二十五条规定的公民、法人或者其他组织；（二）有明确的被告；（三）有具体的诉讼请求和事实依据；（四）属于人民法院受案范围和受诉人民法院管辖。"第50条规定："起诉应当向人民法院递交起诉状，并按照被告人数提出副本。书写起诉状确有困难的，可以口头起诉，由人民法院记入笔录，出具注明日期的书面凭证，并告知对方当事人。"这些规定是制作民事、行政起诉状内容的基本要求。

民事、行政起诉状的功能主要体现在以下几个方面：①是原告用来向人民法院提起民事、行政争议案件的第一审诉讼程序，是当事人依法行使诉讼权利的体现。②用于陈述原告自身权益受到侵害的事实经过，阐明原告的诉讼请求以及主要理由。③是被告获知原告启动诉讼程序原由的途径，使得被告能够应诉并有针对性的组织答辩。④是人民法院启动第一审民事诉讼程序的基本依据，也是人民法院查明案情，依法审理案件的前提条件。

民事、行政起诉状用于当事人请求人民法院依法启动民事、行政案件的第一审诉讼程序。

（二）结构、内容与写作方法

民事、行政起诉状为文字叙述式文书，由首部、正文和尾部组成。

1. 首部

首部包括标题、当事人和代理人的基本信息。

（1）标题。应当居中写明"民事起诉状""行政起诉状"。

（2）当事人的基本信息。包括原告、被告、第三人，以及诉讼代理人的基本信息。

民事、行政案件的诉讼主体可以分为自然人、法人或者社会组织两大类。不同类型当事人为参加诉讼使用的起诉状的结构、内容大体相同，只是当事人基本信息书写项目有所区别。具体需要注意以下几点：

①原告的基本信息。原告是自然人的，写明原告的姓名、性别、年龄、民族、职业、工作单位、住所、联系方式。例如，"原告×××（姓名），男，××××年××月××日出生，汉族，××有限公司职员，现住××市××区××大街×号×楼，联系电话：1391……"

原告为法人或者其他组织的，写明单位全称、地址（即注册地址）和法定代表人或者负责人的姓名、职务、联系方式。例如，"原告北京××股份有限公司，地址××市××区××大街×号"。另起一行写明"法定代表人×××（姓名），男，职务：董事长，联系电话：1370……"

②被告基本信息。在写明原告的各项事项之后，另起一行写明被告的身份情况与信息。被告是自然人的写明姓名、性别、工作单位、住所等信息。被告是法人的写明单位全称、住所地等信息。被告基本信息的具体内容与原告基本信息大体一致。在制作的行政起诉状中，被告必须是作出相对的具体行政行为的国家机关，只能是法人而不能是任何的一个自然人。

③第三人的基本信息。民事纠纷中涉及第三人的，在写明被告情况与信息之后，另起一行写明第三人的身份情况与信息，具体内容与所列原告的写作事项相同。

（3）代理人的基本信息。民事诉讼案件中，代理人可以分为法定代理人、委托代理人两大类。在民事起诉状中，应当分别写明不同种类的代理人的具体情况。

①法定代理人的基本信息。写明未成年人基本信息之后，在其法定代理人项下，按照原告基本信息的要求，逐一写明法定代理人（即当事人的监护人）的基本信息，用括号注明与当事人的关系。例如，"法定代理人张××（系原告之父亲）……"

②委托代理人的基本信息。依据我国民事诉讼法与有关司法解释的规定，民事

案件可以委托其近亲属作为诉讼代理人；当事人为法人或者其他组织的，可以委托本单位的职工作为诉讼代理人。委托诉讼代理人项下，应当按照原告基本信息的要求，逐一写明委托诉讼代理人的基本信息，用括号注明与当事人的关系。例如，"委托诉讼代理人：李××（系原告之母），女，××××年××月××日出生，汉族，××市××局职工，现住××市××区××大街×号×楼，联系电话：1381……"或者"委托诉讼代理人：李××（系原告所属之员工），女，××××年××月××日出生……"

③委托律师的基本信息。委托诉讼代理人事项中，应当写明律师的姓名、工作单位、职务、联系方式。例如，"委托诉讼代理人：李××（姓名），××市××律师事务所律师，联系电话：1351……"

2. 正文

正文包括诉讼请求、事实和理由，以及证据。

（1）诉讼请求。诉讼请求是指原告诉请人民法院对争议纠纷审理所要解决的具体问题，诉讼请求应当明确、具体，请求的事项分别列举。诉讼请求主要有三个方面的内容：①原告对民事、行政纠纷中法律关系处理的具体要求。②被告应当负有的义务或者责任。③案件受理、鉴定等费用的负担等。

以民事离婚案件为例。在民事离婚案件中，首先，应写明当事人双方之间夫妻关系的处理，例如，"判决原告×××与被告×××离婚"。其次，写明被告负有义务的要求，例如，"原告、被告双方所生女儿（姓名、年龄）归原告抚养，被告按月提供生活费××××元，到女儿独立生活为止"。再次，写明原告、被告共同财产的分割。例如，"原告、被告共有现金××××，其中××××归原告；现有住房判归原告所有；个人衣服生活用品归原告、被告个人"等。最后，写明案件受理费的负担。

在行政案件中，首先应当明确对行政机关具体行政行为的态度，写明不服行政机关的处理决定。诉讼请求事项应当符合法律规定的情形，包括：撤销或者变更行政行为；行政机关履行法定职责或者给付义务；确认行政行为违法；确认行政行为无效；行政机关予以赔偿或者补偿；解决行政协议争议；请求一并审查规章以下规范性文件；请求一并解决相关民事争议，以及其他诉讼请求。例如，要求撤销行政机关作出的行政处理决定的，应当照抄行政处理决定书的文号，写为"撤销××市土地管理局（2019）行处字第××号行政处罚决定"或者"请求撤销被告对原告作的××公管决字（2019）第××号行政处罚决定书"。之后，写明案件受理、鉴定等费用的负担等。

（2）事实和理由。这是民事、行政起诉状的核心内容。

①事实是提起诉讼、实现诉讼请求的基础，也是人民法院查明案情适用法律作出裁判的依据。事实部分应当写明原告、被告之间法律关系形成、存在的情况，争议发生的大致经过、原因与后果。

民事离婚纠纷案件中，首先，写明原告、被告建立婚姻、家庭关系等基本事实。例如，可以写为：

"原告×××与被告×××自××××年经人介绍相识，之后确立恋爱关系，并于××××年××月自愿登记结婚。婚后感情尚好，生有一女×××（姓名），现年×岁。"

其次，写明争议发生的原因与事实经过。民事离婚纠纷案件中，重点写明夫妻感情破裂的主要原因，被告的过错行为与大致经过。例如：

"婚后，原告发现被告经常外出找人打麻将，经多次劝告仍不思悔改。后来，被告逐渐嗜赌成性整宿打麻将常常几天不回家。经过几年的折腾，已经赌输了家里的全部积蓄。近来竟然背着原告企图变卖家里现在唯一的住房以供其继续赌博。被告的行为严重影响了家庭的正常生活，伤害了原告的感情……"

最后，写明被告行为所造成的损失或者后果。例如：

"原告、被告婚后共同生活的十年中，被告赌博欠下了不少的赌债，为此到处躲债，家中一贫如洗，难以维持基本生活。"

行政纠纷案件中，首先，写明引发行政机关作出具体行政行为的事实。在撤销行政裁决的案件中，应当写明行政机关作出裁决所依据的事实。例如：

"原告×××的房屋位于××市××区××号，属于××房地产开发公司在该地区住宅小区土地一级开发项目建设拆迁范围。××房地产开发公司未能按照规定的拆迁补偿标准与原告协商拆迁事宜，致使双方自2019年6月1日至今未能就拆迁补偿协议达成一致意见。"

其次，写明行政机关作出具体行政行为的事实。例如：

"被告为政府负责本地区房屋拆迁工作的主管机构，熟悉拆迁政策，完全清楚安置补偿标准，却偏听偏信，不顾××房地产开发公司不执行拆迁安置补偿标准的事实，于2019年12月1日作出×房管裁字第78号裁决书，裁决原告将房屋交给××房地产开发公司拆除并办理拆迁安置补偿手续。"

最后，写明行政机关违法的行政行为的后果。例如：

"现原告的房屋已经被××房地产开发公司拆除，一家六口人分两处暂时借住亲戚、朋友家，扰乱了原告一家人以往正常的生活。"

叙写事实应当注意的问题：一是实事求是，如实叙写案情。二是诉讼请求为叙写案情的出发点。三是叙写案情全面、清楚、重点突出。

②理由是在概括事实的基础上，叙写持有的观点与依据，阐明诉讼请求的正确、合理性。

民事起诉状中，先概括写明被告行为的性质、后果，以及法律责任。之后，写明原告提起诉讼的依据。例如，商品买卖合同纠纷案件中，在叙写事实之后，写明："上述事实充分说明：被告超过合同约定的时间未能如约向原告交货的行为，已经构成根本性违约。依据原告、被告双方于2019年4月1日签订的《商品买卖合同》第23条的规定，以及我国《合同法》的相关规定，被告应当为此承担违约责任……""为此，依据《商品买卖合同》第24条第2款的规定，被告应当向原告支付违约金共计25.7万元。"

行政起诉状中，先提出不服行政机关具体行政行为之处。之后，着重从程序法、实体法规定的两个方面，逐一论说该行政行为的错误。例如，原告在学位被母校撤销而提起行政诉讼时，在起诉状中写明："被告于××××年××月××日作出的《撤销××获得的××学位的决定》（以下简称《决定》）违反我国法律规定，应当予以撤销。""一、该《决定》程序违反法律规定……二、该《决定》缺乏明确的法律规定……"

叙写理由应当注意的问题：一是阐明理由应当具有针对性，突出重点。二是应当准确引用法律、法规的具体规定。三是与事实相辅相成，与诉讼请求相一致。

（3）证据。证据是用以证明案件事实真实性的依据，包括证据的名称、证据来源、证人姓名和住址。

列写证据应当符合法律规定的名称、符合规范的要求，必须注明证据的来源。证据数量较多的，可以单独列写证据目录，并将所有的证据附在自诉状后一并提交人民法院。为此，应当在尾部附项中注明"附：证据××份"。

依据我国《行政诉讼法》第34条的规定，被告对作出的具体行政行为负有举证责任，应当提供作出该具体行政行为的证据和所依据的规范性文件。然而，为充分保证自身合法权益，原告应当主动列写并提供有利于自己的证据，以避免被告仅提供有利于其单方面的证据，陷原告于诉讼中不利的局面。

3. 尾部

尾部包括致送人民法院的全称、附项，以及原告签名、盖章与日期。各项内容必须按照格式与顺序叙写，附项应当写明起诉状副本的数量、证据的件数。例如：

"此致

××市××区人民法院

附：本起诉状副本×份，证据××份。

起诉人×××

××××年××月××日"

二、刑事自诉状

（一）概念和功能

刑事自诉状，是指自诉人因自身人身权利、财产权利受到侵害，为追究被告人的刑事责任，向人民法院提起第一审刑事诉讼而制作的法律文书。

我国《刑事诉讼法》第210条规定："自诉案件包括下列案件：（一）告诉才处理的案件；（二）被害人有证据证明的轻微刑事案件；（三）被害人有证据证明对被告人侵犯自身人身、财产权利的行为应当依法追究刑事责任，而公安机关或者人民检察院不予追究被告人刑事责任的案件。"上述法律规定，是制作刑事自诉状的法律依据。

刑事自诉状的功能主要体现在以下几个方面：①有利于自诉人依法提请人民法院追究被告人的刑事责任，充分维护自诉人的合法权益。②有利于自诉人依法行使诉讼权利，是人民法院启动刑事案件第一审诉讼程序的依据。③是人民法院查明案情、依法审理案件的前提条件。

刑事自诉状用于当事人请求人民法院启动刑事自诉案件的第一审诉讼程序。

（二）结构、内容和写作方法

刑事自诉状为文字叙述式文书，由首部、正文和尾部组成。

1. 首部

首部包括标题和当事人的基本信息。

（1）标题。应当居中写明"刑事自诉状"。

（2）当事人基本信息。应当分别写明自诉人、被告人，以及诉讼代理人的基本信息。

自诉人的基本信息包括：姓名、性别、出生日期、民族、职务、工作单位、住址，以及联系方式。自诉人是未成年人，还应当写明其法定代理人的基本信息。

被告人基本信息的内容同于自诉人，对被告人出生年月日确实不知的，可以写其年龄。

自诉人、被告人有诉讼代理人的，应当在自诉人、被告人项下分别写明诉讼代理人的基本信息。委托律师作为代理人的，应当写明姓名、所在律师事务所的名称与职务。

2. 正文

正文包括案由、诉讼请求、事实与理由和证据。

（1）案由。案由是指被告人行为所触犯的我国刑法规定的具体罪名，我国刑法规定的自诉案件包括：侮辱、诽谤；暴力干涉婚姻自由；虐待家庭成员；侵占；轻伤害；非法侵入住宅；侵犯通信自由；重婚；遗弃等。案由的内容应当正确叙写被告触犯的罪名。

（2）诉讼请求。诉讼请求是指自诉人提请人民法院依法追究被告人应当承担的刑事责任，一般与案由一起作概括性的叙写。例如，"被告人×××犯××罪，请求依法予以惩处"。

（3）事实与理由。事实和理由是自诉状的核心内容，应当写明被告人犯罪的基本事实，说明理由以及法律依据。

①事实部分写明被告人实施犯罪行为的全过程，通常采用记叙的方法按顺序写明案件发生的具体时间、地点、涉案人员、实施犯罪的手段、被害人的人身或财产受到伤害的程度与状况，以及被告人作案的动机、目的、案发后的表现等。而且，应当写明有关机关对案件的处理情况等。其中，应当着重写明被告人实施犯罪行为的具体状态。例如：

"自诉人和被告人于19××年结婚，感情尚好，生有子、女各一名。20××年被告人刘××与×××通奸，为达到与自诉人离婚的目的，不断地对自诉人在精神、肉体上实施虐待。20××年××月××日晚9时许，被告人假借为自诉人治病，粗暴地将自诉人推倒在床上，用两腿分别压住自诉人的双臂，用力掰开自诉人的嘴，强行往自诉人嘴里灌砒霜水。自诉人紧咬牙关，拼命反抗，被告人才未得逞，但造成自诉人舌尖糜烂、嘴唇脓肿。进而，被告人又持木棍用力殴打自诉人，致使自诉人脸部、胸部红肿，左手臂、右腿皮肤严重挫伤（李××可证明）……"

②理由部分以案件事实为基础，根据相关的法律规定阐明起诉的理由。通常采用议论的方法说明被告人的行为已经构成犯罪。之后，援引我国现行刑法、司法解释的具体规定，重申自诉人提出的诉讼请求。例如：

"被告人刘××殴打自诉人的行为，致自诉人头部轻微伤，情节恶劣，触犯了《中华人民共和国刑法》第××条第×款规定，已构成虐待罪，请人民法院依法追究被告人的刑事责任。"

叙写事实与理由部分应当注意的问题：一是应当实事求是叙写事实，重点叙述关键性情节，非关键性情节可以简要概述。二是应当写明案发后有无相关司法机关介入，以及对被告人行为的处理意见与结果。三是明确被告人行为的性质、危害，准确的引用具体的法律规定。

（4）证据。证据包括证据的名称、来源，证人姓名和住址等。证据是证明被告人犯罪事实的依据，是人民法院查明事实、依法惩处被告人犯罪行为的前提条件。

我国《刑事诉讼法》第211条第1款第2项规定："（二）缺乏罪证的自诉案件，如果自诉人提不出补充证据，应当说服自诉人撤回自诉，或者裁定驳回。"自诉案件中，自诉人负有举证责任，应当向人民法院提交证明被告犯罪的必要证据。

列写证据的名称必须规范，应当详细写明证据的名称、来源等情况。证据数量较多的，可以单独列写证据目录，并将所有的证据附在自诉状后一并提交人民法院。同时，在尾部附项中予以注明。

3. 尾部

尾部包括致送人民法院的名称、附项，以及自诉人签名与日期。各项内容应当按照格式与顺序叙写。附项应当写明自诉状副本的数量、证据的件数，例如，"附：本自诉状副本×份""证据××份"。

三、上诉状

（一）概念和功能

上诉状，是指民事、刑事、行政案件的当事人不服人民法院一审判决或者裁定，在法定的期限内向上一级人民法院提出上诉，请求撤销、变更第一审判决或者裁定而制作的法律文书。

我国《民事诉讼法》第164条规定："当事人不服地方人民法院第一审判决的，有权在判决书送达之日起十五日内向上一级人民法院提起上诉。当事人不服地方人民法院第一审裁定的，有权在裁定书送达之日起十日内向上一级人民法院提起上诉。"第165条规定："上诉应当递交上诉状。上诉状的内容，应当包括当事人的姓名，法人的名称及其法定代表人的姓名或者其他组织的名称及其主要负责人的姓名；原审人民法院名称、案件的编号和案由；上诉的请求和理由。"

我国《刑事诉讼法》第227条规定："被告人、自诉人和他们的法定代理人，不服地方各级人民法院第一审的判决、裁定，有权用书状或者口头向上一级人民法院上诉。被告人的辩护人和近亲属，经被告人同意，可以提出上诉。附带民事诉讼的当事人和他们的法定代理人，可以对地方各级人民法院第一审的判决、裁定中的附带民事诉讼部分，提出上诉。对被告人的上诉权，不得以任何借口加以剥夺。"

我国《行政诉讼法》第85条规定："当事人不服人民法院第一审判决的，有权在判决书送达之日起十五日内向上一级人民法院提起上诉。当事人不服人民法院第一审裁定的，有权在裁定书送达之日起十日内向上一级人民法院提起上诉。逾期不提起上诉的，人民法院的第一审判决或者裁定发生法律效力。"

上诉状的功能主要体现在以下几个方面：①上诉状是上诉人依法行使所享有的上诉权利的工具。②上诉状是上诉人用来阐明原审裁判的错误、诉讼请求与理由的载体。③上诉状是人民法院依法启动第二审诉讼程序的依据，也是人民法院查明案情、依法审理案件的前提条件。

上诉状用于当事人请求人民法院依法启动各类案件的第二审诉讼程序。

（二）结构、内容和写作方法

上诉状为文字叙述式文书，由首部、正文和尾部组成。

1. 首部

首部包括标题、当事人的基本信息和案由。

（1）标题。应当居中写明"民事上诉状""刑事上诉状""行政上诉状"。

（2）当事人的基本信息。应当写明上诉人、被上诉人、第三人，以及委托诉讼代理人基本信息。自然人的，顺序写明姓名、性别、出生年月日、民族、职业、工作单位、住所、联系方式。法人或者其他组织的，写明单位全称、地址（即注册地址）和法定代表人或者负责人的姓名、职务、联系方式。委托律师作为代理人的，应当写明姓名、所在律师事务所的名称与职务。

当事人的信息中，在所写明的上诉人、被上诉人之后，用括号注明其在第一审程序中的诉讼地位。例如，原告上诉的，写为"上诉人（原审原/被告）×××被上诉人（原审原/被告）×××"。一审中被告反诉的，被告提出上诉时，写为"上诉人（原审被告、原审反诉原告）×××"。

需要注意，在刑事上诉状中，被告人的辩护人或者近亲属经被告人的同意而提出上诉的，应当写明提出上诉的人与被告人的关系，并以被告人为上诉人。在刑事公诉案件中，被告人提出上诉的，在刑事上诉状中只写上诉人，没有被上诉人一项。即不能将检察机关列为被上诉人。

（3）案由。包括案由、原审人民法院名称、判决或者裁定的日期、裁判文书编号等。

案由是一段过渡性的程式化用语，按照文书格式规定，民事、行政上诉状叙写为：

"×××（上诉人姓名或者名称）因与×××（被上诉人姓名或者名称）××（案由）一案，不服××××人民法院××××年××月××日作出的（年度）××字××号判决/裁定，现提出上诉。"

刑事上诉状叙写为：

"×××（上诉人姓名）因××（案由）一案，不服××××人民法院××××年××月××日（年度）×字××号判决/裁定，现提出上诉。"

2. 正文

正文包括上诉请求和上诉理由。

（1）上诉请求。上诉请求是指上诉人诉请上一级人民法院审理案件所要解决的问题，应当概括性地叙写上诉人不服原审裁判持有的态度，以及上诉的主张。民事、行政案件的上诉状，还应当写明案件受理费用的负担。上诉人不服原审裁判持有的主张可以表述为"请求人民法院依法撤销或者变更原审判决/裁定"或者"由二审人民法院重新审理"。

上诉请求应当明确、具体。例如，民事离婚案件中，当事人不服原审不准许离婚的判决的，写为：

"一、撤销×××人民法院（年度）××字××号判决。二、改判上诉人××与被上诉人××离婚。三、本案受理费等费用由被上诉人××负担。"

刑事人身伤害案件中，被告人不服原审有罪判决的，写为：

"一、撤销×××人民法院（年度）××字××号判决。二、重新审理本案，判决上诉人无罪。"

（2）上诉理由。上诉理由是上诉状的核心内容与重点，叙写时从辨明事实入手，进而指出原审裁判适用法律的错误，阐明上诉请求的合法、正确。叙写要点有以下的几个方面：

①原审裁判认定事实错误。案件事实是由诉讼当事人提供的各项证据所构成，认定当事人的责任、行为性质，以及定罪量刑的关键性情节，必须依据充足、可靠的证据予以证明。论证原审裁判认定事实错误，首先，应当分析案件事实的基本要素，指出原审裁判所依据的证据在时间、地点、人物等方面的逻辑关系存有的瑕疵。其次，根据证据规则的具体规定，指出原审裁判所依据的证据在采集、提交、质证等方面的瑕疵。再次，指出原审裁判采纳对方证据、不采纳本方证据的理由方面的瑕疵。最后，强调本方提交证据的合法性、客观性与关联性，用以证明、还原案件的事实真相。

②原审裁判适用法律错误。原审裁判必须以现行明文法律规定为标准，一旦适

用法律出现偏差，势必造成冤、假、错案。必须明确指出原审裁判在当事人行为性质、定罪量刑等方面适用法律的错误，并请求二审法院予以纠正。民事案件的判决应当有充分约定、法律规定作为基础，刑事案件的判决必须以明确具体的法律、司法解释的规定作为依据，行政案件判决必须注意行政规章适用的范围与效力。

③原审裁判适用诉讼程序错误。诉讼程序合法是人民法院公平、公正审理各类案件的基本保证。原审法庭在审理案件过程中，未能按照程序规定的要求从事审判活动，在案件管辖、审判方式、审判组织、证据与证人等方面存有瑕疵，或者侵害当事人诉讼权利等行为，应当引用法律的具体规定，指明原审存在的错误。

总之，上诉理由应当针对原审裁判中存在的错误，围绕上诉请求阐明持有的观点与意见，切忌仅仅重复起诉状、答辩状中的内容，应当做到有理、有据，论证充分。除此之外，如果在第一审过程中，因故不能在规定的时间内提交证据，或者在案件审理终结后调查获得新的证据，应当按照规范要求列写清楚，附在上诉状后一并提交案件的第二审人民法院。为此，应当在尾部附项中加以注明。

3. 尾部

尾部包括致送人民法院的名称、附项，以及上诉人签名与日期。各项内容应当按照格式与顺序叙写。附项应当写明上诉状副本的数量、证据的件数，例如，"附：本上诉状副本×份""证据××份"。

四、答辩状

（一）概念和功能

答辩状，是指民事、刑事、行政诉讼中的被告、被告人或者被上诉人针对原告、自诉人或者上诉人的起诉、上诉请求，向人民法院递交的为自己进行辩解而制作的法律文书。

我国《民事诉讼法》第125条第1款规定："人民法院应当在立案之日起五日内将起诉状副本发送被告，被告应当在收到之日起十五日内提出答辩状。答辩状应当记明被告的姓名、性别、年龄、民族、职业、工作单位、住所、联系方式；法人或者其他组织的名称、住所和法定代表人或者主要负责人的姓名、职务、联系方式。人民法院应当在收到答辩状之日起五日内将答辩状副本发送原告。"

我国《行政诉讼法》第67条第1款规定："人民法院应当在立案之日起五日内，将起诉状副本发送被告。被告应当在收到起诉状副本之日起十五日内向人民法院提交作出行政行为的证据和所依据的规范性文件，并提出答辩状。人民法院应当在收到答辩状之日起五日内，将答辩状副本发送原告。"

依据我国的法律规定，当事人享有陈述辩解的权利，有权向人民法院递交答辩状为自己进行辩解。答辩状有以下几个方面的功能：①用于答辩人对起诉、上诉表示应诉，也是依法行使答辩权的工具。②答辩人用来阐明自己的意见与主张，辩驳对方的观点与诉讼请求。③是人民法院了解答辩人持有观点与意见的重要途径，有利于全面掌握案情，保证案件的公正审理。

答辩状用于当事人在人民法院审理案件过程中辩驳对方的观点与主张。

（二）结构、内容和写作方法

答辩状为文字叙述式文书，由首部、正文和尾部组成。

1. 首部

首部包括标题、当事人的基本信息和答辩缘由。

（1）标题。应当居中写明"民事答辩状""行政答辩状""刑事答辩状"。

（2）当事人的基本信息。应当写明答辩人及其委托诉讼代理人的基本信息。自然人的，应当写明姓名、性别、出生年月日、民族、工作单位和职务或职业、住址、联系方式。法人或者其他组织的，应当写明单位全称、地址（即注册地址）和法定代表人或者负责人的姓名、职务、联系方式。委托律师作为代理人的，应当写明姓名、所在律师事务所的名称与职务。

（3）答辩缘由。叙写一段程式化的过渡性文字。

民事答辩状写明：

"对×××人民法院（年度）××字××号（写明当事人姓名或者名称和案由）一案的起诉/上诉，答辩如下：……"

行政答辩状写明：

"因×××诉我单位（写明案由或起因）一案，现答辩如下：……"

刑事答辩状写明：

"因×××（公诉机关名称）指控答辩人犯××罪，现答辩如下：……"

2. 正文

正文是文书的核心内容，用来写明答辩理由。叙写答辩理由应当注重以下几个方面。

（1）针对案件审理适用诉讼程序的辩驳。诉讼程序是案件公平审理的基本保证，我国诉讼法中关于案件审理的管辖、诉讼主体等方面的规定，是人民法院审理各类案件时必须遵行的基本规范。民事、行政案件第一审诉讼中，应当审查并指出案件管辖、诉讼主体、案由，以及诉讼请求等方面存在的错误，提请人民法院予以纠正并依法处置。刑事诉讼中，应当指出有关机构对被告人实施拘留、逮捕、讯问过程中程序违法的行为，提请人民法院依法处置。

（2）对起诉状、上诉状中叙写的不实事实的辩驳。原告、上诉人在书状中主要从己方的角度，着重陈述有利于己方的事实情节。为此，应当逐一驳斥对方的不实陈述，利用证明有利于己方事实的证据，全面解释说明案件发生的全部过程。通过辩驳与陈述，形成符合客观事实的案情经过，还原事实真相，澄清争议发生的起因，为确认各方的责任奠定基础。

（3）针对起诉状、上诉状不当适用法律的辩驳。原告、上诉人总是依据己方对案件事实的陈述，提出理由与适用法律的依据。在答辩理由中，应当在澄清案件事实的基础上，指出对方提出的适用法律的错误之处，明确应当适用的法律的具体规定。民事诉讼中，应当关注当事人之间达成协议的约束力，必须遵从"有约定的从约定，无约定的适用法律规定"的原则。行政诉讼中，应当重点分析案件适用的法律、法规的层级、生效时间、适用范围等。刑事诉讼中，应当着重强调为被告人定罪量刑必须依据法律、司法解释明确、具体的规定。

（4）针对原告、上诉人的诉讼请求，明确答辩人的具体要求。在充分说明案件事实、阐述正确适用法律的基础上，应当针对诉讼请求提出自己的看法与主张，明确自己应对本案诉讼的具体态度。

例如，民事诉讼中叙写为：

"综上所述，涉案××万元的经济损失不能由答辩人，而应当由被答辩人全部自行承担。"

行政诉讼中叙写为：

"原告的诉讼请求于法无据，不能获得法律的认可与支持。为此，请求贵院依法驳回被答辩人的全部诉讼请求。"

刑事诉讼中叙写为：

"请求贵院依法判决被告人无罪"或者"请求贵院依法从轻处罚被告人。"

叙写答辩理由之后，应当列写组织、整理的有关证据。在证据较多的情况下，可以将证据单独整理出来，附在答辩状之后一并提交人民法院，为此，需要在尾部附项中加以注明。

3. 尾部

尾部包括致送人民法院的名称、附项，以及答辩人签名与日期。各项内容应当按照格式与顺序叙写。附项应当写明答辩状副本的数量、证据的件数等情况，例如"附：本答辩状副本×份""证据××份"。

五、反诉状

（一）概念和功能

反诉状，是指第一审诉讼程序的民事、刑事自诉案件的被告、被告人，针对原告、自诉人指控的同一纠纷事实或者行为事实，提出相反指控而制作的法律文书。

我国《民事诉讼法》第140条规定："原告增加诉讼请求，被告提出反诉，第三人提出与本案有关的诉讼请求，可以合并审理。"我国《刑事诉讼法》第213条规定："自诉案件的被告人在诉讼过程中，可以对自诉人提起反诉。反诉适用自诉的规定。"我国的这些法律规定是制作反诉状的基本法律依据。

反诉必须符合法律规定的条件，必须在法律规定的期限内提出。反诉状有以下几个方面的功能：①是当事人维护自身的合法权益，依法行使所享有权利的工具。②是人民法院受理反诉、启动反诉与本诉合并审理程序的基本依据。③有利于人民法院全面了解、掌握案情，保证案件的公正审理。

反诉状用于当事人在人民法院审理案件过程中，向对方提出指控，请求人民法院依法启动相应的诉讼程序。

（二）结构、内容和写作方法

反诉状为文字叙述式文书，由首部、正文和尾部组成。

1. 首部

首部包括标题和当事人的基本信息。

（1）标题。应当居中写明"民事反诉状""刑事反诉状"。

（2）当事人的基本信息。应当分别写明反诉人、被反诉人，以及代理人的基本情况，并在括号内注明在本诉中的地位。

自然人的，应当写明姓名、性别、出生年月日、民族、工作单位和职务或职业、住址、联系方式。法人或者其他组织的，应当写明单位全称、地址（即注册地址）和法定代表人或者负责人的姓名、职务、联系方式。委托律师作为代理人的，应当写明姓名、所在律师事务所的名称与职务。例如：

"反诉人（本诉被告）：×××（姓名），男，××××年××月××日出生……"

"被反诉人（本诉原告）：×××（姓名），女，××××年××月××日出生……"

2. 正文

正文是反诉状的核心内容，包括反诉请求、事实和理由，以及证据。

（1）反诉请求。反诉请求是反诉人诉请人民法院对争议纠纷审理所要解决的具体问题，或者提请人民法院依法追究被反诉人应当承担的刑事责任。反诉请求应当明确、具体。

（2）事实和理由。叙写方法与要求同民事起诉状、刑事自诉状，应当按照事实要素写明时间、地点、人物，以及案件的起因、经过与结果。重点写明被反诉人实施的违约、侵权行为的情况。在此基础上，阐明反诉的理由与法律依据。最后，概括性地指出被反诉人行为的性质与责任。依据法律规定，反诉与本诉的诉讼请求必须在事实或法律上有牵连。叙写事实与理由，应当叙写反诉与本诉之间的牵连关系，阐明反诉请求得以抵消或吞并本诉原告诉讼请求。

（3）证据。证据包括证据的名称、来源，证人姓名和住址等。列写证据应当符合法律规定的名称、符合规范的要求。证据数量较多的，可以单独列写证据目录，并将所有的证据附在反诉状后一并提交人民法院。为此，应当在尾部附项中注明"附：证据××份"。

3. 尾部

尾部包括致送人民法院的名称、附项，以及答辩人签名与日期。各项内容应当按照格式与顺序叙写。附项应当写明反诉状副本的数量、证据的件数等情况，例如"附：本反诉状副本×份""证据××份"。

第三节　律师涉诉申请书

一、民事再审申请书

（一）概念和功能

民事再审申请书，是指当事人不服已经生效的民事判决、裁定或者调解，以及其他的法定情形，向人民法院提起再审申请而制作的法律文书。

我国《民事诉讼法》第203条规定："当事人申请再审的，应当提交再审申请书等材料。人民法院应当自收到再审申请书之日起五日内将再审申请书副本发送对方当事人。对方当事人应当自收到再审申请书副本之日起十五日内提交书面意见；不提交书面意见的，不影响人民法院审查。人民法院可以要求申请人和对方当事人补充有关材料，询问有关事项。"

《民诉法司法解释》第378条规定："再审申请书应当记明下列事项：（一）再审申请人与被申请人及原审其他当事人的基本信息；（二）原审人民法院的名称，原审裁判文书案号；（三）具体的再审请求；（四）申请再审的法定情形及具体事实、理由。再审申请书应当明确申请再审的人民法院，并由再审申请人签名、捺印或者盖章。"

民事再审申请书有两个方面的功能：①用于当事人请求人民法院再次审理已经审结，并已有生效裁判的民事案件，维护自身合法权益，依法行使所享有的权利。②是人民法院依法启动民事审判监督程序的基本依据。人民法院通过再次审理案件纠正原审判决中存有的错误，保证法律的正确实施，切实保护当事人的合法权益。

民事再审申请书用于当事人请求人民法院依法启动民事再审诉讼程序。

（二）结构、内容和写作方法

民事再审申请书为文字叙述式文书，由首部、正文和尾部组成。

1. 首部

首部包括标题、当事人的基本信息和申请事由。

（1）标题。应当居中写明"民事再审申请书"。

（2）当事人的基本信息。写明再审申请人、被申请人及原审其他当事人的基本信息。自然人的，写明姓名、性别、年龄、民族、职业、工作单位、住所及有效联系电话、邮寄地址。法人或者其他组织的，应当写明单位名称、住所和法定代表人或者主要负责人的姓名、职务及有效联系电话、邮寄地址。委托律师作为代理人的，应当写明姓名、所在律师事务所的名称与职务。

当事人称谓之后，在括号内注明该人在原审中的诉讼地位。叙写时需要注意以下两种情况：

①当事人对经过一审、二审程序审理并且已经生效的民事判决、裁定或者调解书向人民法院申请再审的，写为"再审申请人（一审、二审诉讼地位）：姓名、性别、出生日期、民族、工作单位和职务或者职业、住址、联系方式"。

②当事人认为有错误的已经发生法律效力的一审民事判决、裁定或者调解书，向上一级人民法院申请再审的，写为"原审原告/被告/第三人（一审诉讼地位）：×××……"

(3) 申请事由。叙写一段程式化的过渡性文字，应当写明：

"再审申请人×××（姓名）因与×××（被申请人姓名）××（写明案由）一案，不服×××人民法院（写原审人民法院的名称）××××年××月××日作出的（年度）×字××号民事判决/民事裁定/民事调解书，现提出再审申请。"

2. 正文

正文包括再审请求、事实和理由。

(1) 再审请求。应当写明请求撤销或者改变已经生效的原审裁判，这部分内容，应当叙写得明确、具体。例如，"撤销××人民法院××年××月××日作出的（年度）××字第××号（判决/裁定/调解）之第×项，依法再次审理本案"。

(2) 事实和理由。应当写明申请再审原由、事实和理由。

第一，申请再审原由。再审案由关系到民事案件再审申请能否为人民法院所受理，因此，必须审慎确定。我国《民事诉讼法》第200条、第201条规定了人民法院应当受理的再审案件的法定情形。依据这些法律规定，受理再审案件的法定情形包括以下几个方面：①有新的证据，足以推翻原判决、裁定。②原判决、裁定认定基本事实的证据存在各种瑕疵。③审判的组织违反法定程序存有瑕疵或者侵害、剥夺当事人的诉讼权利。④原判决、裁定遗漏或者超出诉讼请求的。⑤据以作出原判决、裁定的法律文书被撤销或者变更的。⑥审判人员审理该案件时有贪污受贿，徇私舞弊，枉法裁判行为的。⑦有证据证明调解书违反自愿原则或者调解协议的内容违反法律。确定、叙写的再审原由，必须符合法律规定的属于人民法院受理案件再审申请的具体情形。例如，"原判决认定主要事实的××证据是伪造的，属于我国《民事诉讼法》第200条第3项规定的情形"。

第二，事实和理由。先概括写明原审裁判认定事实、适用法律存有的问题，之后，针对原审存在的问题，围绕再审原由陈述事实、理由，论证案件应当予以再审。例如，属于"有新的证据，足以推翻原判决、裁定的"情形，应当解释、说明新的证据的具体情况，论证依据新的证据得以推翻原审裁判。再如，"调解协议内容违反法律的"情形，应当正确援引有关法律、法规等规定，阐明调解协议内容违反法律之处，论证该调解协议应当无效。

此外，应当整理、列写提起案件再审的必要证据，并在附项中予以注明。

3. 尾部

尾部包括致送法院名称、附项、署名和日期。

(1) 致送法院名称。必须写明申请再审的人民法院名称，例如，"此致"，之后，另起一行顶格书写"×××人民法院（全称）"。

（2）附项。应当写明申请书副本的数量，以及申请再审必须提交的基本材料。例如，"本民事再审申请书副本×份；申请人的身份证明×份；原审判决书/裁定书/调解书（复印件）×份；反映案件基本事实的主要证据及其他材料×份"。

（3）署名和日期。再审申请人项下由申请人手书签名、捺印或者盖章。最后，写明递交申请书的年月日。

二、刑事申诉书

（一）概念和功能

刑事申诉书，是指刑事案件的当事人及其法定代理人、近亲属，不服已经发生法律效力的判决、裁定，认为存有错误，向人民法院提出申诉而制作的法律文书。

我国《刑事诉讼法》第252条规定："当事人及其法定代理人、近亲属，对已经发生法律效力的判决、裁定，可以向人民法院或者人民检察院提出申诉，但是不能停止判决、裁定的执行。"

刑事申诉书有两个方面的功能：①用于申诉人请求人民法院再次审理已有生效裁判的刑事案件，维护自身合法权益，行使所享有的诉讼权利。②是人民法院依法审查并启动审判监督程序的基本依据。

刑事申诉书用于当事人请求人民法院依法再次审理案件，启动审判监督程序。

（二）结构、内容和写作方法

刑事申诉书为文字叙述式文书，由首部、正文和尾部组成。

1. 首部

首部包括标题、当事人的基本信息和案由。

（1）标题。应当居中写明"刑事申诉书"。

（2）当事人的基本信息。应当写明：申诉人姓名、性别、出生年月日、民族、职业或工作单位和职务、住址、联系方式、邮寄地址等。申诉人是法人或者其他组织的，应当写明单位名称、住所和法定代表人或者主要负责人的姓名、职务及联系方式、邮寄地址等。不是当事人本人申诉的，需要写明申诉人与当事人之间的关系。

（3）案由。叙写一段程式化的过渡性文字，应当写明：

"申诉人×××（姓名）对×××人民法院（写原审人民法院的名称）××××年××月××日（年度）×字××号判决/裁定，提出申诉。"

2. 正文

正文包括请求事项、事实和理由。

(1) 请求事项。应当写明请求撤销或者改变已经生效的原审裁判,并提出申诉人的具体主张。例如:

"一、撤销×××人民法院×××年××月××日作出的(年度)×字××号判决。二、改判申诉人×××无罪。"

(2) 事实和理由。事实和理由是刑事申诉书的重点,首先,概括叙写原审裁判的主要内容。其次,对原审裁判确有错误的,抄录原文并进行分析评判,充分展开论述。再次,阐明原审裁判存在错误的理由与依据。最后,归纳并强调申诉的具体主张。

叙写事实与理由应当从以下几个方面入手:①原审认定的定罪、量刑的情节是否有充分的证据予以证明。②认定被告人有罪的关键性证据调取的过程是否存有瑕疵。③认定被告人有罪而适用的法律规定是否准确、得当。④案件审理的程序是否合法。

此外,应当整理、列写必要的证据,并在附项中予以注明。

3. 尾部

尾部包括致送人民法院的名称、附项,以及申诉人签名与日期。各项内容应当按照格式与顺序叙写。附项应当写明申诉书副本的数量、证据的件数等情况,例如,"附:本申诉书副本×份""证据××份"。

三、支付令申请书

(一) 概念和功能

支付令申请书,是指债权人以债务人偿还金钱或者有价证券为目的,请求人民法院向债务人发出支付令,督促债务人限期履行债务而制作的法律文书。

我国《民事诉讼法》第 214 条规定:"债权人请求债务人给付金钱、有价证券,符合下列条件的,可以向有管辖权的基层人民法院申请支付令:(一)债权人与债务人没有其他债务纠纷的;(二)支付令能够送达债务人的。申请书应当写明请求给付金钱或者有价证券的数量和所根据的事实、证据。"

支付令申请书的功能主要有两个方面:①是债权人维护自身的合法权益,依法行使所享有权利的工具。②是人民法院受理、启动民事诉讼中督促程序的基本依据。

支付令申请书用于当事人请求人民法院依法启动督促程序。

（二）结构、内容和写作方法

支付令申请书为文字叙述式文书，由首部、正文和尾部组成。

1. 首部

首部包括标题和当事人的基本信息。

（1）标题。应当居中写明"支付令申请书"。

（2）当事人的基本信息。写明申请人、被申请人、法定代理人/指定代理人、委托诉讼代理人的基本信息。自然人的，写明姓名、性别、出生日期、民族、职业、工作单位、住所、联系方式等。法人或者其他组织的，写明单位全称、地址及法定代表人的姓名、职务。委托律师作为代理人的，应当写明姓名、所在律师事务所的名称与职务。

2. 正文

正文包括请求事项、事实和理由。

（1）请求事项。应当写明请求被申请人支付金钱或者有价证券的具体数额，例如："向被申请人×××发出支付令，督促被申请人×××给付申请人×××……（写明请求给付的金钱或有价证券的名称和数量）。"

（2）事实和理由。首先，写明双方之间债权债务关系发生的时间、地点、原因及经过，写清应由被申请人偿还债务的名称、种类、数额，以及应当偿还的期限。其次，写明被申请人偿还债务的具体情况。再次，写明双方之间除此之外无其他债务纠纷。最后，写明偿还期限已届满被申请人无故不偿还债务的情况。

此外，应当列明相关的证据，一般包括双方之间债权债务关系的凭证、被申请人所欠债务的凭证、银行划款凭证，以及其他证明材料。证据清单应当在附项中予以注明，并附在申请书后一并提交人民法院。

3. 尾部

尾部包括致送人民法院的名称、附项，以及申诉人签名与日期。各项内容应当按照格式与顺序叙写。附项应当写明申请书副本的数量、证据的件数等情况，例如，"附：本支付令申请书副本×份""证据××份"。

四、财产保全申请书

（一）概念和功能

财产保全申请书，是指申请人在起诉前或者诉讼过程中，因被申请人的行为或者其他原因，使判决难以执行或者造成申请人其他损害，为请求人民法院对被申请人的财产采取强制保全措施而制作的法律文书。财产保全申请书分为诉前财产保全、诉讼财产保全申请书两种法律文书。

我国《民事诉讼法》第 100 条第 1 款规定，人民法院对于可能因当事人一方的行为或者其他原因，使判决难以执行或者造成当事人其他损害的案件，根据对方当事人的申请，可以裁定对其财产进行保全、责令其作出一定行为或者禁止其作出一定行为；当事人没有提出申请的，人民法院在必要时也可以裁定采取保全措施。

财产保全申请书有两个方面的功能：①用于申请人请求人民法院依法对被申请人采取法定措施，依法行使所享有的权利，维护自身的合法权益。②是人民法院实施强制保全措施的基本依据，人民法院依法采取保全措施，可以暂时排除被申请人对被保全财产占有与处分的权利，用来保护申请人合法的经济利益，保证人民法院生效裁判的执行。

财产保全申请书用于当事人请求人民法院依法对债务人的财产采取强制保全措施。

（二）结构、内容和写作方法

财产保全申请书为文字叙述式文书，由首部、正文和尾部组成。

1. 首部

首部包括标题和当事人的基本信息。

（1）标题。应当居中写明"申请书"。

（2）当事人的基本信息。写明申请人、被申请人、法定代理人/指定代理人、委托诉讼代理人的基本信息。自然人的，写明姓名、性别、出生日期、民族、职业、工作单位、住所、联系方式等。法人或者其他组织的，写明单位全称、地址及法定代表人的姓名、职务。委托律师作为代理人的，应当写明姓名、所在律师事务所的名称与职务。

2. 正文

正文包括请求事项、事实和理由、担保。

（1）请求事项。应当写明对被申请人财产采取的具体保全措施，以及财产的详情。例如：

"查封/扣押/冻结被申请人×××的（以下写明保全财产的名称、性质、数量或数额、所在地等），期限为××××年××月××日（写明保全的期限）。"

（2）事实和理由。应当写明被申请人正在或者可能实施法律规定的情形，擅自转移、隐匿、毁损、挥霍、出卖其财产或争议标的物的恶意行为，致使人民法院生效裁判不能执行或难以执行，说明采取强制保全措施的紧迫性、必要性。

申请诉讼财产保全的，叙写一段程式化的过渡性文字，应当写为"……（案件的案号）×××（申请人姓名）与×××（被申请人姓名）……（案由）一案"，接着，叙写事实和理由。

申请诉前财产保全的，直接写明事实和理由。

（3）担保。应当写明"申请人提供（写明担保财产的名称、性质、数量或数额、所在地等）作为担保"。申请诉前财产保全的，担保的数额应相当于请求保全的数额。

此外，应当列明相关的证据，证明双方之间债权债务关系的凭证、被申请人所欠债务的凭证、银行划款凭证，以及其他证明材料。证据较多的，应当在附项予以注明，并附在申请书后一并提交人民法院。

3. 尾部

尾部包括致送人民法院的名称、附项，以及申请人签名与日期。各项内容应当按照格式与顺序叙写。附项应当写明财产保全申请书副本的数量、证据的件数等情况，例如"附：本财产保全申请书副本×份""证据××份""担保资料××份"。

五、先予执行申请书

（一）概念和功能

先予执行申请书，是指申请人遇到生活、生产经营等方面的紧急情况，在案件受理后判决作出前，请求人民法院依法强制被申请人先行向其履行一定给付义务而制作的法律文书。我国《民事诉讼法》第106条规定："人民法院对下列案件，根据当事人的申请，可以裁定先予执行：（一）追索赡养费、扶养费、抚育费、抚恤金、医疗费用的；（二）追索劳动报酬的；（三）因情况紧急需要先予执行的。"

先予执行申请书有两个方面的功能：①申请人请求人民法院依法强制被申请人先行向申请人履行给付义务，以维持申请人生活、生产经营必要的基本需求。②人民法院对被申请人实施先予执行措施的基本依据，通过采取法律规定的措施使得申请人摆脱陷入的困境，切实维护申请人的合法经济利益。

先予执行申请书用于当事人请求人民法院依法对被申请人采取先予执行措施。

（二）结构、内容和写作方法

先予执行申请书为文字叙述式文书，由首部、正文和尾部组成。

1. 首部

首部包括标题和当事人的基本信息。

（1）标题。应当居中写明标题"先予执行申请书"。

（2）当事人的基本信息。写明申请人、被申请人、法定代理人/指定代理人、委托诉讼代理人的基本信息。自然人的，写明姓名、性别、出生日期、民族、职业、工作单位、住所、联系方式等。法人或者其他组织的，写明单位全称、地址及法定代表人的姓名、职务。委托律师作为代理人的，应当写明姓名、所在律师事务所的名称与职务。

2. 正文

正文包括请求事项、事实和理由、担保。

（1）请求事项。请求事项应当明确、具体，应当写明追索相关费用的名称与具体数额。例如，"请求裁定先予支付赡养费/抚养费/抚恤金/医疗费××××元"或者"请求裁定先予支付恢复生产经营急需的保险费××××元"。

（2）事实和理由。先叙写一段程式化的过渡性文字，应当写为"申请人×××（姓名）与被申请人×××（姓名）××（写明案由）一案，你院……（写明案号）已立案"。

接着，叙写事实和理由。首先，写明请求事项已经发生的基本事实。其次，写明请求事项符合法定的条件，主要叙写两个方面的内容，即申请人与被申请人之间的权利义务关系明确，不先予执行将严重影响申请人的生活或者生产经营。此外，写明被申请人具有履行的能力等。

（3）担保。应当写明"申请人提供……（写明担保财产的名称、性质、数量或数额、所在地点等）作为担保"。

此外，应当列明证据在附项予以注明，并附在申请书后一并提交人民法院。

3. 尾部

尾部包括致送人民法院的名称、附项，以及申请人签名与日期。各项内容应当按照格式与顺序叙写。附项应当写明先予执行申请书副本的数量、证据的件数等情况，例如，"附：本先予执行申请书副本×份""证据××份""担保资料××份"。

六、申请执行书

（一）概念和功能

申请执行书，是指申请人在被申请人拒不履行已经生效的人民法院裁判等法律文书确定的给付义务的情况下，请求人民法院责令被申请人必须履行义务而制作的法律文书。

我国《民事诉讼法》第 236 条规定："发生法律效力的民事判决、裁定，当事人必须履行。一方拒绝履行的，对方当事人可以向人民法院申请执行，也可以由审判员移送执行员执行。调解书和其他应当由人民法院执行的法律文书，当事人必须履行。一方拒绝履行的，对方当事人可以向人民法院申请执行。"第 237 条第 1 款规定："对依法设立的仲裁机构的裁决，一方当事人不履行的，对方当事人可以向有管辖权的人民法院申请执行。受申请的人民法院应当执行。"第 238 条第 1 款规定："对公证机关依法赋予强制执行效力的债权文书，一方当事人不履行的，对方当事人可以向有管辖权的人民法院申请执行，受申请的人民法院应当执行。"

申请执行书有两个方面的功能：①用于申请人请求人民法院依法采取措施，强制被申请人履行已生效法律文书中载明的义务，行使所享有的权利，依法维护自身的合法权益。②是人民法院启动相关执行程序的基本依据，也是对被申请人实施强制措施，保证生效的裁判等法律文书得以执行的前提条件。

申请执行书用于当事人请求人民法院依法采取强制执行程序。

（二）结构、内容和写作方法

申请执行书为文字叙述式文书，由首部、正文和尾部组成。

1. 首部

首部包括标题和当事人的基本信息。

（1）标题。应当居中写明标题"申请执行书"。

（2）当事人的基本信息。应当写明申请人、被申请人、法定代理人/指定代理人、委托诉讼代理人的基本信息，具体内容同民事再审申请书。申请人是自然人的，写明姓名、性别、出生日期、民族、职业、工作单位、住所、联系方式等。法人或者其他组织的，写明全称、地址及法定代表人的姓名、职务。委托律师作为代理人的，应当写明姓名、所在律师事务所的名称与职务。

2. 正文

正文包括请求执行的法律文书的信息和请求事项。

（1）请求执行的法律文书信息。叙写一段程式化的过渡性文字，应当写为：

"申请执行人×××（姓名）与被执行人×××（姓名）……（写明案由）一案，×××人民法院（或其他生效法律文书的作出机关）××号民事判决（或其他生效法律文书）已发生法律效力。被执行人×××（姓名）未履行/未全部履行生效法律文书确定的给付义务，特向你院申请强制执行。"

（2）请求事项。写明申请人请求人民法院执行的法律文书的具体内容。应当以人民法院或者其他机关作出的已生效的裁判等法律文书为依据，写明法律文书中载明的被申请人所负担的给付义务。例如，请求法院依法采取强制执行措施的，写为：

"责令被申请人履行（××××）×民终字第××号民事判决书之判决，向申请人给付人民币现金×××元。"

此外，应当将申请执行的法律文书作为证据在附项予以注明，并附在申请书后一并提交人民法院。

3. 尾部

尾部包括致送人民法院的名称、附项，以及申请人签名与日期。各项内容应当按照格式与顺序叙写。附项应当写明先予执行申请书副本的数量、证据的件数等情况，例如"附：本申请执行书副本×份""证据××份"。

第四节 律师非诉事务文书

一、民事授权委托书

（一）概念和功能

民事授权委托书，是指民事诉讼中当事人委托、授权他人作为其代理人参加诉讼活动而制作的法律文书。

我国《民事诉讼法》第59条第1款、第2款规定："委托他人代为诉讼，必须向人民法院提交由委托人签名或者盖章的授权委托书。授权委托书必须记明委托事项和权限。诉讼代理人代为承认、放弃、变更诉讼请求，进行和解，提起反诉或者上诉，必须有委托人的特别授权。"

民事授权委托书有两个方面的功能：①是委托人依法行使所享有的权利，委托、授权他人参与民事诉讼活动的依据。②是人民法院确认当事人双方之间的委托关系，准予被委托人以诉讼代理人的身份参加民事诉讼活动的前提条件。

民事授权委托书用于当事人委托他人参加民事案件的诉讼活动。

（二）结构、内容和写作方法

民事授权委托书为文字叙述式文书，由首部、正文和尾部组成。

1. 首部

首部包括标题和当事人的基本信息。

（1）标题。应当居中写明"民事授权委托书"。

（2）当事人的基本信息。应当分别写明委托人、被委托人的基本信息。自然人的，写明姓名、性别、出生日期、民族、职业、工作单位、住所、联系方式等。法人或者其他组织的，写明单位全称、地址及法定代表人的姓名、职务。委托律师作为代理人的，应当写明姓名、所在律师事务所的名称与职务。

被委托人是委托人的近亲属或者所属工作人员，应当在被委托人名下用括号注明与委托人之间的关系。例如，"被委托人：×××（系委托人之女儿/系委托人所属员工）……"

2. 正文

正文包括委托事项和权限范围。

（1）委托事项。应当写明委托被委托人参与案件诉讼的身份。例如，"现委托××在……（写明当事人和案由）一案中，作为我方参加诉讼的委托诉讼代理人"。

（2）权限范围。依据我国民事诉讼法的规定，代理权限可以分为一般授权代理与特别授权代理。代理人的权限范围应当明确、具体，并逐一列写。

一般授权代理是指代理人仅享有出庭、收集提供证据、辩论、起草代写诉状等法律文书等诉讼权利，包括以下权利：①代为起诉、应诉；②代理申请诉讼保全或证据保全；③申请回避，向法庭提供证据，鉴定人和勘验人，要求重新鉴定调查或勘验请求调解，发表代理意见；④申请执行；⑤双方商定的其他可以代理的事项。

特别授权代理是指代理人除享有一般授权代理的诉讼权利外，还可行使代为和解、上诉等涉及当事人实体利益的诉讼权利，包括以下权利：①代为承认部分或全部诉讼请求；②代为放弃、变更或增加诉讼请求；③代为和解；④代为反诉；⑤代为提出或申请撤回上诉。

3. 尾部

尾部由委托人手写签名、盖章，注明年月日。

二、法律意见书

（一）概念和功能

法律意见书，是指律师接受当事人委托咨询的事项，依据核查、验证以及掌握的事实和材料等，论证分析作出法律专业性的结论制作的法律文书。

我国《律师事务所从事证券法律业务管理办法》第 14 条规定："律师在出具法律意见时，对与法律相关的业务事项应当履行法律专业人士特别的注意义务，对其他业务事项履行普通人一般的注意义务，其制作、出具的文件不得有虚假记载、误导性陈述或者重大遗漏。"第 18 条规定："律师应当归类整理核查和验证中形成的工作记录和获取的材料，并对法律意见书等文件中各具体意见所依据的事实、国家相关规定以及律师的分析判断作出说明，形成记录清晰的工作底稿。"我国《律师执业管理办法》第 32 条第 1 款规定："律师出具法律意见，应当严格依法履行职责，保证其所出具意见的真实性、合法性。"

律师接受当事人的委托依法核查、验证有关主体资质，确认运营行为的合规合法性，并出具法律意见书，能够作为政府有关机构实施具体行政行为的参考依据。目前，律师出具的法律意见书普遍适用于我国经济运行中的证券和金融、国有资产、招投标等领域。我国法律、法规的有关规定，是律师制作法律意见书的基本依据和要求。

法律意见书有三个方面的功能：①是律师接受当事人的委托完成咨询事项调研工作成果的载体。②是当事人决定采取有关措施、开展相关工作的专业性法律参考意见和依据。③是我国政府有关机构依法实施行政管理行为的参考材料。

（二）结构、内容和写作方法

法律意见书为文字叙述式文书，由首部、正文和尾部组成。

1. 首部

首部包括标题和委托人的情况。

（1）标题。应当居中写明"法律意见书"或者"关于××事宜的法律意见书"。

（2）委托人的情况。写明致送的委托人姓名或者单位名称。

2. 正文

正文是法律意见书的核心，内容包括：咨询项目、事实与依据、法律分析、对策方案与结论。

（1）咨询项目。写明委托人需要解决的问题或者需要确认的行为、事件等的具体内容。

（2）事实与依据。事实材料必须真实、可靠、客观，这是律师开展法律分析论证工作的基础。应当详细写明事实材料的来源、获得的途径，并且应当声明对事实材料的真实性承担责任。之后，列明解答问题所依据的法律、法规以及政策的规定。例如："本律师事务所已经获得委托人的保证，本所出具本法律意见书所需的原始材料、副本或者口头证言均真实、准确和完整；文件上所有签字与印章真实；复印件与原件一致。"

（3）法律分析。法律分析是运用法律专业知识解读涉及问题的法律、法规或者政策的具体规定，阐述法律适用的场合与情形，评估可能出现的法律风险，预测事件诉讼、仲裁或者行政处置的法律结果。应当写明法律分析、评估的方法，分析论证的大致过程。

（4）对策方案。根据法律分析的结果，写明建议解决咨询问题采取的具体措施或者行动方案。必要时，可以附图标等用文字予以解释说明。应当提供不少于两个对策方案供委托人参考。

（5）结论。写明咨询项目可行性分析的最终结果。叙写结论的用语应当简练、准确。

叙写正文应当注意以下几点：①仅限于答复当事人提出的具体问题，未列入咨询范围的问题一律不作解答。②必须以现行法律、法规，以及政策的明文规定作为解答问题的依据，没有规定或者规定不明确的，不能作为结论性意见的依据。③行文中应当尽量使用专业术语，准确表达所持有的观点与意见，避免使用不规范的用语而产生歧义。

3. 尾部

尾部由制作法律意见书的律师手写签名，注明律师执业证号，加盖律师事务所的公章，并注明年月日。

三、律师见证书

（一）概念和功能

律师见证书，是指律师根据当事人的请求依法从事见证活动，对自己亲身所见的法律事实或法律行为的真实性、合法性予以证明而制作的法律文书。

我国《律师见证业务工作细则》第18条规定："承办律师在出具《律师见证书》前应先审查以下主要内容：1、客户是否具有民事权利能力和民事行为能力；2、客户的意思表示是否真实；3、客户所要求见证的事项是否合法；4、客户提供的证明材料和其他文件是否具有真实性、合法性、完整性和有效性。"第20条规定："《律师见证书》主要内容包括：1、客户委托见证事项；2、律师见证的过程；3、律师见证的法律依据；4、律师见证的结论；5、见证律师的签字，并由律师事务所盖章；6、律师见证的时间。"这些规定是律师开展见证业务制作见证书的基本依据与要求。

律师见证书用于律师从事见证业务，通常与现场的录音、录像材料共同使用。律师见证书有两个方面的功能：①律师以见证书的形式对所见的事实或者行为予以证明。②保障当事人行为的合法性、客观性，为争议的解决提供事实证明材料。

（二）结构、内容和写作方法

律师见证书为文字叙述式文书，由首部、正文和尾部组成。

1. 首部

首部包括标题和委托人的基本情况。

（1）标题。应当居中写明"律师见证书"。

（2）委托人的基本情况。写明委托人的姓名或者名称。自然人的，写明姓名、性别、出生日期、民族、职业、工作单位、住所、联系方式等。法人或者其他组织的，写明单位全称、地址及法定代表人的姓名、职务。

2. 正文

正文包括见证事项、见证过程、见证材料和见证结论。

（1）见证事项。写明律师见证的具体标的，例如，"××签订合同的经过""××公司召开股东大会的经过""董事会投票决定的经过"，以及立遗嘱等。

（2）见证过程。写明律师见证的全过程，为确认见证事项具有真实性、合法性所做的具体工作。例如，一份协议的见证过程可以写为：

"本所于××××年××月××日接受上列委托见证人的委托，指派律师×××、×××办理此项见证。经查阅委托见证人身份证件，审阅了房屋分割协议书全文以及该房屋产权凭证，并与委托见证人分别进行了谈话，根据查核情况，特作如下见证：……"

（3）见证材料。写明律师见证过程中审查、见证的有关材料。应当详细列明有关材料的具体情况，包括文档名称、材料性质、获得的来源等。

（4）见证结论。记录律师对自己亲临现场目睹的当事人的行为和所审查的材料，写明见证标的真实性、客观性与合法性的评语。见证结论应当遵循实事求是的原则要求，用语简捷、明确具体。

见证结论应当涉及以下几个方面的内容：①委托见证人的主体资格是否具有权利能力和行为能力。②见证的材料是否真实、客观、合法。③见证过程中委托见证人行为的真实、合法性。④见证过程中的其他事宜。

见证结论中应当写明引用的法律规定，作为见证标的合法性的标准与依据。例如，一件自书遗嘱见证书见证结论的内容：

"兹证明×××在书立自书遗嘱时神智正常，思维敏捷，具有权利能力和行为能力。该遗嘱系由×××亲笔书写，在见证律师面前签名盖章，并注明书立遗嘱的××××年××月××日。符合《中华人民共和国民法典》（简称《民法典》）第一千一百三十三条第二款和第一千一百三十四条的规定。"

3. 尾部

尾部包括附项和见证律师签章。由见证律师手写签名，并注明律师执业证号；加盖律师事务所的公章，并注明年月日。

四、遗嘱

（一）概念和功能

遗嘱可以分为口头遗嘱与书面遗嘱。书面遗嘱，是指遗嘱人生前以文字形式确认的于去世后处分自己财产或者其他事务的意思表示的文书。

我国《民法典》第1 133条规定："自然人可以依照本法规定立遗嘱处分个人财产，并可以指定遗嘱执行人。自然人可以立遗嘱将个人财产指定由法定继承人中的一人或者数人继承。自然人可以立遗嘱将个人财产赠与国家、集体或者法定继承人以外的组织、个人。"第1 134条规定："自书遗嘱由遗嘱人亲笔书写，签名，注明年、月、日。"第1 135条规定："代书遗嘱应当有两个以上见证人在场见证，由其中一人代书，并由遗嘱人、代书人和其他见证人签名，注明年、月、日。"这些法律规定是制作书面遗嘱的基本依据与要求。

为立遗嘱人代为书写遗嘱是律师从事的一项业务，遗嘱必须是立遗嘱人真实的意思表示，不得违反法律强制的禁止性规定。书面遗嘱有两个方面的功能：①遗嘱人依法行使所享有的权利，实现去世后处分相关事务的凭证与依据。②作为证据可以避免被继承人死亡后发生继承纠纷，有利于家庭与社会秩序的稳定。

（二）结构、内容和写作方法

遗嘱为文字叙述式文书，由首部、正文和尾部组成。

1. 首部

首部包括标题和立遗嘱人的基本情况。

（1）标题。应当居中写明"遗嘱"。

（2）立遗嘱人的基本情况。写明立遗嘱人的姓名、性别、年龄、民族、职业、住址等。

2. 正文

正文应当写明的内容：①立遗嘱的原因。②遗嘱人自身的财产或者其他事务的名称、数额、具体状况等情况。③遗嘱人拟于去世后处分财产或者其他事务的具体方案。应当写明每个继承人得以继承的份额或者应当从事的具体事务。

正文中应当用文字说明遗嘱制作时立遗嘱人身体、精神的状态，应当写明立遗嘱人对正文内容的确认与承诺。例如：

"本人承诺：立遗嘱时身体状况良好，神智正常，思维敏捷。遗嘱所写内容为本人真实、自愿的意思表示。"

3. 尾部

尾部应当由立遗嘱人手书签名并捺手印，由见证人，或者代书人手写签名。律师代书遗嘱的，还应当加盖律师事务所的公章，注明年月日。

本章小结

本章全面讲解了我国律师实务文书体系，共分为四节。除第一节为概述之外，第二、第三、第四节分别介绍了诉状类文书、律师涉诉申请书以及律师非诉事务文书，介绍了各文书的概念、功能、结构、内容和写作方法等。同时，介绍了制作各种文书应当注意的主要问题。本章学习的重点是民事、行政起诉状，刑事自诉状，上诉状，答辩状，强制执行申请书，民事授权委托书。通过本章内容的学习，学生应当了解律师实务文书的基本内容及其分类，支付令申请书、法律意见书、律师见证书的概念、功能、结构、内容和写作方法；理解和领会律师实务文书的概念和功能，反诉状、民事再审申请书、刑事申诉书、遗嘱等文书的概念、功能、结构、内容和写作方法；掌握民事、行政起诉状，刑事自诉状，上诉状，答辩状，财产保全申请书，先予执行申请书，强制执行申请书，民事授权委托书的概念、功能、结构、内容和写作方法，并达到能用、会写的程度。

思考题

1. 简述律师实务文书的概念及其分类。
2. 起诉状的正文有哪些内容？
3. 怎样叙写刑事自诉状的事实与理由？
4. 上诉状的理由应当注意哪几个问题？
5. 叙写答辩理由应当注意哪些问题？
6. 反诉状的正文包括哪些内容？
7. 怎样叙写民事再审申请书的事实与理由？
8. 刑事申诉书的正文部分包括哪些内容？
9. 简述律师涉诉各种申请书的功能。
10. 律师非诉事务有哪些文书？
11. 根据下列案情材料拟写一份民事起诉状。

××市××区××村村民陈某1与杨某系夫妻，二人婚后生育四个女儿，即陈某2、陈某3、陈某4、陈某5。杨某于1985年去世，陈某1于2006年去世。陈某5与其夫刘某在2008年6月21日同一天因车祸去世，陈某5生育两个子女，即被告李某1、李某2。

1973年6月16日，陈某2与张某登记结婚，张某系入赘陈家。因住房紧张，1979年陈某1向××村委会提出申请，获批新的宅基地，位于××村东区2巷8号。1980年，在陈某1组织下，全家建造北房五间。三年后，陈家又在此院落内加盖西房三间。陈家筹建这八间新房时，全家人合计由陈某1出资45%，陈某2与张某出资50%，陈某3出资5%。

1994年，当地进行农村土地登记时候，该宅基地使用权登记在陈某1名下，该房屋也一直由陈某1与杨某，以及陈某2及家人居住使用。陈某3、陈某4、陈某5陆续出嫁离开陈家，与各自的丈夫组成家庭在一起生活。陈某1与杨某一直同陈某2、张某共同生活，由陈某2、张某养老送终。

2016年，因国家建设工程项目的需要，陈某1名下房屋所在的地区准备拆迁。经有关机构评估，认定被拆迁宅基地坐落于××村东区2巷8号，宅基地面积

557.82平方米，建筑面积166.26平方米。在杨某、陈某1相继去世的情况下，拆迁安置必须与继承人来协商决定。为此，陈某2约请陈某3、陈某4，以及李某1、李某2商量。提出由于建房时出资50%，并参与建房的过程，因此，父母留下来的房屋中，应当有50%属于自己，剩下的部分可以作为遗产进行分割。陈某2的意见没有得到其他家人的同意，为此，陈某2拟通过诉讼解决纠纷。

陈某2、张某的证据有：（1）××村委会主任胡×的书面证言，证明陈某1一家人共同集资盖房的经过。（2）原××供销社主任赵××的书面证言，证明陈某1一家人建房时，陈某2、张某通过其经手购买建房用砖瓦、木料的情况。（3）××村村民王××、闫××的书面证言，证明陈某1一家人集资建房，以及曾参与帮助陈家建房过程。（4）杨某、陈某1去世的医学诊断证明。（5）××村东区2巷8号的农村集体土地建设用地使用证。（6）其他有关房屋、被继承人身份等方面的证明。

原被告的情况：

原告：陈某2，女，67岁，××村村民，住该村东区2巷8号；张某，男，68岁，××村村民，住该村东区2巷8号。

被告：陈某3，女，65岁，××村村民，住××村；陈某4，女，63岁，××村村民，住××村。李某1，男，38岁，××公司职员，住××市××区××大街68号。李某2，女，36岁，××市××局干部，住××市××区××街35号。

房屋所在地为××市××区××村东区2巷8号。

第九章 仲裁、公证法律文书

学习目标

通过本章内容的学习，学生要全面了解仲裁、公证法律文书的基础知识，掌握教材中介绍的常用的仲裁、公证法律文书的概念、功能、结构、内容和写作方法，并达到能用、会写的要求。

第一节 仲裁法律文书

一、仲裁法律文书概述

（一）仲裁法律文书的概念、特点

仲裁，从字面上讲，"仲裁"中的"仲"表示从中、地位居中，"裁"表示衡量、判断，"仲裁"即"居中公断"之意。作为解决社会纠纷的一种制度，仲裁是指平等主体之间自愿将争议，包括可能发生的争议和已经发生的争议，提交第三方公平裁断的一种制度。仲裁必须由独立于双方当事人的中立的第三方作出。仲裁文书则是仲裁过程中产生的法律文书，指仲裁机构和仲裁申请人依据仲裁法和仲裁规则制定的具有法律意义与法律效力的法律文书。

仲裁法律文书具有如下特点：

（1）仲裁文书的制作主体包括仲裁申请人和仲裁机构。仲裁申请人为参加仲裁活动而制作，仲裁机构为处理争议事实和确定申请人之间的权利义务关系而制作。

在我国，仲裁机构即仲裁委员会，包括中国国际经济贸易仲裁委员会、中国海事仲裁委员会以及依照仲裁法新组建的各种委员会。

（2）仲裁文书的制作必须符合仲裁法和仲裁规则的规定。仲裁机构和仲裁申请人只能依据仲裁法和仲裁规则所赋予的职权或者权利制作和使用仲裁文书。仲裁法或者仲裁规则对仲裁文书的格式、内容有明确要求的，应当按照相应的要求制作仲裁文书。

（3）仲裁文书具有法律意义或法律效力。仲裁文书是在仲裁过程中由仲裁机构和仲裁申请人依法制作和使用的法律文书，是如实反映和记录仲裁活动的专业文书，也是具体适用法律、实现权利或义务的结果。因此，无论是仲裁机构制作、使用的仲裁文书还是申请人制作、使用的仲裁文书，都具有一定法律意义或法律效力。尤其是仲裁机构制作的仲裁裁决书、仲裁调解书，依法生效后具有强制执行力和公定力，未经法定程序，任何人不得随意予以变更或撤销。

（二）仲裁法律文书的分类

仲裁法律文书根据不同的标准可以划分为不同的类型，具体内容如下：

（1）根据制作主体的不同，可分为申请人制作的仲裁文书和仲裁机构制作的仲裁文书。申请人制作的仲裁文书包括仲裁协议书、仲裁申请书、仲裁反请求书、仲裁答辩书、仲裁保全措施申请书等；仲裁机构制作的仲裁文书，包括仲裁调解书、仲裁裁决书以及受理或不受理仲裁申请通知书等。

（2）根据案件是否具有涉外因素，可以分为国内仲裁文书和涉外仲裁文书。国内仲裁文书是仲裁机构和申请人在国内纠纷案件的仲裁过程中，按照国内仲裁程序制作的具有法律效力的文书；涉外仲裁文书是仲裁机构和申请人在涉外经济贸易、运输和海事纠纷案件的仲裁过程中，按照涉外仲裁程序制作的具有法律效力的文书。

（3）根据文书制作时间的不同，可分为仲裁程序开始前的文书和仲裁程序开始后的文书。前者包括仲裁协议书和仲裁申请书，后者则包括受理或不受理仲裁申请通知书、仲裁反请求书、仲裁答辩书、仲裁决定书、仲裁调解书及仲裁裁决书等。

二、仲裁协议书

（一）概念和功能

仲裁协议书，是指申请人将已发生或将来可能发生的争议提交仲裁机构予以解决，并服从仲裁机构的裁决，以解决纷争为目的的书面协议。

仲裁协议在整个仲裁制度中处于至关重要的位置，是仲裁的前提和依据。无论是国际公法上的仲裁，还是国际商事仲裁，抑或是海事仲裁，仲裁协议都是整个仲裁制度的基石。根据《中华人民共和国仲裁法》（以下简称《仲裁法》）第16条的规定，仲裁协议包括合同中订立的仲裁条款和以其他书面方式在纠纷发生前或者纠纷发生后达成的请求仲裁的协议。

仲裁协议书的功能体现在以下几个方面：①订立仲裁协议的双方均接受该协议的约束。仲裁协议书是申请人选择仲裁方式解决纠纷的依据，如果发生争议，以仲裁方式解决，不得向法院起诉。②赋予仲裁机构或仲裁庭管辖权。《仲裁法》第4条规定，当事人采用仲裁方式解决纠纷，应当双方自愿，达成仲裁协议。没有仲裁协议，一方申请仲裁的，仲裁委员会不予受理。③排除法院的管辖权。《仲裁法》第5条规定，当事人达成仲裁协议，一方向人民法院起诉的，人民法院不予受理，但仲裁协议无效的除外。

（二）结构、内容和写作方法

仲裁协议书由首部、正文和尾部组成。

1. 首部

（1）标题。应当居中写明文书的全称"仲裁协议书"，不能简写成"协议书"。

（2）申请人和被申请人的基本情况。具体包括申请人与被申请人的姓名、性别、年龄、职业、通讯方式、工作单位和住所。申请人和被申请人是法人或者其他组织的，应当写明法人或者其他组织的名称、住所和法定代表人或者主要负责人的姓名、职务。申请人委托律师或者其他人员作为代理人进行仲裁活动的，还应写明委托代理人的基本情况。

2. 正文

正文部分应写明仲裁协议书的具体内容。仲裁协议书的内容直接关系到仲裁协议的效力，因而也就决定着争议能否通过仲裁方式予以解决，关系到仲裁机构的管辖权。为了保证仲裁协议有效，仲裁协议书的内容必须全面、完整，能够清楚地表明申请人的仲裁意愿。

根据《仲裁法》第16条第2款的规定，仲裁协议书应当具备以下内容。

（1）请求仲裁的意思表示。请求仲裁的意思表示，即各方申请人在订立合同或签订其他形式的仲裁协议时，一致同意将他们之间已发生或者将来可能发生的争议，通过仲裁方式予以解决的意思表示。请求仲裁的意思表示必须明确，也就是说将争议提交仲裁解决的意思必须是肯定的，不允许含糊；同时请求仲裁的意思表示必须单一指向，不能既指向仲裁又指向诉讼。

（2）仲裁事项。仲裁事项决定了申请人提起仲裁的争议以及仲裁委员会受理的争议的范围，故仲裁协议中约定的仲裁事项要广泛、明确，常见的用语有"因本合同引起的争议""与本合同有关的争议""因本合同引起的与本合同有关的争议"等。仲裁事项具有可仲裁性，根据《仲裁法》第2条的规定："平等主体的公民、法人和其他组织之间发生的合同纠纷和其他财产权益纠纷，可以仲裁。"第3条规定："下列纠纷不能仲裁：（一）婚姻、收养、监护、扶养、继承纠纷；（二）依法应当由行政机关处理的行政争议。"

（3）选定的仲裁委员会。仲裁协议书中必须写明申请人约定的有权解决争议的仲裁委员会的名称，该名称必须正确，同时，选定的仲裁委员会必须唯一、确定。

3. 尾部

尾部由申请人或者其委托人签字，加盖公章，并写明仲裁协议书签订的日期和地点。

三、仲裁申请书

（一）概念和功能

仲裁申请书，是指作为平等主体的公民、法人或者其他组织在发生合同纠纷或者其他财产权益纠纷后，申请人一方或双方根据双方自愿达成的仲裁协议，向其所选定的仲裁委员会提出仲裁申请，要求通过仲裁解决纠纷的书面请求。

我国《仲裁法》第22条规定，当事人申请仲裁，应当向仲裁委员会递交仲裁协议、仲裁申请书及副本。仲裁申请书是仲裁机构受理仲裁案件的前提和基础。申请人达成仲裁协议只是表明申请仲裁的可能，仲裁程序尚未启动。一份高质量的仲裁申请书不仅有利于申请人完整、准确地陈述自己的意见和主张，也有利于案件的顺利受理。

（二）结构、内容和写作方法

仲裁申请书由首部、正文和尾部组成。

1. 首部

（1）标题。居中写明文书的名称，即"仲裁申请书"，不能简写为"申请书"。

（2）申请人和被申请人的基本情况。具体包括姓名、性别、年龄、职业、通信方式、工作单位和住所。申请人和被申请人是法人或者其他组织的，写明法人或者其他组织的名称、住所和法定代表人或者主要负责人的姓名、职务。申请人委托律师或者其他人员作为代理人进行仲裁活动的，还应写明委托代理人的基本情况。

2. 正文

（1）申请仲裁的依据。申请仲裁的依据，即申请仲裁所依据的书面仲裁协议的内容。因为书面仲裁协议是仲裁机构得以行使管辖权、解决纠纷的依据，所以在仲裁申请书中必须写明当事人双方已经自愿达成了仲裁协议。

（2）仲裁请求。仲裁请求即申请人要求仲裁机构予以评断、解决的具体事项，包括要求仲裁机构确认某种法律关系是否存在、裁决被申请人履行给付义务、变更某种法律关系等。

仲裁请求应当合理合法、具体完整，语言表达力求言简意赅，如有多项请求，要逐项分行写明，并注意以下几个问题：

①依据法律及合同规定确定恰当、合理的仲裁请求。提出仲裁请求时必须紧紧围绕法律与合同进行，所提仲裁请求一定要有相应的法律及合同依据，不能凭主观臆断，更不能感情用事。

②仲裁请求的内容不得超越特定合同的规定。申请人申请仲裁时，只能就合同中发生的争议事项提请仲裁，超出合同范围的请求，仲裁庭一律不予支持，也无权支持。

③仲裁请求赔偿的金额要适当。申请人确定赔偿数额时，不要盲目地扩大请求额。确定赔偿的数额时要根据法律的规定和具体的情况并要举出充足的证据。

（3）申请仲裁的事实。这是仲裁申请书的核心内容，也是仲裁机构审理的对象和依据。事实阐述主要包括：申请人之间争议事项形成的事实，双方当事人争执的具体内容和焦点，被申请人应承担的责任并说明理由以及所适用的法律等。

仲裁申请大多为合同纠纷案，这类案件事实部分写明：订立合同的时间、地点和合同的主要内容；被申请人违反合同中的什么义务事项，给申请人造成了怎样的经济损失，被申请人以什么理由为借口拒不履行合同等内容。如果是在履行合同时产生纠纷，着重写明履行合同的情况。

叙写事实时注意以下几点：①人称的一致性。不要第一人称与第三人称混用。②事实要叙述清楚，围绕纠纷发生的起因、经过与结果，并突出双方的争执点或主要分歧。③事实的客观性，运用证据以支持主张。

（4）申请仲裁的理由。理由包括三个层次：①必须判明当事人存在何种法律关系及所存在的法律关系（如买卖合同关系）是否有效；②对违反合同的事实进行概括、归纳，使案情与分析衔接、呼应；③依据有关实体法、法规、政策等，联系上述事实，指明被申请人的行为违反合同的性质，说明申请人的正当权益应当受到保护。

对申请仲裁的理由的论证要充分、严密。首先，针对仲裁请求、主张或意见进行分析，有针对性地论证，做到有的放矢。其次，要运用法律论理，不能仅凭法律意识空发议论。

（5）证据。与民事诉讼一样，如果要仲裁机构支持自己的主张，必须提供相应的证据，所以在仲裁申请书中应写明以下内容：①有关证据的名称及所能证明的事实；②有关证据的来源及取得方式；③证人证言的内容及证人的姓名、住所。

3. 尾部

（1）致送的仲裁委员会的名称。写明在仲裁协议中选定的仲裁委员会的名称。

（2）署名和日期。在右下方写明申请人的姓名或者名称，申请人是法人或者其他组织的，要加盖印章，并写明法定代表人的姓名和职务。另起一行写明制作文书的日期。

（3）附项。注明仲裁申请书副本的份数，提交证据的名称、份数，并按编号顺序附于申请书后。

四、仲裁答辩书

（一）概念和功能

仲裁答辩书，是指仲裁案件的被申请人针对申请人在仲裁申请书中提出的仲裁请求以及所依据的事实和理由作出辩解和反驳而制作的法律文书。

根据我国《仲裁法》第25条第2款的规定，被申请人收到仲裁申请书副本后，应当在仲裁规则规定的期限内向仲裁委员会提交答辩书。仲裁委员会收到答辩书后，应当在仲裁规则规定的期限内将答辩书副本送达申请人。

仲裁答辩书具有如下功能：①维护被申请人的合法权益。被申请人依法提出答辩书，针对申请人的仲裁请求进行答复和反驳，以表明自己对申请人的态度，维护自己的合法权益。②有利于仲裁机构作出公正的裁决。仲裁答辩书可以使仲裁机构在全面了解、掌握双方当事人争议的焦点，查明案件事实之后作出裁决。因此，仲裁答辩书是一种非常重要的仲裁文书。当然，仲裁答辩书在仲裁程序中并非必不可少，被申请人未提交答辩书的，不影响仲裁程序的进行。

（二）结构、内容和写作方法

仲裁答辩书由首部、正文和尾部组成。

1. 首部

（1）标题。居中写明文书名称，即"仲裁答辩书"。

（2）答辩人（被申请人）的基本情况。具体包括姓名、性别、年龄、职业、通信方式、工作单位和住所。被申请人是法人或者其他组织的，写明法人或其他组织的名称、住所和法定代表人或者主要负责人的姓名、职务。被申请人委托律师或者其他人员作为代理人进行仲裁活动的，还应写明委托代理人的基本情况。

（3）案由与案件的来源。写明答辩人进行答辩所针对的具体纠纷。这部分一般表述为"我方就被答辩人××因与我方之间发生的××争议向你会提出的仲裁请求，提出如下答辩……"。

2. 正文

正文主要应当写明答辩理由和答辩意见，这是仲裁答辩书的核心内容。答辩人既可以从事实和法律方面对申请人的仲裁请求进行答复和反驳，也可以从实体和程序方面进行回复和辩驳。答辩人要清楚地表明自己的态度，对案件提出主张和理由。如果认为申请人提出的事实有误，要进行澄清并提供相应的证据。如果认为申请人适用法律错误，则援引自己认为正确的法律依据并阐明理由。同样，也可以从仲裁程序方面进行反驳，如指出仲裁协议无效或者仲裁委员会无权管辖双方之间的争议等。无论从哪个方面进行答辩，都要注意有理有据，合理、合法。最后要在充分反驳仲裁申请书的内容之后，提出自己的主张和要求。

3. 尾部

（1）写明致送的仲裁委员会的名称。

（2）在右下方写明答辩人的姓名或者名称。答辩人是法人或者其他组织的，要加盖印章，并写明法定代表人或主要负责人的姓名和职务。另起一行写明制作文书的日期。

（3）附项。注明仲裁答辩书副本的份数，提交证据的名称、份数，并按编号顺序附于答辩书后。

五、仲裁调解书

（一）概念和功能

仲裁调解书，是指在仲裁过程中，在仲裁庭主持下，仲裁庭根据申请人与被申请人双方自愿达成的就相关诉诸仲裁的争议达成的协议所制作的具有法律效力的法律文书。

调解并不是仲裁的必经程序，仲裁庭应当在查明案件事实、分清是非的基础上，以自愿、合法为原则，进行调解。我国《仲裁法》第51条规定，仲裁庭在作出裁决前，可以先行调解。当事人自愿调解的，仲裁庭应当调解。调解不成的，应当及时作出裁决。调解达成协议的，仲裁庭应当制作调解书或者根据协议的结果制作裁决书。调解书与裁决书具有同等法律效力。《仲裁法》第52条规定，调解书应当写明仲裁请求和当事人协议的结果。调解书由仲裁员签名，加盖仲裁委员会印章，送达双方当事人。调解书经双方当事人签收后，即发生法律效力。在调解书签收前当事人反悔的，仲裁庭应当及时作出裁决。这是制作仲裁调解书的法律依据。

根据我国《仲裁法》的规定，仲裁调解书只适用于国内仲裁。在涉外仲裁中，仲裁庭运用调解方式使双方当事人达成和解的，除非当事人另有约定，仲裁庭应根据当事人达成的书面和解协议的内容制作仲裁裁决书来结案。

（二）结构、内容和写作方法

仲裁调解书由首部、正文和尾部组成。

1. 首部

（1）标题和编号。包括文书名称和文书编号。文书名称包括制作机关名称，如"××仲裁委员会仲裁调解书"，文书编号在名称的右下方标明。

（2）申请人与被申请人的基本情况。

（3）引言，包括仲裁委员会受理案件的依据、仲裁庭的产生和组成情况以及仲裁庭对案件的审理情况等程序性事项，主要是为了表明仲裁程序的合法性。

2. 正文

正文是文书的核心，主要需要写明以下内容：

（1）双方当事人争议的事实和仲裁请求。对于双方当事人争议的事实可以简要概括，但是对于仲裁请求则要根据当事人的仲裁申请书以及仲裁反请求书写清楚、完整。仲裁调解书对于争议的事实可以简要概括，但对于仲裁请求和协议内容一定要具体、明确。同时，对于放弃仲裁请求的内容也应一并写明。协议的内容不止一项的，应分项列明，并记载履行的期限和履行方式，以使调解书具有可操作性。

（2）双方当事人达成的调解协议的具体内容。当事人达成的调解协议既可以依法而成，也可以依照一定的社会情理，应结合实际情况表明其依据。《仲裁法》明确规定，调解书应当写明申请人与被申请人协议的结果，该部分是仲裁调解书的核心部分。这部分内容决定着双方的权利、义务，既包括就实体权利、义务争议达成的协议内容，也包括有关仲裁费用的分担等内容。

（3）仲裁庭经过对调解协议的审查，表明对调解协议的态度。仲裁庭应当对双方当事人达成的协议的内容进行审查，确认其与事实相符，不违反法律规定，不损害他人的合法权益，从而对其予以确认。

3. 尾部

（1）仲裁调解书的生效时间。根据《仲裁法》的规定，可写为"本调解书与仲裁裁决书具有同等法律效力，自双方当事人签收之日起生效"。

（2）仲裁庭成员署名并加盖仲裁委员会印章，注明制作调解书的日期。由3名仲裁员组成仲裁庭的，依序写明首席仲裁员及其他两名仲裁员的姓名。由1名仲裁员组成仲裁庭的，只写明其姓名即可。

（3）仲裁秘书署名。

六、仲裁裁决书

（一）概念和功能

仲裁裁决书，是指仲裁庭根据申请人的申请，依照法定的程序，对申请人与被申请人之间的纠纷进行审理后，根据查明的事实和认定的证据，适用相关的法律，最终在实体上对双方的权利、义务争议所作出的具有法律效力的文书。

仲裁裁决分为中间裁决、部分裁决和最终裁决，这里主要指的是最终裁决，即在案件审理结束时所作出的具有终局性的裁决。最终仲裁裁决书的作出标志着仲裁程序的终结，裁决对争议双方具有约束力和强制执行力。

仲裁裁决书的功能主要体现在以下几个方面：①有助于纠纷的解决，维护当事人的合法权益。仲裁委员会在查明事实的基础上，确定当事人的责任，从而解决纠纷，确认他们之间的权利、义务关系，维护当事人的合法权益。②有利于有效地约束双方当事人。仲裁裁决书一经作出即发生法律效力。仲裁裁决书的效力与生效的民事判决书相同，非经法定程序，任何人不得随意予以变更。如果一方当事人不履行仲裁裁决的内容，另一方有权向人民法院申请强制执行。③有利于提高仲裁员的素质。仲裁裁决书是仲裁委员会审理案件的全面反映，是仲裁活动的载体。仲裁裁决书记载了当事人的诉讼请求、事实的认定、裁决的理由和结论。一篇好的仲裁裁决书应当客观、全面地反映仲裁活动的全过程。

（二）结构、内容和写作方法

我国《仲裁法》第 54 条规定："裁决书应当写明仲裁请求、争议事实、裁决理由、裁决结果、仲裁费用的负担和裁决日期。当事人协议不愿写明争议事实和裁决理由的，可以不写。裁决书由仲裁员签名，加盖仲裁委员会印章。对裁决持不同意见的仲裁员，可以签名，也可以不签名。"这是制作仲裁裁决书的法律依据。仲裁裁决书与民事判决书的格式相似，尤其是正文部分，但是相比之下，仲裁裁决书制作的灵活性较大，对于争议事实和裁决理由当事人协议不愿写明的，可以不写。

仲裁裁决书在格式上也包括首部、正文和尾部三部分。

1. 首部

（1）文书制作机关、文书名称和文书编号。制作机关和文书名称应居中分两行写，如"中国国际经济贸易仲裁委员会""裁决书"。文书编号在文书的右下方注明，包括制作年度、仲裁机构名称、仲裁案件顺序号，如"（20××）×仲裁字第 230 号"。

（2）申请人与被申请人的基本情况。包括申请人与被申请人的姓名、地址。申请人与被申请人如果是法人或其他组织，应当写明名称、地址和法定代表人的姓名。还应写明双方的委托代理人。

（3）引言。引言部分必须写明受理案件的依据，即当事人之间的仲裁协议和申请人的仲裁申请。因为依据法律规定，申请人可以以仲裁裁决是在没有仲裁协议的情况下作出的为由申请人民法院撤销该裁决。包括如下内容：

①受理案件的依据和适用的仲裁规则。例如，表述如下：

"惠州仲裁委员会（以下简称本会）根据申请人蔡××与被申请人胡××签订的《商铺租赁合同》（以下简称合同）第七条约定的仲裁条款以及申请人向本会提交的书面仲裁申请，于 2017 年 8 月 17 日受理了上列当事人之间的上述合同项下的争议仲裁案，受理案号为（2017）×仲裁字第 230 号。本案的审理程序适用自 2016 年 4 月 1 日起施行的《×仲裁委员会仲裁规则》（以下简称《仲裁规则》）。"

②仲裁庭的产生和组成情况以及仲裁庭对案件审理情况等程序性事项，以表明仲裁程序的合法性以及仲裁裁决书据以依法作出的事实。例如，表述如下：

"根据《仲裁规则》的规定，本会秘书处向双方当事人送达了《仲裁规则》《××仲裁委员会仲裁员名册》《当事人仲裁活动权利义务告知书》，同时，向双方当事人送达了《受理仲裁申请通知书》，向被申请人送达了《仲裁通知书》《仲裁申请书》副本及证据材料等。被申请人在本案开庭前向本会提交了答辩状以及证据材料。在规定期限内，申请人与被申请人对独任仲裁员的选定未达成一致意见，本会主任指定秦××为本案独任仲裁员，2012年9月22日由秦××组成独任仲裁庭审理本案。本会秘书处于开庭前将《仲裁庭组成通知书》和《开庭通知书》分别送达双方当事人。申请人和被申请人均不申请仲裁员和仲裁秘书回避。"

2. 正文

（1）案情。案情部分概括双方当事人在仲裁申请书和仲裁答辩书中以及仲裁过程中提出的事实理由和仲裁请求。具体来说是先写申请人的主张和请求，再写被申请人的答辩理由和仲裁请求，要做到全面、客观，表达清楚并抓住争执的焦点。

①基本的案情介绍，如合同订立的经过。下面以商铺租赁合同为例介绍案情部分的书写：

"2016年2月13日，申请人与被申请人签订合同，合同约定申请人向被申请人承租美博城某某号商铺，租期为2016年3月1日至2018年3月1日。由于商铺每年8月都会涨租，合同约定2016年3月1日到8月1日每月租金3 240元，2016年8月1日至2017年7月31日、2017年8月1日至2018年3月1日的租金，将视商铺租金涨幅情况双方进行重新协商，签订补充协议，但其中规定了给申请人'加租金不高于商场增加数额的20%'。2017年6月，被申请人要求涨租至少到5 000元，因租金过高，申请人不打算继续承租，但被申请人声称只同意申请人将商铺一次性转走，否则，将申请人的不续约行为作为违约处理。"

注意，这一部分内容一定是双方都确认的、没有争议的事实，只需进行客观叙述。

②申请人陈述的事实和提出的仲裁请求以及据以支撑的证据材料。申请人在仲裁中还可以增加新的请求，裁决书中也要写明。

③被申请人的答辩、提出的要求和提交的证据材料。

④申请人对被申请人的答辩进行的反驳和被申请人作出的陈述等。如上述租赁合同纠纷案的该部分叙述：

"申请人认为：双方合同约定租期为2016年3月1日至2018年3月1日，同时在约定期间内申请人按时、足额履行了租金缴交义务。因此，2017年7月下旬被申请人与阿浩签订转让协议的时候，双方的合同既没有到期，也没有解除，申请人也没有任何违约行为。相反，被申请人的行为完全违反了合同约定，被申请人应当退还押金。又由于被申请人的违约致使其积压了7 211元商品无法卖出，损失共计15 211元。申请人就此提出如下仲裁请求：要求被申请人胡××返还押金6 000元；要求被申请人胡××支付违约金6 000元；要求被申请人胡××支付经济损失5 000元；要求被申请人胡××支付本次仲裁全部费用。申请人为支持自己的仲裁请求提交如下证据材料：1 双方协议合同，证明双方存在合同关系，支付了押金6 000元及合同未到期；2 某某号店铺聘用劳动合同，证明申请人由于被申请人违约造成向员工赔偿 5 000 元；3 某某号店铺商品存货，证明由于被申请人违约，造成申请人的商品积压、无法卖出的损失。

被申请人对申请人提交的证据 1、证据 2 的真实性、合法性及合同内容无异议，但质疑聘用劳动合同是否是店铺经营时所签，认为其与本案无关联性；对证据 3 的真实性不认可。针对申请人的仲裁请求，被申请人当庭作了以下答辩意见：

①拒绝返还申请人押金 6 000 元。2016 年 2 月，被申请人与申请人签订了租赁合同，租期为 2016 年 3 月 1 日至 2018 年 3 月 1 日，并在合同里注明了每年 8 月 1 日视商场涨租幅度重新协商租金增加数额。2017 年 6 月申请人主动以短信询问租金涨幅情况，被申请人也以短信回复：今年商场租金上涨幅度较大，租金涨至 5 000 元/月。6 月 9 日申请人主动发信息明确表明不会续租，而 5 000 元并没有超过合同约定的 20%，因此，被申请人没有任何违约行为。

②拒绝支付申请人要求的违约金、经济损失费。申请人所提出的商品存货等经济损失都是申请人自己提前主动放弃续租店铺所产生的，他放弃时应当充分考虑这些因素，与被申请人无任何关系。

③要求申请人支付本次仲裁全部费用。被申请人为支持自己的答辩，提交了如下证据材料：1 商铺租赁合同，证明合同到期时间为 2018 年 3 月 1 日；2 租铺补充合同，证明商铺租金的计算时间；3 手机短信，证明对方主动放弃履行合同。

申请人对被申请人提交的上述证据进行了核对，并发表了如下质证意见：申请人对被申请人提交的上述证据的真实性与合法性均无异议，但对关联性有异议，认为证据 1 表明租赁期已到，证据 3 表明被申请人不同意收回店铺但同意转让。"

仲裁裁决书的这一部分与改革后的法院的判决书相一致，对于诉辩双方的意见均写得较为详细：不仅写明双方当事人的主张，还要阐述双方陈述的理由，以及提供的据以支持的证据，以增强裁决书的说理性。

（2）仲裁庭的意见。先提出双方争议的焦点，对争议进行分析和判断，根据仲裁庭查明的事实和证据，依据有关的法律、法规，说明双方的哪些主张和请求是合法的、应予支持，哪些主张和请求是不合法的、不予支持或驳回。该部分要说理充分、有针对性，针对双方的争议焦点和仲裁请求，摆事实、讲道理，对申请人的每个仲裁请求都要明确表明态度。仲裁裁决书这部分的写法与民事判决书有所不同，仲裁裁决书通常列标题，对双方的争执焦点逐一进行分析、论述，比如对合同的效力问题、双方的责任问题以及适用法律问题，包括货物的质量问题、延期交付的问题等，进行细致的阐述。以下是上述租赁合同纠纷案有关这一部分的描述：

"根据申请人和被申请人提交的证据以及庭审中双方陈述、质证、辩论、对仲裁庭询问的回答，就本案相关问题及申请人的仲裁请求，仲裁庭发表如下意见：

①关于合同的效力问题。申请人与被申请人于 2016 年 2 月 13 日签订的合同主体适格、内容合法，是双方当事人的真实意思表示，双方对合同效力均无异议，故仲裁庭确认合同合法有效，受法律保护。

②关于申请人的第一项请求。申请人请求裁决被申请人返还押金 6 000 元。仲裁庭注意到，申请人与被申请人于 2016 年签订的合同第七条约定，本合同如有不尽事宜，须经双方协商解决。而根据被申请人提交的证据 3，即手机短信，被申请人已经同意申请人不再租铺并转租，也就是说双方均已同意终止合同，并且基于此项双方才有一系列后续行为。至于合同中另一条款'乙方（即申请人）若提前解除合同义务，属违约行为，押金不予退还'，此处的'提前解除合同'应解释为单方提前解除合同，不再履行合同义务。但事实上合同双方已经对申请人不再租赁并转租一事协商一致，也即意味着双方都同意终止合同，而不属于申请人单方提前解除合同，且在租赁合同中，承租人的义务主要有：支付租金；不得随意转租；妥善保管租赁物；返还租赁物。可见，本案申请人（即承租人）并没有违反其中任何一项义务。最后，仅仅因为申请人没有接受被申请人单方提出的条件便认定申请人违约，这基于合同双方的权利、义务对等原则而言对申请人是不公平的，故不存在违约行为，违约金自然也就是不合情理的。至于押金，在一般情形下是指为了确保债务的履行，合同当事人约定由债务人提供与债务标的相当的金钱数额交与债权人占有，在债务人不履行债务时债权人即可取得该占有的金钱。根据合同，合同终止，申请人交清租金及水电、物业等相关费用后，被申请人即可退还申请人押金。可见，押金在此处的作用是担保租金、水电、物业等相关费用，而并无证据显示申请人在法定期间内拖欠上述款项，故应认定押金应当退还。基于上述原因，仲裁庭认为，被申请人应当退还 6 000 元押金。

③关于申请人的第二项请求。申请人请求裁决被申请人胡××支付违约金 6 000 元。仲裁庭认为根据申请人提供的证据 3，即手机短信，可见被申请人已经同意申请人不再租铺并转租，也就是说双方均已同意终止合同，并且基于此项双方才有了一系列后续行为，即被申请人将店铺转让给阿浩，完成协议转让手续。虽然这一行为发生在未与申请人解除合约，也没让申请人知情同意的情况下，但这一行为完全是申请人可以预见到的，并且从申请人先前的行为可以推定为默认。另外，申请人于 2017 年 7 月 31 晚才将商铺转交给阿浩，即转租人，这与双方当事人签订的《租铺补充合同》和双方约定的交铺时间是一致的，并无不妥。故被申请人没有违约，自然也就无须支付违约金。而对于申请人提交的证据 3，即因店铺被收回所造成的货物积压和货物贱卖的损失，被申请人不予认可，本仲裁庭亦认为证据 3 是有一定

的真实性和关联性的。因为这两类损失是申请人完全可以预见到，并且完全有时间采取措施避免的。当事人早在2017年6月13日就已经不再租铺一事协商完毕，而于2017年7月31日才交铺。在长达一个半月的期间内，申请人明知可能产生损失，却没有采取任何补救措施，应自行承担责任，被申请人不应赔偿此两项损失。综上所述，被申请人同样没有违约行为，也无须对被申请人完全能够避免的损失负责，故不应支付违约金6 000元。

④关于申请人的第三项请求。申请人请求裁决被申请人胡××支付经济损失5 000元。仲裁庭认为，据手机短信这一双方均认可的证据显示，申请人于2017年6月13日与被申请人就不再租铺一事协商完毕，而此时距离交铺日期2017年7月31日已不足两个月，但由于是申请人主动提出不再租铺、找人转租，申请人应当预见到这一行为可能带来的后果，即与员工解约须支付违约金。应当注意，申请人租赁商铺的目的是交易，所以他应当为其经营行为所潜在的商业风险负责。同时，被申请人自始至终都没有违约行为，故被申请人无须对此承担责任，被申请人不应支付经济损失5 000元。

⑤关于申请人的第四项请求。申请人请求裁决被申请人胡××支付本次仲裁全部费用。鉴于申请人的仲裁请求并未得到全部支持，故本案仲裁费按申请人仲裁请求被支持的情况，仲裁庭酌定由被申请人承担30%，由申请人承担70%。"

上述仲裁裁决书中的仲裁庭意见针对合同效力和双方的权利、义务等问题进行分析论证，对于所作出的结论都以具体说明理由的方式赋予其针对性和说服力。

书写仲裁庭的意见时还要注意以下几点：

①论证清楚申请人与被申请人之间的法律关系或双方行为的效力。有时案件比较复杂，申请人与被申请人之间存在多重的关系，因此，应该首先说明他们之间存在何种法律关系，其次说明法律关系是否有效，这是解决纷争的前提。论述时不能含混不清、似是而非，或不论述有效、无效及合法、违法的原因或理由。

②运用法律论理。对适用法律有争议时，须对于为什么要适用此种法律规定而不适用彼种法律规定加以解释。至于具体的违约事实有哪些、当事人是否要承担违约责任以及具体理由，也要详细论证。如果裁决的结论是一果多因，那么为了论证充分，还需从多个角度进行分析，不能只选择其中一两项作说明。如果裁决书遗漏了某些重要的事项或理由，则会使裁决书的理由显得不够充分。

③针对申请人的仲裁请求、主张或意见进行分析。仲裁裁决书应当认真分析当事人的请求、主张或意见是否合理、合法，有针对性地发表支持或否认的评论和理由。不能不针对当事人的仲裁请求、主张或意见说理，泛发议论，而要做到有的放矢，使论述的理由更具准确性和说服力。

（3）裁决结果。裁决结果是对案件实体问题所作的处理决定，是根据仲裁庭查明的事实、证据和法律依据等，针对申请人的仲裁请求作出的仲裁裁决，明确双方的法律关系以及履行责任的方式和期限等。这部分的描述要清楚，对仲裁请求都要作出决定。同时，还应写明仲裁费用的数额及分担，确定是一方负担还是双方分担以及分担的理由。

3. 尾部

（1）写明仲裁裁决书的生效时间。根据《仲裁法》的规定，写明"本裁决为终局裁决，自作出之日起发生法律效力"。

（2）仲裁庭成员署名并加盖仲裁委员会印章，注明制作裁决书的日期。由3名仲裁员组成仲裁庭的，依序写明首席仲裁员及其他两名仲裁员的姓名；由1名仲裁员组成仲裁庭的，写明其姓名即可。对仲裁裁决持有不同意见的仲裁员，在仲裁书上可以签名，也可以不签名。

（3）仲裁秘书署名。

第二节　公证法律文书

一、公证法律文书概述

（一）公证法律文书的概念、特点和功能

公证作为一项重要的非诉讼活动，由公证机构根据法律、行政法规的规定，依照法定程序对民事法律行为或有法律意义的事实的真实性、合法性进行证明。因为公证活动本身不具有强制执行的能力，所以需要形成一定成果将之固定下来，并呈交具有裁判或执行能力的仲裁机构或人民法院作为证据或执行依据来保障当事人合法权益，而公证法律文书（特别是公证书）即为该司法活动的成果。

公证法律文书是指公证机构根据法律、行政法规的规定和当事人的申请，依照法定程序证明民事法律行为、有法律意义的事实和文书的真实性、合法性，以保护自然人、法人或其他组织在身份上、财产上的权利与合法利益时所制作的各类法律文书的总称。其包括但不限于公证书、公证通知书、提存证书等法律文书。

国际拉丁公证联盟徽章上所刻印的古老格言这样表述"我们写的就是法律"，

可见公证制度本身所具有的权威性。这就要求公证机构在制作公证法律文书时保持客观，以真实的笔触记录其活动，故而公证法律文书的制作常常具有以下特点：①制作主体特定。根据《公证法》的规定，在我国只有依法设立的公证机构才可以出具公证书等公证类法律文书，其他个人、团体、机关并无此项权利，或者说其他任何个人、团体、机关所作出之证明均无公证文书的法律效力。②制作程序严格。公证法律文书的制作需要严格按照其程序进行，公证活动进行过程中不得遗漏相应的步骤或材料，司法部专门制定《公证程序规则》以指导进行公证活动的人员遵循程序要求开展各项活动。③制作内容全面、客观且真实。因其具有特定的法律效力，公证法律文书的制作人员往往被要求作为"一架称职的复读机"，对需要证明、记录的事项保持客观态度且对证明活动全程进行记录。

公证法律文书的功能主要体现在以下几个方面：①具有推定的证据力，即经过公证文书所证明的证据，具有证据上推定真实的效力，若无相反证据足以推翻该证明，则法庭对该公证证明的事实应予以采纳，且该证据效力不受地域、国别的限制。②具有强制执行力，经过公证文书证明的部分文书具有强制执行力。《公证法》第37条第1款规定："对经公证的以给付为内容并载明债务人愿意接受强制执行承诺的债权文书，债务人不履行或者履行不适当的，债权人可以依法向有管辖权的人民法院申请执行。"③具有限制民事法律行为撤销之效力，经过公证文书证明的部分民事法律行为不得撤销。《民法典》第660条第1款规定："经过公证的赠与合同或者依法不得撤销的具有救灾、扶贫、助残等公益、道德义务性质的赠与合同，赠与人不交付赠与财产的，受赠人可以请求交付。"

（二）公证法律文书的分类

公证法律文书主要可以划分为公证书、公证程序文书和事务性法律文书三大类。

（1）公证书。公证书是指公证机构依照法律或行政法规，对当事人所申请公证的民事法律行为、有法律意义的事实或文书的真实性、合法性进行审查与核实后，认为符合公证条件的，依照法定程序制作并出具的具有特殊法律效力的证明文书。公证书是公证机关活动的结果，也是公证程序的归宿，是公证效力的集中体现。以形式为标准，公证书可以分为定式公证书与要素式公证书。此外，也存在以使用国家或地区、申请主体、公证书自身的法律属性等作为标准的分类方式。

（2）公证程序文书。公证程序文书是推进公证活动各项程序进行的法律文书的总称，包括公证通知书、公证决定书等。

（3）事务性法律文书。事务性法律文书，顾名思义，是公证事务性工作的处理过程中所产生的法律文书，相较于公证书，事务性法律文书并不具有作为证据使用的强烈的证明目的，但其本身也能够产生一定的法律效果。

二、定式公证书

（一）概念和功能

定式公证书，又称格式公证书，是指依法设立的公证机构依照固定的格式语言填充其中变量撰写而成的公证书形式。

《公证法》第 32 条规定："公证书应当按照国务院司法行政部门规定的格式制作……"根据司法部《关于推行新的定式公证书格式的通知》的相关规定，定式公证书计有 3 类 35 式 49 种，涉及社会生活的诸多领域。其中，民事法律行类为 8 式，包含委托、赠与、遗嘱等；具有法律意义的事实类为 24 式，包括出生、生存、死亡、身份等；有法律意义的文书类为 3 式，包括证书（执照）、文书上的签名（印鉴）、文本相符。

定式公证书在写作中，不得随意修改格式语言，更不得随意增加证词的内容。格式的固定化与标准化，是公证活动保障质量、规范管理、提高效率的必要条件，方便有关部门对公证书的认证与使用。因其简洁直观的特点，使得定式公证书受到众多简易公证事项的欢迎。

（二）结构、内容和写作方法

定式公证书由封面、证文与封底组成，其中证文是整份公证书的主体部分，由首部、正文和尾部组成。

1. 首部

定式公证书的首部由公证书的标题、编号，申请人基本情况，公证事项等内容构成。

（1）公证书标题。与之前定式公证书需要在标题中体现其所需要证明的事项不同，当前的定式公证书格式规定较为简洁，要求定式公证书标题统一表述为"公证书"，在证词页上部以宋体二号字居中列明。

（2）公证书编号。位于标题右下方的公证书编号类似公证书的"身份证号码"，同其他公证书相区别。公证书编号一般由年份代码、地区代码、公证处代码、证书类别代码及公证书顺序代码组成。其中，年份代码一般采用"（××××）"的形式，地区代码为省、自治区或直辖市的简称，在此之后可以添加地级市的简称。公证处的代码一般由公证处自定，但是不得与本地区其他公证处的代码形成重复。证书的类别代码与证件代码也由公证处自定,但需要谨遵"一件一号"的原则,不得"多件一号"或"一件多号",将每一份公证书区别开来。

(3) 申请人基本情况。申请人为自然人的,写明姓名、性别、出生日期、身份证号码、住址等基本信息;申请人为法人或非法人组织的,需要列明单位名称、住所地、法定代表人姓名等基本情况。如涉及法定代理人、委托代理人或关系人的,则需要在申请人基本信息之下另起一行,注名法定代理人、委托代理人或关系人的姓名、性别、出生日期、身份证号码等信息。

(4) 公证事项。公证事项是司法部新发布的定式公证书格式新增加的内容,用以明确该定式公证书证明的事项范围与相关配套程序,是对公证书标题简洁化后关于公证活动性质的说明,体现了证明该公证事项之公证书的"个性"。写作时,应当单列一行,简要写明公证证明对象的名称或类别。同时,在列明公证事项时,需注意公证书所实际证明的类别,对证明的是"行为"的真实性、合法性还是"文件"的真实性、合法性,作出明确且清晰的记录。例如,有关申请人请求公证"委托"的真实性、合法性,公证事项应当为"委托"这一行为而非"委托书"这一文件的真实性与合法性,实际操作中,应当注意公证事项的填写与所证明对象相匹配,所使用的语言可以进行简化,但需保持其性质。

2. 正文

正文又称公证书证词,是整个公证书的主体部分,主要是对证明事项所涉及的当事人姓名(或名称),证明事项所发生的事件与地点以及相关的法律条文这些变量在已经确定的格式当中进行填充,对其余事项一般不作变更。

需要注意的是,定式公证书的正文虽然是以格式语言填写变量的方式对公证活动进行录入,但需要将证明活动表述清晰、完整,并根据实际情况灵活变动地书写内容,不得强行因循旧例。

3. 尾部

公证书的尾部包括照片、承办公证活动的公证机构、承办公证员的签名或签名章、公证书出具的日期和公证机构印章、公证处钢印与二维码等。除照片外,其余内容均在右下方予以列明。

(三) 定式公证书的具体运用

定式公证书根据具体案件的不同,在写作细节上还存在一定差别,以下试通过对亲属关系、学历、经历与委托的公证书之写法的介绍,有针对性地作出解释。

1. 亲属关系公证书

亲属关系公证书,是指依法设立的公证机构根据申请人请求,经审查与核实后,按照法定程序对其与相关人所具有的关系的真实性、合法性进行证明，制作并出具的公证法律文书。

亲属关系公证书常应用于涉外公证当中，一般采用定式公证书书写，属于具有法律意义的事实类，其内容按照规定一般为：

"

公 证 书

（20××）＋某省简称＋某公证处自定代码＋证书类别代码第××××号

申请人：姓名、性别、出生日期、身份证号码等

关系人：姓名、性别、出生日期、身份证号码等（申请人要求证明的关系人在两人以上的，应逐一在关系人当中列明，并在证词中表述清楚与当事人的关系）。

公证事项：亲属关系

兹证明×××（申请人）是×××（关系人）的××（关系称谓）；×××（关系人）是×××（申请人）的××（关系称谓）。

公证处名称
公证员签名或盖签名章
公证活动的日期
（公证处公章）
公证处钢印与二维码（起到防伪作用）
"

对亲属关系、出生、婚姻相关的法律事实进行公证书制作时，应当根据申请人所需要使用的国家或地区的实际要求，考虑是否添加本人相片、公证书用途等要素，切不可形成单一的制作模式，造成后期公证书无法使用的尴尬情形。

2. 学历公证书

学历公证书，是指依法设立的公证机构根据申请人请求，经审查与核实后，按照法定程序证明当事人在学校学习的经历及毕业或肄业的事实真实、合法，制作并出具的公证法律文书。

学历公证书一般用于申请人出国留学、进修和谋职等。学历公证由申请人住所地或学校所在地进行，其出具的公证书按照规定一般表述为：

"

公 证 书

（20××）＋某省简称＋某公证处自定代码＋证书类别代码第××××号

申请人：姓名、性别、出生日期、身份证号码等

公证事项：学历

兹证明×××，与××××年××月至××××年××月××日于××学校学

习，于××××年××月××日经××学校考试合格，取得××学历。

公证处名称

公证员签名或盖签名章

公证活动的日期

（公证处公章）

公证处钢印与二维码

"

学历公证书一般仅公证最高学历，但申请人另有要求的，也可以公证全部学历。公正的对象须是我国教育部承认的学历，否则不予办理。

3. 经历公证书

经历公证书，是指依法设立的公证机构根据申请人的请求，经审查与核实后，按照法定程序对其是否具有相关经历的真实性、合法性进行证明，制作并出具的公证法律文书。该公证书为申请人在一段时间内于某地有或没有一定经历或不良记录提供证明：

"

公 证 书

（20××）+某省简称+某公证处自定代码+证书类别代码第××××号

申请人：姓名、性别、出生日期、身份证号码等

公证事项：某种经历

兹证明×××（申请人）从××××年××月××日至××××年××月××日在××（地点）居住期间具有（或没有）××××（经历）。

公证处名称

公证员签名或盖签名章

公证活动的日期

（公证处公章）

公证处钢印与二维码

"

需要注意的是，若申请人为港、澳、台居民的，地点一般表述为"中国大陆（或内地）"。申请人是外国驻华使领馆工作人员且没有豁免权的，可以表述为"在××国驻中华人民共和国大使馆（或××领事馆）工作期间"。

4. 委托公证书

委托公证书，是指依法设立的公证机构根据申请人请求，按照法定程序对其设立委托行为的真实性、合法性进行证明，制作并出具的公证法律文书。其内容按照规定一般为：

"

公 证 书
（20××）+某省简称+某公证处自定代码+证书类别代码第××××号

申请人：姓名、性别、出生日期、身份证号码等

公证事项：委托（其他民事行为类行为可替换）

兹证明×××于××××年××月××日于（某地），如何办理公证（一般为"在本公证员面前"），在前面的委托书上签名，并表示知悉委托的法律意义和法律后果。

×××的委托行为符合《中华人民共和国民法典》第一百四十三条的规定（行为所适用的法律条文需要单独另起一行列明）。

公证处名称
公证员签名或盖签名章
公证活动的日期
（公证处公章）
公证处钢印与二维码
"

需要特别注意的是，在对以委托为代表的较为简单的民事法律行为进行公证时，申请人所进行公证的各因素相较于其他两类变数较大，公证员在制作公证书时需注意因事制书。实际操作中，定式思维时常使得部分公证员将许多本应为变量的内容，作为固定内容列入公证书证词中。比如公证活动的地点方面，许多公证事项本来在其他地点进行，然而在公证书中却因循之前范文写成"来到我处（公证处所在地点）"，此种问题的出现，可能会导致审理案件的法庭对公证书整体的不信任，不利于公证申请人合法权益的保护。为避免这一问题的出现，部分地区的公证机构对此种较为简易的行为也会采取要素式公证书的写作方式，但因其不如定式公证便利，故不多见。

三、要素式公证书

（一）要素式公证书概述

2000年之前，中国公证机构所出具的公证文书均具有统一固定的格式，即"定式公证书"。然而传统的定式公证书虽具有简洁直观的特点，便于识读，但其格式固定且相对刻板，使公证员在进行公证活动时易陷入定式思维，或因贪图省力而产生过分

因循旧例的"机械性操作",不能良好地适应经济形势的发展,所出具的公证书难以得到进行裁判的人民法院或仲裁委员会较高的认可,不能对申请人的合法权益进行有效保护,实际上破坏了公证这一特殊司法制度的功能。为了有效应对这一情况,司法部在部分公证机构实践的基础上,逐步放宽了对要素式公证书的适用范围。

要素式公证书较定式公证书而言,格式语言与固定框架较少,内容更加丰富,需要公证员充分调查公证事项后对细节过程进行详细记录,并可能需要进行一部分法理论述的公证法律文书。这也就要求参与公证活动的广大公证工作人员在写作要素式公证书时,不必为一般通用格式所限制,无须局限于通用范文而导致要素式公证书"定式化";应当表述详尽,且描述客观。

要素式公证书的应用对公证工作具有较为积极的意义与功能:①有利于活跃公证员办案思维,纠正以往统一定式公证书所带来的思维僵化与懈怠心理,形成更为科学、完备的公证材料;②有利于适应快速发展的经济形势,要素式公证书所具有的众多细节,可以有效反应公证事项的各个方面的内容,使其更加立体地向公众进行展现,这是以往定式公证书所不具备的;③有利于公证机构拓展业务范围,更加具有灵活性的要素式公证书,在为申请人提供证明服务的同时,也为申请人充当了法律知识顾问的角色,使我国公证员向大陆法系同行——特别是以法国为代表的——能够为用户提供法律咨询的角色转变,有力地推动了公证员提升公证活动的服务质量。

要素式公证书对于社会生活的贡献,在证明内容较为丰富的民事法律活动方面得到了极为良好的体现。下文将以合同公证书、继承公证书与遗嘱公证书为例介绍要素式公证书的写作。

(二)要素式公证书的具体运用

1. 合同公证书

合同公证书,是指依法设立的公证机构根据当事人的申请,按照法定程序,对当事人之间签订合同的真实性、合法性进行审查、确认并进行证明而出具的公证法律文书。

在合同公证的过程当中,可以帮助合同当事人积极完善合同条款,明确各方权利、义务与违约责任等事项,从而避免纠纷的发生;且经过公证的合同存在其特殊效力,可以作为人民法院或仲裁机构有力的裁判或仲裁依据。另外,合同公证也可以及时发现虚假合同等可能损害当事人合法权利的内容,打击利用合同攫取不当利益的行为。可以说,合同公证时公证员的角色,最为趋近法国近年来所追求的理想模式,即公证员不仅仅可以作为非诉讼活动的见证人,还可以作为公证申请人的法律顾问，为申请人提供法律帮助。

合同公证书的写作也可以分为首部、正文与结尾三部分。

（1）首部。首部的内容仍然是由标题、公证书编号、申请人基本情况、公证事项依照顺序组成，其内容与形式同定式公证书不存在较大差别，此处不再赘述。但需要注意，填写申请人基本情况时，需要明确自然人、法人与非法人组织基本信息的差异；申请人为数人的，应当分别列明；存在代理人的，还应当写明代理人的基本信息。

（2）正文。正文是合同申请书的关键环节，是对公证活动的全面反映，以必备要素为基础，根据不同情况添加选择要素。

必备要素：①对当事人身份、资格以及签订该合同的民事权利能力与民事行为能力的证明；②当事人签订该合同意思表示是否真实，是否对该合同主要条款达成合意；③合同条款内容是否完整、明确、具体，是否符合法定要求，并且可以简述合同的关键性内容并注明与之相关的法律规定；④明确作出公证结论，包括合同签订之日期、地点与方式，合同签订行为与合同内容的合法性以及当事人签章的真实性。

选择要素：①有代理人的，需要写明代理人的身份与权限；②存在担保人的，须写明担保人的身份、资格与担保能力，并且确认担保合同的真实、合法；③法律规定需要审批的，当事人是否完成了许可、审批或登记手续；④存在附件的，应当予以列明；⑤公证员认为需要列明的其他情况。

（3）尾部。尾部与一般公证书相同，此处不再赘述。

2. 继承公证书

继承公证书，是指依法设立的公证机构根据当事人的申请，按照法定程序，依法或依照遗嘱（含遗赠与遗赠扶养协议）对继承人继承被继承人遗产行为的真实性、合法性进行审查、确认并进行证明而出具的公证法律文书。继承公证书的制作，有利于继承人之间厘清继承关系，合理、合法分配继承份额，避免不必要的纠纷。

继承公证书也是分为传统的首部、正文、结尾三部分，其中首部与结尾不再赘述，分条列明达到客观、清晰即可，此处主要交代正文的写作。

继承公证书的正文包括必备要素与选择要素。

（1）必备要素：①被继承人业已死亡的法律事实出现，包括被继承人姓名、死亡时间与死因等信息。②被继承人的合法私人财产及财产所在地，包括其动产与不动产；死亡前属于共同财产的，应当厘清份额。③查明是否被继承人留有遗嘱、遗赠或遗赠扶养协议；有遗嘱或遗赠的，遗嘱继承人是否在法定期间内明确放弃，受遗赠人是否在法定期间内明确接受。④被继承人不具有遗嘱、遗赠或遗赠扶养协议的，查明全体法定继承人基本情况，查明继承公证时是否存在代位继承、转继承的情况，确定具有资格的全体法定继承人。⑤法定继承人中是否有人明确表示自愿放弃对遗产的继承，且自愿放弃继承的意思表示真实自愿。⑥明确合法的继承人范围，根据其协议或平均分配遗产。⑦列明继承所适用的相关法律条款。⑧作出公证结论，明确遗产何部分由何人继承。

以上必备要素应当根据申请材料进行核查。

（2）选择要素：①存在附件的，应当予以列明；②公证员认为需要列明的其他情况。

3. 遗嘱公证书

遗嘱公证书，是指依法设立的公证机构根据遗嘱人的申请，按照法定程序，对其订立遗嘱之行为的真实性、合法性进行审查、确认并进行证明而出具的公证法律文书。由于遗嘱的特殊性质，遗嘱公证仅可以由本人亲自前往公证处办理，不得委托他人代为办理；遗嘱人亲自前往公证处确有困难的，公证处可以派公证员（两名以上）前往遗嘱人的住所或临时居住处办理。公证员根据订立遗嘱人的申请，确认遗嘱的真实性与合法性，以保护继承人的合法权益、满足遗嘱人意愿，避免不必要的纠纷。

遗嘱公证前，公证人员需要要求申请人提交：①可以证明遗嘱人身份的证件；②遗嘱所涉及的遗嘱人个人财产的所有权证明；③遗书或记录遗嘱的其他介质，若尚未制作的，公证员可以代书，但需查明遗嘱人是否具有民事权利能力与行为能力，查明遗嘱人意思表示自由、真实，遗嘱内容不得违背法律、政策的规定。办理公证时，须有两名公证员在场，若特殊情况无法满足的，应当另有一名见证人在场。制作完毕后，应作为密卷存放。

遗嘱公证书的正文也由必备要素与选择要素构成。

（1）必备要素：①遗嘱人的基本信息；②遗嘱人订立的遗嘱所涉及的个人财产所有权是否完整，以及财产所在地；③未订立遗嘱的，列明遗嘱人于何处以何种方式订立该遗嘱；④已经订立遗嘱的，查明遗嘱人订立遗嘱的意思表示是否真实，并由遗嘱人签字盖章予以确认；⑤作出公证结论，并说明有效遗嘱符合的相关法律规范。

以上遗嘱公证书的必备要素应当查明。

（2）选择要素：①存在附件的，应当予以列明；②公证员认为需要列明的其他情况。

本章小结

本章主要介绍仲裁、公证法律文书，共分两节。第一节概括地介绍仲裁法律文书的概念、特点与分类，并分别介绍了仲裁协议书、仲裁申请书、仲裁答辩书、仲裁调解书和仲裁裁决书的概念、功能、结构、内容和写作方法。第二节概括地介绍了公证法律文书的概念、特点、功能和分类，分别介绍了定式公证书和要素式公证书，具体包括亲属关系公证书、学历公证书、经历公证书、委托公证书与合同公证书、继承公证书、遗嘱公证书的概念、结构、内容与写作方法。本章学习的重点是仲裁协议书、仲裁申请书、仲裁裁决书、亲属关系公证书、合同公证书、继承公证书。通过本章内容的学习，学生应当全面了解仲裁、公证法律文书的基本内容及其分类；理解和领会仲裁、公证法律文书的概念和功能，仲裁答辩书、仲裁调解书、学历公证书、经历公证书、委托公证书、遗嘱公证书等文书的概念、功能、结构、内容和写作方法；掌握仲裁协议书、仲裁申请书、仲裁裁决书、亲属关系公证书、合同公证书、继承公证书的概念、功能、结构、内容和写作方法，并达到能用、会写的程度。

思考题

1. 简述仲裁法律文书的功能。
2. 简述仲裁协议书的概念和功能。
3. 简述仲裁申请书的概念和功能。
4. 仲裁申请书的正文部分包含哪些内容？
5. 简述仲裁裁决书的概念和功能。
6. 仲裁裁决书的正文应写明哪些内容？
7. 简述定式公证书的概念、功能、结构、内容和写作方法。
8. 根据以下案情材料，拟写一份仲裁裁决书。

××××年××月××日，申请人与被申请人签订了《关于成立×××纸业有限公司基本合同书》（以下简称合资合同），制定了《×××纸业有限公司章程》（以下简称合资章程），合资成立×××纸业有限公司（以下简称合资公司）。合资公司拟建设年生产能力为1.1万吨优质胶印书刊纸的生产线。经×省外经贸委审查批准，并经×省工商行政机关登记注册，合资公司正式成立。

合资公司规定，合资公司注册资本为 100 万美元，其中申请人出资 49 万美元，占 49%；被申请人出资 51 万美元，占 51%。由被申请人代表任合资公司董事长、法定代表人。合资公司成立后，申请人与被申请人均按规定缴纳了全部注册资本金。但在此后的合资过程中，双方发生争议。申请人认为，被申请人未按合资合同及合资章程的规定，为合资公司的运转投入足够的资金，且长期不召开董事会会议，采取不负责任的行为，这导致合资公司停产，陷入困境，并拖欠高额债务。因此，申请人根据法律及合资合同中的规定，向仲裁委员会申请仲裁，并提出如下仲裁请求：

(1) 解除合资公司合同，并进行清算。

(2) 被申请人承担所有仲裁费、律师费。

被申请人则认为，成立合资公司是申请人与×市郊区人民政府（以下简称郊区政府）设计的骗局，其目的是骗取被申请人的投资款，因此，合资合同是无效合同。而且，造成合资公司目前困境的主要责任者是申请人。据此，被申请人请求仲裁庭一方面将郊区政府列为共同申请人，另一方面驳回申请人的全部仲裁请求。

根据双方提交的书面陈述和证据材料，以及庭审中查明的事实，双方的主要争议在于：

（一）关于申请人与郊区政府的关系

被申请人认为，申请人自合资公司成立之日起，其合资一方的主体资格已被郊区政府所取代，郊区政府是实际的合资中方，其理由如下：

(1) 申请人只是合资时郊区政府借用的外壳。申请人原是一家区属小厂，区政府决定对工厂扩建，上年产 1.1 万吨胶印书刊纸项目，该项目于 1992 年动工，资金来源完全靠银行贷款。合资公司成立时，申请人原有的所有资产（厂房、设备等价值 57 万元）已全部算在郊区政府的出资内。合资企业中方的出资人是郊区政府；申请人原来的银行贷款由郊区政府来背；新增的 700 万元投资由郊区政府出。这就是为什么验资证明是写给郊区政府而非申请人的根本原因。此外，与被申请人洽商合资事宜的是郊区政府，在郊区政府涉及合资公司的所有文件中，均明确郊区政府是中方股东，董事会的中方代表也分别是郊区政府、党委、人大的主要领导。而且，为了在合资合同上代表中方签字，申请人厂长兼任郊区区长助理还需要郊区政府和区长另行出具一份委托书，这表明其代表的是郊区政府而非申请人。

(2) 签订合资合同当天，郊区政府与被申请人签订的多份备忘录是合资合同的重要组成部分，也是合资合同达成的基本前提。1995 年 8 月 2 日郊区政府《关于郊区造纸厂与加拿大×××国际有限公司合资成立×××有限公司有关问题的请示》及×市政府的批复均表明，合资合同与备忘录是中外双方应当共同遵照执行的基本依据。

(3) 申请人在合资公司成立后，事实上已被合资公司吞并，形式上已不复存在。申请人的所有资产，合资时折合 57 万元作为中方出资的一部分，全部归入了合资公司，其以前在银行的贷款，也全部由郊区政府接受，作为其出资的一部分。在所有资产融进合资公司后，申请人已没有存在的可能和必要，其主体资格已自行消失，不再具有实体上的任何权利能力。

郊区政府是事实上的合资中方，申请人只是郊区政府名义上的权利义务载体。申请人提起本案仲裁实际是代表郊区政府所为。因此，被申请人请求仲裁庭将郊区政府列为本案共同申请人。

针对被申请人的上述主张，申请人指出，其具有独立的法人资格是毋庸置疑的，被申请人要求将郊区政府列为本案共同申请人的主张是毫无道理的。申请人依据的事实和理由如下：

申请人经登记成立，是一家有规模的企业，1995 年公司合资前总资产已有 3 000 多万元。合资过程中，申请人除注册资本外，还以债权的形式向合营公司注入了厂房、设备、现金等合计 1 200 万元（不含按优惠政策向合资公司让利 1 000 万元资产）。合资公司的成立，并不影响申请人作为独立法人的依法存在。从 1995 年到 1999 年，申请人每年依法进行企业法人年检，并完全符合《中华人民共和国民法通则》第三十七条规定的法人所必备的要件，依法成立。

根据中国相关法律的规定，政府部门是不允许成为合资企业一方股东的。申请人作为一家具有独立法人资格的国有企业，其财产为国家所有，这是中国社会制度的性质所决定的。政府作为国有企业的出资者，依法对国有资产授权管理符合中国法律的规定。此外，郊区政府在引进外资过程中所扮演的是"政府搭台，企业唱戏"的角色，而这一角色丝毫不影响申请人作为独立法人的地位，也不可能取代申请人独立承担民事责任的地位。此外，本案仲裁是基于申请人与被申请人在合同中约定的仲裁条款而展开的。郊区政府与被申请人之间没有仲裁协议，因而将其列为本案共同申请人没有任何法律依据。

（二）关于申请人的仲裁请求

申请人指出：

(1) 根据合资合同及《中华人民共和国中外合资经营企业法》的相关规定，合资各方在共享投资成果的同时，应共担投资风险。合同或合同附件中有任何违反平等互利原则的，都是无效的。本案中，被申请人所谓已出资了 1 000 万元即可坐等分利的想法是错误的，合同附件中的"保底条款"则更是同法律规定相抵触，是无效的。此外，被申请人在答辩过程中引用了多份未经审批的合同附件作为证据，这是不适当的。因为这些合同附件并未经政府主管部门审批，不具有合资公司有效法律文件的必备要件。

（2）合资公司全面停工停产的局面是被申请人的不作为所造成的。合资之前，申请人已有了一项详细的企业发展计划，并于1993年就得到×省计划经济委员会批准，批准内容包括企业的规模、投资总额匡算以及对新增项目的环保要求等。项目建设采用的工艺技术符合当时的环保政策的要求，而且也获得政府主管部门的批准。但随着1995年8月国务院颁布了《淮河流域水污染防治暂行规定》（国务院第183号文）、1996年5月5日修订后的《水污染防治法》的出台，合资公司原有的工艺技术不再符合新的环保要求，因此在1996年合营项目试生产中，环保项目未获得×市环保局的通过，并因此需要进行工艺和技术上的改造。根据概算，这项改造需要追加1 500万投资。合资公司就此问题向董事会做了专题汇报。但由于被申请人委任的董事长的原因，董事会未作出相应决议。这是合营项目至今搁浅的一个重要原因。这同被申请人所说的申请人"负责筹建，因而环保项目应当是申请人的义务范围"是完全不同的两个概念。

（3）被申请人指责申请人将债务转嫁给合资公司是不符合事实的，称合资公司"利息负担多达100多万元"也是毫无根据的。申请人继续承诺，一旦合资公司依法结算，进入清算程序，原有的挂在合资公司名下的1 061.7万元的债务将仍由申请人全部承担。

综上，申请人认为，合资公司全面停工停产的局面是被申请人的不作为所造成的。根据法律及合同条款的相关规定，并结合合资公司的现状，为使双方之间长达三年的合资公司停工停产争议得到合理的解决，防止损失的进一步扩大，确保申请人的合法权益，申请人特请求裁决终止合资公司合同，解散合资公司并依法进行清算。

被申请人则提出，申请人支持其仲裁申请的主张没有任何事实和法律的依据，理由如下：

首先，申请人所称其除注册资本外，又向合资公司投入实物资产494.4万元，流动资金700万元，被申请人也应相应投入，但未投入，因此被申请人违约。这与事实不符。申请人与郊区政府投入700万元现金是根据在合资商谈阶段双方的约定投入的，另外494.4万元的实物投资也是在合资公司成立时同时投入的，并非事后结合项目实际生产需要投入的。既然中方并未继续投资，也就谈不上要求外方按比例继续投资的问题。

其次，根据《关于成立×××纸业有限公司基本合同书备忘录（四）》的规定，申请人"负责合资公司全部设备的安装、调试，并确保1995年12月1日正式开工生产"。环保项目不合格即无法开工，这属于筹建范围的事务，应该是申请人的义务范围。此外，根据《关于成立×××纸业有限公司基本合同书备忘录（三）》的规定，被申请人只要出资1 000万元即可坐等分利，其他任何要求被申请人继续出资的要求都没有法律依据。

最后，虽然合资公司已经成立，但实际是名存实亡，且由于中方违约，合资公司根本无法运转，被申请人无法行使董事长的权利。申请人关于被申请人未召开董事会，致使合资公司处于失控的状态的主张是没有道理的。

被申请人又进一步指出，成立合资公司是申请人与郊区政府以欺诈手段涉及的骗局，目的是骗取被申请人的投资款。根据专家认定，1995—1996年建设一座1.1万吨胶印书刊纸的造纸企业的投资额一般需要1亿元以上。中方提供的项目可行性报告称，1.1万吨造纸厂项目的总投资额为4 294万元是为骗取外商投资而炮制出的假东西，不反映真实情况。事后的证据表明，中方对于4 000余万元的投资不可能按原设计建成1.1万吨造纸厂这一点是非常清楚的。此外，中方又以政府发文件提供优惠措施，与被申请人签订备忘录作出承诺等行为吸引外方投资，而在合资公司成立后，以各种借口要求外方继续投入资金。此外，中方还将其以前的贷款1 061.7万元转嫁给合资公司，这致使合资公司仅此款项的利息负担就高达100多万元。

综上，被申请人认为，申请人及郊区政府以欺诈手段骗取被申请人签订合资合同，在合资过程中又继续以欺诈手段屡屡违约。因此，被申请人主张，根据中国法律的规定，合资合同应被确认为无效合同，而且，申请人及郊区政府应对合同的无效承担全部责任。

第十章 笔　　录

学习目标

通过本章内容的学习，学生要全面了解笔录的基础知识，掌握教材中介绍的几种常用的笔录的概念、功能、结构、内容和写作方法，并达到能用、会写的要求。

第一节　笔录概述

一、笔录的概念、功能

笔录是一种如实反映司法活动的法律文书形式，凡是以实录的性质记录的文字材料，统称为笔录。

笔录作为一项重要的法律文书，在侦查、审查起诉、案件审理等相关司法活动过程中发挥以下重要作用：

（1）笔录是法律活动的忠实记录。无论在诉讼活动或非诉讼活动中，需要对调查、勘察、询问、讯问等活动作出记录，对侦查、起诉、庭审活动也必须有记载。如庭审笔录中真实地记载法庭调查、法庭辩论等重要庭审活动全过程，很大程度上反映了整体案件事实，有助于法官简洁、系统地整理案情，把握案件全貌，进而作出合法适当的裁判。

（2）笔录起证据的作用。笔录制作后，须由全体活动参与人逐页签字确认始得完成，未经签字确认之笔录不得发挥其效力。客观、真实的笔录对于法官判案具有良好的警示与保障作用，其证据性也使之成为追究审判案件法官责任的重要依据，也是复查案件的依据。

（3）笔录保障法律活动的有序开展。在各个阶段和环节，每种笔录都要规范制作，如笔录名称、笔录的内容、笔录的形式都要符合法律文书的要求。如法院庭审笔录对审判中各方在参与诉讼时的各项活动形成有效约束，能够保障庭审活动有序进行。

笔录不仅仅是对诉讼活动的简单文字记述与复制，同样也是推进案件审理进程的具有高度法律艺术的诉讼文书。其在诉讼中所发挥的重要作用，要求制作笔录文件的人员在具备较高的速录与速记能力的同时，需要具有良好的法律素养和较高的语言文字修养与概括能力，从而保障制作完成笔录的真实、准确、客观、有效。

二、笔录的分类

笔录类文书的适用范围非常广泛，几乎所有法律文书，包括公安、检察、法院、监狱、仲裁、公证、律师类的法律文书中都存在笔录。

按照不同的标准可以分为如下几类：

（1）按照是否涉及诉讼，可以分为诉讼笔录与非诉讼笔录。

（2）按照被调查的对象，可以分为讯问笔录、询问笔录、勘查笔录。其中，讯问笔录又可以分为犯罪嫌疑人的讯问笔录、被告人笔录；询问笔录可以分为证人笔录、被害人笔录等。

（3）按照人民法院审理案件制作的笔录，可以分为庭审笔录、评议笔录、宣判笔录等。

本章主要讲授现场勘验笔录、调查笔录、讯问笔录、询问笔录、法庭审理笔录、合议庭评议笔录。

第二节 常用笔录

一、现场勘验笔录

（一）概念和功能

现场勘验笔录，是指对刑事犯罪现场及勘验活动依法进行的一种客观记录。所有犯罪嫌疑人或被告人的犯罪行为都是在一定空间内进行，因此，侦查人员不可避免地会对该空间进行一定的勘验、检查，找寻其中的线索以寻求案件的突破，并且在勘验过程中固定包括痕迹、物品等内容，形成文书作为证据以备法庭查看。我国《刑事诉讼法》第133条即规定："勘验、检查的情况应当写成笔录，由参加勘验、检查的人和见证人签名或者盖章。"勘验、检查笔录是证据的一种。

完整的现场勘验笔录主要由文字记录、现场相片、现场绘图组成，对于一些较为重大的案件，还会出现录像、录音的文字记录。现场勘验笔录的文字记录是笔录的主体部分内容，亦涉及对现场勘验参与人员主要活动的记录，是对现场勘验活动过程的记录。完整的文字记录可以使得未参与过勘验、检查活动的人对现场情景一目了然，有助于研究案情，并可以作为证据材料提交法庭。一方面，完整的勘验、检查笔录，能起到证据的作用；另一方面形成笔录能加强对勘验、检查活动的监督，防止伪造勘验、检查结果，保证正确处理案件。

（二）结构、内容和写作方法

现场勘验笔录由首部、正文和尾部三部分构成。

1. 首部

现场勘验笔录的首部是由格式语言设定的固定框架结构，使得撰写人可以根据具体案件信息填入变量将其补充完整，主要包括以下内容。

（1）标题。应当写明文书制作机关名称和文书名称。

（2）勘验时间。应写为"××××年××月××日××时××分至××时××分"。

（3）天气情况与勘验地址、场所。

（4）勘验人与记录人的基本信息。

（5）当事人或当事人成年家属基本信息。

（6）见证人相关信息，包括姓名、职业、住址等。见证人是与案件无关的中立一方，《刑事诉讼法》第133条与第139条规定勘验、检查与搜查均需要有见证人，见证人可以是当事人的家属，也可以是其他经侦查机关允许的公民。

（7）被邀请参加人基本信息，存在被邀请参加人的，需要写明其基本信息。被邀请参加人是因具有专业的技能而被邀请加入勘验的人员。《刑事诉讼法》第128条规定："侦查人员对于与犯罪有关的场所、物品、人身、尸体应当进行勘验或者检查。在必要的时候，可以指派或者聘请具有专门知识的人，在侦查人员的主持下进行勘验、检查。"

（8）勘验对象，勘验的痕迹、物品等内容。

2. 正文

正文是现场勘验笔录的主体内容，是对勘验、检查活动事实状态的客观记录，主要包括：

（1）现场地点。与上述在首部列举的简易地址不同，此处对现场地点的描述需要更加细致，除了需要明确勘验地点的门牌号，还需要注明现场左邻右舍和四周固定的地物及通向某处的道路等。

（2）案发现场中心与周边场所的情形。案发现场的中心需要描写具体，是凶杀案件的，应当记明尸体躺卧位置、血迹面积与方位等；是盗窃案件的，应当记明被盗窃抽屉、保险柜等处所的被破坏的样貌，至于被盗窃之物品、数量与种类则不在勘验笔录记录的范围内。

（3）犯罪痕迹、作案工具等物品所在的位置、数量、状态等。

（4）勘查现场所见的各种反常现象。

（5）笔录记载顺序应当与勘验顺序一致，记载应当客观，用语明确且详略得当，不应使用"大约""较远"等含混不清的语词；勘验过程中，若进行尸体外表检验、现场实验、物证检验、人身搜查等应当单独制作笔录，并对上述检验、试验或搜查的结果简明扼要地记载；存在多次勘验的，应当分卷进行，制作补充笔录。

3. 尾部

现场勘验笔录的结尾一般由下列内容构成：

（1）现场提取的痕迹物证的名称与数量。

（2）于勘验现场拍摄的照片及绘制的图片的种类与数量。

（3）勘验人员与指挥人员的签名与盖章。

（4）见证人的签名与盖章。

二、调查笔录

（一）概念和功能

调查笔录，是指侦查人员、监察人员、检察人员、审判人员、律师、公证员、仲裁员在办理案件过程中，为查明案情或核实证据，依法向了解案件情况的人进行调查、询问时所作的文字记载。公安机关称其为询问笔录。该笔录用途广泛，不限于诉讼案件，收集证据的人员也不限于公安司法人员。

《刑事诉讼法》第52条规定："审判人员、检察人员、侦查人员必须依照法定程序，收集能够证实犯罪嫌疑人、被告人有罪或者无罪、犯罪情节轻重的各种证据。……必须保证一切与案件有关或者了解案情的公民，有客观地充分地提供证据的条件，除特殊情况外，可以吸收他们协助调查。"《民事诉讼法》第64条第2款规定："当事人及其诉讼代理人因客观原因不能自行收集的证据，或者人民法院认为审理案件需要的证据，人民法院应当调查收集。人民法院应当按照法定程序，全面地、客观地审查核实证据。"第67条规定："人民法院有权向有关单位和个人调查取证，有关单位和个人不得拒绝。人民法院对有关单位和个人提出的证明文书，应当辨别真伪，审查确定其效力。"

在刑事诉讼法中，侦查人员、检察人员、审判人员应当规范收集证据，保证合法性、客观性与全面性。"收集"是指通过勘验，检查，搜查，讯问犯罪嫌疑人、被告人，询问被害人、证人，鉴定，侦查实验等手段进行调查取证。讯问犯罪嫌疑人，应由侦查人员至少2人进行；搜查时必须出示搜查证；证人笔录必须交本人核对；鉴定应当指派、聘请有专门知识的人进行。此外，公安司法人员调查时必须保证一切与案件有关或者了解案件情况的人，有客观地、充分地提供证据的条件，包括：①要保护证人及其近亲属的安全，免除证人的恐惧心理，摆脱可能受到的威胁、损害，让证人可以讲述案件的真实情况；②要分别询问证人；③要全面听取供述、陈述或证词，不得引导证人作片面的证词，或者只听取、记录片面的口供、证词。调查笔录有的可以作为认定案件事实的证据，有的是分析、判断案情的重要的参考资料，因此客观收集证据，合法制作调查笔录，对于保证侦查工作顺利进行，保护公民合法权益，告知处理案件具有重要意义。

（二）结构、内容和写作方法

调查笔录由首部、正文和尾部构成，首部填写调查人与被调查人的基本信息，正文记录调查的基本内容，结尾则是留给调查人与被调查人签字确认的地方。

1. 首部

（1）标题。应写为"调查笔录"，或者"关于×××（当事人姓名）×××一案的调查笔录"。

（2）调查时间。应写为"××××年××月××日××时××分至××时××分"。

（3）调查地点，调查所在的处所、地址。

（4）调查人与记录人基本信息。

（5）被调查人基本信息，被调查人是证人的，还要写明与案件当事人的关系。

2. 正文

记录被调查人陈述的内容，例如，刑事案件，有关犯罪的时间、地点、动机、目的、手段、情节、危害结果、涉及的人和事等，应具体记明。民事案件，有关当事人的关系、发生纠纷的时间、地点、原因、情节、经过、结果、争执的焦点以及提出的具体意见等，应予详记。行政案件调查记录的重点与民事案件大体相同，但应记明引起诉讼的缘由，例如，原告起诉是由于不服行政机关作出的具体行政行为，或是不满行政机关拒绝履行或者拖延履行法定职责。

记录的方式通常采用"一问一答"的模式，即依次把调查人的提问和被调查人的回答如实记录下来。正文的记录要求翔实、客观，不应以记录人的总结发挥而破坏证人所作证言的真实性与完整性。

3. 尾部

调查笔录记录完毕后应在结尾处留下调查人员与记录人员的签章，被调查人确认无误后，应于结尾处签字或捺指印；有其他人员如见证人的，也应当在确认调查笔录内容完整无误后签字。

三、讯问笔录

（一）概念和功能

讯问笔录包括对犯罪嫌疑人的笔录和对被告人的笔录。讯问笔录，是指公安机关、人民检察院在办理刑事案件过程中，为了查明案件事实，对被追诉人进行讯问时依法记载讯问的情况。讯问犯罪嫌疑人是重要的侦查措施，是取得犯罪嫌疑人口供的重要方法，犯罪嫌疑人供述的笔录将作为证据在诉讼中使用。

《刑事诉讼法》第118条至123条对讯问的主体、人数、场所、如何讯问犯罪嫌疑人、制作讯问笔录、讯问过程的录音或者录像等作了规定。其中第122条规定，讯问笔录应当交犯罪嫌疑人核对，对于没有阅读能力的，应当向他宣读。如果记载有遗漏或者差错，犯罪嫌疑人可以提出补充或者改正；犯罪嫌疑人承认笔录没有错误后，应当签名或者盖章。侦查人员也应当在笔录上签名。犯罪嫌疑人请求自行书写供述的，应当准许。必要的时候，侦查人员也可以要求犯罪嫌疑人亲笔书写供词。

讯问笔录是重要的证据，因此对讯问笔录作出具体规定，有利于规范侦查人员的讯问工作，保障笔录的客观和真实，从而有利于查明案件真实情况，获得可靠的证据，保证侦查工作的顺利进行。

（二）结构、内容和写作方法

讯问笔录由首部、正文、尾部组成。

1. 首部

首部包括标题，时间和地点，讯问人、记录人、被讯问人的基本情况。

（1）标题。标题写为"讯问笔录"。

（2）时间和地点。应当具体写明讯问开始和结束的时间，时间写明年、月、日、时、分。注意开始的时间不得早于犯罪嫌疑人到达的时间，结束的时间不得晚于法定时限届满后，并应当与提讯证上记载的时间一致。讯问地点按照《刑事诉讼法》第118条、119条的规定，可以在看守所讯问，对于不需要逮捕、拘留的犯罪嫌疑人，可以到指定地点或他的住处进行讯问。

（3）讯问人、记录人的基本情况。讯问人不得少于2人，讯问女犯罪嫌疑人，应当有女工作人员在场。侦查人员、记录人员亲自填写，不得相互代签，记录人必须由侦查人员担任。

（4）被讯问人的基本情况。被讯问人的基本情况包括：姓名、性别、年龄、出生日期、民族、文化程度、身份证件种类及号码、现住址、户籍所在地、职业、工作单位和职务。记录被讯问人的姓名与身份证一致，民族、籍贯要与户籍登记一致。年龄与出生日期按照公历记录，对于阴历的日期要换算成公历。文化程度，对于没有受过教育的写"文盲"；职业，如果是农民，不要写"无业"，而要写"务农"。

2. 正文

正文包括告知事项和被讯问人陈述的内容。

（1）告知事项。《刑事诉讼法》第34条规定，侦查机关在第一次讯问犯罪嫌疑人或者对犯罪嫌疑人采取强制措施的时候，应当告知犯罪嫌疑人有权委托辩护人。人民检察院自收到移送审查起诉的案件材料之日起三日以内，应当告知犯罪嫌疑人有权委托辩护人。人民法院自受理案件之日起三日以内，应当告知被告人有权委托辩护人。犯罪嫌疑人、被告人在押期间要求委托辩护人的，人民法院、人民检察院和公安机关应当及时转达其要求。《刑事诉讼法》第120条第2款规定，侦查人员在讯问犯罪嫌疑人的时候，应当告知犯罪嫌疑人享有的诉讼权利，如实供述自己罪行可以从宽处理和认罪认罚的法律规定。而按照刑事诉讼法的规定，侦查人员讯问的时候要进行两个告知，一是有权委托辩护人的告知，二是诉讼权利的告知。后者即《刑事诉讼法》第120条第2款规定，是2018年刑事诉讼法修改后增加的规定。犯罪嫌疑人享有的诉讼权利是根据刑事诉讼法的规定，主要包括有权委托律师辩护、阅读侦查讯问笔录、使用本民族的语言文字、拒绝回答与本案无关的问题、申请法律援助、申请回避、申请变更强制措施等权利。如实供述自己罪行可以从宽处理和认罪认罚的法律规定是刑事诉讼法完善认罪认罚从宽制度的相应要求，法律之所以规定侦查人员的告知义务，是为了使犯罪嫌疑人知道认罪认罚可以被依法从宽处理，从而更加清楚、如实地回答讯问。对于侦查人员而言，在讯问时告知犯罪嫌疑人享有的诉讼权利，如实供述自己罪行可以从宽处理和认罪认罚的法律规定，是必须履行的法定义务，且要在笔录中予以体现。

（2）被讯问人陈述的内容。《刑事诉讼法》第120条第1款规定，侦查人员在讯问犯罪嫌疑人的时候，应当首先讯问犯罪嫌疑人是否有犯罪行为，让他陈述有罪的情节或者无罪的辩解，然后向他提出问题。犯罪嫌疑人对侦查人员的提问，应当如实回答，但是对与本案无关的问题，有拒绝回答的权利。规范讯问是为了防止侦查人员在讯问时主观片面，先入为主，有必要对讯问方法等作出原则性规定，同时也需要明确犯罪嫌疑人应当如实回答讯问的义务，以利于侦查人员及时、客观查明案件事实。对于与案件无关的问题，犯罪嫌疑人也有权拒绝回答，以保护当事人的正当权利。被讯问人陈述的内容是讯问笔录的核心。这部分记录的是案件事实既包括犯罪事实，也包括被讯问人所做的无罪辩解。该部分虽然是客观描述，但需要侦查人员、检察人员根据法律知识、理论、司法实践进行讯问。通常包含七个要素：

①时间。犯罪嫌疑人实施犯罪行为的具体时间，因涉及行为人是否存在作案，有时候时间要精确到某时某分。

②地点。犯罪嫌疑人实施犯罪行为的具体地点，因涉及案件管辖，必须准确地予以表述。

③人员。包括犯罪嫌疑人、参与犯罪的其他嫌疑人、被害人等与案件有关的人员。对于参与犯罪的其他嫌疑人，应问明在案件中的分工、具体责任等。

④原因。原因，即实施犯罪行为的起因。

⑤情节。情节，是指在何种具体客观条件下实施犯罪行为或不作为，包括自首、立功和如实说明自己的犯罪行为以及犯罪的预备、未遂和终止，关系到正当防卫与紧急避险以及其他法律规定的减轻、从轻或从重的法定情节。情节分为法定情节和酌定情节，由于案件具体情况不同，既要在客观方面的讯问中体现，也要在犯罪嫌疑人主观方面的讯问中体现。

⑥经过。犯罪行为实施的具体过程。在记叙时，还要根据客观方面所涉及的所有证据，根据具体案件事实进行详细表述。

⑦结果。犯罪嫌疑人实施犯罪行为造成的危害事实。

前述七个要素反映犯罪构成的四个要件中的客观方面及主观方面，是侦查人员通过调查犯罪嫌疑人获得的证据和破案的依据，因此应当准确清楚地予以表述。但是，由于各类案件性质不同，过程、情节也不相同，在记录时要根据案情有所调整。此外，在记录时，尽可能记录原话，对于讯问过程中，犯罪嫌疑人的表情、语气、体态等也要记叙下来。

3. 尾部

讯问人、被讯问人、记录人分别签名或者盖章,写明年月日。按照《刑事诉讼法》第122条规定,让被讯问人核对;如果被讯问人没有阅读能力,应向其宣读。如果有错记、漏记的内容,应当予以改正和补充,在增加、删除、涂改之处,应当由被讯问人签名、盖章或者捺手印。

笔录内容核对完毕,犯罪嫌疑人在笔录尾页亲笔注上"以上(或×页)笔录我看过,与我说的相符"的字样。被讯问人签名或者盖章,写明年月日。被讯问人拒绝签名、捺手印的,也应当在笔录上注明,最后由讯问人和记录人分别签名,写明年月日。

四、询问笔录

(一) 概念和功能

询问笔录,是指司法人员在刑事诉讼活动中,就询问证人、被害人的过程及内容所作的文字记录。询问证人是调查取证的一种重要形式,通过询问证人获取的证人证言是证据的种类之一,因此,询问证人必须依照法律规定,规范进行。询问证人同时制作笔录,并经相关人员签名确认,能够及时地确认证人证言是否真实可靠,并用书面形式将证人证言固定下来作为证据使用。《刑事诉讼法》第54条第1款规定,人民法院、人民检察院和公安机关有权向有关单位和个人收集、调取证据,有关单位和个人应当如实提供证据。

《刑事诉讼法》第124条至127条对询问证人的地点、出示证件、告知事项等作出了规定。证人证言是刑事诉讼中的重要证据形式,询问证人是侦查人员依照法定程序,向证人调查案情的侦查活动,是获取证人证言的主要渠道。侦查人员询问证人应当从有利于查明案情、获取证据,有利于保护证人提供证据的积极性的角度出发,根据实际情况确定询问地点。同时,为了防止证人之间相互影响,确保证人证言真实可信,保守案情秘密,询问证人应当个别进行。

询问证人和讯问犯罪嫌疑人,都是为获取真实可靠的证据,查明案件事实。因此,询问证人笔录与讯问犯罪嫌疑人笔录的制作应当遵守相同的原则,依照《刑事诉讼法》第122条的规定进行,即询问笔录应当交给证人核对,对于没有阅读能力的证人,应当向他宣读,如有遗漏或者差错,证人可以提出补充或者纠正。证人承认没有错误后,应当签名或盖章。侦查人员也应当在笔录上签名。证人要求自行书写证词的，应当准许，必要的时候，侦查人员也可以让证人亲笔书写证词。

（二）结构、内容和写作方法

讯问笔录的写作方法也适用于询问笔录，但是因询问的对象不同，询问笔录也有其特点。在询问被害人或证人时，询问人尽量创造一个宽松的环境和气氛，为询问顺利开展打下基础。询问笔录包含首部、正文、尾部三个部分。

1. 首部

首部包含标题，时间和地点，询问人、记录人、被讯问人的基本情况。

（1）标题。应当写"询问笔录"。

（2）时间和地点。起始时间，具体写明询问开始与结束的时间。按照《刑事诉讼法》第124条的规定，既可以在人民检察院或公安机关，也可以在其他相应场所。例如，在医院、居委会等。笔录中一定要写清楚具体地址。

（3）询问人、记录人、被询问人的基本情况。记载参加制作笔录问话工作的询问（侦查）人员姓名，为今后案件核查做好准备。记录人必须由侦查人员担任，非符合法定条件的人员不得参与笔录的制作。涉及被询问人的基本情况的叙写，被询问人的姓名、年龄应当与身份证相一致。如果被询问人是未成年人，依照法律规定，应当通知其法定监护人到场。涉及被害人或证人的，应当写明被害人或证人的姓名、性别、年龄、出生年月日等。被询问人的姓名、年龄与身份证相一致。如果被询问人是未成年人，应当依照法律规定，通知其法定监护人到场。

2. 正文

正文包括告知事项和被询问人陈述的内容。

（1）告知事项。我国《刑事诉讼法》第125条规定了侦查人员询问证人的告知事项。侦查人员询问证人时，告知其如实提供证据的义务和故意作伪证的法律责任，有利于证人了解相关法律政策，积极提供证言。根据本条规定，侦查人员询问证人时要告知证人如实地提供证言和其他证据，即对自己掌握的物证、书证及其他证据，应当原样提供，不能隐匿或者私自销毁、涂改；对自己所了解的案件事实及有关情况，应当实事求是地陈述或书写，不能夸大、缩小。同时要告知证人有意作伪证或隐匿罪证应负的法律责任。

（2）被询问人陈述的内容。侦查人员应就犯罪构成四个要件中的客观方面并根据案件的实际情况，被询问人关于犯罪主体及主观方面的情况进行询问，记录人员要予以详细记录，由于询问笔录的特殊性，不可能像讯问笔录那样对"七要素"全面反映，切忌对被询问人采取有倾向性的提问，不得有丝毫诱导或变相诱导。制作询问笔录应注意以下问题：

①以被询问人自述为主，用自然段落分出层次，尽量减少不必要的提问，特别要避免出现"一问一答"模式的记录。

②准确地记录案发的时间及地点。

③对客观环境，包括室内外环境特征、物品的摆放位置及存放方式、案发前后的异同之处等，要具体记录。

④对被盗物品的特征、来源、使用时间长短、被盗时的新旧程度要详细记录，如果有购货发票，要复印后附入案卷，以便准确地评估物品价值。

⑤记录现场是否存有可疑物，能否提供犯罪嫌疑人或其他案件线索和证据。

⑥涉及犯罪嫌疑人时，对基本情况尽量予以详细记录。无论案件涉及一名还是多名犯罪嫌疑人，对其体貌特征都应从头到脚予以记录清楚，除极具特点的特征外，不宜只取某一局部的特征单独记录，必要时配合辨认记录。同时，要清楚地记录各犯罪嫌疑人的分工及各犯罪嫌疑人在犯罪过程中的情况，为确定各犯罪嫌疑人或本案中有关人的责任提供依据。

⑦如果证人或被害人与犯罪嫌疑人有特殊关系，如亲戚、朋友等，其证词可能带有倾向性或可能影响证据的可信度，应在笔录中将这种特殊关系予以明确。

3. 尾部

尾部应当由询问人、被询问人、见证人、记录人分别签名或者盖章，并写明年月日。询问笔录记录完毕后，让被询问人阅读、核对笔录的内容。如果被询问人没有阅读能力，应向其宣读。如果有错记、漏记的内容，应当予以改正和补充，在增加、删除涂改之处，应当由被询问人签名、盖章或者捺手印。笔录内容核对完毕后，由被询问人在笔录尾页写明"以上笔录我已看过，与我说的相符"字样，并由被调查人签名或盖章，写明年月日。最后由询问人和记录人分别签名，写明年月日。

五、法庭审理笔录

（一）概念和功能

法庭审理笔录，又称法庭笔录、庭审笔录，是指人民法院对刑事、民事、行政等各类案件的法庭审理过程中，由书记员制作的能够同步且客观地反映人民法院全部活动真实情况的文字记录。其制作主体为参与该次案件审理的书记员，受体为法官、当事人与其他诉讼参与人，基本功能是客观反映全部庭审活动的真实情况。我国《刑事诉讼法》第207条、《民事诉讼法》第147条等条文均是对法庭审理笔录制作的直接规定。

《刑事诉讼法》第207条规定，法庭审判的全部活动，应当由书记员写成笔录，经审判长审阅后，由审判长和书记员签名。法庭笔录中的证人证言部分，应当当庭宣读或者交给证人阅读。证人在承认没有错误后，应当签名或者盖章。法庭笔录应当交给当事人阅读或者向他宣读。当事人认为记载有遗漏或者差错的，可以请求补充或者改正。当事人承认没有错误后，应当签名或者盖章。

《民事诉讼法》第147条规定，书记员应当将法庭审理的全部活动记入笔录，由审判人员和书记员签名。法庭笔录应当当庭宣读，也可以告知当事人和其他诉讼参与人当庭或者在五日内阅读。当事人和其他诉讼参与人认为对自己的陈述记录有遗漏或者差错的，有权申请补正。如果不予补正，应当将申请记录在案。法庭笔录由当事人和其他诉讼参与人签名或者盖章。拒绝签名盖章的，记明情况附卷。

庭审笔录尤其是刑事庭审笔录的形式在我国的发展存在一个由简而繁、由随意到规范的过程，其功能也随之发生着诸多变化。第一时期，庭审笔录甚至没有名称，而仅仅存在"一问一答"的形式。庭审笔录特别是刑事庭审笔录实际上就是讯问笔录，笔录末尾常常存在"有笔录当庭朗读经其承诺无异议"的模块化标记。第二时期，庭审笔录则在形式与内容上发生了重大变化，不仅有了固定的名称与格式，实质内容上也对公开性、诉讼参与人权利有了体现。第三时期，在第二时期的基础上进行删改，刑事审判中还出现了控辩双方的"对抗"，这相对于之前的笔录是前所未有的。今日，庭审笔录的制作不仅更加规范，而且可以体现当事人各项诉讼权利，同时可以帮助法官回顾案情，有助于一审法院正确制作判决书；另外，庭审笔录也是二审或再审法院审查原法院审判活动的重要依据。

同时，庭审笔录在正式开庭制作前，需要书记员做好充足的庭前准备工作，包括但不限于：①熟悉、了解案情。书记员在法庭开庭审理前应对案件基本情况与脉络存在基本了解，避免记录时因不熟悉而出现的别字、意思偏差与逻辑混乱等现象。②熟悉庭审提纲并为之做好相关准备工作。笔录是对法庭审理活动的同步记述，对审理提纲有所理解能够有效缓解记录的工作压力。③提前调试同步录音录像设备。录音录像设备不仅可以为各方诉讼参与人保留原始资料，还可以帮助书记员庭后进行详细的笔录整理工作。

随着科技的发展，"语音转文字应用系统"在庭审中的运用不断推广，庭审中书记员可开启该系统，以减少录入文字的工作压力，但也对其计算机水平提出了新的要求。遗憾的是，该系统对于语言表述的识别率不高，特别是对方言的识别存在困难，完全推广尚需时日。最高人民法院于2018年发布的《最高人民法院关于互联网法院审理案件若干问题的规定》中，配合录音录像且识别率更高的语音转文字系统取代了传统上书记员对庭审笔录的制作，可见庭审笔录的科技化也是未来的发展方向。

（二）结构、内容和写作方法

庭审笔录的结构、内容同人民法院所进行的庭审活动程序一致，根据案件性质与所适用程序不同略作删减。一般而言，一份较为完整规范的庭审笔录由其名称、固定的格式内容、宣读法庭纪律与审判长宣布开庭的发言、核查出庭之诉讼参与人情况、向出庭之各方诉讼参与人宣布诉讼权利义务、法庭调查、法庭辩论、庭审小结、最后陈述与审判长宣布休庭结束语、各方诉讼参与人签字等内容组合而成。同裁判文书等具有内容完整度与硬性格式要求的诉讼文书不同，庭审笔录虽然也记载大量与案件相关的内容，但其记载可有详略，格式也可根据法庭中实际诉讼活动进行调整。

1. 庭审笔录的名称

虽然《法院诉讼文书样式（试行）》中对庭审笔录名称仅使用"法庭笔录"，但是当前实践当中，往往还需要在"法庭笔录"前明确审理该案件的人民法院、案件性质与开庭次目，例如"×××人民法院刑事庭审笔录（第一次）"。该名称居中分两行排列，其中法院名称独居第一行，剩余内容位于第二行；若案件具有涉外性质，可能还会在之前加上"中华人民共和国"字样。

2. 固定格式内容

在笔录名称下方，正式庭审开始之前还存在一段固定内容的套话，位于笔录首页，因其内容确定，在电脑记录尚未普及时，一般是在笔录首页印刷完成，仅需在留白处根据案件情况进行填空，其内容包括以下几个方面。

（1）开庭与闭庭时间。均使用年、月、日、时、分记录，此外还需要注明第几次开庭。

（2）开庭地点。审理案件的法院本院法庭或派出法庭。

（3）合议庭组成人员。审判长、审判员或参与案件审理、评议的人民陪审员的姓名。

（4）书记员姓名。负责制作此次庭审笔录的书记员的姓名。

（5）案由。根据具体案件实际情况，最高人民法院所发布的各项案由规定填写。

（6）（刑事案件中的）公诉人、辩护人、鉴定人、翻译人员的机关名称、姓名与职务。

（7）决定开庭后法庭进行预备工作的情况。

（8）是否决定公开审理，公开审理案件何时公布案由，被告人姓名，开庭的时间与地点；若不公开审理，应当说明理由。

（9）旁听人数；庭内旁听案件审理的群众人数。

3. 宣读法庭纪律和审判长宣布开场语

人民法院开庭审理案件前，书记员需要宣读法庭纪律，这一流程在庭审笔录中也需要得以体现，而在一般案件中，一名书记员往往需要兼顾笔录与部分法庭指挥的工作，所以法庭纪律一般以固定格式内容的形式提前录入系统当中，而审判长在确认符合法定开庭条件后宣布开庭的表述内容一般也是固定的，实践中笔录中该部分内容常由承办法官在庭审提纲中列明，常用语为"×××法院××审判庭现在开庭"。

4. 核查出庭之诉讼参与人情况

审判长宣布庭审开始之后，还需要对于两造及其他诉讼参与人的基本情况，若为刑事诉讼庭审，则需要对被告人与其他诉讼参与人基本情况进行核实。虽然书记员可以在庭前通过卷宗等途径了解到这些信息，但是如果庭审过程中当事人或其他诉讼参与人所陈述之内容同卷宗记载存在出入，书记员应当先将该内容记录下来并在该内容之后以括号备注"当事人自述"，待到庭审结束后由法官另行审查清楚之后再行确定，而非盲目迷信卷宗或怠于审查不同内容。例如，被告人所述之户籍同文书记载不一致，应先当庭在笔录上记载为"××省××市××县××乡××村××号（自述）"，之后由法官查证确定。

5. 宣布法庭组成人员和诉讼权利义务告知语

根据《最高人民法院关于适用刑事诉讼法的解释》第192条至第194条的规定，审判长应宣布组成法庭之人员并告知各方人员参与诉讼的权利义务，书记员应将之如实记入笔录并不得随意删减，否则可能引发程序违法等问题。而《民事诉讼法》第126条则仅规定人民法院决定受理之时应当书面或口头告知原告、被告双方之权利义务。虽然未对庭审权利义务告知做具体硬性要求，但是一般要求审判长对相关内容进行宣告，作为询问双方是否要求回避的配套程序，希望更加有效地帮助当事人行使自身诉讼权利。同时，由于每个案件均具备该项内容，书记员可以在庭前准备时即将其录入笔录，庭审过程中根据具体情况与进程调整其中部分即可。

6. 法庭调查

法庭调查是人民法院审理案件的核心进程之一，包括法庭问讯与举证、质证等环节,是制作庭审笔录十分重要的环节。

(1)法庭调查中的问讯。法庭调查中的问讯是法庭调查的重要阶段,此时原告、被告双方或公诉人与被告人(包括辩护人)双方各自完整地向法庭陈述自身主张与诉求,在审判长的指挥下,一方当事人(或公诉人)询问(或讯问)对方并回答法庭(或对方)所提出的问题,整体呈现出"一问一答,交叉应对"的模式。

记录形式上,庭审笔录对于法庭问询环节的记录与"一问一答"模式同步,形成审判长(或审判员)问,一方当事人(或公诉人/其他诉讼参与人)回答的形式,理论上应为:

"审判长:××××?

李××(用来指代某当事人):×××××。

审判员:×××××?

李××:×××××。

……"

但在实际庭审过程中,书记员往往因为内容过于繁多或部分诉讼参与人语言重复、逻辑混乱需要时间归纳整理等原因,难以及时完成上述格式的录入,一般会对该格式进行简化。许多笔录中经常可以看到的"审?××××""李:××××"或"?××××"":××××"等形式,也是符合笔录记录要求的。

记录内容上,庭审笔录对于法庭调查环节问讯的记录应十分详尽。书记员不仅需要将各方问答的内容清楚、完整地予以记录,还要将当事人发言时的肢体动作与面部表情变化所反映的心理变化生动地表现出来,如"被告人:(沉思不言)……"等。这对于书记员对案件所涉法律相关知识的掌握与心理活动的把握均提出了极高要求;特别是二审刑事案件中,部分上诉人为争取免于或从轻处罚往往改变一审所供述之内容,有经验的法官与检察官经常采用连续而密集地问讯以求获得更加真切可信的答案,所需记录内容急速增加而可供记录的时间却又缩短,进一步提升了书记员记录的难度。

(2)举证、质证。举证与质证作为对立双方用以控诉争辩的依据与基础,是法庭调查的另一组成部分,未经举证、质证的证据不得作为定案依据是法院审理案件必须遵循的规定;而经由笔录记录的,在举证、质证环节所出示的证据也可以使其在法庭上进一步固定下来,方便查证。本阶段,庭审进程为"一证一质"的模式,这就要求书记员按照当事人(或公诉人等)的举证顺序逐条予以记录,且最好同时标注证据的来源。

以刑事庭审为例,若公诉人宣读来源于公安机关预审卷"××卷××页",则可以记录为"公诉人:宣读预审卷第××卷第××页,证人×××在××××年××

月××日的证言节录（内容详见预审卷）"。同时，在涉案当事人数量较多、证据纷繁复杂的情况下，也要避免对多人、多证未进行详细区分即混在一起记录的"估堆"行为。

虽然举证与质证环节地位十分关键，且内容较为繁杂，对制作笔录的书记员工作能力要求较高，但控辩（对立）双方均会在庭审前将相关证据提交给人民法院，书记员可以在庭前准备时熟悉证据目录及证明的主要问题，并在制作模板时将相关证据列入以减轻工作压力，避免证据繁杂时可能的手忙脚乱，并留下更为充裕的时间来应对少数可能的证据突袭等难以快速反应的情况。

7. 法庭辩论

法庭辩论是人民法院审理案件时另一核心环节，也是整个庭审活动进入对立抗辩的高潮阶段。本阶段，对立双方在陈述完毕己方意见后，会根据审判长所归纳的争议焦点，根据已被法庭查证的证据材料对该案件进行法律理论分析与辩论。该阶段辩论一般至少进行两轮，第一轮分别陈述各自的意见（刑事案件中，公诉人陈述公诉意见，辩护人在被告人陈述及自行辩护后发表辩护意见）；第二轮以后，双方则会针对对方所发表的意见与论述进行答辩与反驳。一般而言，第一轮辩论期间双方准备充足，各自所发表意见之内容经过长时间写作、修订，内容量庞大，少则几页，多则数十页，所以不需要将该意见全文录入笔录，仅需要记录重点并加一句"具体内容略，详见辩护词（公诉词或出庭意见）"即可。第一轮辩论的笔录主要考验书记员的总结与归纳能力，将陈述内容提炼并逐条列于笔录即可。第二轮及之后的辩论则是双方即兴发表意见的阶段，此阶段双方思维较为活跃，往往容易出现"跳跃式发言"，书记员需要具有极强的反应能力，才能将双方大义按照发言的先后顺序，记录清楚、全面。

同时，人民法院在审理案件过程中（特别是法庭辩论阶段）也常会遇到"程序倒流"的情况，即一方所发表之意见或陈述的内容涉及之前环节，法庭应当再次回到之前环节对案件进行审理，审查清楚之后，再回到当前环节继续对案件进行审理。针对这一可能的程序变化，庭审笔录也应当有所体现。

8. 庭审小结

法庭辩论结束后，审判人员为了使得诉讼参与各方与旁听人员进一步了解案件审理的简要情况，再次确认双方争议焦点与基本诉求，会对庭审情况进行小结，该小结也是一次庭审行将结束的标志。小结的内容一般简明扼要，通常包含庭审的几个部分。例如，审判长宣布：

"今天本法庭对原告×××诉被告×××买卖合同纠纷一案依法进行开庭审理；

经过法庭调查，原被告双方进行了充足的举证、质证并进行了辩论；原告对于被告所提出的××证据存在异议，对该证据不认可，原告与被告争议焦点集中在双方所订立之买卖合同是否有效方面；合议庭充分听取了各方意见，法庭已记录在案，法庭审理结束。"

9. 最后陈述

庭审小结后的被告人最后陈述，是《刑事诉讼法》赋予的被告人独有的表达权利，是刑事庭审不可或缺的重要程序。对于被告人的最后陈述，并不要求书记员每字必录，仅需要对被告人陈述内容的大意进行概括，将核心内容整理进笔录即可。对于言语重复，多次涉及前几个阶段已经讨论完毕的内容，书记员可以不予记录；若被告人最后陈述涉及前环节未提到的新证据、新内容，审判长未要求回溯到前环节再行审理的，书记员应当对该部分内容详细记录，以备法官后续查询之用；若被告人最后陈述中认真回顾自身犯案经过并表达悔罪意愿的，应当予以详细记录，并理清当中层次。但一般而言，由于法庭调查与法庭辩论环节双方已然详尽陈述，多数案件中被告人的最后陈述基本都是"要求从轻处理"之类的话语。

10. 审判长宣布休庭（或闭庭）的结束语

庭审结束之前，审判长需要按照程序说一段结束语，以主持并宣告本次庭审的结束，一般而言，审判长的结束语应当包含：

（1）宣布本次庭审结束并告知下次开庭（宣判）时间。

（2）告知双方提交举证、质证所涉材料、卷宗，当庭无法提交的，在休庭三日内提交人民法院。

（3）告知各方诉讼参与人在休庭后对庭审笔录阅读后签字确认。

（4）宣布休庭，若为刑事诉讼的，还应指挥法警将被告人带离法庭。

11. 各方诉讼参与人对笔录阅读后签字确认

庭审笔录需要原告（刑事诉讼为公诉人）、被告（刑事诉讼为被告人与辩护人）、证人、鉴定人与翻译人员等阅读并在每一页笔录下方签字后方得认为制作完成。《民事诉讼法》与《刑事诉讼法》均对笔录需要诉讼参与人阅签作出专款规定，要求书记员在合议庭每次庭审结束后将记录之笔录交与各诉讼参与人阅读确认。只不过在时间上，民诉与刑诉法律规定略有不同，民诉法律规定当庭或休庭后三至五日内阅签，刑事诉讼法则要求当庭送交阅签，且刑事案件庭审笔录阅签人应当签注查阅笔录当日的日期。

对于笔录中存在的遗漏、错误或意思表述不当必须加以修改的内容，诉讼参与人可以在相应位置进行更正并在对应位置签名，但如果是刑事诉讼中的被告人提出需要修改的，除在相应位置签名之外，还需要捺指印。若诉讼参与人所提出修正的内容确系当庭未曾表述的意见或未向合议庭展示的证据材料，亦可以记入笔录，但必须在笔录结尾之后另行记录或采用附卷形式以备法官之后审查，而不得将该内容加入原笔录当中。

为方便各方诉讼参与人对笔录的阅签要求，书记员应在休庭后迅速完成整理、校对工作并打印成稿，确系模糊不清时可以寻找审判人员与其他诉讼参与人员帮助核实，有条件的可以对照录音、录像，更为严谨地修改笔录。

六、合议庭评议笔录

（一）概念和功能

合议庭评议笔录，又称评议笔录，是指合议庭在法庭审理各项流程终结后，按照民主集中制原则，对其所审理的刑事、民事、行政等各类案件的秘密评议过程中，由书记员制作的能够同步且客观地反映合议庭全部评议活动真实情况的文字记录。

评议笔录记录人民法院合议庭的组成人员对其所审理案件的见解，它是全面、完整、准确反应合议庭对案件的认定和处理意见的书面依据，也是制作判决书的书面依据，没有评议笔录，判决也就无从作出。同时，评议笔录也是对于"秘密评议"活动的"公开性记录"，如果合议庭审理的案件存在问题或瑕疵，在"法官责任终身制""谁判案，谁负责"的制度模式下，评议笔录即为法院审查办案质量、追究法官责任或免于追究法官责任的直接依据。

（二）结构、内容和写作方法

评议笔录作为对合议庭评议过程的记录，其结构与格式须与评议过程相匹配，具体内容上为总结参与评议的审判（或陪审）人员的意见。一般而言，一份完整的评议笔录包括其名称、固定格式内容、评议内容（意见）、评议结果、评议人签字等内容。

1. 评议笔录的名称

与庭审笔录相同，评议笔录一般也需要在其名称中明确作出该评议的人民法院，以及作出评议的次数，可以在首页开头居中写作"×××人民法院""合议庭评议笔录（第×次）"，且分为两行，其中法院名称位于第一行，其余内容位于第二行。

2. 固定格式内容

固定格式内容是对案件评议活动基本信息的介绍，在每个案件评议时均会使用，所以列为固定格式供记录时填空使用,其内容包括以下几个方面。

(1) 评议起止时间。计时以年、月、日、时、分记录,一般记作"××××年××月××日××时××分至××时××分"。

(2) 评议地点。本院某处所或派出法庭某处所。

(3) 合议庭成员姓名。审判长、审判员、人民陪审员姓名。

(4) 书记员姓名。

(5) 案件案由或名称。

3. 评议内容

评议内容或说评议人员所发表的意见,是评议笔录记录的主体内容,该内容是合议庭成员对其所审理案件的认识,包括其支持的主张及理由,其发言往往有极强的逻辑性,需要书记员在记录时深入理解。同时,对同一案件事实,不同审判人员可能存在不同甚至冲突的观点,双方往往形成"你来我往"的辩论形式,书记员可以不进行全文记录,但需要按照其发言顺序逐个记录其发言要点,帮助理清逻辑层次。

4. 评议结果

评议结果是合议庭在结束评议后,根据民主集中制原则投票得出的最终结果,是合议庭对其所审理案件的最终看法,也是制作判决书的依据。少数无法形成多数意见的评议,可以报予院长提请审委会讨论。

5. 评议人签字

评议笔录制作完成后,需要经过全体参与评议的评议人确认并签字后,才可以确定完成制作。评议人发现笔录与评议内容存在出入或不够准确的,可以对评议笔录进行修正,并在相应位置签字。

与庭审笔录不同,评议笔录无须全体评议人在评议笔录的下方逐页签字,仅需在确认无误后于评议笔录的结尾签字。相较于判决书中的署名,该评议笔录的签名更具有深远的法律意义,是法院审查法官所办理案件质量的重要依据。同时,评议笔录属于刑事、民事通用格式,不存在法庭审理笔录中刑事法庭审理笔录的某些额外内容。

本章小结

本章主要介绍的是笔录,共分两节。第一节全面概括地介绍了笔录的概念、功能和分类;第二节分别介绍了现场勘验笔录、调查笔录、讯问笔录、询问笔录、法庭审理笔录以及合议庭评议笔录的概念、功能、结构、内容和写作方法。本章学习的重点是现场勘验笔录、讯问笔录、法庭审理笔录。通过本章内容的学习,学生应当全面了解笔录类文书的概念、分类及功能;理解和领会调查笔录、询问笔录、合议庭评议笔录等文书的概念、功能、结构、内容和写作方法;掌握现场勘验笔录、讯问笔录、法庭审理笔录等文书的概念、功能、结构、内容和写作方法,并达到能用、会写的程度。

思考题

1. 笔录的功能有哪些?
2. 现场勘验笔录的正文部分包含哪些内容?
3. 讯问笔录中被讯问人陈述的内容应记录哪些要素?
4. 制作询问笔录应注意哪些事项?
5. 庭审笔录正文包含哪些内容?

第十一章 法庭发言词

学习目标

通过本章内容的学习，学生要全面了解法庭发言词的概念、功能、特点，与相似法律文书的区别，以及论辩说理的基本方法，掌握教材中介绍的辩护词、代理词的概念、功能、结构、内容和写作方法，并达到能用、会写的程度。

第一节 法庭发言词概述

一、法庭发言词的概念、功能和特点

（一）概念和功能

法庭发言词，又称法庭演说词是指律师在人民法院审理案件的法庭辩论中，为维护委托人合法权益的辩论发言而制作的法律文书。法庭发言词分为辩护词、代理词两个文种。

《中华人民共和国律师法》（以下简称《律师法》）第36条规定："律师担任诉讼代理人或者辩护人的，其辩论或者辩护的权利依法受到保障。"第37条第1款、第2款规定："律师在执业活动中的人身权利不受侵犯。律师在法庭上发表的代理、辩护意见不受法律追究。但是，发表危害国家安全、恶意诽谤他人、严重扰乱法庭秩序的言论除外。"这些法律规定是律师依法履行职责，制作法庭发言词的基本依

据与要求。

法庭发言词是律师在法庭辩论时当庭发表的演说,有三个方面的功能:①是律师依法履行职责、维护当事人合法权益的根本体现。法庭发言全面、系统地表达了律师对案件性质、当事人行为分析,以及案件裁判结果等的看法与意见。②是人民法院审理各类案件时,听取律师看法与主张的重要途径。能够使人民法院客观、全面地掌握案情,充分了解当事人各方的意愿,促使案件得到公平、公正的审理。③是律师总结执业经验与教训,评估律师工作质量与业务能力的主要依据。

(二)法庭发言词的特点

1. 执业的特定性

法庭发言词是律师接受当事人的委托独立完成工作的成果,反映了律师运用法律原理与知识,分析解决实际问题的能力与价值,是律师履行职责、维护委托人合法权益的主要形式。

2. 即时辩驳性

法庭辩论中,律师发表辩护、代理意见,既要陈述自己持有的观点与主张,又要当场驳斥对方的说法,证明自己持有观点、主张的合理性。因此,法庭发言词具有鲜明的即时辩驳性。

3. 公正审理案件的保障

律师在法庭辩论中的发言,集中表达了对案件焦点问题的看法与理由。各方持有的观点经过当庭的争论、辩解,能够使得审理案件的法官彻底查清案情、明辨曲直是非。所以,法庭发言词是人民法院公正审理案件的基本保障之一。

二、法庭发言词与起诉状、自诉状、答辩状的区别

法庭发言词从内容、功能来看,与当事人向人民法院递交的起诉状、自诉状、答辩状有着共同之处,都是陈述案件事实、说明理由与依据的文字材料。然而,法庭发言词与这些文书又有所不同,有以下四个方面的区别。

(1)主体不同。法庭发言词是辩护律师、代理律师用来依法履行职责,以自己的名义进行辩论,阐述自己持有的观点与主张,辩驳对方的观点。起诉状、自诉状、答辩状的主体是各类案件诉讼中的当事人,主要用来陈述当事人的主张与理由,行使当事人的合法权利。

(2)递交的时间不同。法庭发言词用于法庭的辩论阶段,并在案件审理终结之

后，经过整理由律师递交人民法院及对方当事人。起诉状、自诉状、答辩状用于向人民法院提起案件的诉讼程序，或者用于应诉并辩驳对方的主张，应当在案件开庭审理之前递交法庭及对方当事人。

（3）内容不同。法庭发言词全面反映了律师持有的观点与主张，也包括了律师与对方争辩中形成的看法与观点。起诉状、自诉状、答辩状主要反映当事人对案件审理的看法，是当事人的意思表示。这些文书是人民法院掌握案情、了解当事人意图的主要渠道。

（4）范围、目的不同。法庭发言词既要陈述己方的观点、理由，还要驳斥对方不正确的观点。法庭辩论中，律师必须当场就对方的观点发表不同意见，并说明理由与依据。因此，法庭发言词的内容更加丰富、充实，论证性更强，全面表达了律师对案件的看法与意见，是人民法院审理案件时不容忽略的重要文书。而起诉状、自诉状、答辩状主要表达当事人一方的看法与意见。

三、法庭发言词论辩说理的基本方法

论辩说理必须严格遵循"以事实为根据，以法律为准绳"的原则，并将其作为论辩说理的立脚点。论辩说理的方法主要有以下几种。

（一）据实论理

查清案件事实是审理案件的首要工作，是确定当事人是否负有，以及负有具体责任形式的基础。在确有法律明文规定的前提下，一旦查清案件的关键性事实即可明了是非、明确责任。据实论理是常见的论辩说理的方法之一，应当采用"摆事实、讲法律"的方法，通过清楚地陈述事情发生的经过与原委，说明事件或者争议的起因，使得是非曲直一目了然，很自然地推导出当事人是否负有责任的结论。

例如，以下这起司机开车撞人后持刀砍人反被伤案，辩护词就采用了这种方法：

"作为被告人的辩护人，我提请本合议庭高度关注本案的事实经过。据案发现场围观群众拍摄的视频、附近的公安治安探头录像显示，以及围观群众的证词证明：20××年××月××日晚5时32分许，本案被害人李××驾车经过××区××路口，右转后驶入非机动车道，李××边开车边打手机，由于注意力不集中将前方骑着电动车正常行驶的被告人王××撞倒在地。车祸发生后，李××根本就不去查看被撞人的伤势、安抚被撞人，反而从车厢里取出一把长约80公分（1公分=1厘米）、宽约10公分的大砍刀，嘴里恶狠狠地大叫着：'我弄死你！我弄死你！'挥刀砍向王××的肩部、胳膊，致王××左肩、右胳膊被砍出长约10~15公分的两道刀口。李××第三次砍向王××时，因用力过猛砍刀脱手飞出，掉在王××脚边。王××当即捡起砍刀，李××见事不好掉头往轿车的后备厢跑去，边跑边喊：'你有种，等我拿枪来干你！'王××听罢上前一步用手里的砍刀砍向李××，李××的后背被砍中，负痛逃走。事后，经公安民警在李××轿车后备厢中查获了一把自制钢珠火药枪。以上事实经过表明，被害人李××开车撞人后持刀砍人，失手后，竟然丧心病狂地打算取火药枪继续伤害王××，这是彻头彻尾的犯罪行为。被告人王××将李××砍伤并制服的行为完全属于正当防卫，依法不承担任何刑事责任。"

辩护词客观地陈述了案件事实的全过程，从而揭示了被害人李××首先实施故意伤害他人的犯罪行为，明确王××制止其犯罪行为的合法性，取得了应有的辩护效果。

（二）据法论理

法律的明文规定是衡量当事人行为的准绳，查清案件事实是适用法律的前提，适用法律是查清案件事实的最终目的。当事人的行为是否负有责任，关键在于是否触犯了法律的禁止性或者限制性规定。据法论理应当以现行的法律、法规，以及司法解释或者行政规章的具体规定为基础，正确解读法律规定的适用范围与条件，充分说明当事人行为性质以及法律责任。

例如，以下这起农村房屋买卖合同纠纷案，代理词就采用了这种方法：

"原告认为，原告、被告之间签订买卖合同的标的物是作为不动产的房屋，而房屋的买卖需要进行登记。双方签订合同后，原告虽然将房屋交予被告占有和使用，但双方未办理宅基地使用权等权属的变更登记手续，在涉案房屋所有权并未转移的情况下，不构成《中华人民共和国物权法》第一百零六条所规定的善意取得。据此，双方签订的房屋买卖协议无效。原告的这个观点是对我国有关法律规定的曲解。

众所周知，我国对房屋权属实行不动产登记管理制度，但现有法律、法规仅限于城市国有土地范围内的房屋。依据我国《城市房屋权属登记管理办法》第2条规定：'本办法适用于城市规划区国有土地范围内的房屋权属登记。'除此之外，我国尚未出台关于农村宅基地及其房屋权属变更登记的法律、法规，本地区亦无关于农村房屋买卖过程中，必须办理宅基地及房屋权属变更登记事项的地方行政规章。依据本地区农村房屋交易的惯例，房屋买卖以双方签订的合同为准，以房屋的实际交付作为权属实际转移的依据。因此，原告认为涉案房屋买卖合同无效的观点完全是错误的，不应得到法院的认可与支持。"

代理词正确地解读了我国现有法律规定的适用范围，说明本案尚无法律、法规的强制性规定，以此辩驳对方的错误观点，因而被审理法官采纳。

（三）据情说理

人情事理在社会生活当中普遍存在，多为广大民众普遍认可并自觉遵守，从人情事理入手阐明是非正误也是论辩说理的一种方法。案件事实涉及的人情事理并不违背法律的规定时，适当采用据情说理的方法可以取得较好的论辩说理的效果。

例如，以下这起虐待家庭成员的自诉案，辩护词就采用了这种方法：

"自诉人张××与被告人胡××系夫妻关系，育有一女，现年4岁。两年前，张××因胡××长期在外务工而与同村周××发生奸情。被胡××发现后，张××曾痛哭流涕，表示痛改前非，断绝与周××的来往，周××亦向胡××书面承诺不再发生此类事情。然而，20××年腊月二十六，胡××赶回家时，发现屋里灶冷锅空，毫无生气。胡××当即给张××打电话质问，张××在电话里吞吞吐吐，说是在外采购年货。胡××赶到周××家中，发现女儿睡在周家的床上，张××与周××却正在推杯换盏大吃大喝。胡××气不打一处来，当面质问张、周二人。没想到张、周二人不仅没有悔意反而恶语相加，嘲笑谩骂胡××，说胡××没本事、没能耐，活该媳妇跟了别人，就是个活王八，等等。胡××一怒之下掀翻了周家的饭桌，并将张××推倒在地，张××右手掌撑着地时，被地上酒瓶碎片戳伤。"

辩护词陈述被告人胡××因受刺激而激愤伤人的经过，着重从情理上说明事发的起因完全在张、周二人的不当行为，胡××的行为具有减、免刑罚的因素。

第二节 辩护词

一、概念和功能

辩护词，是指辩护律师在人民法院审理刑事案件的法庭辩论过程中，为维护被告人合法权益的辩论发言而制作的法律文书。

我国《律师法》第31条规定："律师担任辩护人的，应当根据事实和法律，提出犯罪嫌疑人、被告人无罪、罪轻或者减轻、免除其刑事责任的材料和意见，维护犯罪嫌疑人、被告人的诉讼权利和其他合法权益。"

辩护词有两个方面的功能：①有利于律师全面阐述被告人无罪或者罪轻等理由，

实现为被告人进行辩解的权利，保障律师依法履行职责，切实维护被告人的合法权益。②有利于人民法院在审理刑事案件时，听取有利于被告人方面的申辩的主要途径，避免偏听偏信，全面掌握案情依法审理刑事案件。

辩护词用于法庭辩论时的首轮发言，如果辩护律师在其后的几轮辩论发言中另有新的看法与意见，应当补充写进辩护词并在指定的期限内提交法庭。

二、辩护词的结构、内容和论证技巧

（一）辩护词的结构与内容

辩护词的结构可以分为前言、辩护意见、结束语三个部分。

1. 前言

前言需要写明三项内容：①表明辩护人诉讼权利的依据；②概括辩护人在开庭之前所从事的工作；③阐明辩护人对本案的基本看法。通常，使用一段程式化的固定用语。例如：

"尊敬的审判长、人民陪审员：

我受被告人×××的委托/×××人民法院的指定，依法出庭参加诉讼为被告人×××辩护。在此之前，我听取被告人×××陈述本案的事实经过，查阅了本案的卷宗，阅读了被告人的全部供述，核对了本案的证据，走访了本案的证人……经过以上工作，已经掌握本案的基本事实。

我认为：本案被告人×××无罪。或者：本案被告人×××的行为不构成公诉人指控的××罪。或者：本案被告人×××有重大立功表现，依法应当予以从轻/减轻处罚。现发表以下辩护意见：……"

2. 辩护意见

辩护意见是辩护词的核心，主要阐明辩护理由与依据。应当围绕着辩护人所持观点就被告人行为的性质，从事实经过、证据分析、适用法律等方面逐一展开论证。

在刑事案件审理过程中，控辩双方的争辩焦点集中在罪与非罪、此罪与彼罪，以及是否应当从轻、减轻或者免于刑事责任。为此，辩护意见也可以分为无罪辩护、罪轻或者减轻刑事责任辩护和免除刑事责任辩护。

（1）无罪辩护。无罪辩护属于罪与非罪的争辩，重点在于被告人有罪的证据是否成立。查清案情事实必须通过一系列的证据来还原事情的经过。应当从事实认定入手，分析认定被告人有罪的证据不实，或者取证程序、步骤等存有违法之处。除此之外，还应分析被害人受到的伤害与被告人的行为之间无因果关系等。最终，得出结论表明现有证据无法认定被告人有罪。

（2）罪轻或者减轻刑事责任辩护。被告人虽然犯有被指控的罪名，但是具有自首、重大立功表现等从轻、减轻处罚的法定情节，应当在核查证据无误、确认案件基本事实的前提下，引用我国刑法、司法解释相关规定，建议法庭对被告人从轻、减轻处罚。

（3）免除刑事责任辩护。着重分析被告人的行为性质，在确认案件基本事实的基础上，说明被告人实施相关行为的合法性、必要性。充分论证被告人的行为符合我国刑法、司法解释规定的免除刑罚的条件，建议依法免除被告人的刑事责任。

3. 结束语

结束语应当概括、归纳辩护词的中心论点，简洁地再次强调辩护人对本案的观点，并对本案被告人的定罪量刑提出建议。例如，建议宣告被告人无罪，或者建议从轻或减轻对被告人的刑事处罚。最后写明"以上辩护意见供合议庭审理本案时参考"，之后，手写签名并注明日期。

（二）辩护词的论证技巧

刑事辩护的目的是论证、争辩公诉人对被告人的指控是否成立，以及被告人应当承担何种刑事处罚。为此，辩护词应当从事实证据、实体法的适用、程序法的适用，以及人情事理等方面展开论证，认真分析并指出公诉人指控中的问题与不足，力求得到审理案件法官的认同并采纳辩护人的主张。控辩双方常见争辩有以下几种情况。

1. 案情事实认定方面的论证与驳辩

刑事案件审理过程中，案情事实自始至终是控辩双方以及审理案件的法官格外关注的问题，一直是控辩双方不断争辩的焦点。一旦案情事实弄清、真相大白，被告人的刑事责任就自然明了。然而，由于控辩双方所处立场的区别，公诉人关注的是被告人构成犯罪的案情事实，其他则往往被忽略。因此，辩护律师应当注重发现被告人行为的无罪辩点，质疑公诉人指控被告人构成犯罪的事实。案情事实认定方面的争辩常会遇到以下情况。

（1）事实清楚，性质认定不同。案情事实清楚，辩护人对公诉人指控的被告人的行为不持异议，但对事实性质的认定上与公诉人存有严重的分歧。这种情况往往是由控辩双方对法律规定的某种行为的界定产生不同的认识所致。辩护人必须在辩护词中据理力争，通过对比分析充分证明被告人的行为不构成犯罪，或者应当从轻、减轻处罚。

例如，以下这起刑事案件，辩护词就采用了这种方法：

"被告人姜××协助民警将倒卖购物卡的'黄牛'送往派出所后，在返回商场的途中遭到七八个闻讯赶来闹事的'黄牛'的围攻。被害人刘×手持一把一尺长的磨尖的改锥，孙××、张×各持一把甩棍迎面向姜××冲过来，口中不断大喊：'就是他把胡大送进去的，干他！'姜××身后的退路也被其他'黄牛'围拢堵住，只得硬着头皮赤手空拳与刘×等人周旋。刘×持改锥猛地向姜××当头刺来，姜××躲闪不及被刘×刺中左肩，姜××慌忙向后躲闪中抬起右脚踹向刘，刘×负痛倒地大喊大叫，姜××趁乱冲出歹徒的围堵。据卷宗记载，公安民警在现场查获刘×等人携带的凶器共计9件，其中有：长30公分的改锥一把、长25公分的藏刀一把、菜刀一把、甩棍三支，以及垒球棒三支。事实上，尽管刘×左腿胫骨骨折系姜××行为所致，综合分析案发时的情景，姜××在自身安全遭受威胁的情况下，为免受刘×等人伤害的行为应当属于正当防卫，依法不应承担刑事责任。"

辩护词认真陈述案发当时的环境氛围，对比分析对方肇事者的人数、持有凶器等，说明被告人姜××的行为应当属于正当防卫。

（2）不符事实，夸大犯罪情节。犯罪事实被夸大或者失实，将对案件性质的结论产生不良的影响。辩护人必须认真对待案情事实，在辩护词中还事实以本来的面貌，澄清被夸大的部分，使得被告人的行为免受不正确的评定，而得到公正的裁决。

例如，以下这起盗窃案件，辩护词坚持做到这一点：

"起诉书指控被告人季××犯盗窃罪，且称该人'一贯盗窃''盗窃成性'等，确有夸大其词之嫌。被告人季××仅仅个人单独盗窃一次，为初犯、偶犯，从未有过前科。此次犯罪后，能够主动坦白交代所犯罪行，并且积极退赃……"

辩护词着力驳辩对被告人指控犯罪行为的不实、夸大之处。

（3）无中生有，编造案情事实。被告人被指控的犯罪事实根本不存在，或者犯罪行为并非为被告人所为时，辩护律师必须从根本上推翻对被告人的不实指控，尽力避免冤假错案的发生。在辩护过程中，应当剖析指控的证据之间存在着的逻辑方面的错误，并以合法的证据证明事实真相。

例如，以下这起整顿治安秩序活动时，办案人员错捕当事人的案件，辩护词使用这个方法证明被告人的清白：

"指控被告人蓝××嫖娼，并因拒捕被抓，与事实完全不符，这是一起冤案。蓝××系因路过案发现场被执法人员误认为犯罪嫌疑人而错抓。本案指控蓝××嫖娼的唯一证据是证人李×的供述，据该人称：案发当天下午5点10分左右，蓝××来到某洗头房从事嫖娼活动。当时，蓝××指定李×为其提供服务，大约20分钟过后，李×陪蓝××到前台结账。当蓝××在看到大门处有公安民警准备进入时，立即推开大门猛地往外跑去,后被公安民警扑倒捕获。事实真的是这样吗?

事实上,在案发当天下午,被告人蓝××从自己家中走出拟去机场接亲属。据其邻居赵××陈述:那天下午5点20分左右,我带小孙子下楼遛弯,平时我们都是在这个时候到大院遛弯。下到4楼时,恰好遇到蓝××从家门出来。他跟我打招呼,看到我拎着儿童车比较吃力,就把儿童车接了过去与我们一起走下楼。我问他干嘛外出,他说去机场接人。走出楼门后,他把儿童车交给我,之后,我们就分开了。据××小区大门口视频监控录像显示:蓝××于案发当天'17:28'走出小区大门。据蓝××居所小区的保安张×、康××陈述:蓝××在将近5点半的时候走出小区大门,当时,还跟我们打了个招呼,说是去机场接人。蓝××在小区大门口外,用手机将一辆自行车扫码解锁后,往938路公交站方向骑去。走这条大街正好路过那家××洗头房。另据蓝××的手机微信支付显示'20××年××月××日17:38扣费金额1.50元',除此之外,另有王××、张×的机票与登机牌,以及关××、罗××、许××的证言,均能证实以上事实经过。这些证据表明:蓝××于案发当天17点20分左右走出家门,17点28分尚在距离案发现场北五六百米的××小区大门口,怎么可能在17点10分出现在洗头房内……"

辩护词明确指出犯罪证据存在的时间逻辑上的问题,并提供证据形成完整、合理的证据链来证明事实真相,推翻对被告人蓝××的无端指控。

2. 定罪问题的论证与驳辩

定罪问题的论证与驳辩属于有罪辩护之一种,是在被告人有罪的情况下,对被指控的罪名存有异议。为此,辩护律师得以相对较轻的一种罪名为被告人辩护。这种驳辩必须从不同罪名的犯罪构成分析入手,展开必要的法理论证。

例如,以下这起指控被告人黄××犯猥亵罪案,辩护律师坚持论证被告人的行为属于"犯罪中止",不应以猥亵治罪,最终被审理案件的法官采纳。具体内容如下:

"起诉书指控黄××犯猥亵罪,对此,本人持有异议。据受害人佟×的陈述,以及被告人黄××的供述,案发凌晨3时许,黄××进入邻居佟×家中,意欲调戏佟×。当黄××伸手摸了佟×腰部一下时,佟×从睡梦中惊醒并大喊:你是怎么进来的!你想干什么?黄××听罢,当即说:我走。之后迅速离开佟×的家。

猥亵罪是以暴力、胁迫或者其他方法强制猥亵他人或者侮辱妇女的犯罪行为。使用暴力等手段强制猥亵受害人是这个犯罪的主要特征。黄××刚刚接触到被害人的身体就因被害人惊醒而放弃,强制猥亵行为尚未完全展开。而且,黄××是在有机会的情况下，没有继续实施猥亵犯罪的行为，而是随即离开佟×家放弃犯罪。依据我国《刑法》第 24 条第 1 款规定：'在犯罪过程中，自动放弃犯罪或者自动有效地防止犯罪结果发生的，是犯罪中止。'

当然，黄××于凌晨私自进入佟×家中的行为，属于非法侵入他人住宅。"

辩护意见的主要思路是猥亵罪较之非法侵入他人住宅罪为重，黄××的行为属于猥亵罪的中止，所以，不能对黄××以猥亵罪论处。

3. 量刑问题的驳辩

辩护词中应当对量刑期限作出正确的阐述并提出原则性的建议，通常，应当关注并向法庭提出对被告人从轻、减轻处罚的情形。公诉人提出量刑幅度建议的，可以依据审理法院以往同类案件判决的量刑幅度，结合本案具体案情提出合理的建议。量刑时一般需要综合考虑犯罪行为的社会危害程度；被告人在犯罪活动中所处的地位；是否为偶犯、初犯；是否有立功、坦白、自首等情节，以及其他在量刑时应当酌情考虑的情形。

第三节　代理词

一、概念和功能

代理词，是指民事、行政案件当事人、刑事案件被害人的代理律师，在法庭辩论中为维护委托人合法权益的辩论发言而制作的法律文书。

代理词的适用范围较为广泛，依据我国民事、刑事、行政诉讼法的规定，人民法院审理的民事、行政，以及刑事附带民事案件中，代理律师都有权利参加法庭辩论、当庭发表代理意见。

代理词有三个方面的功能：①是律师依法履行职责，切实维护委托人合法权益的主要形式。②作为载体记述律师全面阐述案件的事实经过，以及理由与法律依据等的观点与意见。③是人民法院获取各方律师对案件审理意见的重要渠道，有利于听取各方意见，全面掌握案情，依法审理案件。

代理词用于法庭辩论时的首轮发言，如果代理律师在其后的几轮辩论发言中另有新的看法与意见，应当补充写进辩护词并在指定的期限内提交法庭。

二、代理词的结构、内容和论证技巧

（一）代理词的结构、内容和写作方法

代理词可以分为前言、代理意见与结束语三个部分。

1. 前言

前言需要写明代理人诉讼权利的依据，并阐明代理人对本案的基本看法，应当高度概括、精练。例如，可以写为：

"尊敬的审判长、人民陪审员：作为原告/被告代理人现发表以下代理意见。我认为：原告/被告的行为……具体理由如下：……"

2. 代理意见

代理意见是代理词的核心内容，应当写明代理人持有的观点、理由与主张。通常，需要陈述委托方认可的事实经过，分析当事人行为的性质，指明对方当事人负有的法律责任形式。最后，提出本案处理结果的看法与建议。

民事案件主要评判当事人行为的合法性以及相关法律责任。行政案件主要评判行政机关具体行政行为的合法性。刑事附带民事诉讼案件主要评判被告人应当向被害人支付赔偿金额的具体数额。案件的类型、案情不同，代理意见的内容当然有所区别。然而，概括起来，代理意见主要围绕以下几个方面的争议而展开。

①确认案件基本事实。任何案件都会存在有利于当事人各方的不同事实，应当根据案情的具体情况，充分肯定有利于己方证据所证明的事实，驳斥对方歪曲事实的辩解。同时，应当对不利于己方证据所证明的事实作出符合情理的解释。

②分析法律关系的性质。这是分清是非、确定对方责任、解决纠纷的前提。应当分析当事人之间的法律关系，正确评价法律关系的效力，为确认对方当事人的法律责任奠定事实方面的基础。

③评价当事人行为的法律责任。应当依据约定或者法律规定，指明对方当事人行为瑕疵，要求对方当事人承担责任，或者说明己方不应承担责任。

④提出、论证己方的合理主张。在事实清楚、对方当事人责任明确的基础上，论证己方诉讼主张的合理性。

3. 结束语

高度概括、重申己方的主张。之后写明"以上代理意见仅供合议庭审理本案时参考"，以此结束在法庭辩论时的首轮发言。代理词的尾部应当由代理人手写签名，并注明日期。

（二）代理词的论证技巧

1. 当事人之间的法律关系及其效力

民事案件首要争议焦点就是当事人之间法律关系属性及其效力的不同认识，应当充分运用有力的证据，依据法律原理解读法律关系的具体属性。这样一来，对方的错误主张自然不攻自破。

例如，一起代持股权协议纠纷，原告诉称被告因投资缺乏资金向原告借款，而被告则认为是原告向××公司的出资，并委托被告代其持股。代理意见的主要内容如下：

"被告向法庭提交原被告双方之间签订的《××公司股权代持协议》，该协议中，主要约定由原告向拟组建的××公司出资15万元，占××公司15%的股权，由被告办理公司注册登记手续，并代其持有该15%的股权。该协议中，从未约定借款的用途，也没有规定借款归还的时间及利息，全部条款与借款毫不相干。除此之外，被告还向法庭提交××公司收到原告出资的证明、××银行转账凭据、××公司股东会决议、××公司工商注册登记事项等。这些证据充分证实：双方签订的股权代持协议，为原告向××公司出资并委托被告代持股权，该协议属于委托合同关系而不是借款合同。另外，原告交给被告的15万元出资款，已经由被告代其向××公司实际出资。被告已经完全履行了《××公司股权代持协议》中约定的主要义务。

综上所述，原被告双方之间并不存在15万元的借款合同关系，而是原告将××公司股权委托被告代为持有的委托合同关系。"

又如一起农村房屋买卖合同纠纷，代理人以当事人无权处分为由要求确认该合同无效。代理意见的主要内容如下：

"现有证据证明：涉案房屋为××区政府为扶助、改善残疾人姚××（即本案被告）的生活出资修建。因此，该房屋所有权应当专属于姚××所有。侯××作为姚××之子，未经姚××的同意擅自将涉案房屋仅以5万元的低价卖给刘××。刘××一直不能提供任何证据证明侯××出售房屋的行为已经得到姚××的认可与同意。因此，侯××擅自出售涉案房屋的行为属于无权处分的行为。依据我国合同法第51条之规定，人民法院应当确认涉案房屋买卖合同无效。"

2. 当事人权利与义务范围及行为评价

当事人的行为是否符合约定或者法律规定的范围，是原告、被告双方产生重大争议的焦点问题，关乎案件审理的走向与胜败的最终结果。应当以具体的约定、法律规定作为评判的依据。没有约定、法律规定或者约定、法律规定不明确的，可以双方或者相同领域内以往的惯例作为确定当事人权利义务的范围，并依此为标准评价当事人的行为。

例如，以下这起占地拆迁的行政诉讼案件，代理词明确指出××拆迁项目尚未获批准，实施单位无权从事拆迁工作。代理意见的主要内容如下：

"20××年××月××市××镇启动××村环境改造项目，××有限公司负责该项目房屋的拆迁施工。然而，经向××镇、××有限公司询问、索要拆迁手续时，两被告均百般推诿。之后，据被告的张经理说：手续正在审理过程中，因工期紧张，边施工边等上边批准，并保证能够获得拆迁工作的全部法律手续。经调查核实，××市住建委表示：××有限公司已经提交了××村环境改造拆迁工作的申请手续，但因公司资质存有瑕疵，正在与有关方面协调。需要待该公司解决问题之后，才能视具体情况决定是否能够通过预审。目前，尚未向该公司发放《房屋拆迁许可证》。

基于上述事实，依据我国有关法律的规定，非经政府有关机构的批准，并履行相关法定程序，××镇政府、××有限公司无权擅自启动××村环境改造项目施工。为此，请求人民法院确认两被告××镇房屋拆迁施工的行为违法。"

又如一起刑事附带民事诉讼案件，依据我国有关机关颁布的人身损害赔偿标准，要求被告人承担赔偿义务。代理意见的主要内容如下：

"依据我国侵权责任法、相关司法解释，以及人身损害赔偿标准，被告人胡××必须承担向被害人闫××赔偿的义务。应当一次性支付医疗费、误工费、伙食费、护理费、营养费、交通费、残疾赔偿金、残疾用具费、生活费、抚慰金等，共计人民币39.78万元。"

3. 当事人的责任与法律后果的承担

民事、行政案件审理的结果一般是当事人负有某种法律责任或者法律后果。当事人是否承担责任以及责任的程度，或者负担某种法律后果，是当事人各方关注并追求实现的诉讼目标，也是当事人争议的主要焦点问题。应当在案件事实清楚、责任分明的基础上，确定当事人的责任或者应当负担的法律后果。

例如，以下这起房屋租赁合同纠纷，代理意见的主要内容如下：

"依据双方签订的《房屋租赁合同》第9条的规定，被告应当分季度交纳租金，并于每个季度初七日内交纳下一季度的房屋租金共计31万元。然而，被告却以因长期出差未能使用租用的房屋为由一直拖欠交纳租金，至今共计欠交租金53万元。为此，被告除应当一次性支付欠交的租金外，应当按照《房屋租赁合同》第21条的规定，按照每日1%计算向原告支付违约金共计10.78万元。"

又如，以下这起家庭暴力致使感情破裂的离婚案，代理意见的主要内容如下：

"长期以来，被告经常对原告施以家庭暴力，虽经原告多次报警由公安机关介入处理，并由社区家委会多次调解，但被告仍恶习不改，屡屡借酒撒疯打骂原告，致使双方感情彻底破裂，被告对此应负主要责任。"

需要注意，当事人之间的约定是责任承担的主要依据。在多数情况下当事人双方均负有一定的责任，应当按照各方责任的程度、大小分别承担相应的责任。

本章小结

本章讲解辩护词、代理词的基本写作知识和论辩说理的方法。本章共分为三节，第一节讲解法庭发言词的概念、功能、特点、论辩说理的基本方法等。第二节、第三节分别介绍了辩护词和代理词文书写作的基本知识。本章学习的重点是辩护词和代理词。通过本章内容的学习，学生应当全面了解法庭发言词的功能和主要类型；理解和领会法庭发言词的概念及论辩说理的基本方法；掌握辩护词、代理词的概念、功能、结构、基本内容和写作方法，并达到能用、会写的程度。

思考题

1. 简述法庭发言词的概念、功能及特点。
2. 简述法庭发言词与起诉状、自诉状、答辩状的区别。
3. 简述法庭发言词论辩说理的基本方法。
4. 什么是辩护词，辩护词具有哪些功能？
5. 简述辩护词的结构与内容。
6. 简述辩护词的论证技巧。
7. 什么是代理词，代理词具有哪些功能？
8. 简述代理词的结构与内容。
9. 简述代理词的论证技巧。
10. 根据以下案情，为被告人叙写一份辩护词提纲。

2015年7月28日，甲公司负责人李某霞与其夫张某西，为解决公司资金困难，向乙公司负责人刘某学借款100万元，双方口头约定月息10%。2015年11月1日，李某霞、张某西再次向刘某学借款35万元，其中10万元双方仍口头约定月息10%；另外25万元双方以二手房买卖合同形式，用李某霞、张某西所有并居住的房屋一套作担保。截至2017年1月6日，李某霞、张某西向刘某学的银行账户转账还款共计183.8万元。

2017年4月1日,刘某学以李某霞、张某西未及时还款为由,强占了李某霞、张某西的房屋。4月13日,刘某学纠集人员搬走房屋内家具,刘某学还在李某霞家中将其头部按入马桶,派人盯梢并到甲公司叫骂滋扰。在上述违法逼债期间,李某霞多次拨打110报警电话、××市长热线12345寻求保护。

2017年4月14日16时许,刘某学纠集赵某刚、杨某、郭某松、许某浩、许某岗等人陆续赶到甲公司,以盯守、限制离开、不时叫骂、扰乱公司秩序的方式向李某霞索债,后刘某学先行离开。18时许讨债人员在远大公司办公楼门厅前烧烤、饮酒,19时许,李某霞及其子张某被允许到公司食堂吃饭,其间,赵某刚等人轮流盯守。20时48分许,赵某刚要求李某霞、张某返回公司办公楼,公司员工马某栋、张某平陪同进入一层接待室。

21时53分起,赵某刚、杨某等5人相继进入接待室继续向李某霞逼债,并先将李某霞、张某的手机收走。随后,赵某刚将烟头弹至李某霞身上,辱骂李某霞,褪下裤子暴露下体左右晃动,最近时距离李某霞约30公分。后赵某刚又向张某发出"啧啧"唤狗声音进行侮辱,以不还钱还穿耐克鞋为由扒下张某一只鞋子让李某霞闻,李某霞挡开后,赵某刚又扒下张某另一只鞋子扔掉。赵某刚继而扇拍张某面颊,赵某刚及其同伙揪抓张某头发、按压张某不准起身。其间,赵某刚还以李某霞、张某本人及其姐姐张小某为对象进行辱骂,内容污秽。22时01分许马某栋走出接待室,告诉室外的公司员工刘某昌报警,22时07分许刘某昌拨打110电话报警。

22时17分许,民警朱某带领辅警孙某冉、郭某到达甲公司处警。在接待室内,赵某刚等人声称无人报警只是索要欠款,李某霞、张某向民警指认赵某刚等人有殴打行为,赵某刚等人不予承认,民警朱某现场警告"要账归要账,不能打架""打架就不是欠钱的事了"。22时22分许,三名警员走出接待室,张某、李某霞欲跟随出去被赵某刚等人阻拦。朱某随后给民警徐淮安打电话通报警情,并安排孙某冉、郭某"给他们说说不要动手"。

处警民警离开接待室后,张某、李某霞打算离开继续受阻,赵某刚强迫张某坐下,张某不肯,赵某刚等人遂采用推搡、勒颈等强制手段把张某逼至接待室东南角。22时25分许,张某拿起身旁办公桌上公司日常削水果所用的一把单刃刀,朝赵某刚等人挥舞并大喊"别过来",赵某刚边骂边靠近张某,张某先后向赵某刚、程某贺各捅刺一刀,随后又朝围住他的严某军、赵某刚各捅刺一刀。民警听到响动迅速赶回接待室将张某控制。受伤的赵某刚、杨某、郭某松被马某栋、张某平等人驾车送往县人民医院救治,次日凌晨赵某刚因抢救无效死亡。张某被民警押送到××县公安局。随后,张某被刑事拘留、逮捕。羁押于××市看守所。

2017年8月6日,××市检察院以张某犯故意伤害罪向××市中级人民法院提起公诉。在公诉书中,××市检察院建议法院判处张某无期徒刑。

参考文献

[1] 宁致远. 法律文书写作. 北京：北京大学出版社，2006.

[2] 宁致远. 法律文书. 北京：高等教育出版社，2011.

[3] 顾克广，刘永章. 司法文书. 北京：中国政法大学出版社，2000.

[4] 陈国庆. 人民检察院刑事诉讼法律文书适用指南. 北京：中国检察出版社，2014.

[5] 最高人民检察院法律政策研究室. 检察法律文书制作与适用. 北京：中国法制出版社，2002.

[6] 赵汝琨. 检察机关刑事诉讼法律文书适用. 北京：法律出版社，1997.

[7] 张泗汉. 法律文书教程. 北京：中国政法大学出版社，2001.

[8] 刘永章，刘金华，程滔. 民用法律文书格式与写作技巧. 北京：西苑出版社，2001.

[9] 刘金华. 律师文书写作方法与技巧. 北京：大众文艺出版社，2001.

[10] 王磊. 公安法律文书大全与制作详解. 北京：中国法制出版社，2014.

[11] 刘金华. 司法文书写作方法与技巧. 北京：大众文艺出版社，2002.

[12] 宁致远. 法律文书教程. 北京：中央广播电视大学出版社，2005.

[13] 宁致远. 行政执法文书教程. 北京：中央广播电视大学出版社，2009.

[14] 马宏俊. 法律文书学. 2版. 北京：中国人民大学出版社，2014.

[15] 段钢. 公安问话笔录制作与案卷审阅. 北京：中国人民公安大学出版社，2016.

[16] 刘永章，刘金华. 检察机关诉讼文书写作方法与技巧. 北京：大众文艺出版社，2002.

[17] 陈国庆. 人民检察院刑事诉讼程序与文书制作. 北京：中国人民公安大学出版社，2012.

[18] 刘彦宁，吴国荣，吴昊. 刑事裁判文书写作指南. 北京：人民法院出版社，2013.

[19] 马宏俊. 法律文书写作与训练. 北京：中国人民大学出版社，2009.

［20］沈德咏．民事诉讼文书样式：上．北京：人民法院出版社，2016．

［21］沈德咏．民事诉讼文书样式：下．北京：人民法院出版社，2016．

［22］宁致远．法律文书学．北京：中国政法大学出版社，2003．

［23］马明发．常用公证文书实务操作参考．太原：山西人民出版社，2016．

［24］郭林虎．法律文书情境写作教程：第五版．北京：法律出版社，2018．

［25］陈卫东，刘计划．法律文书写作．2版．北京：中国人民大学出版社，2016．

［26］中国公证员协会．公证员入门．北京：法律出版社，2003．

［27］司法部律师公证工作指导司．定式公证书格式使用指南．北京：法律出版社，2011．